林繼富
劉秀美 主編
民俗與民間文學叢書

中國現代民俗學的鼓吹與經營

施愛東 著

秀威資訊・台北

目次

導讀　學科史的邊界與材料

學術史應該怎麼寫？不同的學術史家一定會有不同的回答。我們無法回到歷史本身，只能依據已有的資料，在各自的想像中重構歷史。重構的思路主要取決於兩個方面：既有材料的性質和學術史家的理論偏好。

如果一個學術史家手上只有一堆學術論著，他就只能從文本分析入手；如果他手上掌握了一批當事人的學術日記，他會更願意從學術關係入手。當材料不夠用的時候，他會把有限的文本掰碎了，撚細了，條分縷析地用；當材料豐富到一定程度的時候，他就得劃定邊界，詳加辨析，擇善而從。

同樣，一個固守著傳統史學範式的學術史家與一個受到了後現代史學影響的學術史家，即使面對相同的材料，也一定會寫出很不相同的學術史。

不過，本書並不是廣義的「學術史」，而是狹義的「學科史」，也即中國現代民俗學的學科建構史，因此有必要對學科史的邊界和材料做些說明。

第一節　學科史的邊界

後人梳理前人的學術史，總是以當代的學術概念和學術理想為標準，順藤摸瓜去追尋那些符合當代標準的「雛形」，藉以描述從過去到現在的學術歷程。所以說，許多學術史上的「名家名作」以及「有意義的學術事件」其實都是被追認的結果。

「民俗學」是個不斷被界定的概念。早期的民俗學是從歌謠的搜集和整理工作起步的，後來逐漸擴展到了風俗調查，再後來，隨著顧頡剛「聖賢文化與民眾文化」概念的提出，民俗學的對象再次擴張到了「三個方面」，即風俗方面、宗教方面、文藝方面。如此不斷擴張，當代民俗學的對象範圍則更加廣闊無垠，包括了物質生產民俗、物質生活民俗、社會組織民俗、歲時節日民俗、人生儀禮、民俗信仰、民間科學技術、民間口頭文學、民間語言、民間藝術、民間遊戲娛樂等方方面面。

相應的，中國現代民俗學的學術框架，也是一個不斷建構的動態框架。因此，能夠置入這個框架的民俗學成果也是一個動態的排列組合。拿一個後期的框架來套置前期的成果，顯然不是學科史應有的做法，因此，許多被今天的民俗學史家追認的早期民俗學成果，沒有被本書述及，也就不奇怪了。

既然民俗學是一個不斷擴張其對象範圍的學科，那麼，每一次擴張，都會有一些遊散的著述「被民俗學」。比如，奉寬寫作《妙峰山瑣記》的時候，對民俗學了無關心，即使沒有民俗學的興起，《妙峰山瑣記》照樣也會以「山川志」或者「風土志」的名義被出版。但是，顧頡剛偶然地在容庚的書架上看到了這部書稿，「驚奇世上竟有這樣一本正式研究妙峰山的著作」，馬上拍板，把它納入到中山大學民俗學會叢書當中，於是，它有幸成為了民俗學科的奠基性著作之一。

更多的類似著述並沒有被顧頡剛看到，它們照樣以其他方式出版、發行。如果我們以今天的民俗學概念來反觀民國時期的文人著述，就會發現，各類「民俗學著作」多如牛毛。如果我們把這些著述全都納入學科史的討論範圍，那麼，光是鉤沉遺珠的工作，就是一項極其浩大的工程。

因此，我們必須首先將本書的討論範圍限定在「學科史」的邊界之內。一項學術成果能否成為本書的討論對象，主要不在於該成果自身的學術價值，而在於該成果是否參與了學科史的構建。這裡所謂的「參與」，是指當時就被認為與民俗學的學科建設相關，而不是以今天的標準進行重新認定。比如說，二十世紀二三十年代，上海北新書局出版了近四十種署名「林蘭」編輯的民間故事集，用今天的眼光看來，這些故事集是我們民俗研究的寶貴資料，可是，當時出版這些故事集卻只是一種商業行為，編輯者和出版者並沒有借用民俗學的旗幟，民俗學者也沒把它當做民俗學的成果，讀者更沒有意識到讀讀故事書就是學習民俗學。儘管這些故事書今天已經成為我們民俗學者的研究對象，但我們不認為它們參與了當年的民俗學學科建設，因此必須將它們排斥在本書邊界之外，不予討論。

相反，許多地方知識份子，主動寫信向中山大學民俗學會要求准許其設立地方分會，雖然他們所做的工作成績遠不如林蘭，但由於他們的支持和參與，壯大了民俗學會的聲勢，擴張了民俗學會的勢力，成為民俗學會不斷向官方爭取學科地位的輿論資源，參與了民俗學的學科建設，因此，本書將這些事件納入到了邊界之內。

另外，對於那些曾經影響了早期民俗學者學術理念的週邊著述，我們也一併納入本書邊界內加以討論，如義大利人韋大列的《北京的歌謠》。雖然韋氏寫作此書的初衷與民俗學並無半點瓜葛，但該書的出版大大刺激了早期歌謠研究會諸同人，成為加速民間文學搜集整理工作的催化劑。因此我們認為，《北京的歌謠》催動了民俗學學科倡立之進程。

相反，如果一本民俗學著作在它出版的當時就沒有多少讀者，也沒有引起學界同人的注意，既沒有人引述，也沒有人提及，站在今天的學術高度也看不出有什麼前瞻性價值，那麼，這本學術著作是否還具有「學科史」的意義，也就值得懷疑了。正是基於這種評判標準，我們沒有必要去鉤沉打撈那些本來就未曾浮出水面的民俗學舊著。

學術發展是帶有很多偶然性的，曾經發生過的許多事，也許對後世影響並不大，慢慢地就在歷史的長河中消失了。歷史如果只是從後敘的角度來看，許多事件即使「發生」也如同「未發生」，一些失敗的英雄或許就永遠地從後人的視野中消失了。

這種處理方式對於許多未能捲入學術中心的民俗學者來說，是不公平的。但是，作為「學科史」而不是「紀念冊」，本書必須有清晰的邊界。作者必須不斷提醒自己毋須負責為那些失敗的英雄重塑金身，並努力說服自己放棄許多難得的一手材料。

對於本書邊界之內的歷史人物，我們還得進一步劃出具體的討論邊界。每一個人物都有自己的成長史，每一次行為都是系列歷史事件的延伸，因而考察和評論一個歷史人物，必須把他們回放到圍繞他們成長的各種語境中進行分析。但事實上，我們不可能用過多的筆墨去評述書中的每一個主人公，更不可能一一追溯其思想行為的歷史因緣。比如，對中山大學民俗學會形成巨大制約力量的戴季陶、朱家驊，都是史料極其豐富的歷史名人，他們在中山大學民俗學運動中表現出來的冷熱兩重性，直接影響了中國現代民俗學的歷史節奏。可即便是專門的戴、朱研究尚且難以道盡兩人的複雜人生，更遑論這本專業的民俗學史著了。所以，我們必須嚴格劃定人物書寫的邊界，將許多有趣的話題排斥在本書邊界之外。

劃定邊界是為了就事論事。當我們討論史祿國在一九二八年西南民族調查中提前返穗一事時，絕不能拿費孝通的《人不知而不慍——緬懷史祿國老師》出來為史祿國辯護。試想，如果我們在容肇祖、楊成志寫給傅斯年、顧頡剛的工作彙報後面，附上一段費孝通為紀念史祿國而撰寫的追思錄，那麼，對這一事件的討論立即就會變得非常古怪。兩段本無直接因果關係的述評放在一起，誰置前誰置後，會直接影響到讀者對於事件的價值判斷，讀者出於閱讀定式，總是會將後置的觀點視做寫作者的定論依據。若是以此眼光來觀照不同學者對待史祿國的態度，一定會感歎容肇祖、楊成志之所以不能理解史祿國，根本就是因為不能讀懂一位「世界級的學者」。這樣，事件中受到讀者同情的一方就會變成史祿國而不是冒著生命危險深入涼山的楊成志。

每一個小問題都可以不斷延伸，每一則材料都可以從不同的角度加以分析，寫作若無邊界，必將洪水氾濫。比如說，談到民俗學在廈門大學時期的過渡，就不能不談到廈門大學國學院，談到廈門大學國學院就不能不談到林文慶，談到林文慶就不能不談到陳嘉庚，談到陳嘉庚就不能不談到國際橡膠業的風雲變幻；從另一個角度出發，談到廈門大學國學院也不能不談魯迅與顧頡剛的矛盾，談到兩人的矛盾就不能不談他們與胡適的關係，接著還得談談所謂的現代評論派，這些錯綜複雜的關係當然還可以繼續向前無限回溯，且永無止境。

每一個人做每一件事都有其行為動機、思想根源，我們不可能事事洞明，件件悉數。為了避免將一些小事無限放大，我們必須堅持就事論事。要做到就事論事，就一定要忍痛割愛，捨得放棄那些與該事件沒有直接關係的各種材料，將那些弱相關的資訊排斥在邊界之外。

由於「民俗學」是個舶來的學科名詞，因此，一直有一種聲音，呼籲借鑒西方民俗學理論和方法來建設中國的民俗學。可在實際操作中，這種西化設想基本上只是停留在口號和設想階段。正因為這些呼籲一直未能落實，西方民俗學成就對中國現代民俗學的實質性影響並不大，因此，我們不擬對西方民俗學源流和本事進行梳理，而只討論那些已經被譯介並且發生過實質影響的少數幾部西方民俗學著作，即使如許多學者批評的，這幾部著作在西方民俗學界充其量只是些入門的小冊子。我們堅持這樣的書寫原則：只有那些被中國民俗學先驅者們所知見和理解了的「西方民俗學」，才在本書邊界之內，此外的西方民俗學史，無論如何複雜或輝煌，和我們的討論沒有關係。

以我們今天後知後覺的眼光來看，日本民俗學的建立似乎略早於中國現代民俗學的建立，兩邦一衣帶水，討論中國現代民俗學似乎也應涉及日本民俗學。可是，從既有文獻中，我們看不出日本民俗學對中國現代民俗學的成長壯大產生過什麼具體影響。同期的日本民俗學雖然也在如火如荼地展開，但它與中國現代民俗學的建設似乎是各自獨立的，相互之間並沒有發生什麼密切聯繫。因此，日本民俗學也在本書邊界之外。

鍾敬文先生曾叮囑筆者，民俗學發生的時間上限可以上溯到清末改良派；王文寶先生在《中國民俗學史》一書中甚至將民俗學的發生上推到「遠古至秦」。但是，本書討論的是現代學科意義上的民俗學學科史，而不是泛民俗現象的記錄史。只有當民俗現象被有意識地當做一種學科門類的研究對象受到學術界關注的時候，民俗學學科史的序幕才算拉開。因此，我們必須將北京大學歌謠運動之前的所有文人和知識界關於民俗文化的記錄和評述活動都排除在本書邊界之外。

筆者最難處理的，是一九三〇年左右的杭州民俗學會。許多民俗學史家都把它當做繼北京大學歌謠研究會、中山大學民俗學會之後，民俗學發展的第三個重要時期。可是從筆者目前所掌握的資料來看，這個學會似乎並沒有正式成立，只是由鍾敬文、婁子匡等幾位熱心民俗學事業的知識份子零星地做了些宣傳和組織工作。他們有時在當地報紙、雜誌開設專欄，有時自己編印些小冊子，偶爾使用一下「民俗學會」的名頭，這些工作並沒有在當時的主流學術界引起多大反響，更沒有進入到高校或研究機構的「體制內」層面。因此，本書只是把它當做中山大學民俗學會的杭州分會來處理。這是本書與既有的諸民俗學史著觀點很不一致的地方。

事物是普遍聯繫的，歷史是無限豐富的，可是，歷史的書寫卻只能限定在有限的篇幅之內，不可能面面俱到。我們永遠不可能揭示完整的學術史「真相」，只能局部地描述學術史上被記錄的「現象」，盡可能對這些現象做出合乎歷史的「解釋」。所以說，學術史寫作必須有明確的邊界。邊界之內，理應「上窮碧落下黃泉，動手動腳找東西」；而在邊界之外，大可「知不必言，言不須盡」。

第二節　材料的選擇與使用

中國現代民俗學的發生去今並不遙遠，雖然當事人大都已經作古，但雪泥鴻爪，總還有跡可尋，只要有可能找到直接材料的，本書盡可能避免使用間接材料。

舉個例子，許多歷史學家在讀了《國立中山大學語言歷史學研究所週刊》的《發刊詞》之後，都認為這是傅斯年的手筆。這樣認為當然不是沒有根據的：

首先，傅斯年是中山大學語言歷史學研究所主任，該所所刊的《發刊詞》理當由傅斯年執筆。

其次，《發刊詞》中氣貫長虹的氣勢正是傅斯年意氣風發的寫照。

再次，《發刊詞》的學術理念與一年後傅斯年在《歷史語言研究所工作之旨趣》中的學術理念如出一轍。

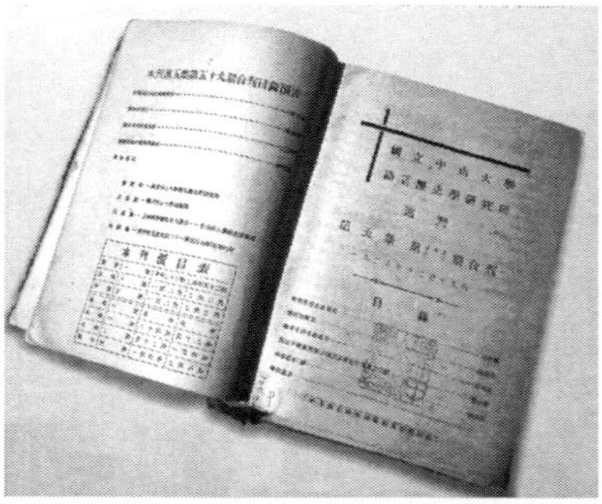

國立中山大學語言歷史學研究所週刊

曾先後工作於中山大學語言歷史學研究所和中央研究院歷史語言研究所的董作賓先生在一篇紀念傅斯年的文章《史語所在學術上的貢獻》中，認定此《發刊詞》「必是孟真先生的手筆」。臺灣「中研院院士」杜正勝在《傅斯年的史學革命與史語所的創立》一文中更是一口咬定《發刊詞》「絕對是『傅斯年式』的」。荷蘭萊頓大學現代東亞研究所所長施耐德教授在《真理與歷史》一書中，通過對《發刊詞》與傅斯年《歷史語言研究所工作之旨趣》的比較，也認定《發刊詞》出自傅斯年手筆。聊城師範學院歷史系主任李泉在《傅斯年學術思想評傳》一書中甚至說：「我們認為它應出自傅斯年之手，如果是他人起草的話，那麼基本思想也肯定是傅提出來的。」湖南教育出版社二〇〇三年出版的《傅斯年全集》，也以「附錄」的形式收入了這篇《發刊詞》。

可是，一萬條合情推理，也敵不過一條最簡單的直接材料。顧頡剛一九二七年十月二一日日記中寫到：「到孟真處。寫仲川、辛揆信。作《研究所週刊》發刊詞。理物。永梁來。」事實就擺在面前，《發刊詞》的作者是顧頡剛無疑。

有了顧頡剛的這則日記，我們再回頭看看顧頡剛為《北京大學研究所國學門週刊》二卷十三期撰寫的《一九二六年始刊詞》，以及一九二六年的《古史辨第一冊自序》，一樣能夠發現，《發刊詞》與這兩篇文章的學術理念也是「如出一轍」。因此我們同樣可以馬後炮式地「推論」說，這篇《發刊詞》「絕對是『顧頡剛式』的」，這些基本思想根本就用不著「由傅斯年提出來」。

基於材料性質的不同，本書寫作中對不同材料進行了區別對待：一、優先使用直接材料，如當事人的日記、檔案，以及當時的通訊、報導等即時資訊；二、沒有當事人敘述或即時資訊的情況下，使用後代史家的推論材料，同時注明推論者及其推論依據；三、實在無材料可用的情況下，提出自己的觀點，以及推論依據。

上述只是一般情況。當材料足夠豐富的時候，我們還會發現，即使同是直接材料，相互之間也常有牴牾之處。這時，我們通過對記錄同一事件的各種史料的反復比對，會很自然地認為那些重合度較高的史料是更可信的，相應的，我們會認為這些史料的提供者也具有更高的可信度，從而對他們提供的其他材料也持一種較為信任的態度。

比如，通過對一九二六——一九四八年間中山大學檔案資料的閱讀，我們可以發現，鍾敬文先生的歷史敘述與檔案資料的重合度比較高，而楊成志先生的敘述與檔案資料的重合度則略低一些。因此，面對那些無檔案記錄的事件，在「鍾敬文說」與「楊成志說」之間，我們會自然地傾向於採信鍾敬文說。

舉個實例，楊成志先生在所有回顧性文章中，都說自己「一九二七年從廣州嶺南大學歷史系畢業後來到中山大學語言歷史學研究所工作，同鍾敬文等人發起成立『中國民俗學會』」。許多學術史家都是依據楊成志自己的敘述來描述他在中山大學的歷史。但是，鍾敬文先生卻在接受筆者訪談時說，楊成志是一九二八年三月之後才進入中山大學的。據筆者核查，中山大學所有一九二七年間的花名冊、工資表等檔案資料，均未出現楊成志的名字，楊成志的名字最早出現在中山大學是在一九二八年五月的工資表上，一直到一九四〇年代，各種花名冊上，楊成志的「入校時間」一欄，從來都是空缺。所以，本書在述及楊成志入職年份時，沒有採信楊成志本人的敘述，而是部分採信了鍾敬文的敘述，部分採用了既有的檔案資料，表述為：「一九二八年初，嶺南大學鬧學潮，楊成志還沒畢業就被解散，一時無處可去，鍾敬文把他推薦給顧頡剛。顧頡剛讓楊成志翻譯了一篇史學論文，顧頡剛看了之後，聘他為語言歷史學研究所事務員，月工資僅五〇元，只是鍾敬文的一半。」

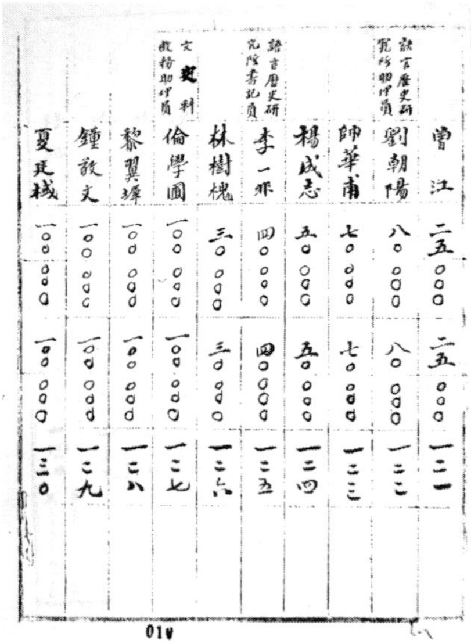

鍾敬文、楊成志的工資表（一九二八年五月）

在各種資料的對照閱讀中，我們判定鍾敬文敘述的可信度很高。可即便如此，鍾敬文也不可能在他的敘述中呈現一種「完全的真實」。鍾敬文一樣會有選擇、有傾向地記錄歷史事件，這是不可避免的。

以鍾敬文一九二七年一月二二日拜見魯迅一事為例，筆者共搜集到四篇文章。一是鍾敬文當天晚上所寫的《記找魯迅先生》；二是青年作家黎錦明一九三六年發表的《兩次訪鐘樓記》（對照魯迅日記，可知這篇文章記憶有誤）；三是記者梁式一九四二年發表的《可記的舊事》；四是鍾敬文一九七七年寫的《關於開設「北新分局」的事情》、一九八六年寫的《魯迅先生逝世五十周年祭斷想》。

在鍾敬文《記找魯迅先生》一文中，找魯迅的過程寫得特別詳盡，可是，真正見到魯迅之後，與魯迅的談話記錄卻極為簡略，最後居然只用一句「我們的談話很不少，在這短文裡不一一記述了」輕輕帶過，難免讓人覺得虎頭蛇尾。

這個謎底必須看了梁式的文章才能揭開：「鍾敬文卻發言最多，原來他負有一種連他自己也不清楚的任務，就是受顧頡剛函囑或電囑，因為魯迅初到，人地生疏，必有些不便，要隨時效點微勞。我也以為這是顧的好意，也就是鐘的好差使，殊不料魯迅只冷靜地答一聲『哦！』絕不作道謝語。鐘再說一次，魯迅又是一次『哦』，孫伏園對此也不插嘴。顧頡剛要和魯迅在廣州打真正官司一事後來完全明朗化了，但為什麼叫鍾敬文幫魯迅的忙呢，我至今還沒有明白。」原來是鍾敬文遭遇了尷尬的冷遇，因而有意忽略了談話內容。可是，梁式是個漢奸文人，漢奸的文章是否可靠仍然是個問題。

五十年後，鍾敬文在解釋他和魯迅之間的一些誤會時，側面坐實了這次尷尬的冷遇：「魯迅先生懷疑我們的設立『北新分局』和寫那冒失的信（施按：此前鍾敬文、楊成志等人計畫籌辦一個北新書局廣州分局，聽說魯迅也要辦一個北新書屋，於是去信說了『此事我們已經在進行了，你們最好不必再搞了』一類冒失的話）跟顧頡剛先生有關，這個責任，恐怕在我身上。因為當魯迅先生初到廣州，我和饒超君等去拜訪他的時候，我說的有些話，是足以引起懷疑的，雖然我當時並沒和顧先生見過面，更不知道他們在廈大那種對立的情形。其一，我說，不久前得到顧的信，知道先生就要到中大來了；其二，這是更重要的，當魯迅先生說到當時廈大國學研究院那些從北京去的同事們的鉤心鬥角的情形時，我竟然插嘴說，顧是個學者，大概不會這樣吧。記得魯迅先生聽了我的話，冷冷的回答說：『如果真像你所說的，那就好了。』這明明是有對我的話的反駁，但我當時並沒有充分理解到這話的真意和分量。」

鍾敬文《魯迅先生逝世五十周年祭斷想》一文也只是說魯迅「用幽默的口吻，談論了當時的文壇情況」。二〇〇一年夏天筆者向鍾先生重提這件舊事時，鍾先生再次說到：「魯迅講話很幽默。」當筆者追問如何幽默時，鍾先生說：「我說顧先生學問很好，他就講：『哈哈哈，要是那樣就好了。』」鍾先生感慨地說：「魯迅先生氣量太小。我以前不敢這麼說，現在我不用怕什麼。顧先生是個好人，學問好，喜歡有才華的年輕人。」

像這件事，不僅材料充足，還可求證於當事人，我們對於事件的瞭解就會更充分一些，但更多的時候材料並不充足，於是，我們也就只能將就一面之辭，看米下鍋。

有時即使同一當事人提供的直接材料，也須區別對待，不可等同視之。比如，許多學術史家都沒有注意到，同是直接材料，楊成志在講述其西南民族調查經過時，前後就曾發生過許多有趣的變化。不知是出於記憶的偏差還是事後的誇張，楊成志對於其冒險之旅的路程越說越長（從當時書信中的「足跡縱橫凡兩百餘里」變成了後來調查報告中的「計程約一千里」對於其經過的村落越說越多（從當時書信中的「經過的鄉村亦達百餘」變成了後來調查報告中的「所經過村落約二百餘」）對於其經歷的故事也越說越奇。關於彝人偷襲六城壩分縣衙門一事，楊成志在一九二八年十月的信中說前來搶劫的是「二十餘個玀玀」，可是，到了一九三〇年寫作《雲南民族調查報告》的時候，參與搶劫的人數上升到了「四十餘個攜刀帶槍的蠻子」；另外，他在信中說「他們先以石頭拋上屋背，以探裡頭人的動靜。即由衙警開了兩火槍，他們才向別家搶去」，可是，到了《雲南民族調查報告》中，卻變成了「當他們來攻時，胡縣佐和我督率著衛兵堅謹地開槍抵禦，約經一時之久，卒幸得附近漢人團兵援救而擊退！」

出於對記憶力的不信任，本書在採用同一敘述者的不同敘述的時候，盡可能使用時間比較靠前的材料。

對於後世學術史家的論述，因為不是直接材料，我們採信的要求自然得更加嚴格。鍾敬文先生就曾毫不客氣地指出中山大學某教授「也寫過中大的民俗學史，但他不肯去查資料，分析也不是那麼回事，想當然，他的文章是瞎講」。其實這種「瞎講」的現象並非特例。嚴格說來，任何一位學術史家，首先必須是個負責任的歷史書寫者，必須做到無一事無一語無來歷。一位學術史家只要在一篇論文中出現一次不實不信的敘述，就會失去他的信用度。即便這位學術史家在其著作中提供了「有用」的資訊，如果這些資訊難以核對的話，我們寧可放棄這些資訊，也決不輕易引用，不以材料之「新鮮」「有用」為標準。而對於那些信用度較高的學術史家所提供的資訊，本書除轉引該資訊的原始出處之外，還嚴格標注了轉引出處，這樣處理，一方面固然是出於對別人勞動成果的尊重，另一方面也是要把該資訊的信用責任推到別人頭上。

學術史的書寫，處處都是陷阱。從材料中，我們只能看到事件的前後順序，很難看到事件的因果關係。可是，如果學術史只是排列一下事件的次序，就會變成一部單純的編年史或大事記，成為一排僵硬的雕塑，而不是脈動的河流。於是，我們不得不從材料中鉤沉、焊接各種因果關係，在關係中勾勒人物，在關係中凸顯傳承。

可是，歷史敘述一旦涉及因果關係，就會變得如履薄冰。比如，在述及中山大學民俗學會在一九三〇年代的中落時，本書初稿原本是這樣表述的：「十月，語史所接到校長公函，謂因『經費支絀，暫時停辦語史所』，該所代主任商承祚因此憤而辭職。」此中「因此」「憤而」「辭職」三個詞，每一個詞都是有根據的：首先是商承祚在《我的大半生》中曾說：自從他接替顧頡剛擔任語史所代主任之後，就有一批人專門跟他作對，不斷製造矛盾，使他無法工作，他覺得在中山大學待著沒什麼意思，於是將這些情況告訴顧頡剛，主動表示要離開中山大學；其次是語史所檔案記載了「十二月，商承祚辭代主任職」。

可是，筆者在讀到商承祚父親商衍鎏一九三〇年八月十五日和九月十五日日記之後，對於「因此」和「辭職」兩個詞就不再有把握了。商衍鎏在日記中說，由於商承祚和他的上司文科主任劉奇峰鬧矛盾，一九三〇年下學期開學之前，劉奇峰故意扣下了商承祚的聘書，雖然戴季陶和朱家驊都表示願意挽留商承祚，但招架不住劉奇峰的堅決抵制，以至於商承祚沒法繼續在中山大學工作。

八月份就扣發了商承祚的聘書，十月份停辦語史所，可商承祚直到十二月才正式離職。可見語史所停辦與商承祚辭職並不具備前因後果的關係，這樣，「因此」兩字就不能用了。而且，商承祚似乎並沒有做好離職的準備工作，否則就不會將八月的憤怒拖延到十二月了結，商承祚的辭職其實是一次「被」辭職，這樣，「辭職」兩字也不準確了。

考慮再三，筆者只好將這段話重新表述為：「十月，語史所接校長函，謂因『經費支絀，暫時停辦語史所』；大約與此同時，語史所代主任商承祚也離職北上。」刪掉了「因此」和「憤而」，就等於掐斷了因果鏈條。失去了因果關聯，這些文字就變得乾巴巴沒一點血肉了。這大概也正是王國維所說的：可愛者不可信，可信者不可愛。

我們完全可以預期，只要有更多直接材料的出現，就一定還會有更多「可愛」的敘述需要進一步矯正。

在學術史寫作中，史料的搜集和通讀是第一重要的要素。如果沒有足夠的史料，就只能盡可能節制敘述，尤其要注意杜絕「想當然」。一般來說，合情合理的想當然總是富有情趣和感染力的，但學術史畢竟不是文學作品，寧不可愛，勿不可信。

張競生是以提倡「性學」聞名的一位文化奇人，曾經擔任北京大學哲學系教授，還曾擔任北京大學風俗調查會主席，而顧頡剛等人曾是北京大學風俗調查會的成員，江中孝在《張競生文集》（一九九八年）序言中，想當然地以為「張競生培養了顧頡剛、容肇祖、鄭賓于、常惠等民俗學界中堅」。過了十年，到了張培忠寫作《文妖與先知——張競生傳》（二〇〇八年）時，這份「學生」名單又被「層累造史」地進一步擴大：「張競生悉心培養了顧頡剛、容肇祖、鄭賓于、常惠、台靜農、鍾敬文、沈作乾等一大批傑出的風俗調查事務員，正是這批人，日後成了中國現代民俗學界的中堅力量。」眾所周知，上面提到的這些人，無論從思想上還是學術上，基本上都沒有受到過張競生的什麼影響，更談不上由張競生培養，相反，常惠不僅對張競生的許多提議頗不以為然，他所主編的《歌謠》週刊甚至有意拒刊張競生及其風俗調查會的相關資訊，而鍾敬文更是從未與張競生有過任何聯繫。

《張競生傳》在提到張競生風俗調查方面的貢獻時，不僅把顧頡剛等人算做張競生的學生，還花了兩千餘字把顧頡剛等人妙峰山香會調查的傑出成績全算在「張競生的直接主持下」。作者顯然沒有看過顧頡剛給奉寬《妙峰山瑣記》所寫的序言，序言中清清楚楚地交待了顧頡剛一九二五年妙峰山香會調查的前因後果，可說與張競生毫無關係。

本書「導讀」結尾處，再加三點說明。

為了方便讀者閱讀，本書擬用「花開兩朵，各表一枝」的敘述方式，區分不同話題，分頭敘述。同一事件在不同話題中被述及時，則採用「互見法」，以某一話題中的敘述為詳，其餘為略。

本書企圖勾勒部分早期民俗學者的個性特徵，儘量還原他們所處的學術生態，通過歷史書寫，指出學者的個性特徵對於其學術事業的可能影響。可事實上，這一企圖不僅不可能實現，反而可能導致敘述過於瑣碎、冗長。也確實曾有朋友對此提出過批評。筆者完全接受這些批評。敘述不節制，篇幅過長，皆因作者駕馭史料的能力弱。

筆者本想儘量減少直接引文，多用自己的口吻進行敘事，卻又總是擔心讀者不能理解那些話乃係「言必有據」，因此心裡時時裝著一個挑剔而迂腐的讀者。而那個想像的讀者所秉持的迂腐標準，其實正是作者自己設定的。

總綱　從「歌謠研究」到「民俗學」：倡立一門新學科

本書設定正文第一部分為全書總綱，沿用傳統學術史的敘述方式，畫出一條以學術行為的發生地和學者群為中心的路線圖，單線對中國現代民俗學的倡立史進行點線結合式的歷時描述。這樣做當然會遺漏部分歷史，但歷史敘述只能力求把握主要事實，用盡可能充分的資料盡可能清晰地敘述和解釋那些「有意義」的歷史事件。

僅想瞭解中國現代民俗學發生史大致路線圖的讀者，可以只閱讀本綱的十個單元。

本書劃定的路線圖是：北京大學的發生時期——廈門大學的過渡時期——中山大學的建設時期。也就是從北京大學《歌謠》週刊到中山大學《民俗》週刊的學術發展史。

第一節　前奏：韋大列《北京的歌謠》

北京大學「歌謠」研究先驅者們在早期的《歌謠》週刊上曾反復提及一位義大利人韋大列。有學術史家認為韋氏是對中國民間文學事業做出重要貢獻的屈指可數的一位西方人[1]。

韋大列（Guido Vitale）[2]是意國男爵，來華之前曾在義大利的那不勒斯學過漢語，一八九〇年始在義大利駐北京使館任職。他長期僑居北京，在中國結婚生子，對中國的民間文化有著濃厚的興趣。他利用業餘時間作過一些民間文學的搜集整理，他說自己「吃盡一切勞苦，盡力的搜集，可是還著實的不完全」[3]。

一八九六年，他輯錄的第一部歌謠集《北京的歌謠》（Pekinese Rhymes）[4]出版，收錄歌謠一七〇餘首。這是為英語母語的學生編寫的漢語教材，所以是一本中英文對照讀本[5]，「其間插入了對許多深奧隱晦的內容的注釋，對於簡約的兒歌中為傳唱者所習以為常的風俗和隱喻，也做了必要的說明。文盲的兒歌演唱者往往不能提供確切的字、詞或解釋，因此韋大列不得不對有些內容加以推測」[6]。他認為這樣的編寫有助於讀者明白懂得中國人日常生活的狀況和詳情[7]，而且頗具先見之明地認為：「根據在這些歌謠之上，根據在人民的真感情之上，一種新的『民族的詩』也許能產生出來。」[8]

1 〔美〕洪長泰著，董曉萍譯：《到民間去——一九一八—一九三七年的中國知識份子與民間文學運動》（該書根據哈佛大學出版社一九八五年版譯出），上海：上海文藝出版社，一九九三年，第三一頁。
2 不同的學者可能使用不同的譯名，如，常惠在不同的文章中分別譯作韋大列、威大列、威大利等，胡適譯作衛太爾，周作人譯作威大利。
3 男爵Guido Vitale：《北京的歌謠序》，《歌謠》週刊第二〇號，一九二三年五月二七日。
4 董曉萍在翻譯《到民間去》時把Pekinese Rhymes譯作「北京兒歌」，取周作人的譯法；胡適將書名譯為「北京歌唱」；而常惠等人在《歌謠》週刊中則譯為「北京的歌謠」。三者實為一書。
5 常惠：《談北京的歌謠》，《歌謠》週刊第四二號，一九二四年一月二〇日。
6 安德明：《多爾遜對現代中國民俗學史的論述》，《北京師範大學學報》一九九六年第六期。
7 男爵Guido Vitale：《北京的歌謠序》。
8 轉引自《發刊詞》，《歌謠》週刊第一號，一九二二年十二月十七日。《歌謠》週刊第二〇號《北京的歌謠序》中譯為：「根於這種歌謠和民族的感情，新的一種民族的詩或者可以發生出來。」

但韋大列對民間文化的這種關注並不為當時的讀書人所理解，在搜集的過程中大概還有過一些不是很愉快的經歷。常惠很遺憾地複述過這些事，比如說，韋大列曾經就歌謠的搜集問題請教過他的中文先生，可是這位先生大概覺著自己是位高尚的「文人」，很不屑於這些不入流的口頭傳統，對於韋大列的要求很不喜歡，他固執而且擔保中國已沒有這種沒有價值的東西存在了。這個時候，韋大列偶然地從抽屜中把些洋錢出來，這位先生馬上就放棄了他的怒氣、廉恥和榮辱，自言自語地表示要盡力幫助韋大列的搜集工作。最後，這位不承認歌謠存在的中文先生居然提供了四〇多首歌謠。[9]

難能可貴的是，韋大列並沒有把搜集工作當做一種純粹的個人愛好，他清楚地明白這項工作的價值，甚至呼籲「那些可以與人民自由交際的」中國人一起來參與這份工作。[10] 韋大列《北京的歌謠序》對於當時正在為中國文學苦苦尋求出路的啟蒙家來說，無異於一份極有分量的倡議書或說是挑戰書。[11]

常惠買了一本《北京的歌謠》送給胡適。胡適敏銳地意識到了該書的價值，一九二二年九月，他選了其中的十幾首，刊在《讀書雜誌》第二號上，並指出：「衛太爾男爵是一個有心的人，他在三〇年前就能認識這些歌謠之中有些『真詩』，他在序裡指出十八首來做例，並且說，『根據在這些歌謠之上，根據在人民的真感情之上，一種新的「民族的詩」也許能產生出來呢？』」[12] 同樣的一段話，周作人在《歌謠》[13] 一文中也作了譯介，稱讚韋大列此言「極有見

9 常惠：《我們為什麼要研究歌謠》，《歌謠》週刊第二號，一九二二年十二月二四日。
10 男爵Guido Vitale《北京的歌謠序》：「那些可以與人民自由交際的，必定可以多得些這種野生的詩的好例子。若有人肯供我些新材料，或他各自要擔任一個歌謠的新集的工作的，我極端的歡喜。」
11 常惠曾在《歌謠》第四號的「討論」上說：「人家外國人，而且在二三十年前能作出那樣的好書來。我們本國人在二三十年後若是反不如人家，那不是叫你『真個是不能不揮一把汗』罷。」
12 胡適：《北京的平民文學》，原載一九二二年十月一日《讀書》第二期，收入《胡適文集》第三卷「胡適文存二集」，北京：北京大學出版社，一九九八年。
13 仲密：《歌謠》，原載《晨報副鐫》一九二二年四月十三日；又載《歌謠》週刊第十六號，一九二三年四月二九日。收入周作人《自己的園地》，石家莊：河北教育出版社，二〇〇二年。

解，而且那還是一八九六年說的，又不可不說他是先見之明了」。

常惠則積極地把該書「序言」全文譯了出來，發表在《少年》第十五期。韋大列一九〇一年還出版了一本《中國笑話集》，收了九十九個笑話，同樣是本漢語教材。可當時中國思想先驅者們的注意力只集中在可供觀風察俗，以及新詩資鑒的「歌謠」上面，對於這本同是「民間文學」的笑話集並沒有表現出什麼興趣。

周作人、常惠、白啟明等人常提到的另一位對中國歌謠學界產生影響的人物是美籍女學者何德蘭（Isaac Taylor Headland）此人曾任北京大學教授，正是因為受到韋大列啟發，才開始搜集工作的。一九〇一年，何氏出版了《孺子歌圖》，常惠評說：「一本在一九〇〇年出版的，共有一五二首歌謠，是一位美國女士所輯，不但有中文，還譯成英文的韻文，而且還有極好的照像，很能把二〇年前北京的社會狀態表現出來，這是我最喜歡看的。」[14]

另外就是周作人在一九一九年提到的日本平澤平七（H.Hirazawa）編輯的《臺灣之歌謠》[15]，並且認為其中的譯文甚至比原文還要「明瞭優美」[16]。

洪長泰的史著中還提到其他一批「較有影響的西方學者研究中國民間文學的著作」[17]。儘管洪氏可能做了很精細的著作鉤沉，但我們還是很難同意洪氏的觀點。一本著作的出版和它的潛在價值，與它所真正產生的影響是兩回事，我們只能說這些著作出版過，卻沒有足夠的證據說明它們對當時的中國新學界造成了影響[18]。因為從來沒有人提及過這些著

14 常惠：《談北京的歌謠》。
15 後來周作人曾將這本書借給了常惠，見《歌謠》第八號「公佈」欄，常惠還曾想在《歌謠》上選登幾首。
16 周作人：《中國民歌的價值》，《歌謠》週刊第六號，一九二三年一月二一日。
17 〔美〕洪長泰著、董曉萍譯：《到民間去》，第三五頁。
18 這些著作甚至對現在的中國民俗學界也沒發生過作用。這並不是說洪氏所列的書目就比韋氏《北京的歌謠》潛在價值要小，而是歷史錯過了這些著作能發生作用的時間，現在即使有人讀到這些民俗學童年時期的著作，也已經沒有多大的學術參考價值了，它們充其量只具備民俗資料的價值。

作，反是有人認為：「中國歌謠，除了《孺子歌圖》《北京歌謠》兩部選集而外，或者沒有好的部頭了。」[19]即使到了一九二四年，歌謠研究會的幾位領袖也還很無奈地承認：「關於研究的方法和參考材料的確異常缺乏，因為經費無著，一兩年裡可以說不曾買過什麼外國文參考書。」[20]

第二節　序幕：北京大學歌謠研究會與風俗調查會

學術史家普遍認為，中國現代民俗學發端於北京大學的歌謠徵集活動和《歌謠》週刊的創立。關於歌謠運動的過程和運動產生的思想背景，已有大量的論著。為避免重複，這裡只做極簡單的回顧。

「五四」前後，整個知識界都在提倡「新」概念，新教育、新思想、新文學、新學術等等；瞭解和喚醒民眾也逐漸成為知識界的一種時尚風潮。從這個角度看，現代民歌的徵集活動可以看做是一件必然會發生的「新」事件。早在一九一六年，梅光迪就在一封信中附和胡適的「活文學」倡議，強調「文學革命自當從『民間文學』（Folklore, Popular poetry, Spoken language, etc.）入手，此無待言。惟非經一番大戰爭不可。驟言俚俗文學，必為舊派文家所訕笑攻擊」[21]。至於何時「入手」，何時「開戰」，則有待時機。

19　衛蔚文：《討論》，《歌謠》第四號，一九二三年一月七日。
20　《通訊》，《歌謠》週刊第四八號，一九二四年三月二三日。
21　胡適：《逼上梁山——文學革命的開始》，《東方雜誌》三一卷一號，一九三四年一月一日。見《胡適全集》（第十八卷），合肥：安徽教育出

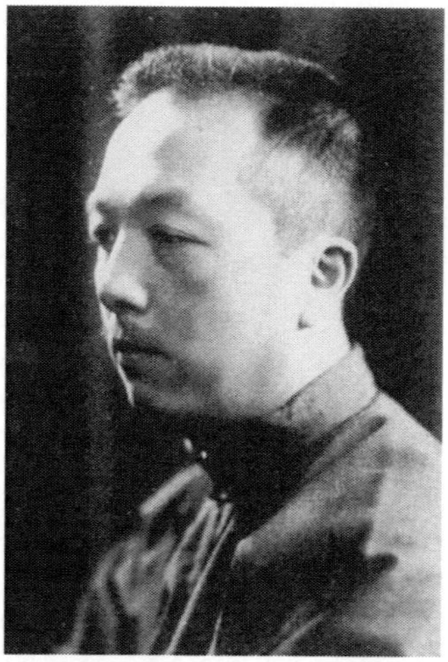
劉半農（一八九一——九三四年）

一九一八年早春，這一時機降附於北京大學的兩位年輕教師，借助於一次偶然而有意思的散步拉開了序幕[22]。據劉半農（一八九一－一九三四年）回憶，那天正是大雪之後，他和沈尹默（一八八三－一九七一年）在北河沿閑走著，劉半農忽然提出：「歌謠中也有很好的文章，我們何妨徵集一下呢？」沈尹默當即回應：「你這個意思很好。你去擬個辦法，我們請蔡先生用北京大學的名義徵集就是了。」第二天，劉半農將章程擬好，蔡元培看過之後，隨即批交文牘處印刷五千份，分寄各省教育廳以及各中小學校。中國歌謠的事業，就從此開場了[23]。

由劉半農擬定，經蔡元培批准的《北京大學徵集全國近世歌謠簡章》在一九一八年二月一日的《北京大學日刊》正式發表，蔡元培還為此發表「校長啟事」：「本校現擬徵集全國近世歌謠，除將簡章登載日刊，敬請諸君幫同搜集材料。所有內地各處報館，學會及雜誌社等，亦祈各就所知，將其名目，地址函交法科劉復君以便郵寄簡章，請其登載。」蔡元培的這一舉動在新舊學界曾經引起不小的波瀾，贊成的、反對的，都是旗幟鮮明。在當時那種思想觀念急劇

版社，二〇〇三年，第一〇九頁。

22 劉錫誠在《劉半農：歌謠運動的首倡者》（《民間文化》二〇〇一年第一期）中說：魯迅先生是中國現代文化史上第一個發表文章，提出搜集和研究歌謠的人。他於一九一三年二月在教育部《編纂處月刊》第一卷第一期上發表的《擬播布美術意見書》裡寫道：「當立國民文術研究會，以理各地歌謠，俚諺，傳說，童話等；詳其意誼，辨其特性，又發揮而光大之，並輔翼教育。」次年一月，周作人又在《紹興縣教育會月刊》上發表了《兒歌之研究》一文和採集兒歌的啟事。但他們兄弟二人關於搜集歌謠的呼籲，都成為曠野裡的呼喊，沒有得到社會上和學術界的回應。事實上，不僅是周氏兄弟，當時社會上意識到民歌重要性的大有人在，比如，一個叫何尤的歌謠愛好者就曾在《歌謠周年紀念增刊》（一九二三年十二月十七日）上撰文說：「我研究歌謠的興趣，發現很早。一九一七年在洛陽中學校時，我就主張平民文學，應當從歌謠入手。不過當時此等主張為大家所不注意。」

23 劉複：《自序》，《國外民歌譯》（第一集），北京：北新書局，一九二七年四月。

新陳代謝的啟蒙風潮之下，終於還是東風壓倒西風，歌謠運動在劉半農等人的努力下開始運作了。

簡章發表後三個月，歌謠徵集處就收到校內外來稿八〇餘件，歌謠一千一百餘首，由劉半農選了一批，自一九一八年五月二〇日起，逐日在《北京大學日刊》上發表。這一舉動在社會上影響很大，各種報紙紛紛起而效仿。但這一活動在《北京大學日刊》的持續時間反而並不長，大約在第二年五月就結束了，總共發表歌謠一四八首[24]。

這個由一班文學家們發起的歌謠徵集活動，其原始動機不過是想為文藝界的新詩運動之類提供點新鮮貨色作為參考，期望於短時期內編幾本歌謠「彙編」及歌謠「選粹」而已（彙編是中國歌謠的全份，選粹是用文學眼光抉擇的選本）[25]。不想借助了新文化運動和北京大學的號召力，「活動」一旦展開，迅速在全社會知識界演變成了一次平民知識份子的文化「運動」，遠遠超出了這班文學家的初衷設想。

從一九一九年到一九二二年間，北京大學的這些先驅者們只是把「歌謠徵集處」改了個名字叫「歌謠研究會」，並沒有做什麼實際工作。真正進入學術史視野的「歌謠研究」，肇始於一九二二年十二月十七日《歌謠》週刊的創立。

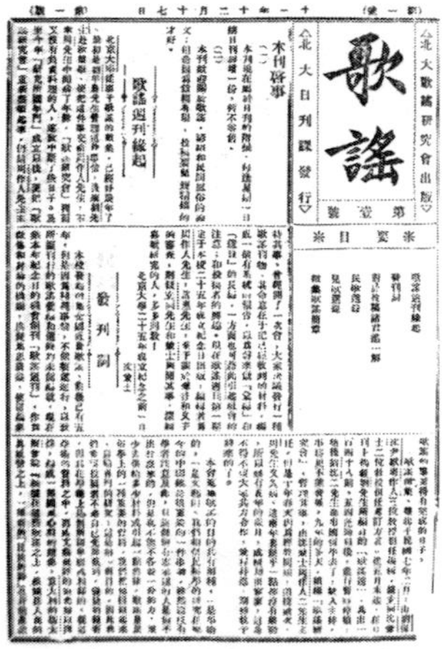

《歌謠》週刊第一號
（一九二二年十二月十七日）

《歌謠》週刊「發刊詞」在回顧前幾年的成績時說：北京大學的歌謠徵集活動，發起於一九一八年二月，由劉復、沈尹默、周作人三位教授負責編輯，錢玄同、沈兼士二位教授負責考訂方言。在日刊上連載劉復所編訂的《歌謠選》，共出了一四八則。「五四」運動之後，這項活動就暫時停頓了，隨後劉沈二位教授出國留學，徵集活動缺人主持，事務更不能發展。一九二〇年冬天，徵集處改組為「歌謠研究會」，由沈兼士、周作人二先生主任其事。但是到了一九二一年春天，因為經費問

24 王文寶：《中國民俗學史》，成都：巴蜀書社，一九九五年，第一八七頁。
25 顧頡剛：《序》，魏應麒編《福州歌謠甲集》，廣州：中山大學民俗學會叢書，一九二九年六月。

題，閉校數次，周作人又久病，這兩年裡幾乎一點都沒有舉動，所以雖有五年的歲月，成績卻很寥寥[26]。所謂的「成績寥寥」只是針對北京大學校內的徵集成果而言。一九二〇年十月始，北京《晨報》開闢「歌謠」專欄，在編輯者郭紹虞的邀約下，「顧頡剛將他從家鄉搜集到的吳歌送到報上發表，開創了報紙刊登歌謠的先河」[27]。從全國範圍來看，《北京大學日刊》歌謠徵集簡章發表以後，《新青年》以及上海的許多報紙都進行了轉載，各地方報紙也紛紛開設歌謠專欄，發表的歌謠多到難以統計[28]。因為民間歌謠的受歡迎，書商們也紛紛介入，出版了大量的歌謠專集。周作人就曾說過：「中國出版界的習慣，專會趁時風，每遇一種新題目發現，大家還在著手研究的時候，上海灘上卻產生出了許多書本，東一部大觀，西一部全書……在歌謠收集這一件事上，當然也逃不出這個公例。」[29]

社會上的歌謠出版事業，許多年後還一直沒有中斷。但這些書商行為，基本上只是把些民眾所喜聞樂見的民間文學輯錄成冊，營取發行利潤，雖說客觀上也起到了為歌謠徵集推波助瀾的作用，但若說到學術研究，卻還必須回到作為學術機構的北京大學。

一九二二年，北京大學研究所國學門成立，「沈兼士先生主任其事，『歌謠研究會』即歸併於研究所國學門，於是

---

26 《發刊詞》，《歌謠》週刊第一號，一九二二年十二月十七日。

27 陳以愛：《中國現代學術研究機構的興起——以北大研究所國學門為中心的探討》，南昌：江西教育出版社，二〇〇二年，第九九頁。

28 比如鍾敬文先生就曾說到：「『五四』前一年發刊的《北大日刊》的《歌謠選》，早已影響了許多地方報刊，從而也引起了我的回應。」（《鍾敬文學述》，浙江人民出版社，二〇〇〇年，第三四、三五頁）常惠自己也說：「五四以後，新文化運動象潮湧般的起來，校外的報章雜誌常常登載一些歌謠，有時也登討論歌謠的文章，很引起一般青年注意和愛好，民間文學逐漸的活躍起來。」（《回憶〈歌謠〉週刊》，《民間文學》一九六二年第六期）另據張紫晨統計，「《日刊》發表歌謠後，產生廣泛影響。當時的《新生活》週刊、《雨絲》、《晨報副刊》、《婦女雜誌》、《文學週報》、《一般》等雜誌也時有歌謠諺語的登載。這種空氣引起人們極大的興趣。」（《中國民俗學史》，吉林文史出版社，一九九三年，第七二四頁。）

29 周作人：《讀〈各省童謠集〉》，《歌謠》週刊第二〇號，一九二三年五月二七日。「歌謠集」在二〇年代上半葉是很受歡迎而暢銷的題材，但到一九二〇年代下旬，可能是因為出得太多太濫的緣故，「發行者確不歡迎歌謠集，以銷路較小，無錢可賺也」（江紹原致張清水信，《民俗》週刊第七四期，一九二九年八月二一日）。

重新進行，仍由周作人先生主持其事，登報徵集，並刊印簡章，分寄各省教育廳，請其轉請各縣的學校，並委託私人朋友及各同鄉團體，代為收集」[30]。本來歌謠研究會打算出《歌謠彙編》，但苦於材料太少，不便整理，就改為以週刊的形式零零碎碎的刊出，並作為《北京大學日刊》的附張，每星期一隨日刊附送。議定該刊由周作人和常惠擔任編輯。

《歌謠》週刊是北京大學歌謠研究會對中國現代民俗學的偉大貢獻。這是中國學術史上第一份專門性的民間文化研究刊物。從一九二二年底創刊到一九二四年五月，共收到歌謠、諺語、謎語、歇後語等共一一一九一首[31]；從一九二四年七月到一九二五年六月《歌謠》停刊止，又收到歌謠二一〇三首[32]；加上《歌謠》創刊前的搜集，一九一八至一九二五年共收到歌謠一三九〇八首。

中國自漢立樂府以降，素有采歌謠以觀風俗的傳統。「歌謠」與「風俗」關係密切，所以歌謠研究會多數同人認為「研究歌謠，是為民俗學立一基礎，能將各地的歌謠收拾整齊」[33]。這種認識直接導致了「歌謠研究」向「風俗研究」的轉型。

北京大學研究所國學門為了設立「風俗調查會」一事，一九二三年五月十四日首次集合一批同志，召開了籌備會議[34]。會上由一貫主張「風俗革命」的張競生教授提出一份「風俗調查表」交付討論，經會眾略加修改，決議採用[35]，並議定於當月的二四日召開成立會。成立會上，張競生當選為風俗調查會主席，當場議決了三項調查方法：「一，書籍

30 容肇祖：《北大歌謠研究會及風俗調查會的經過》，《民俗》週刊第十五、十六期合刊，一九二八年七月十一日。
31 容肇祖：《北大歌謠研究會及風俗調查會的經過》（續），《民俗》週刊第十七、十八期合刊，一九二八年七月二五日。
32 《本會收到各省歌謠數目總表》，《歌謠》第九七號，一九二五年六月二八日。
33 邵純熙：《我對於研究歌謠發表一點意見》，《歌謠》週刊第一三號，一九二三年四月八日。
34 容肇祖：《北大歌謠研究會及風俗調查會的經過》（續）。
35 張紫晨：《中國民俗學史》，吉林文史出版社，一九九三年，第七三〇頁。張紫晨認為這份調查表「除『旨趣』外，將民俗本身分為環境、思想和習慣三大項，共五四目，概括較全。它反映出當時風俗調查會與歌謠研究會的一些學者對民俗的理解和對民俗範圍的認識。」

上之調查；二，實地調查；三，徵集器物。」[36]六月十四日，風俗調查會又在《北京大學日刊》刊發啟事，發動學生利用暑假開展實地調查。

據容肇祖回憶：「張競生教授設計了一張風俗調查表，這張表，把搜集民間歌謠範圍擴大到不只民間文藝，包括到全部的民俗調查。我也參加了風俗調查會，領到表去調查，這是我向群眾學習的開端。這個調查，提供了一些書本上找不到的資料，對於啟發愛好歌謠的人必須深入實際地去作采風工作，提出了一些新的看法。」[37]

張競生設計的這份風俗調查表印了三千張，發出的很多，暑假後只收回二十四張，品質還不盡人意[38]。其中做得比較好的，如溫壽鏈的《福建龍岩縣的風俗調查》被常惠拿來發在《歌謠》週刊[39]。

風俗調查會幾乎沒有任何可持續的經費來源，除了下發一些調查表，以不花錢的形式來徵集一些調查結果和風俗物品之外，幾乎沒辦法開展任何工作[40]。

風俗調查會最突出的成就是一九二五年四月三〇日至五月二日對妙峰山香會的調查，這是風俗調查會進行的惟一一次有組織的正式調查活動。由於財力的限制，這一次的調查費用僅僅領到五〇元[41]。調查的參加者有顧頡剛、容庚、容肇祖、莊嚴、孫伏園等人，因孫伏園任《京報副刊》主筆，故將調查結果放在該刊，做成《妙峰山進香專號》。

36 容肇祖：《北大歌謠研究會及風俗調查會的經過》（續）。
37 容肇祖：《憶〈歌謠〉和〈民俗〉》，《民間文學》一九六二年第二期。
38 容肇祖：《北大歌謠研究會及風俗調查會的經過》（續）。
39 溫壽鏈：《福建龍岩縣的風俗調查》，《歌謠》第二八號，一九二三年十月十四日。
40 鍾敬文先生在《數年來民俗學工作的小結賬》（《民俗》週刊第一期）中說：「風俗調查會，雖無多大成績，但總算做過一回有意識的宣傳，使國人知道研究風俗也是學術界一件重要的工作。它的提示與刺激的功勞，是不容於隨便抹煞的。」
41 顧頡剛：《自序》，《妙峰山》，廣州：中山大學民俗學會叢書，一九二八年九月。

北京大學研究所國學門同人合影（一九二四年）

《歌謠》這廂，第三一號發表了周作人的《歌謠與方言調查》，此文又引發了一批學者對方言調查的緊迫感，一九二四年一月二六日，北京大學方言調查會成立。於是《歌謠》週刊「自四九號起，擴充範圍，兼載關於『方言』及『民俗』的論著」[42]。因此容肇祖認為「歌謠週刊自第四九號起，雖未曾改名，而實在是民俗週刊了」[43]。

《歌謠》一共出了九七期，每期銷量約在一千份左右。一九二五年暑假之後，《歌謠》週刊擴充為《研究所國學門週刊》，該刊從一九二五年十月支撐到一九二六年八月，因為學校經費緊張，斷斷續續出了二四期，大部分的稿件還是歌謠、風俗、方言的材料，以及研究所同人的論文。二四期之後，改為月刊，又出了四期。北京大學改組之後，教授們紛紛南下廈門和廣州，月刊也終於停了。

截止《歌謠》停刊，歌謠研究會還完成了多種叢書的編輯工作，計有「歌謠叢書」八種：《吳歌集》《北京歌謠》《河北歌謠》《南陽歌謠》《淮南民歌》《山歌一千首》《昆明歌謠》《直隸歌謠》；「歌謠小叢書」四種：《看見她》《北京謎

42 「編輯部啟」，《歌謠》第五三號，一九二四年五月四日。
43 容肇祖：《北大歌謠研究會及風俗調查會的經過》（續）。

語》《北京歇後語》《諺語選錄》；「故事叢書」二種：《孟姜女故事的歌曲甲集》《孟姜女故事研究集》[44]。但是，其中大部分還沒來得及付印，該項事業就已中止了。

兩會的工作時緊時鬆，成績雖然不大，但在知識界造成的影響卻不小，意義更是深遠。正如容肇祖所說：「在經濟困難的近十年的當中，成績自然不能很大。然而以無固定的最慳吝的經費，而靠喜歡研究歌謠和民俗的學問的同人，專門在各地搜集材料的研究的供給，即歌謠週刊九六期，及週刊，月刊各期看，已覺成績驚人了！非有北大這樣一種提倡，民俗、歌謠的研究，在中國內當更少人注意。有了北大這樣的零星的，不畏難的搜集和研究的情形，使一般人耳濡目染的習聞，知道這是可研究的一種材料，這結果真算不惡。現在北大的這種工作已停止，北大的名稱已取消。然而好的是北大歌謠，風俗的研究的種子散佈在各地。」[45]

《北京大學研究所國學門月刊》

到了一九三五年，「北大文科研究所決定恢復歌謠研究會，聘請周作人、魏建功、羅常培、顧頡剛、常惠、胡適諸位先生為歌謠委員會委員，但那時連會都開不起來。直到一九三六年三月，胡适才站出來重新收拾舊山河，恢復《歌謠》週刊，看起來所聘人員有些還是老搭檔，但昔日的輝煌已經不再了。」[46]新《歌謠》週刊勉強編了五三期，一九三七年六月二六日發了一則啟事：「本刊在暑假中停刊，准於九月四日繼續出版第十四期。」[47]事實上，該啟事只是表達

44 《本學門開辦以來進行事業之報告》，《北京大學研究所國學門週刊》第二卷二四期，一九二六年四月。
45 容肇祖：《北大歌謠研究會及風俗調查會的經過》（續）。
46 劉錫誠：《北大歌謠研究會與啟蒙運動》，《民間文化論壇》二〇〇四年三期。
47 《啟事》，《歌謠》週刊三卷十三期，一九三七年六月二六日。

了一種願望，這個良好的願望最終變成了一則永遠的記憶。

第三節　吹鼓手：周作人和常惠

周作人和常惠是最早和最著力倡導「民俗學」概念的兩個學者。「民俗」還是「風俗」，抑或是別的什麼概念，其實並不重要，民間文化作為研究對象的出現是必然的，而使用什麼名稱來稱呼這一研究對象卻具有偶然性。

「民俗」一詞，現在可見的文獻中，最早出現在《禮記・緇衣第三十三》：「故君民者章好以示民俗，慎惡以禦民之淫。」在這裡，「民俗」是與「民之淫」相對而出現的，「淫」一般作「貪侈」解，「民俗」則後世諸家未作解釋，從字面上理解，當是一種相對較「好」的民風。

《漢書・董仲舒傳第二十六》引董的話說：「樂者，所以變民風，化民俗也。」這裡的「民俗」是需要被「化」的，可見並不一定是好的民風，這一概念少了《禮記》中預先設定的價值判斷。

後世使用「民俗」這個詞比較普遍，也多作中性詞用，如《宋史・卷四百三十四陸九淵傳》：「其境內官吏之貪廉，民俗之習尚善惡，皆素知之。」當然，這些「民俗」都只是泛指民間流行的風尚，不是特定的學術名詞，與「風俗」、「民風」、「民情」、「習俗」、「慣俗」、「俚俗」等詞彙大致沒有什麼區別。

周作人（一八八五－一九六七年）

首先在「民俗」後面綴以「學」字的，應該是周作人，一九一四年一月二〇日，他在《兒歌之研究》[48]一文中首先使用了「民俗學」一詞。在日本，使用民俗學一詞相對早些，一九一二年，日本文化人類學家坪井正五郎主持成立了日本首個以民俗學為旗幟的學術團體「日本民俗學會」。許多學者認為周作人的「民俗學」一詞是從日本舶來[49]。可是，無論周作人提倡兒歌研究還是民俗研究，當時都不能引起任何反響，這些人「必須到了北京，與其他新文化運動的提倡者聯絡之後，他們才在客觀上具備了發動一次歌謠運動的條件。現代學術團體與學術運動形成之密切關係，在此可以得到充分證明」[50]。「同樣的事，同樣的人，卻產生截然不同的結果，除了時間方面的少許『落差』外，『京城』、『北大』與地方小縣之間的區位懸殊不能不說是主要原因。這種差別的本質可用一句話簡括，即一個國家一個中心。正因中國社會存在著這種區位上的巨大反差，才不但導致處於其中的當事人不能不對其認同並利用，而且還使後世論者也跟隨著對這樣的『中心』加以宣揚和強調。」[51]

《歌謠》出刊的第一號，《發刊詞》中著重提出了「民俗學」的概念：「我們相信民俗學的研究在現今的中國確

48 周作人：《兒歌之研究》，一九一四年一月二〇日首發於《紹興縣教育會月刊》第四號，後來分別在《北大月刊》第二三九期及《歌謠》第三三、三四號連載了一次。

49 在日本，「民俗學」的出現也是比較晚近的事情。一九一二年，日本文化人類學家坪井正五郎主持成立了「日本民俗學會」，一九一三年開始刊行《民俗》雜誌，但只出了五期就中止了，影響也不大（這和後來由柳田國男主持的「日本民俗學會」是兩回事，後者成立於一九四九年，前身是一九三五年創辦的「民間傳承會」）。周作人一九〇六年東渡留學，一九一一年回國後在紹興任中學英文教員，以上涉及的事情都是發生在周作人回國之後，如果「民俗學」一詞確由日本舶來，那麼，我們只能認為周作人對日本學術界的風吹草動產生了過激反應。

50 陳以愛：《中國現代學術研究機構的興起——以北大研究所國學門為中心的探討》，南昌：江西教育出版社，二〇〇二年，第九九頁。

51 徐新建：《民歌與國學——民國早期「歌謠運動」的回顧與思考》，成都：巴蜀書社，二〇〇六年，第二〇頁。

是很重要的一件事業，雖然還沒有學者注意及此，只靠幾個有志未逮的人是做不出什麼來的，但是也不能不各盡一分的力，至少去供給多少材料或引起一點興味。歌謠是民俗學上的一種重要的資料，我們把它輯錄起來，以備專門的研究。」周作人是個很有想法的人，但「不是一個辦事的人」[52]，僅僅把名詞提出來，不做什麼實在的工作，民俗學無法深入人心。

真正不遺餘力地大力張揚「民俗學」這一詞彙的，是常惠。

常惠（一八九四－一九八五年），字維鈞，北京人，一九二二年負責《歌謠》編輯工作的時候，還只是北京大學法文系三年級的學生，一九二四年畢業留校。常惠是被歌謠徵集活動喚醒的一個活躍分子。還在《北京大學日刊》刊佈歌謠的時候，他就十分熱心地與劉復通信。劉復出國以後，常惠不滿於外面的歌謠討論熱熱鬧鬧而北大校中的徵集反而冷冷清清，於是給學校國文教授會寫信，促成了歌謠研究會開會討論此事，「當時討論，如果還是繼續每天在日刊登一首歌謠，決引不起大家的興趣，不如出一種週刊，多登些歌謠，引起大家投稿。」[53]

接著就是《歌謠》的出刊。因為常惠主張最力，而當時掛名負責歌謠研究會的大牌教授們，對於歌謠的興趣其實也只止於站在旗杆邊上吶喊幾聲助助陣，並不真正投入精力，所以大家公推常惠來擔任編輯。

常惠是個老北京，「為人厚重，熱誠正直，急難好義」，被朋友們戲稱為「常三爺」[54]。常惠人緣很好，因此很能約到一些名家的稿件。一九二三年北京大學二五周年的時候，《歌謠》週刊編印增刊，常惠還專門請魯迅給增刊畫了星月圖作封面，並由沈尹默先生題字。一九二四年常惠結婚的時候，胡適擔任證婚人不算，還特意為他們擬了一首打油詩：「新娘笑迷迷，新郎笑嬉嬉，大家甜蜜蜜，一對好夫妻。」董作賓則因此寫了篇《一對歌謠家的婚儀》，作為「婚

52 顧頡剛語，轉引自顧潮：《顧頡剛年譜》，北京：中國社會科學出版社，一九九三年，第五六頁。
53 常惠：《回憶〈歌謠〉週刊》，《民間文學》一九六二年第六期。
54 台靜農：《憶常維鈞與北大歌謠研究會》，《新文學史料》一九九一年第二期。

姻專號之一」刊登在《歌謠》週刊第五六號，表達歌謠同人對他的祝福。

常惠從一開始就把「民俗學」當做一種學術的標準來要求歌謠徵集活動，他在《我們為什麼要研究歌謠》中提出，「依民俗學的條件：非得親自到民間去搜集不可；書本上的一點也靠不住；又是在民俗學中最忌諱的」[55]；「歌謠是民俗學中的主要分子」[56]。並且認為民謠（Folk-song）與坊間唱本（Ballad）「是在『民俗學』（Folk-lore）中並立的」[57]。

在對各地歌謠的編輯過程中，他越發意識到歌謠和民俗的密切關係，認為「要研究歌謠，不只要好的文學，『真詩』，還要能知道民族的心理學。要研究民族心理學，萬不可不注意一切的民俗的書籍。所以我愛讀坊間的唱本，彈詞，小說，較比那大文學家的著作愛讀的多。我想本可不必知道著者是誰，只要看他的內容取材於社會和影響於社會就得了。」[58]據說他曾去請教過魯迅，魯迅也說：「《歌謠》週刊的範圍狹窄了，要放寬，群眾生活中流傳下來的民俗、文藝作品都要整理研究」，常惠採納了魯迅的意見[59]，不斷地放寬《歌謠》取材的範圍。以致後來提出要把歌謠研究會改為民俗學會。

歌謠研究會的成立源於常惠的一封信，風俗調查會也是源於常惠的提議。不過他當時提的是「民俗學會」，而不是「風俗調查會」。民俗學會之所以改成了風俗調查會，則是因為張競生的提議。容肇祖回憶說：「對於名稱上，常惠先生主張用『民俗』二字，張競生先生主張用『風俗』二字。風俗二字甚現成，即用Folklore的解釋亦無悖。」[60]

儘管當時表面上已經統一意見使用「風俗」一詞，但常惠還是念念不忘「民俗學」，即使在《歌謠》發表風俗調查

55 常惠：《我們為什麼要研究歌謠》，《歌謠》週刊第二號，一九二二年十二月二四日。
56 常惠：《我們為什麼要研究歌謠》（續），《歌謠》週刊第三號，一九二二年十二月三一日。
57 常惠回應白啟明的《討論》，《歌謠》週刊第四號，一九二三年一月七日。
58 常惠：《談北京的歌謠》（續），《歌謠》週刊第四三號，一九二四年一月二七日。
59 常惠：《賀中國民俗學會》，中國民俗學會籌委會《會刊》，一九八二年十二月。轉引自王文寶《常惠》，《民俗研究》一九八九年第一期。
60 容肇祖：《北大歌謠研究會及風俗調查會的經過》（續）。

魯迅先生親自設計的《歌謠紀念增刊》封面（一九二三年十二月十七日）

會的最初成果，溫壽鏈的《福建龍岩縣的風俗調查》時，常惠在編輯按語中還特別強調：「因為這篇記得最好，不但給研究中國民俗學的一個極好的材料；而且與研究歌謠的大有關係。」常惠很固執地拒不使用「風俗學」這一概念，也不願意在《歌謠》中太多提及「風俗調查會」甚至「風俗」兩字。

北京大學研究所國學門成立之後，設置了歌謠研究會、明清史料整理會、考古學會、風俗調查會、方言研究會等五個平行的學會。其中歌謠研究會主席是周作人，日常管理人是常惠；風俗調查會主席是張競生（後為江紹原），日常管理人是台靜農[61]。

對於「民俗學」的進行，常惠也提不出太多具體的東西，只是說「我們研究『民俗學』就是採集民間的材料，完全用科學的方法整理他，至於整理之後呢，不過供給學者採用罷了」[62]。所謂科學的方法到底如何界定，不單是常惠提不出具體意見，當時參與歌謠研究會的人，沒有人能給出一個哪怕是模糊的答案。

限於常惠的身分和力量，無論他如何竭力地鼓吹和提倡民俗學，總是無法得到諸多教授的認可，當時對於此一學術的稱呼，因缺乏權威正名而各行其是。真正大張旗鼓地打出「民俗學」的招牌而一統天下，是一九二八年以後的事了。在中山大學民俗學會紅火的時候，常惠仍然堅守在寂寞的北京東安門內國學研究館，管理著已經無需管理的歌謠研究會[63]。

61 台靜農：《憶常維均與北大歌謠研究會》，《新文學史料》一九九一年第二期。
62 常惠回應衛蔚文的《討論》，《歌謠》週刊第四號，一九二三年一月七日。
63 周作人致鍾敬文信，《民俗》週刊第十三、十四期合刊，一九二八年六月二七日。

第四節　主角上場：顧頡剛踏入「歌謠店」

顧頡剛的介入可能是一種偶然，然而正是顧頡剛天才的學術成績，影響了《歌謠》週刊後來的學術取向。

作為「五四」新文化運動的一部分，北京大學歌謠徵集活動早期的目的僅僅是為了考察「人情風俗、政教沿革」和民眾的思想情緒等，並沒有創立「民俗學科」的意圖。如果沒有顧頡剛的介入，歌謠研究也許會朝著有資現代文學的方向發展[64]，未必就會必然地轉向民俗學。

顧頡剛在二〇世紀上半葉的中國學術界，是個開一代風氣的大學者[65]。顧頡剛一九一六年考入北京大學文科中國哲學門。一九一八年北京大學部分進步教授發起徵集歌謠運動，引起顧頡剛的興趣，時值夫人病逝，他自己的身體也不好，休學在家，於是順手搜集起歌謠來。十二年間竟集至數百首，並其他方言、謎語、諺語、唱本、風俗、宗教等資料若干。一九二四年，他把搜來的歌謠取名《吳歌甲集》在《歌謠》週刊連載，反響很大。

顧頡剛是一九二〇年畢業留校的，他在研究《詩經》的過程中，從《通志・樂略》裡讀到鄭樵論《琴操》的那段關

64　事實上，一九三六年胡適等人復刊《歌謠》週刊的時候，就有此目的。胡適在《復刊詞》中說：「我以為歌謠的收集與保存，最大的目的是要替中國文學擴大範圍，增添範本。我當然不看輕歌謠在民俗學和方言研究上的重要，但我總覺得這個文學的用途是最大的，最根本的。」（《歌謠》第二卷第一期，一九三六年四月四日）

65　顧頡剛不僅是新史學的領導者和實踐者，也是中國現代民俗學的開拓者之一。他的「層累地造成的古史觀」深刻地影響了整整一代學人的歷史觀念；他的充滿個性色彩的民俗研究方法至今仍是一種典範，正如鍾敬文先生所說：「在本民族民俗學理論的獨創性上，顧先生的文章是壓卷的，他研究孟姜女傳說，也是『五四』思潮的產物，但在民俗學上，他是走自己的路的。他在這方面的著作，是民族性和創造性相結合的產物，他們同樣能夠奠定中國現代民俗學的理論基礎。」（鍾敬文《建立中國民俗學派》，第十九頁）

顧頡剛（一八九三－一九八〇年）

於「杞梁之妻」的話，引起注意，後又看到有關這個故事的材料，便下決心對這個故事作一番深入的研究。

一九二三年底，顧頡剛開始介入《歌謠》週刊的編輯工作，成為《歌謠》週刊後期的實際負責人和主要撰稿人。一九二四年，《吳歌甲集》在《歌謠》週刊連載，反響很大。到了年底，顧頡剛又把有關孟姜女故事的材料以及他的考證寫成《孟姜女故事的轉變》，發表在《歌謠》週刊第六九號，很快就驚動了中外學術界。

顧頡剛受到鼓舞之後，乾脆在《歌謠》週刊上主持編輯了九期「孟姜女專號」，將徵集到的孟姜女故事資料和自己的研究文章陸續登出，成為《歌謠》週刊所出專號中成績最突出的一種。

一九二五年四月三〇日至五月二日，顧頡剛承北京大學研究所國學門風俗調查會之囑託，與容庚、容肇祖等人到北京西郊妙峰山進行社會民俗調查，此舉為北京大學風俗調查會惟一的正式調查工作，也是中國民俗學史上第一次有組織的民俗調查活動。

一九二六年七月，北京大學歌謠研究會出版了顧頡剛的《吳歌甲集》單行本，一時好評如潮。胡適、沈兼士、俞平伯、錢玄同、劉復諸名士分別為書作序，劉復在序中直白地說：「前年頡剛做出孟姜女考證來，我就羨慕得眼睛裡噴火，寫信給他說：『中國民俗學上的第一把交椅，給你搶去坐穩了。』現在編出這本吳歌集，更是咱們『歌謠店』開張七八年以來第一件大事，不得不大書特書」[66]。《吳歌甲集》的出版，影響很大，具有很強的示範作用，以致後來多有

[66] 錢序、劉序均見顧頡剛：《吳歌甲集》，上海：上海文藝出版社，一九九〇年影印本。

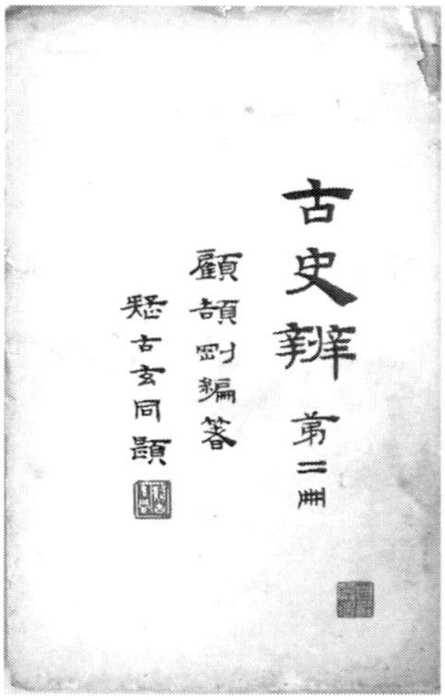

《古史辨》書影

模仿而以名書者，如稍後的《閩歌甲集》《吳歌乙集》等。

同年六月，《古史辨》第一冊出版，這是奠定顧頡剛在新史學界宗師地位的一部巨著，該書使得這個三十三歲的青年一舉成為了現代新文化運動中學術界的核心人物。也正是因為有了這樣一種核心地位，顧頡剛才有可能利用自己的影響力一展鴻圖偉業。

秋天，因北京各大學經費困難，欠薪嚴重，大批教授紛紛南下，顧頡剛「在京窮困至此，實亦不能不去」[67]，於是轉赴廈門大學，任國學院研究教授。

第五節　過渡：原《歌謠》同人在福州和廈門的活動

原北京大學《歌謠》同人的南下，大大帶動了南方的學術空氣，成就了廈門大學和中山大學人文學科的迅猛發展，輾轉各地的新潮學者，成了播種機。學者生活之不幸，成了南方人文學術之大幸。

由於時局動盪，張作霖入關以後，到處通緝進步分子。一九二六年「三・一八」慘案之後，傳說北洋政府列了一張

67 顧潮：《顧頡剛年譜》，第一二九頁。

黑名單，要抓五十四名批評政府的左翼教授[68]，以至人心惶惶。加之北京大學辦學經費緊缺，連教授工資都難以支付[69]，大批教授紛紛逃離北京，南下武漢、廈門和廣州等地。北京大學歌謠運動隨之退潮。顧頡剛雖然不願過問政治，但是「在京窮困至此，實亦不能不去」[70]，七月收到廈門大學二紙聘書，遂於八月五日攜眷離京，先至滬杭，再轉廈門。

一九二四年秋，北京大學進修生陳錫襄先期回到福州協和大學，「即想把北大的風俗調查會，歌謠研究會，方言調查會，考古學會的計畫熔而為一，組織大規模的『閩學會』。」[71]但他只是一個光杆司令，上無組織，下無兵馬，沒法開展工作。一九二五年春，董作賓也到該校執教，大家都是同道中人，這才開始聯手具體商討辦會事宜。

陳錫襄（一八九八－一九七五年）

他們向國文系借得二〇元，自捐了十元，便寫了些宣言和通告，發向全校師生。共征得五〇餘人報名，居然占了全校三分之一。他們擬了一份宏大而不切實際的計畫書，發了些「普通徵求表」，還擬出了「風俗調查表」、「歌謠採集範圍」、「古物調查表」等，當時曾征集到一些物品和圖書，準備把公用及私藏的一起拿出來開個展覽會，來稿則發到他們自己印行的《石鼓週刊》上，結果「五卅」慘案一爆發，所有計畫流產。工作雖然停頓了，但宣傳的目的卻是達到了，部分學生開始了他們的調查工作，只是成果無法發表。

68 林語堂：《八十自敘》，臺北：臺灣遠景出版事業公司，一九八六年，第五八頁。
69 張競生說：「一九二七年，大賊頭張作霖打入北京，派了劉哲為北大校長，宣佈一切教職員欠薪截止給發，一切蔡元培校長在北大的規制都被推翻了。」（張競生著，張培忠輯：《浮生漫談：張競生隨筆選》，北京：三聯書店，二〇〇八年，第一六一頁）
70 顧頡剛日記，一九二六年五月八日。
71 陳錫襄：《閩學會的經過》，《國立中山大學語言歷史學研究所週刊》第七期，一九二七年十二月十三日。

林文慶（一八六九－一九五七年）

一九二七年一月十七日，因顧頡剛、容肇祖等人來福州，大家曾商量廈門大學國學院與協和大學合作，共組一個大規模的「閩學會」，後來還在廈門報紙上公開刊發了六條「辦法」，惜因形勢變化而未果。

廈門大學這邊，一九二六年陳嘉庚大幅度地給學校加撥經費，並且寫信給林文慶校長，希望進一步擴充廈門大學，儘量多聘一些國內外知名學者，並加意教學革新，使之成為國內第一流大學。林文慶遵照陳嘉庚的指示，不斷敦聘北方知名學者，並且決定以原北京大學研究所國學門為樣板，打造廈門大學國學研究院。其中「國學研究院史學研究教授顧頡剛，兼文科國文系名譽講師，為三年級學生講授《經學專書研究》。國學研究院研究教授、俄國人史祿國，兼文科歷史社會學系教授，講授《人類學》」[72]。

一九二六年九月十八日，林語堂、沈兼士、顧頡剛等在廈門大學國學研究院編輯事務談話會上，議決組織風俗調查會，出版《廈門大學國學研究院季刊》。十月十日，國學研究院召開成立大會，校長林文慶兼任院長。十一月，顧頡剛與林幽、孫伏園、容肇祖等人商議發起成立風俗調查會。

十二月十三日，廈門大學國學研究院召開院會，決定發行《廈門大學國學研究院週刊》，刊載考古、歌謠、風俗、宗教及方言類研究文章，由風俗調查會成員顧頡剛、容肇祖任編輯主任。同一天，風俗調查會召開工作討論會，與會者除四位發起人外，還有張星烺、林語堂、潘家洵、丁山等，會上通過了章程，商定了工作計畫，決定「調查風俗從閩南入手，次及福建全省，再次及全國」[73]。會上各人先選定研究題目，一切研究所得，將在《國學研究院週刊》上發表。

72 楊國楨：《二〇世紀二〇年代的廈門大學國學研究院》，《廈門大學學報》二〇〇六年第五期。
73 《國學研究院風俗調查會之發起與進行》，《廈大週刊》第一六九期，一九二六年十二月二五日。

顧頡剛認領的題目是「廈門的墓碑」[74]。

廈門大學《國學研究院週刊》於一九二七年一月五日創刊。該刊有三則啟事：一是徵求本省家譜。二是收集各地古器物及風俗物品。三是徵求海神、土地廟、洛陽橋、朱熹、鄭成功、鄭和及倭寇的傳說、遺跡，並一切實事的記載；歌謠、謎語、急口令及歇後語，兒童故事及遊戲；通行於全省或一局部之富有地方性的戲劇及其劇本；苗民之生活狀況；各地古跡古物之調查記錄。

該刊同期有林幽的《風俗調查計畫書》[75]，該計畫對風俗是什麼、調查風俗的三個原因、調查的計畫、調查的範圍及方法都作了詳細的闡述，並且認為，調查只是研究的預備，「所以調查底範圍比風俗自身廣」，大凡地理條件、物質生活和社會政治組織等都在搜集的範圍，這一認識是對「調查」與「研究」關係的比較精到的闡述。計畫書基本上承繼了北京大學風俗調查會的傳統，「是我國現代民俗學研究史上較早給風俗明確和完整定義的文章」[76]，這些定義基本上反映了當時學界對相關概念的理解。

廈門大學《國學研究院週刊》最終只出了三期，每期都有一些風俗研究的篇目。除去該刊已經發表的文章外，還有許多作於當時，但未及發表的成果，如顧頡剛在《讀李崔二先生文書後》中說：「這一篇文字，還是二月六號寫起的，不幸在廈門大學風潮之中，日受風潮的激蕩，到今天（一九二七年三月三〇日）才寫畢。」寫文章時還在廈門大學，發文章時則已在中山大學了[77]。

顧頡剛等人在廈門大學的宣傳和活動，大大地推動了當地的民間文學搜集工作。比如謝雲聲就說：「當一五年十

74　顧潮：《顧頡剛年譜》，第一三三頁。
75　林幽：《風俗調查計畫書》，《廈門大學國學研究院週刊》第一卷第一期，一九二七年一月五日。
76　陳育倫：《對二、三十年代福建民俗學運動的回顧》，《民間文學論壇》一九九六年第二期。
77　顧頡剛：《讀李崔二先生文書後》，《國立中山大學語言歷史學研究所週刊》第十一、十二合期，一九二八年一月十六日。

月，顧先生來任廈門大學國學院教授時，蒙他不棄，時常征我關於閩省的民眾文學。」[78]吳藻汀也說：「顧先生以歷史家的眼光注意古跡；同時也注意民俗。他到泉州的時候就敦囑我的摯友劉谷葦先生對於這種——民間傳說——努力！」[79]這幾個人後來都成為了中山大學民俗學會的鐵杆會員。「廈大民俗學研究的風氣波及到學生中間，有的學生加入了風俗調查會，參與了各地的民俗調查。當時學生舉辦的國語辯論會，內容大多與民俗學相關。」[80]

廈門大學國學研究院剛剛辦起來，陳嘉庚就遭遇了一連串意外的商業危機。由於荷蘭在印尼拼命增產，國際樹膠價格連連暴跌。「陳嘉庚先生營業不佳，百事節縮，遂至百事停頓」[81]。廈門大學國學研究院斷了財源，不僅擴充無望，甚至難以為繼，教授們紛紛被校方辭退。一九二七年元旦左右，魯迅應中山大學之聘，欲離廈門大學，學生因此而起風潮。校長林文慶為了對外掩蓋資金困難的窘況，只好把責任推到教授們身上，他在接受記者採訪時爆出了魯迅離校是因為國學院內部分為「胡適派」和「魯迅派」的問題，一時輿論譁然，國學院教授們見報大怒，乃開會質詢校長，並一起到報社澄清此事，最終以報社刊發道歉啟事而告終[82]。

一是因為經費銳減，二是因為人事關係僵化，風俗調查會諸教授顧頡剛、容肇祖、丁山、羅常培等人，以及福州的董作賓、陳錫襄等人，也先後轉往中山大學。

在從北京大學歌謠運動向中山大學民俗學運動的推進中，廈門大學國學院的過渡以及顧頡剛的南下起到至關重要的作用。與同時期的新國學各研究機構相比，為時不久的廈門大學國學院的學術成就固然趕不上北京大學和清華大學，卻

78 謝雲聲：《閩歌甲集·自序》，廣州：中山大學民俗學會叢書，一九二八年七月。
79 吳藻汀：《泉州民間傳說·自序》，廣州：中山大學民俗學會叢書，一九二九年十一月。
80 陳育倫：《福建早期民俗學研究的興起和發展》，《廈門大學學報》一九九六年三期。
81 顧頡剛致胡適信，一九二七年二月二日，《胡適來往書信選》上冊，北京：中華書局一九七九年，第四二二頁。
82 顧潮：《顧頡剛年譜》，北京：中國社會科學出版社，一九九三年，第一三五—一三八頁。

不遜色於齊魯、燕京的國學研究所和東南大學國學院，在學術發展史上的地位甚至更為重要[83]。廈門大學風俗調查會存在時間雖不長，但任務、目標明確，組織機構健全，對福建民俗學調查與研究工作起到了推動和組織作用[84]。

第六節　邊鼓：早期的民俗類課程建設

探討誰、何時、在哪裡最早開設民俗類課程，其實並沒有太大意義，但作為學術史的書寫，似乎又難以繞開。江紹原雖然一直沒有參加中山大學民俗學會的活動，但他的開拓性工作卻是不容被忽視的。

中國現代民俗學史上，是誰最早開設民俗學的專門課程？過去流行有張競生說，江紹原說。其實，這是一個不太好界定的話題，什麼叫「民俗學課程」？是以有意識地把它叫做「民俗學」作為標準呢？還是只要與民俗學內容相關就可以算？如果是前者，那是很晚近的事；如果是後者，那麼，在張競生、江紹原二人之外，起碼還應加上董作賓（這還是排除了已經被歸入文化人類學的相關課程）。茲將他們各自的成績作一梳理。

83　桑兵：《廈門大學國學院風波——魯迅與現代評論派衝突的餘波》，《近代史研究》二〇〇〇年第五期。
84　陳育倫：《對二、三十年代福建民俗學運動的回顧》。

一、張競生的《風俗學》

張競生（一八八八－一九七〇年）

江中孝在《張競生的生平、思想和著述》中說他曾開講一門《風俗學》：「風俗調查會成立後，張競生擔任主席，並在校內開講『風俗學』課程，鼓勵學生除學習風俗學的一般理論外，積極進行社會調查，徵集風俗物品，建立風俗陳列館。」

關於張競生，比較可靠的資料是陳錫襄的《風俗學試探》[85]。陳錫襄在文中說，在中國最早提出「風俗學」這一名詞的是北京大學教授張競生，「至於他大概是受法國的巴黎大學教授和哲學雜誌主任L'evy-Bruhe的影響的。然而這位教授的著作Morale et Science cles moeus是偏重於說明風俗與道德的關連，張先生的呢，也是行為論和風俗學一表一裡，他們都是特殊的目的，不純粹是風俗學的」。而且，張競生對於所謂風俗學研究的方法「只是一跳跳到哲學或藝術了」。

一九二〇年代的張競生是以對「愛情定則」的討論和對「性史」的徵集而出名的，但也由此落得「文妖」的罵名。他的風俗學部分地體現為他對「美的人生觀」的鼓吹，大綱如下：

（一）風俗學為自然科學之一

85 陳錫襄：《風俗學試探》，《民俗》週刊第五七、五八、五九期合刊，一九二九年五月八日。

（二）風俗學為社會學上各事情的函數
（三）風俗學為進化的
（四）進化的方面是美的
（五）風俗學研究人生的事實，行為論（按即廣倫理學）研究人生的學理

陳錫襄當時在北京大學進修，正好聽了張競生的《風俗學》課程，但他不認為張競生講授的是真正意義的風俗學，而是「一跳而美的人生觀和美的社會組織法，再跳而性史而新文化……」也就是說，風俗學只是張競生的幌子。掛了羊頭，卻並沒有賣羊肉。

張競生自己卻不這麼認為，他說：「我當時是北大風俗調查會主任委員，在調查表中由我編出了三十多項應該調查的事件，其中有性史的一項。會員們（都是教授）在討論之下，覺得性史的調查，恐怕生出許多誤會，遂表決另出專項。所以我就在北京報上發出徵求的廣告了，這個可見性問題在我們當時看來，也是風俗的一門，應該公開研究的。」[86]

二、董作賓的《歌謠概論》

董作賓一九二五年春天到福州，同年冬天返回河南，顧頡剛說他在福州這段時間曾「開講歌謠概論，激起那地學生的注意」[87]。惟一的佐證材料是由福州人江鼎伊提供的，他在一九二五年的一篇文章中說：「本年董先生作賓來此

86 張競生著，張培忠輯：《浮生漫談：張競生隨筆選》，北京：三聯書店，二〇〇八年，第一五四頁。
87 顧頡剛：《序》，謝雲聲編《閩歌甲集》，廣州：中山大學民俗學會叢書，一九二八年七月。

掌教，特開歌謠研究一班，正合著我的夙願，於是我又重整起旗鼓來。」[88]

由於沒有更多材料以瞭解董作賓該課程的內容，我們很難斷定這是不是中國最早的民俗類課程，但起碼應該是中國最早的與「民間文藝學」相關的課程。

事實上，董作賓並不是「浪漫文學家」類型的學者，無論從《看見她》來看，還是從他與陳錫襄共同組織「閩學會」來看，董作賓應該不是站在「文藝學」的角度來講授課程。如果這個猜測屬實，那麼，作為民俗類課程建設，董作賓的「歌謠概論」要比江紹原的「迷信研究」（一九二七年）更早一些。

董作賓（一八九五－一九六三年）

三、江紹原的《迷信研究》

魯迅於一九二七年一月轉到中山大學，同時舉薦江紹原到校，代理英吉利語言文學系主任。同年四－六月，江紹原為哲學系和英文系一年級的學生開了一門破天荒的新課程——《迷信研究》，並將一百二十多頁的油印講義發給學生。他說：「我的計畫，不過想把世界上各民族間現在和從前流行的迷信，以我所知者為限，分門別類，略略敘述；並且要把本國的迷信，也就我個人見聞所及者，隨時點明，作為將來更仔細的研究的一個起頭。」課程內容包括「產乳，兒童時代，成人，性交與婚姻，種植，漁獵、疾病，戰鬥，死亡，喪葬祭祀等項」[89]。結果由於時間所限，只講完婚姻部分。

[88] 江鼎伊：《我與童謠的過去和將來》，《歌謠》週刊第九五號，一九二五年六月十四日。
[89] 江紹原：《禮俗迷信之研究概說》，《江紹原民俗學論集》（王文寶、江小惠編），上海：上海文藝出版社，一九九八年，第三〇二頁。

二〇〇一年十二月，王文寶把他為江紹原整理遺物時發現的中山大學一九二七年六月的《迷信研究》[90]課程試卷七份，捐贈給中山大學民俗研究中心。即使《迷信研究》不能算是中國最早的民俗學課程，起碼這些試卷也是中國現存最老的民俗學課程試卷，現將七份試卷略作介紹如下：

林祥錦（九六分）：《略述尊處對於妊娠產乳兒童性交等等的迷信》。該生係潮州學生，全文一千餘字，首先解釋人類迷信的因由，接著，一述產婦在臨盆和分娩期間的禁忌，二述產後及哺乳期間的禁忌，三述兒童命名、入學、飲食方面的迷信，四述敬神之性交禁忌及求子風俗。條理清晰，觀點明確。

楊淙（九五分）：《廣東梅縣關於婚姻產育兒童的迷信風俗》。全文三千餘字，這個學生在完成作業之後，又在卷末講了一個迷信的恐怖故事「以供參考」，還說自己很迷糊，「不知是否有那件事」。可見，上了一學期的課，還是未能點破他心中的迷信觀念。

周勝皋（九五分）《合浦之關於婚姻、生產、嬰孩等的迷信風俗》。全文約四千字，該生在結語中說：「什麼是天經地義的真理，什麼是奇怪無稽的迷信，似乎只有程度上的差別，而不能絕對的不同……『真理』『迷信』，總是五十步之於百步罷了。不過舊的迷信不打破，新的真理不會建設。」[91]

楊向衡（九〇分）：《廣東梅縣關於生產兒童婚姻的迷信風俗》。全文一千餘字，只是羅列了一些迷信現象。

周慶雲（八〇分）：《略述尊處對於妊娠產乳兒童性交等等的迷信》。該生系廣東文昌人。全文約八百字，只答了一半題，因為「此外如產乳，性交等，不惟見所未見，且亦聞所未聞，無從答述也。」

戴先啟（七五分）：《長沙婚姻風俗》。該生寫作認真，但他開篇說長沙婚俗「大概與中國婚俗大同小異，寫一大篇也覺很無興味。」江紹原在這句話上劃了個問號，只給了七五分。

---

90 有些學生在課程名稱處同時寫上《比較宗教學》，但有一份試卷上的「比較宗教學」幾字又被圈去。

91 這段話顯然是受了江紹原科學觀的影響。

谷中龍（七五分）：《湖南耒陽關於生產，兒童，性交，和婚姻的迷信風俗》。全文一千餘字，也是羅列現象。

因魯迅辭去了中山大學的教職，江紹原在一九二七年七月的課程結束之後，不聽中山大學挽留，也辭職。江紹原在杭州待了一段時間，沒有找到工作，蔡元培勸他先回中山大學再說，於是，九月份他又回到中山大學。他在一份手稿中說打算在這個學期「開講一班『迷信研究』和另一班『迷信禮俗研究』。『迷信研究』是將上半年擬講而未克講者講完。而『迷信禮俗研究』，則我打算約分為兩段，前段即上半年所講的『迷信研究』，後段為本學年續講的『迷信研究』之全部」[92]。但是《迷信禮俗研究》未獲校方通過，因為兩門課程的內容太接近，同時開設難免有巧立名目的嫌疑。

從一九二七年下半年《國立中山大學日報》刊載的課程表來看，江紹原的《迷信研究》確曾列入計畫，並稱具體開課時間另行通知，但始終沒有下文。據鍾敬文回憶，這門課事實上並沒有開成。江紹原性格比較孤傲，與校方的關係處得不是太好，學期沒有結束就再次離開了學校。

這段時間，江紹原常與顧頡剛往來[93]，但始終沒有加入顧頡剛領導的中山大學民俗學運動。據鍾敬文回憶，是因為「江先生看不起顧先生的東西，他覺得你這個東西不合西方國家的學術潮流」[94]。當時的民俗學活躍分子張清水則是這樣評價兩人的：「顧先生是研究史學的，從民俗中去找尋材料的。他的古史辨，『孟姜女故事研究集』，都是不可多得書籍。江先生，專研究『小品』，從許多目前最平常的小問題去研究，雜然成趣，也是別開生面的一種工作。除不時續寫已積下三百幾則的『小品』外，『血與天葵』，『發須爪』，實是江先生經營數年血汗換來的偉著。」[95]

92 江紹原先生講義「小引」手稿，原件存王文寶先生處。
93 顧頡剛這段時間的日記中常常提到江紹原。
94 鍾敬文先生談話錄音，施愛東整理：《女奚不曰其為人也》，《民俗學刊》第一輯，澳門出版社，二〇〇一年十一月。
95 張清水：《翁源生產風俗——呈紹原頡剛先生》，《民俗》週刊第三八期，一九二八年十二月十二日。

第七節　正戲開場：中山大學民俗學會的成立

一九二八年初，顧頡剛決定把「民俗學」的旗幟響亮地打出來，並且決定把民間文藝劃入民俗學。「民俗學會」這一名稱，是顧頡剛反復權衡之後的產物，當然也不排除受到了英國民俗學會的影響。

很多學者都把「中山大學民俗學會」的成立時間判定為《民間文藝》週刊的出版時間，即一九二七年十一月一日[96]。這與實際情況略有出入。

顧頡剛一到中山大學，就著手協助傅斯年籌辦中山大學語言歷史學研究所。他們最初的想法是要將它辦成「北京大學研究所國學門」第二，繼續北京大學已有和未竟的事業，在南方形成一個文科研究中心。而對於該所旗下將要設立的各學術團體，開始並無定名。

按照北京大學時期的傳統，民俗學方面的學術機構先後曾有「歌謠徵集處」「歌謠研究會」「風俗調查會」諸種名稱。一九二四年一月三〇日的「歌謠研究會常會」上，周作人、常惠曾提出將歌謠研究會改名「民俗學會」，遭到一些人的反對，錢玄同提議改為「平民文藝」，林玉堂則提議改為「民族藝術」或「民族文藝」，最終因意見不能統一而不

96 如洪長泰即認為：「一九二七年十一月一日，中山大學民俗學會首次登上歷史舞臺，同時發行新雜誌《民間文藝》。」（《到民間去——一九一八～一九三七年的中國知識份子與民間文學運動》第八六頁）王文寶認為：「一九二七年十一月一日創辦了這兩個刊物的同時成立了民俗學會。」（《中國民俗學史》第二二四頁）類似的說法更多。以上學者主要是把《民間文藝》的出刊時間當成了民俗學會的成立時間。另，一九二九年印製的《國立中山大學語言歷史學研究所年報》第二一頁「本所大事記」，也在「一九二七年十一月」之下，有「民俗學會成立」一句，該「大事記」記事一概具體到日，唯獨此處只有月屬，並無日期，可見即使是在當時，語言歷史學研究所的教授們也已無法斷定民俗學會的具體成立時間。

中山大學語言歷史學研究所同人合影（一九二八年）前排左起：余永梁、商承祚、顧頡剛、沈鵬飛、黃仲琴、容肇祖，後排為事務員和助理員

了了之[97]。即使是對於folklore一詞的翻譯，也有幾種提法，如江紹原就曾提議用「謠俗學」或者「民學」來稱呼[98]。顧頡剛初到中山大學時，首先想到的，是成立一個「歌謠會」，而不是「民俗學會」[99]。

後來考慮到「歌謠」的範圍太窄，就將之改為「民間文藝」，並於一九二七年十一月一日正式出版《民間文藝》週刊。即使在該刊出版之後，顧頡剛的工作計畫也還處於變動之中。表現在各種工作計畫中，《民間文藝》週刊與「民俗學會」的職責是分開而不是統一的。

一九二七年十月二五日《國立中山大學日報》的一則消息中特別提到：「語言歷史學研究所……議定出版週刊及民間文學二種刊物。週刊內容包括語言歷史研究及社會風俗調查等項；民間文學內容包括歌謠童話小說及傳說故事等項。」[100]由此可見，「社會風俗調查」類的專案當時並未當做「民間文學」的工作內容。

97 《本會常會並歡迎新會員紀事》，《歌謠》第四五號，一九二四年三月二日。
98 容肇祖：《我最近對於「民俗學」要說的話》，《民俗》週刊第一一一期，一九三三年三月二一日。
99 顧頡剛日記，一九二七的四月二七日。
100 《國立中山大學日報》一九二七年十月二五日第四版。

與《民間文藝》週刊同時創刊的《國立第一中山大學語言歷史學研究所週刊》，從創刊號起就在封三登載「附白」，羅列該研究所設置的「研究方向」，其中的「民間文學」是與「民俗學」「人類學」並列的一個方向，這份「附白」一直登載到第十八期（一九二八年二月二八日）。有趣的是，《民俗》週刊創刊號即將出刊時，「附白」也停止了。

另一個明顯的事實是，如果這些早年的開拓者們開始就有意識地單一地高舉出「民俗學」這一大旗，他們就沒有必要在《民間文藝》週刊出到第十二期的時候突然改名《民俗》週刊。我們翻檢《民間文藝》週刊之後的出版物，無論是《民俗》週刊還是民俗叢書，都會打上「民俗學會定期刊物」或「民俗學會叢書」字樣，這在十二期的《民間文藝》週刊中是找不到的。

而幾乎每期的《民間文藝》週刊都會在封二登載「徵求民間文藝簡章」：其一，「本刊徵求民間文藝範圍，凡流行民間的神話，童話，傳說，趣事，寓言，歌謠，謎語，俗曲，唱書，劇本，諺語，歇後語等等皆是。所有關於上列各種材料，我們一律歡迎。」完全是從口承文學的角度來徵求文章的，沒有涉及風俗的內容；其四，「本刊收稿處為『廣州文明路國立第一中山大學語言歷史學研究所民間文藝週刊編輯室』。」隻字不提「民俗學會」。

我們現在能夠看到的「民俗學會」一詞最早的正式出現是在第二期的《語言歷史學研究所週刊》（一九二七年十一月八日），其中有《民俗學會刊行叢書》的消息：「民俗學（Folk-lore）的研究，在外國早已成為一種獨立的學科。可是這門學問，在我國尚沒有很多人注意到。現顧頡剛、董作賓、鍾敬文諸人，因組織民俗學會，專從事於民俗學材料之搜集與探討。該會為求達到廣大搜求與研究的功效，極望國內外的同志，加入該會合作。」[101]同樣，在「民俗學會」的工作中，隻字未提《民間文藝》週刊。

可見，從當時的實際情況來看，《民間文藝》週刊的誕生並不代表「民俗學會」作為一個學術團體的正式成立，中

---

[101] 《學術界消息》，《國立第一中山大學語言歷史學研究所週刊》第二期第二四頁，一九二七年十一月八日。從《國立中山大學日報》打出的《週刊》第二期廣告時間來看，事實出版時間大約是在十一月十八日左右。

山大學民俗學會的成立時間也就不應認定為一九二七年十一月一日。鍾敬文也曾回憶說：「中大民俗學會的成立，大約應當在一九二八年春，似乎沒有開過什麼正式的成立會」[102]。

另一可資佐證的是，「民俗學會」是「國立中山大學語言歷史學研究所」旗下的一個學術團體。研究所雖然早在籌備，但其正式宣佈成立是在一九二八年一月[103]，「本所開第一次會議」的時間是一九二八年三月二七日[104]。民俗學會作為研究所的下屬學會，其正式成立的時間理因晚於研究所的成立時間也即一九二八年一月。

第一本民俗學會叢書（一九二八年三月）

民俗學會的成立沒有確定時間。如果需要有一具體指認，我認為應該是第一本民俗學會叢書，即由楊成志、鍾敬文編譯的《印歐民間故事型式表》的誕生。該書一九二八年三月三日出版，扉頁和出版頁上都明確標署了「民俗學會小叢書」，書前有顧頡剛的《〈民俗學會小叢書〉弁言》以及鍾敬文的《付印題記》。

《題記》中說：「這篇文章，是從英國民俗學會出版的『民俗學概論』（handbook of Folklore）中翻出來的。」英國「民俗學會」這一學術團體可能給予了中山大學的這些同行一些啟發，所以《題記》中又說：「枝頭將闌的梅花，已在報告著春將歸來了……在這當兒，我們忽觸到這個工程的重要，於是工作開始了。費了四五晝夜的工夫，總算草草成

102 鍾敬文：《中國民間文學講演集》，北京：北京師範大學出版社，一九九九年，第四四頁。董曉萍在《中國現代民俗學運動的開端——中山大學民俗學會與鍾敬文》（《社會科學輯刊》一九九一年第二期）一文中也說到：「據鍾敬文回憶，籌建中山大學民俗學會，沒有開過什麼正式會議。只是在一九二七年末的一次語言歷史研究所所務會議上討論過。」

103 《國立中山大學語言歷史學研究所概覽》，廣州：中山大學語言歷史學研究所，一九三〇年一月，第五六頁：「十七年一月，本所正式成立。」

104 《國立中山大學語言歷史學研究所概覽》，第五八頁。

稿」。這句話很值得琢磨，說明此書的翻譯，不是一般的圖書介紹，而是預示著一種「重要工程」的開始——民俗學會正式啟動。

《題記》五天之後，一九二八年一月二九日，顧頡剛「作《民俗學小叢書》弁言，六百餘字」[105]。《弁言》開始意識到要把「民俗學」的旗幟響亮地打出來，「民俗可以成為一種學問，以前人決不會夢想到」。並且決定把「民間文藝」劃歸「民俗學」，而不是列為兩門並列的學科：「我們為了不肯辜負時代的使命，前已發刊『民間文藝週刊』。此外，風俗宗教等等材料也將同樣地搜集和發表。這部小叢書便是我們努力中的一種。希望同志諸君……各各規定了工作的範圍而致力，在一個團體之中分工合作。」顧頡剛隨後又在《民俗發刊辭》中說：「本刊原名『民間文藝』，因放寬範圍，收及宗教風俗材料，嫌原名不稱，故易名『民俗』而重為發刊辭。」[106]

幾乎同時，顧頡剛函請校長解決創辦學會的條件。一九二八年三月二一日《國立中山大學日報》有「撥款劃地創辦民俗學會」的報導，稱「語言歷史學研究所顧主任函，以創辦民俗學會，請撥開辦費二百元，並修理教職員宿舍四間，以便進行等」。從這個報導中也可見「民俗學會」的創立離開三月二一日並不太遠。

最為直接的證據是，一九二九年一月十六日的《國立中山大學語言歷史學研究所年報》上有《民俗學會一年來的經過》一文，稱：「當時本研究民俗的精神及志願，雖未成立為學會，而民間文藝週刊創刊號，乃於是年十一月一日出現……到一七年三月，民間文藝已出滿十二期，以民間文藝，名稱狹小，因擴充範圍，改名為『民俗』……語言歷史研究所亦以民俗事務日漸發展，即開始設立『民俗學會』，由顧頡剛先生主持之。」[107]可見《民間文藝》的創刊日不能斷為學會的成立日。

105　顧頡剛日記，一九二八年一月二九日。
106　顧頡剛：《民俗發刊詞》，《民俗》週刊第一期，一九二八年三月二一日。
107　《民俗學會一年來的經過》，《國立中山大學語言歷史學研究所年報》，廣州：中山大學語言歷史學研究所，一九二九年一月十六日。

第八節　廣告：民俗學會的媒體宣傳

中國現代民俗學的發生，不是學術積累之上的產物，而是在學術運動中形成的。運動最大的特點就是廣造聲勢。民俗學作為一門學科，是宣傳聲勢中「黃袍加身」的結果。

楊堃先生曾經指出：「我國民俗學運動的起源，雖說應從北大的歌謠研究會算起，然而在這個時期內，民俗學的招牌尚未正式揭出。該會的中心人物，如周作人、沈兼士、劉半農諸氏，也都是文學興趣大過科學興趣，故當時的民俗學運動（一九二二年至一九二五年）僅算是預備時期。到一九二八年三月二一日《民俗週刊》第一期在廣州中山大學創刊，才正式進入宣傳時期……在北大未正式開展的民俗學運動，終於在廣州中大實現了。」[108]「宣傳」一說，可謂深中肯綮。中國現代民俗學的學科創立，不是因為學術積累到了一定的程度之後，水到渠成，自然而然作為一門學科被認可的。它本來只是五四運動中文學革命或說思想啟蒙的副產品，是在大張旗鼓的宣傳攻勢中被一批平民知識份子擁護著，先「黃袍加身」，而後補行學術建設的。

鍾敬文在一九二九年二月寫給容肇祖的信中說：「中國民俗學運動，正在啟蒙，而民俗週刊，要算是這運動中的惟一刊物，所以對於此門學問的理論，應負有迫切宣傳之重責。」[109]容肇祖後來在《我最近對於民俗學要說的話》中總結

108 楊堃分別在《我國民俗學運動史略》（原載《民族學研究集刊》一九四八年第六期，一九八一年參加遼寧省首屆民俗學學術討論會時曾改寫）、《民俗學與民族學》（收入楊堃文集《民族與民族學》）等文章中說過同樣的話。此處引文轉引自王文寶編《中國民俗學論文資料選編》，北京：中國民間文藝研究會研究部編印，一九八一年，第一二五頁。

109 《本刊通信》，《民俗》週刊第五二期，一九二九年三月二〇日。

說，中山大學民俗學會在最初的兩三年中，成功地「以不多的經費，為廣大的宣傳」[110]。《民間文藝》一九二七年十一月一日出版。顧頡剛似乎並不大關心「文藝」的生存狀態，很少過問，董作賓因為在中山大學的時間太短，也未能介入運作，幾乎所有的工作都是鍾敬文一人操持。鍾敬文在辦刊方面是個新手，首先選擇《國立中山大學日報》進行宣傳。從十一月一日開始，《日報》的中縫每天都是《民間文藝創刊號目錄》，大字標題撐滿了整個中縫。當時中山大學的出版事業還在起步階段，出版物很少，沒有新的內容也就省得更換版式，創刊號的這份目錄一直登到了十七日，十八日開始才換成第三期目錄。但這種限於校內的宣傳在社會上的反響並不大，陳錫襄就曾抱怨，《民間文藝》出了好幾期，「但決計可以說沒有引起當地人士多大的注意。其原因固然有屬於客觀，有屬於主觀，也有屬於環境的」[111]。

從《民俗》週刊開始，改頭換面，一切走向正軌。顧頡剛是個非常善於造勢和宣傳的學者，他和他的同事們一旦確立統一的學科名稱和學會名稱，馬上組織力量在《民俗》週刊創刊號上大做文章，該期共發文章十一篇，以「民俗學」名篇的就有四篇：顧頡剛《民俗發刊辭》、何思敬《民俗學的問題》、鍾敬文《數年來民俗學工作的小結賬》、楊成志《民俗學問題格》，顯然是想造成「民俗學」既成學科的聲勢。三月二〇日，《民俗》週刊創刊前一天，顧頡剛帶著鍾敬文、余永梁等人到了嶺南大學，並作了題為《聖賢文化與民眾文化》的演講，「為民俗學會」作鼓吹[112]。系列活動的策劃準備工作是很充足的。

該刊在廣州、上海、北京均設有代售處，分別是「廣州：創造社出版部分部、粵秀書屋；上海：開明書店、北新書

110 容肇祖：《我最近對於民俗學要說的話》。
111 陳錫襄：《一部民俗學著作的介紹》，《國立中山大學語言歷史學研究所週刊》第十一、十二合期，一九二八年一月十六日。
112 顧頡剛日記，一九二八年三月二〇日。

局；北京：北新書局、景山書社」[113]。但是，一份學術性的刊物，光靠書商的發行是非常有限的，大部分的刊物還是通過贈送的形式寄贈給全國的學術權威和同好。據鍾敬文回憶，當時週刊每期印刷量約為一千冊，主要都是贈書。所以，《民俗》週刊基本上沒有什麼經濟回報和利潤可言。

《民俗》週刊在普通民眾中造成廣泛影響的渠道，既不是賣書，也不是贈書，而是在各種刊物刊登的「民俗週刊目錄」。據鍾敬文回憶，《民俗》週刊與其他各種刊物的交流，有些是通過書商實現的，書商們把他們代理的其他書刊的目錄拿到《民俗》週刊編輯部來刊印，又把《民俗》週刊的目錄拿到其他各種刊物上去刊印；又有一些是通過朋友介紹的，像民俗學的同好，做編輯的私交舊友之類，只要有空閒的版面，他們往往是把目錄拿來就登，也不收廣告費。具體哪些書刊登載過《民俗》週刊目錄，鍾敬文已記不大清[114]。基於「禮尚往來」的原則，我們今天還能夠從《民俗》週刊刊載的其他刊物目錄中尋出這些「友情連結」。

當時在《民俗》週刊封二封三刊登「目錄」的書刊除本校的《中山大學語言歷史學研究所週刊》《圖書館週刊》和《教國研究》之外，還有以下幾種（統計至第四〇期止）《一般》雜誌、《大江月刊》、上海嚶嚶書局《貢獻旬刊》、上海開明書店《文學週報》、上海新月書店《新月創刊號》、上海北新書局《北新半月刊》、南洋日報《椰子集》、上海新學會社《生路》、山雨出版社《山雨半月刊》等。其中刊載次數最多，與民俗學會關係最為密切的是趙景深主編的

113 《民俗》週刊第一—七期封三。第八期之後，「粵秀書屋」曾改為「共和書局」。第二七期容肇祖接手以後，發行代理又有所變動。

114 二〇〇一年八月筆者訪問鍾先生時，先生還說，記得當時在寧波的婁子匡，就是因為看到別的雜誌上刊載了中山大學《民俗》週刊的目錄，然後寫信向中大語史所投稿，也就是這樣開始了他和鍾敬文的交往與合作。婁子匡自己則撰文說：「我知道鍾敬文先生的姓名，是一九二八年，那時是在浙江紹興初級中學二年級讀書。我的作品《紹興歌謠與故事》列入《中山大學民俗叢書》第十輯出版了。民俗叢書共出三三本，第三輯《民間文藝叢話》、第一輯《楚辭中的神話和傳說》、第十二輯《印歐民間故事型式》，都是鍾先生的著作。當時我還不敢寫信去和他聯繫。」（婁子匡《我的民俗學老師鍾敬文先生》，載《民間文化．祝賀鍾敬文百歲華誕學術專刊》）另從婁子匡一九二八年《紹興歌謠》的後記與劉萬章一九二九年為婁子匡《紹興故事》所作的序來看，婁子匡向中山大學民俗學會投稿似乎是得了趙景深的推薦。

《文學週報》。這些兄弟報刊，以及支持民俗學會的文人大多集中於上海，這也為後來鍾敬文等人在杭州的民俗學運動創造了非常有利的條件。

民俗學會的其他工作，也都通過這種方式廣為宣傳。以《民俗學傳習班招生章程》為例，《民俗》週刊從第四期開始在封二刊載，連續刊載到第九期，反復出現，連版式都未曾更換。《國立中山大學日報》《中山大學語言歷史學研究所週刊》也都反復刊載。最後報名參加傳習班的學員中，大部分是校外青年，可見該《章程》肯定也在校外的媒體有過宣傳。傳習班的教學效果不大理想，但為辦班而打出的廣告卻很有影響，該班結業時，時任中山大學校長的戴季陶還與全體同學合影留念。

一九二九年，在民俗學會正式召開第二次會議之後，容肇祖擬出了「民俗學會徵求校內外會員啟事」，並於一九二九年五月十日正式向外公佈，五月二九日始，連續地在《民俗》週刊發佈這一啟事，大力招兵買馬，影響巨大。到一九三〇年九月，「民俗學在我們老大中國的裡頭，已漸漸的抬起頭來了，學術團體有十多個，研究的人員有百多個，刊物不下一二十種，叢書有二三百種之多」[115]。

中山大學全景圖（一九二七年）

115 張清水：《福建民俗叢談序》，《民俗》週刊第一二三期，一九三三年六月十三日。

第九節　幕後：民俗學會的章程與會務

中山大學民俗學會的草創時期，各項工作都還沒能納入正軌。既沒有向外公佈學會章程，也沒有固定會員。儘管學會做了許多學術計畫，但由於人力物力所限，多數計畫都未能得以實施。

一九二九年一月出版的《國立中山大學語言歷史學研究所年報》中刊出了一份《民俗學會簡章》，包括如下八條：

一，本會定名為國立中山大學語言歷史學研究所民俗學會。
二，本會以調查，搜集，及研究本國之各地方，各種族的民俗為宗旨。一切關於民間的風俗，習慣，信仰，思想，行為，藝術等皆在調查，搜集，研究之列。
三，凡贊同本會宗旨並願協助本會進行者皆得為會員。
四，本會設主席一人，處理一切會務，有審定定期刊物，及叢書編印之權。
五，本會搜集所得之物品，及一切材料，在風俗物品陳列室陳列之。
六，舉行開會及派員調查等事項，由主席商同研究所主任定之。
七，對於國內外同性質團體之互相聯絡，由主席召集會議決定之。
八，本簡章如有未盡事宜，得於本會會議時提出修改之。[116]

---

116 《民俗學會簡章》，《國立中山大學語言歷史學研究所年報》，一九二九年一月十六日，第十頁。這份簡章不知是何人、何時擬定。從簡章第四條看，簡章應是一九二八年五月之前即已擬定，因為自從五月份學校設定出版審查制度之後，民俗學會主席已不可能擁有這一權力。

這份簡章從未公開發佈過，中間提到的事務，如設立主席、開會、發展會員、團體聯絡等，直到一九二八年底，都還沒有正式展開。

張清水在一九二八年八月十七日的一篇文章說：「我雖常在『民俗』投稿，但非民俗學會中人。」[117]而在《國立中山大學語言歷史學研究所年報》中，他卻被排在了民俗學會「校外會員」的第一位。張清水之所以誤會的原因是，民俗學會不僅沒有頒發過類似「會員證」之類的憑據，甚至在一九二九年一月之前沒有公佈過學會簡章。民俗學會把所有「同情」民俗學工作的人士視做當然會員，包括幾乎所有的中山大學文學院的教工，還有向《民間文藝》、《民俗》投過稿並保持有聯絡的學生和校外人士。

至一九二九年一月，民俗學會的正式會員計有六一人，其中本校教工二七人，本校學生十二人，校外人士二二人。名單如下：

教工：傅斯年、顧頡剛、董作賓、容肇祖、陳錫襄、鍾敬文、余永梁、黃仲琴、莊澤宣、崔載陽、李貫英、馬太玄、何思敬、劉奇峰、辛樹幟、劉萬章、劉朝陽、楊成志、商承祚、任國榮、石漢聲、夏廷棫、魏應麒、林樹槐、吳伯明、王永泉、姚逸之。

中山大學民俗學會同人合影（一九二八年十二月）左起：余永梁、商承祚、陳錫襄、莊澤宣、沈鵬飛、顧頡剛、劉萬章、崔載陽、容肇祖、黃仲琴、佚名

117　清水：《吳歌乙集》，《民俗》週刊第三九期，一九二八年十二月十九日。

學生：黎光明、何定生、李建青、何時雨、黃昌祚、張乾昌、張兆瑾、陳槃、李蔭光、劉培之、林離、趙簡子。

校外：張清水、錢南揚、葉國慶、謝雲聲、婁子匡、胡張政、劉乾初、黃詔年、羅香林、王翼之、葉德均、蕭漢、招北恩、崔盈科、丘峻、趙夢梅、陳家瑞、周振鶴、韋承祖、容媛、鄧爾雅、徐麥秋。[118]

在《年報》排印之前，甚至還沒有明確容肇祖的民俗學會主席身分。

一九二八年十二月，顧頡剛才致函校長說：「敬啟者，職所考古學會、民俗學會俱已設立，亟須選任主席，以專職成……預科教授容肇祖先生，襄辦風俗物品陳列室，編輯《民俗週刊》，成績久著，擬請聘為民俗學會主席。如蒙贊同，敬乞致函聘任是幸。再該兩職俱為名譽職，不支薪津，特此聲明。此上校長。」[119]

經校長批復之後，容肇祖大約在一九二九年一月初才成為中國第一個民俗學會的第一任主席。一九二九年一月十七日，民俗學會召開第一次正式會議，「由容肇祖主席，到會者有顧頡剛，崔載陽、黃仲琴、劉萬章、吳北明、林樹槐等」。這次會議共議決了七件事項：

一，關於繼續編印「民俗學會叢書」案。
二，關於購置外國民俗學參考書案。
三，關於本年的民俗週刊擬多刊專號案。（並將專號名目向會員通知徵集稿件。）
四，關於各人認定研究的題目案。
五，關於徵求民間物品及新年物品案。
六，關於徵求校內外會員案。

118 以上見《民俗學會一年來的經過》，《國立中山大學語言歷史學研究所年報》，一九二九年一月十六日。
119 顧頡剛致校長函，一九二八年十二月二四日。該函現存顧潮女士處。

七，關於修訂民俗學會簡章案。[120]

修訂的《民俗學會簡章》發表在《民俗》週刊第四五期。主旨沒有變化，辦法更加具體，原第四條關於主席的權力被取消。根據新簡章的規定，「近又研究所主任加聘幹事三人，以利進行。」[121]從參加會議的名單和各自的身分看來，當時的幹事只能從劉萬章、吳北明、林樹槐三人中間產生。

一九二九年五月六日，「民俗學會開第二次會議：出席者黃仲琴、劉朝陽、魏應麒、吳伯明、陳錫襄、黃偉夫、林樹槐、姚逸之、陳功甫；容肇祖主席。」這次會議議決的事項有五：

一，關於本會派員出席市黨部風俗改革會案。（統由黃偉夫容肇祖魏應麒諸先生輪次出席，為本會全權代表。）

二，關於本會選送西湖博覽會風俗物品案。（照草定選送風俗物品目錄，約三百餘種，交魏應麒先生審查後送往，並將目錄印出。）

三，關於徵求民俗學會會員案。（啟事經由容肇祖先生起草，再請陳錫襄先生審定後，即發出。[122]）

四，關於市黨部風俗改革會提議如下：一，切實的調查，以作改革的基礎；二，設立風俗物品館，使人民發生觀感；三，嚴厲取締欺詐取財的神棍及占卜鬼婆的事情。（調查表交陳錫襄先生起草。）

五，關於開會員大會案。（由研究所主任酌情辦理。）[123]

120 《國立中山大學語言歷史學研究所概覽》，廣州：中山大學語言歷史學研究所，一九三〇年一月，第七一、七二頁。
121 《民俗學會議決之進行事項》，《民俗》週刊第四五期，一九二九年一月三〇日。
122 第二次會議再次提出要起草「徵求會員啟事」，並明確由容肇祖先生起草，可見第一次會議之後，原定的起草「徵求會員啟事」這項工作並沒有做。
123 《國立中山大學語言歷史學研究所概覽》，第八一、八二頁。

容肇祖很快就將「民俗學會徵求校內外會員啟事」擬定，並於五月十日正式向外公佈：

研究民俗學，就是研究活的歷史學，即社會學，心理學，宗教學等等的問題，由民俗的搜集與研究，俱可幫助解決。本會以學問為公共事業，要在共力進行；更加以民俗學在我國尚在幼稚時期，尤當力求策勵，凡屬同情於本會而幫助作下列的事務者，無論校內外人士，皆得為本會會員：

一，能於書本或實物上有所研究發為著述者；

二，能從事翻譯或介紹西洋民俗學研究及其材料者；

三，能供給一鄉一村的一種切實的敘述或材料者；

四，能幫助本會搜集風俗的材料或物品者（送贈者固佳，即代本會購買者亦給回原價）。

會員應享的權利，視助力之大小，酌贈本會定期刊物或叢書。邦人君子，動興乎來！[124]

《民俗》週刊直到一九二九年五月二九日才在封三第一次登出這一「啟事」。啟事標準比起原來的《民俗學會簡章》第三條「凡贊同本會宗旨並願協助本會進行者皆得為會員」的標準來，顯得門檻高了一些。在這之後，《民俗》週刊再一次進行宣傳轟炸，不斷在封二封三刊登啟事，廣招會員。這種宣傳大概是有效果的，因為此後的作者群中，出現了大量的新面孔，尤其是本校學生投稿的數量有了明顯增長。

124 《國立中山大學語言歷史學研究所概覽》，第八三頁。

第十節　餘音：民俗學會影響下的地方民俗學團體的興起

中山大學民俗學會借鑒了民間會社的組織形式，大力地在全國範圍內發展會員，然後，通過骨幹會員在全國各地設立分會，再通過分會的活動和宣傳，廣泛地播種、收穫，使「民俗學」這一概念深入人心。

「民俗學會成立後，對於民俗學工作雖盡棉薄的力量去幹，但偌大的中國，民俗學的工作，非有大多數人的力量去努力，不能收更大的功效。故民俗學會久想在各地設立分會，以便各地民俗學的工作，有人去幹。」[125]

以下介紹幾則影響較大的地方民俗學會：

一、首先成立的地方分會是謝雲聲主持的「中山大學民俗學會廈門分會」

謝雲聲是廈門同文中學的一名教師，他說自己早在一九一八年就已開始「探究民眾文學」[126]。顧頡剛稱「和謝雲聲先生的相識，是在將離開廈門大學的時候。在未晤面時，他已殷殷地向我借取北京大學的歌謠週刊，索取我所著的吳歌甲集。我感到他的熱誠，我很欣幸地和他締交」[127]。顧頡剛在中山大學辦起刊物以後，大約把他列入了寄贈名單，後來

125 記者：《民俗學消息》，《民俗》週刊第一〇一期，一九三〇年二月二六日。
126 謝雲聲：《通信》，《民俗》週刊第十期，一九二八年五月二三日。
127 顧頡剛：《序》，謝雲聲編《閩歌甲集》，廣州：中山大學民俗學會叢書，一九二八年七月。

謝在寫給鍾敬文的信中曾說自己收到民俗學會寄贈的《民間文藝》和《民俗》週刊[128]。一九二九年，謝雲聲先是組織了「民俗學社」，隨後來信，要求「許其為分會」[129]，於是，中山大學民俗學會於一九三〇年一月六日去函正式予以承認。

民俗學會廈門分會「編印《民俗週刊》一種在廈門《思明日報》發表，撰稿者有謝雲聲，薛澄清，陳佩真，伍遠資，翁國梁，胡張政、蘇啟予，張清水諸先生」[130]。這份附刊的《週刊》共刊行了五十期，並刊出大批專號，如故事專號、歌謠專號、謎語專號、風俗專號、月歌專號等。「成為當時我國民俗學研究的一個重要學術陣地，不僅刊發閩南地區和福建各地的民俗調查和研究文章，還刊載全國各地知名學者的研究論文。」[131]參與撰稿的知名作者有朱自清、錢南揚、婁子匡、張清水、葉德均、羅香林、白壽彝等人。該刊還聘請了指導員數十人，如顧頡剛、周作人、鍾敬文、趙景深、江紹原、容肇祖、魏應麒、劉萬章、黃仲琴諸先生，幾乎囊括了當時熱心民俗學的所有知名人士[132]。

廈門分會編輯出版的叢書有：《福建民間故事》八集、《泉州民間傳說》二集、《鄭成功傳說》等，他們原擬刊行的叢書多達數十種，並與中華書局廈門分局接洽商談過，後來由於抗戰爆發，結果大批書稿毀於日寇之手[133]。

128 謝雲聲：《通信》，《民俗》週刊第十期。
129 記者：《民俗學消息》，《民俗》週刊第一〇一期。
130 記者：《民俗學消息》，《民俗》週刊第一〇一期。
131 陳育倫：《對二、三十年代福建民俗學運動的回顧》，《民間文學論壇》一九九六年第二期。
132 參見《民俗學消息》（《民俗》週刊第一一〇期），以及陳育倫《對二、三十年代福建民俗學運動的回顧》。
133 陳育倫：《對二、三十年代福建民俗學運動的回顧》。

二、翁國梁在漳州主持「中山大學民俗學會漳州分會」

漳州分會成立於一九二九年或一九三〇年，至少出版《民俗週刊》五十餘期，叢書七種[134]。

三、魏應麒在福州成立「民俗學會分會」

魏應麒離開中山大學回到福州之後，一九三〇年春，與江鼎伊一起組織成立了「中山大學民俗學會福州分會」，在福州《民國日報》副刊上創設《民俗週刊》，並出專號[135]。「週刊共出一五〇多期，刊載了大量的福建各地民俗事象的調查和研究文章。」[136]

四、婁子匡在浙江鄞縣組織成立「民間文藝研究會」

該會「出版小刊物數種，計出者有《民間故事》，《歌謠》，《謎語》，《月光的歌》。撰稿的為婁子匡，葉華，周定堯諸先生」[137]。後來婁子匡又於一九三〇年五月創設了一份《民俗旬刊》，其中有葉德均、謝雲聲等人的文章[138]。

134 翁國梁致楊成志信，《民俗》季刊第一卷第二期，一九三七年一月三〇日，第二六四頁。
135 《民俗學消息》，載《民俗》週刊第一一〇期，一九三〇年四月三〇日。
136 陳育倫：《對二、三十年代福建民俗學運動的回顧》。
137 《民俗學消息》，《民俗》週刊第一〇一期。
138 《民俗學消息》，《民俗》週刊第一一〇期。

婁子匡一九三〇年後在杭州與鍾敬文人等共同發起成立了「中國民俗學會」，該會人馬除江紹原之外，幾乎全是中山大學民俗學會的會員或通訊會員。

五、廣州《新民報》刊出《民俗旬刊》

《新民報》於一九二九年創刊，成立之初就打算讓民俗學會為他們編輯一個《民俗週刊》，當時民俗學會認為如果出為週刊，就與中山大學《民俗》週刊相重，於是改為旬刊。撰稿人主要有丘峻、譚新春、溫仇史、郭信堅、金畹芬、張秀珊等人。因該報發行量多達五六千份以上，因而旬刊的影響也較大。

六、廣東揭陽的「民間文學會」

揭陽的一批有志於民俗學的同志，組織成立了「民間文學會」，發刊《民間週刊》，附刊在《潮梅新報》，主要撰稿人大多數是當地的一班民俗學愛好者。

七、林培廬在汕頭主持「嶺東民俗分會」

林培廬前後編輯有《民俗週刊》（至少九八期）、「民俗不定期刊」一期、《民間週刊》一二〇期、《香港民俗旬刊》（至少八期）、《上海國風週刊》（至少十期）[139]等，主要搜集嶺東民俗。曾擬效仿杭州中國民俗學會《民俗學集

[139] 林培廬致楊成志信，《民俗》季刊第一卷第二期，一九三七年一月三〇日，第二六五頁。

鐫》之例，向全國各地同好者徵求有系統的民俗學著述，匯為一冊以「嶺東民俗分會」名義出版。一九三三年六月已收到的稿件有：張競生《風俗學》、趙景深《猶太童話談》、容肇祖《田章故事再考》、李九思《日本風俗研究》、劉萬章《潮陽民歌研究》、方紀生《朝鮮風水傳說談》、林培廬《月容故事試探》、清水《中國民俗學運動史》，袁洪銘《東莞婚嫁禮俗之記述》等[140]。

八、香港《新中日報》出副刊《民俗週刊》

香港《新中日報》所出副刊，有各種專門特刊。劉萬章離開中山大學之後，曾任廣州紅棉旬刊社的主撰人，《新中日報》特聘他為該報編一民俗週刊，內容以登載華南民俗為主，篇幅不大[141]。

九、杭州「中國民俗學會」

一九二八年六月，杭州的江紹原曾與上海的趙景深等人聯繫，計畫在中山大學民俗學會之外，另組一個「研究民俗的團體」，趙景深希望此事由周作人領銜[142]，但長期沒有進展。鍾敬文離開中山大學到杭州之後，也介入這項工作。由於「大家的意見不一致」[143]，計畫一直沒能落實。儘管這個「研究民俗的團體」從未正式宣佈成立，但從一九三〇年八

140 林培廬：《民俗學界情報》，《民俗》週刊第一二三期，一九三三年六月十三日。
141 容肇祖：《民俗學參考書報介紹》，《民俗》週刊第一一二期，一九三三年三月二八日。
142 江紹原致周作人信，一九二八年六月二七日。（張挺、江小蕙箋注：《周作人早年佚簡箋注》，四川文藝出版社，一九九二年，第三五六頁）
143 江紹原致周作人信，一九二八年十一月十五日。（《周作人早年佚簡箋注》第三六七頁）

月二八日始，婁子匡聯繫在《杭州民國日報》開設了一個《民俗週刊》的欄目[144]，十月十六日，《民俗週刊》第八期開始，刊頭右側悄然印上了「民俗學會編」的字樣。一九三一年，他們又在《南京民報》上開設了一個《民俗週刊》，刊尾編者《啟事》中稱「本刊是杭州民俗學會出版物之第三種」。錢小柏在寄給王文寶的信中認為，這裡所署的民俗學會「當是原來廣州中大民俗學會或其杭州分會名義的借用」[145]。

一九三二年八月一日，鍾敬文等人編輯出版《民俗學集鐫》第二輯時，開始打出「中國民俗學會發行」的字樣。差不多同一時期，在《杭州民國日報》副刊《民俗週刊》第六〇期上，有一篇《本刊休刊告讀者》，提出該刊的休刊「不是這花兒的枯萎，我們是想換一個大的園地來栽培」，他們計畫「大規模地結成一個中國民俗學會，南京、汕頭、福州、廈門、漳州、衢州、寧波、杭州的民俗團體，一致的集合起來，各地和民俗學相親的先生們、夥友們，無尊卑、無限制的團結起來！」[146]這份氣吞山河的「告讀者」，分明就是想接管中山大學民俗學會各地方分會的既有地盤，另立中央。可惜的是，宣佈成立「中國民俗學會」之後，杭州的民俗學活動反而更趨寂寞。

鍾敬文後來回憶說：「從二〇年代末到三〇年代初，我們在杭州成立了一個民俗機構，叫做『中國民俗學會』。雖說是一個學會，實際只有很少人活動。現在國內、國外文章上還常提到的有錢南揚先生、江紹原先生和我。實際上，開始時確有錢南揚先生，他編輯《民俗》週刊，但不久他就離開了杭州，很少參與學會的活動了。江紹原先生，當時住在杭州，雖然跟學會有關係，但也不大管事。實際上只是我和另外一個人在工作。」[147]

杭州的這個「民俗學會」有時寫作「杭州民俗學會」，有時寫作「中國民俗學會」。之所以沒有一個統一的名稱，

144 江紹原一九三〇年八月二二日致周作人的信中曾說：「婁子匡要辦一個民俗週刊，算作杭州民國日報附刊之一。我得替它寫一點短文，但亦不願多寫。」（《周作人早年佚簡箋注》第四一五頁）
145 王文寶：《中國民俗學史》，成都：巴蜀書社，一九九五年，第二三三—二三五頁。
146 王文寶：《中國民俗研究史》，哈爾濱：黑龍江人民出版社，二〇〇三年，一二一頁。
147 鍾敬文：《鍾敬文文集·民俗學卷》，合肥：安徽教育出版社，一九九九年，第六三頁。

是因為該會從來沒有舉行過成立儀式，也沒有議定過章程和規制，只在《本刊休刊告讀者》中提了幾條發展會員的「信條」，羅列了幾條諸如「籌辦民俗博物館」之類根本不可能做到的工作，此後再無下文。該會只有兩個常務的工作人員：鍾敬文、婁子匡。除此二人，未發現有第三人曾經宣稱過自己是該會會員。該會零星編輯出版過一些刊物（比如，婁子匡受一個名叫郭茂康的私人老闆的資助，在浙江紹興湯浦設立了一個「民間出版部」，先是不定期地印行《民間》雜誌，後來改作《民間月刊》，因為銷路一般，只堅持了一兩年就停刊了。現存于東京大學的第二卷第一－八號中，均在封面署有「中國民俗學會編纂，民間出版部發行」的字樣，時間是一九三三年），有些只是私人出錢印刷的小冊子，甚至未能進入圖書館館藏。由於該會刊發的文章非常分散，而且大多只在杭州一帶的地方報刊上發表，我們現在已經很難找齊這些文章，因此也很難估量這些文章在當時學界產生過多大影響。不過，從兩位主事者之一婁子匡當時只是個初中肄業生，而這些文章又大多刊發於報紙副刊來看，杭州「中國民俗學會」似乎不大可能對民俗學學科發展起到過重要推動作用。稱得上論文的文章大多集中刊發在兩冊《民俗學集鐫》[148]上。

許多學術史家認為杭州「中國民俗學會」是繼北京大學歌謠運動和中山大學民俗學運動之後中國民俗學發展的第三個高潮。這種提法恐怕欠妥。所謂「中國民俗學會」的意義和貢獻基本上是一九八〇年代鍾敬文主掌中國民俗學會之後重新賦予的。本書將之列在中山大學民俗學會分會之下或許不是很妥當，但是，這個學會沒能在當時的民俗學學科建設中發生較大作用基本上是可以肯定的，這也是由該會的組織形式和機構歸屬所決定的。杭州「中國民俗學會」其實只是一個純民間的「民俗愛好者」小團體，並沒有進入學術機構或學術體制內運作，因而不可能左右中國現代民俗學的學科走向。

148　鍾敬文、婁子匡一九三一年曾為《開展月刊》第十、十一期合刊編了一本「民俗學專號」，一九三二年又自己出錢印了一本《民俗學集鐫》第二輯，同時追認「民俗學專號」為《民俗學集鐫》第一輯。第一輯所收文章分為論考、記述、隨筆、附錄四類。。第二輯大部分是關於民俗學的論文，另外刊載了一些英、德、日等國學者的著述和介紹。一九八九年，上海文藝出版社又將兩輯合為一冊，以《民俗學集鐫》為題影印出版。

杭州「中國民俗學會」時期的鍾敬文（一九三四年）

上述各民俗學分會之外，尚有一些未知是否落實的計畫。楊成志在他的西南民族之旅接近尾聲時，從東川回到昆明，昆明各校爭相請他去演講。他在昆明圖書館演講《民俗學的沿革與運動》，當時該館一班青年本已組織有一個歷史研究的團體，「極慕」中山大學語史所的刊物，楊成志打算幫助他們成立一個「民俗學會雲南分會」，受到這些青年學生的歡迎[149]，只是不知結果如何，楊成志此後再未提及此事。

據楊成志《我國民俗學運動概況》[150]，受中山大學民俗學會影響而起的民俗學團體和刊物尚有幾種：

一、錢南揚在平湖主持刊行《民俗週刊》，一九三三年三月一日創刊[151]。

二、鍾敬文、婁子匡等人在杭州的活動。「初有《民間文藝》週刊，後改半月刊，由通俗文藝社主編。再後組成中國民俗學會，刊行《民俗週刊》至六〇期，改為《民間週刊》。最後又在《藝風》月刊裡面特辟『民俗園地』出三九期。」（按：可參見前述杭州「中國民俗學會」）

三、紹興有《民俗周鐫》。

四、吳興有《民俗周鐫》

149 楊成志致顧頡剛信，《國立中山大學語言歷史學研究所週刊》第八九、九〇期合刊，一九二九年七月十七日。

150 楊成志報告，陳琮記錄：《我國民俗學運動概況》，《民間文學》一九六二年第五期。

151 還可參見袁洪銘《民俗學界情報》（《民俗》週刊第一二三期，一九三三年六月十三日）。袁氏還在《情報》中還對杭州「中國民俗學會」給予了高度評價：「鍾敬文，婁子匡二先生在杭州組織的中國民俗學會，其成績之高，較之北大歌謠研究會，暨中大民俗學會，可謂不相上下了。這點事情，凡稍微留心斯學運動的人，是誰也不能加以否認。」

楊成志還提到當時的許多著名刊物如《東方雜誌》、《小說月報》以及上海、天津的一些刊物，還有一些著名的書局如北新、開明、商務等，也出版了大量民間文藝類作品，並認為是因為受到中山大學民俗學會的影響。但這些報刊書局大都只是刊載吸引讀者的民間故事、傳說、歌謠一類作品，極少研究性的文章，而且很難證明它們是因為受到中山大學民俗學會影響而出品，因為從已有的材料看，找不出它們主動與民俗學會聯繫的憑據。

其實，當時與中山大學民俗學會有密切關係且刊載過許多民間文學類論文的，是由趙景深主編的《文學週報》。鍾敬文、趙景深的許多論文都是首先在這裡發表的，不過其主要興趣集中在民間文學方面。

第一章　民俗學的想像與規劃

早期民俗學者們對於民俗學到底是怎樣的一門學問，只能顧名思義，認為研究平民百姓風俗習慣的學問就是民俗學。可是，面對那些習以為常的民俗現象，我們可以提出什麼問題呢？針對這些問題，我們又該如何進行學術研究呢？所有問題都沒有現成答案。來自不同學科的學者們基於自己的學術背景，提出了不同的看法。所有的意見都具有平等地位，最終哪種意見升格為未來民俗學的權威觀點，主要取決於歷史，而不是取決於意見的合理性。

早期的民俗學就是一張白紙，不同的學者可以用來描繪不同的民俗學藍圖。北京大學歌謠運動時期，學者們還來不及對民俗學的學科問題展開討論。經過了廈門大學時期的沉寂，到中山大學民俗學運動時期，逐漸形成了以顧頡剛為代表的歷史民俗學派，他們大多堅持以現實民俗材料與古代文獻相結合的研究方法追蹤各種民俗事象的來龍去脈，取得了可觀的學術成果。何思敬接手民俗學會之後，又曾企圖以西方民俗學方法改造已有的民俗研究，惜未成功。楊成志從法國留學歸來，復刊《民俗》，以西方人類學的方法重整民俗研究，並大規模地展開西南少數民族調查，大有以人類學方法取代民俗研究之勢。

民俗學在中國興起，既有國際學術環境的影響，也是現代初期民族意識的覺醒。歌謠研究會時期，這一學科的去向是不明確的；中山大學民俗學會時期，也還存在摸著石頭過河的彷徨。這種不確定性決定了中國現代民俗學從一開始就是一門多學科共同參與的邊緣學科，同時也決定了學科的混沌狀態以及學術搖擺的必然性。

第一節　從《論民間文學》到《民俗學的問題》：以西學為標準

早期民俗學的倡導者們不可能毫無憑藉地號召大家參與創立一門新學科，他們必須借助一個外部的由頭來說事。在眾多的外部因素中，他們選中了「英國民俗學會」。我們今天回過頭看，明顯可以看出一種「挾西學以令諸侯」的傾向。

鍾敬文認為：「北大的歌謠學運動是五四新文化運動的一個部分。但在當時的情況下，要從理論上，給本民族習以為常的民間歌謠做出新的學理解釋，就不能不借鑒當時比我們先進的西歐理論，特別是曾給我們很大影響的英國人類學派的學說……這是一種學術在起步過程中必然出現的現象吧。在上面，我把它叫做『描紅格子』。」[1]

周作人也好，常惠也好，他們對於「民俗學」的鼓吹只是停留在對這一名詞的反復提及，從未有專文論及什麼是民俗學，學什麼，如何學；或者介紹民俗學從哪裡來，向何處去。即使是對海外理論的「描紅格子」，也沒有事先劃出一筆「紅」來供人去描。以至於當時還有「民俗文學」之類的提法[2]。

周作人在《習俗與神話》書話中說，他一九〇七年在日本的時候就已擁有了安德路·蘭（Andrew Lang）的《習俗與神話》（Custom and Myth）和兩冊《神話儀式與宗教》（Myth Ritual Religion）[3]。但當時這些書都沒有中譯本，國

1　鍾敬文：《建立中國民俗學派》，哈爾濱：黑龍江教育出版社，一九九九年，第十七頁。
2　衛蔚文與常惠的《討論》，《歌謠》第四號，一九二三年一月七日。董作賓也有一篇《民俗文學中的「鴉片煙」》，《歌謠》週刊第六七號，一九二四年十一月九日。
3　周作人：《習俗與神話》，原載《青年界》五卷一號，一九三四年一月。收入鐘叔河編《知堂書話》，海口：海南出版社，一九九七年。

胡愈之（一八九六－一九八六年）

內看不到，也就是說，即使這些書有影響，也只能是通過影響周作人這樣的少數中國留學生來影響國內學術界，而周作人的這篇書評又是發表於一九三四年一月，並非當時所作，他是否即時地讀過這些書也成問題。可見，在中國現代民俗學的發生時期，國外的學術成果並沒有真正影響到中國學者。

現在能夠見到的最早系統介紹歐洲民俗學概況的文章是胡愈之一九二一年發表的《論民間文學》。[4]只不過他沒有把Folklore翻譯成「民俗學」，而是自創了「民情學」這麼一個名詞：

> 歐美學者知道民間文學有重要的價值，便起首用科學方法研究民間文學。後來研究的人漸多，這種事業，差不多已成了一種專門科學，在英文便叫「Folklore」——這個字不容易譯成中文，現在只好譯作「民情學」。

這篇文章首先對民間文學的特質作了一番描述，認為民間文學的創作主體是集體而不是個人；是口述的文學（Oral literature）而不是書本的文學（Book literature）；作品的內容在流傳的過程中會不斷地變異；成型的作品必然是民族共通的思想和情感的體現。「所以研究民族生活民族心理的，研究人類學，社會學或比較宗教學的，都不可不拿民間文學做研究的資料。」

胡愈之依英國威廉．湯姆斯（N.W.Thomas）之說，把民情學分為民間的信仰和禮制（含迷信的信仰和迷信的習

4 胡愈之：《論民間文學》，原載《婦女雜誌》第七卷第一號，上海商務印書館一九二一年一月。收入王文寶編《中國民俗學論文選》，北京：中國民間文藝出版社，一九八六年。

慣、因襲的禮制兩個方面）、民間文學（含故事、歌曲和片斷的材料三個方面）、民間藝術（含音樂和戲曲兩個方面），共三個部分。他把德國的格林兄弟（Grimm）視做民情學的先鋒，有時說民間文學是民情學的重要部分，有時則把兩個概念混淆使用。

胡愈之在文中羅列了一大串歐洲各國「民情學會」的機構名稱，呼籲重視民間文學，希望在「我國也設起許多民情學會，民間文學研究會來」，許多人合力去從事大規模的採集和科學的整理工作，以研究國民性，建立自己的國民文學。即使今天回頭來看，這篇文章也有相當不錯的民間文學理論水準，但在當時可能沒有太大的反響，從文章發表到何思敬《民俗學的問題》出世的七年間，未見附和的文章。

一九二八年中山大學民俗學會成立，顧頡剛意識到要在這種描紅的年代高張起民俗學的大旗，就必須尋求海外理論的支援，他把這一工作委託給了剛剛從日本留學歸來的法學教授何思敬。何思敬受命寫了一篇《民俗學的問題》[5]，這篇文章顯然是下了一番功夫寫的，雖然只是兩千來字，但很精當，影響也大，是繼胡愈之之後較早介紹海外民俗學源流的文章。

何思敬使用了一大堆英文名詞，花了不少篇幅追溯「民俗學」這一學科名稱在英國的起源和流變，把讀者弄得眼花繚亂，以此奠定了將Folklore翻譯成「民俗學」的權威性：

> Folk-lore這個學名是一個專心採集英蘭之島及歐洲大陸的傳說故事，歌謠風俗，一方面創立英國民俗學會Folk-lore Society（一八七八成立）的英國議會（Common House）的秘書W.J.Thoms在一八四六年湊合兩個Saxon字造成的，用以專指民間知習：the Lore of the Folk: the Learning of the People。此字以前只叫做民間舊俗Popular Antiquities

[5] 何思敬：《民俗學的問題》，《民俗》週刊第一期，一九二八年三月二一日。

（Brand）或如H.Bourne的書題稱為陋民舊俗「Antiquities vulgares」（一七二五），都是以採訪舊俗為事的所謂「舊俗」識者（Antiquarians）之消遣品。民間知識之組織的研究是起於前世紀最初之四分一；後來，這個學名出世後，因其字形之簡便，Folk-lore代替有些人The Science folk-lore了。於是，民俗學者稱為Folk-lorist。

接著，闡述了民俗學首先在英國出現的深刻政治和文化背景。英國從產業革命以後，工商業獲得巨大發展，城鄉之間、殖民地與被殖民地之間的差距日益加大，經濟差距拉大了文化差異，文化差異又引發了政治危機。「所以，理解所謂『陋民』（vulgares）鄉民，土人，蠻人的思想，從他們的風俗傳說中發見他們的心理作用，利用他們的或統御他們的這種心理作用以求政治上的和平與安寧是當時行政上痛感必要的一件事。」也就是說，民俗學在西歐發展的最直接的功能，就是為了讓殖民者更好地瞭解被殖民者，以便「得到較善的統治法」。

這一目的，決定了西方民俗學的對象和內容，「包括未開民族及所謂文化民族所保存著的一切傳統的信仰，風俗，習慣，故事，傳說，歌謠，諺，訣，謎等」。

何思敬還站在學科發展的角度，大略區分了Thoms與Gomme，Tylor和Andrew Lang與Frazer等民俗學開拓者之間，以及民俗學與人類學、考古學等學科間的研究取向與研究方式的不同。何文贊成Andrew Lang的說法，認為「民俗學是專門注意於那些很少受教育的感化及文明的恩澤之民族Folk人民，階級的傳說，風俗，信仰。民俗研究者知道這些不進步的階級，保存著許多未開人的信仰及生活樣式（Ways）」。最後得出結論說：「從Thoms以至I.Frazer民俗學雖經過極大的發展，但終究是殘存物之研究，是文化科學的一部，要人類學的幫助，也可以供人類學之用。」

此文清晰地梳理了英國民俗學的發生發展，於時人對西方尤其是英國民俗學的模糊理解有廓清認識的作用。所以洪長泰說：「自William John Thoms在一八四六年首次提出『民俗學』的概念，歷時半個多世紀，到一九二八年三月中國廣州中山大學創辦《民俗》週刊、正式使用這個概念止，『民俗學』才被中國知識份子所廣泛接受。」[6]一九三六年，楊成志複辦《民俗》季刊，寫了一篇《現代民俗學》，特為「民俗學」在西方現代學術中的源流、地位及光明前景做了一番鼓吹：「總之，近四五十年，自英國民俗學會一八七八年成立後，民俗研究的運動已成為國際上普遍的科學，歐美諸國不特前後繼續地有其民俗學會的組織與出版物，且在各大學或人類學院多設有民俗學的講座，我國的中山與中央兩大學近來亦設立專課。此學之日見發展，正如紅輪初升。」[7]

第二節　期待他山之石

當民俗學運動逐漸深入的時候，向西方學習的口號必將逐漸落實到具體的問題和研究當中，儘管民俗學同人為此做過許多譯介的努力，可最終發現，所謂的西方民俗學，亦如一張誘人的畫餅，畫得雖好，卻終歸只是一幅表達饑渴願望的畫作而已。

五四時期是個學術新名詞漫天飛舞的混沌時期，只要是打著「西方」招牌的名詞，總是容易形成號召力量。當時聚集在民俗學旗幟下的絕大多數人並不知道什麼是民俗學，或者說，對民俗學的理解各有各的猜測和設想。「民俗學意識

6 〔美〕洪長泰著，董曉萍譯：《到民間去——一九一八—一九三七年的中國知識份子與民間文學運動》，上海：上海文藝出版社，一九九三年，第三六頁。

7 楊成志：《現代民俗學》，《民俗》季刊，一九三六年九月十五日。

及學科的產生，是不同的學科在人文主義思想和對世界的深刻認識的前提下，強調民族和民眾的重要性的產物。中國現代民俗學道路開闢者的學科意識，是在西方近代學術和思想傳統的總體影響下產生的。」[8]也就是說，民俗學在中國的發生，其最初的思想動機遠遠大過了它的學術動機。

蔡元培長校之後的北京大學是個思想開放的大學，《歌謠》從一開始就很注意吸納海外學術思潮，常惠本人學法文出身，積極提倡國外作品的譯介。當時的學者只要一談起歌謠學或者民俗學，言必稱英國，但英國的歌謠學運動到底進行得如何，大多數人似乎並不清楚。《歌謠》週刊裡面純粹的「譯述」成果並不多，到九六期止，僅《歌謠的起源》、《英國搜集歌謠的運動》、《民歌》、《北京的歌謠序》、《中國的兒歌序》、《海外的中國民歌》等寥寥六篇，這些譯作基本上代表了《歌謠》同人當時能看到的最高水準的歌謠學的外文作品，但這些譯文很難為《歌謠》同人提供研究工作的理論支援。

顧頡剛初接手《歌謠》時，也曾沿襲常惠的思路，提出借鑒外國研究方法的願望：「歐洲諸國研究歌謠已近一百年了，他們一定有許多的材料及討論的結果可供我們參考。但這些材料我們尚未能多多搜集到。我們很願意得到國外歌謠學者的指導，使得我們所發表的研究的議論得在歌謠學的水平線上。」[9]

但是，這一設想一直沒有實現，因為國外的歌謠研究並不像《歌謠》同人想像那麼轟轟烈烈，也不像《歌謠》同人想像的在民俗學中具有多麼重要的地位。國外的所謂歌謠學，大多也只是業餘愛好者們的搜集整理，而非學院式研究。源頭水枯，自然也就沒有江河之滔滔。

一九二四年之後的歌謠學，已經開始有窮途末路之憂了，歌謠學的發生本來也只是出於對「平民文化」的關注而興旺的，當歌謠學在研究領域中的膚淺和狹窄已經無法滿足學者們更高學術追求的時候，歌謠學向著同是代表「平民文

8 趙世瑜：《眼光向下的革命——中國現代民俗學思想史論（一九一八—一九三七）》，北京：北京師範大學出版社，一九九九年，第七四頁。
9 顧頡剛答舒大楨：《我對於研究歌謠的一點小小意見》，《歌謠》第三八號，一九二三年十二月二三日。

化」的民俗學方向轉型就成了學術發展的必然。

中山大學民俗學會啟動之初，何思敬再次提出取法西方學術的話題，他認為「民俗學倘專格Folk-lore而言，則我覺得先要參考英國的情形，蓋英國是Folk-lore的故鄉」[10]。

何思敬把一本英國民俗學調查的通俗小冊子，班女士（Charlotte Sophia Burne）的《民俗學手冊》（The Handbook of Folklore）借給了英文較好的楊成志。楊成志翻譯了其中一篇附錄「問題篇」，以《民俗學問題格》為題，從一九二八年三月開始，在《民俗》週刊第一至十二期上連載，由此揭開了對海外民俗學著作的原作翻譯。

《民俗學問題格》單行本於一九二八年六月出版，儘管該譯作被江紹原批為「謬誤百出，很要修改」[11]，儘管楊成志的漢語水準欠佳，翻譯文字不大流暢，但該書在剛剛形成的民俗學界還是產生了非常大的影響。楊成志說：「我們民俗學會諸同志都認此為一種開拓中國民俗的利器，勖勉相加。」[12]這一粗糙譯作的轟動從另一個側面「表現了我國學者對外國民俗學理論渴望學習的心情，也說明了在我國民俗學啟蒙及其發展時期，介紹外國的東西，佔有十分重要的位置」[13]。

班女士的所謂「問題格」只是各種民俗事象的一個舉要，主要介紹田野調查的目的、範圍和一些具體做法，張紫晨認為它「擴大了我國民俗學者的眼界，瞭解到民俗學的內容原來如此廣闊，並在民俗學的解說與闡釋、調查與研究方面加以運用」[14]。這種說法顯然誇大了這本小冊子的作用，事實上，這只是一個田野調查參照表，並沒有提供如何對材料進行整理、分析的研究方法。所以顧頡剛說，我們必須「借了他們的方案來做自己的方案，而從此提出更新的問

10 何思敬：《民俗學的問題》。
11 容肇祖：《我最近對於民俗學要說的話》，《民俗》週刊第一一一期，一九三三年三月二一日。
12 楊成志：《民俗學問題格．譯者贅言》，廣州：中山大學民俗學會叢書，一九二八年六月。
13 張紫晨：《中國民俗學史》，長春：吉林文史出版社，一九九三年，第七七八頁。
14 張紫晨：《中國民俗學史》，第七八一頁。

題」[15]。

汲取外來理論以充實壯大民俗學的學術含量一直是民俗學同人的追求。容肇祖曾經很明確地把「我們將民俗學會所希望做到的目標」的第一條定為：「翻譯外國民俗學者的大著，以供給我國喜歡研究民俗學者的參考。」[16]一九二九年暑假，何思敬赴日，容肇祖托他為民俗學會購買了大約三百餘元的民俗學書籍，大約於十月份寄到了學校[17]。鍾敬文聽說了這件事，非常興奮地寫信給容肇祖說：「民俗學會，買了大幫的中日文書籍，聞之至快！我希望會內外的同志，能夠於半年內，翻出兩三部重要的做擴大宣傳上及實際工作上的有力工具！」[18]具體是些什麼書？書的價值如何？今天已經很難得知。書是買回來了，翻譯的工作卻一直沒有做。也不知道是人力不足，還是翻譯的價值不大，容肇祖後來曾感歎道：「翻譯外國民俗學的書籍，以供給研究這學的參考，及資比較的發明，本來是需要的……歐西民俗的介紹，何思敬先生有志而未成。」[19]

到了一九三〇年二月，劉萬章接手《民俗》週刊之後，曾經做了這樣一個表態：「英國民俗學的發達，誰都知道，她有了許多關於民俗學的書籍，在我們經濟力量有可能的時候，要買了回來，全部翻譯，在這裡發表。現在的情形，自然辦不到，我們只好分請朋友們在得到那類書籍時，選擇關於方法和研究的報告方面的，替我們翻譯，在這裡刊登。英國的既然如此其難了，退一步，便要想到日本了，聽說日本這幾年來拼命去研究民俗學，尤其是中國的；他們的目的如何，用不著我們細想了，但是我們倒可採取他的一點方法，知道他的一些進行狀況，所以我們也想翻譯他們一點材

15 顧頡剛：《序》，楊成志譯《民俗學問題格》，廣州：中山大學民俗學會叢書，一九二八年六月。
16 容肇祖：《告讀者》，《民俗》週刊第七一期，一九二九年七月三一日。
17 《本所消息》，《國立中山大學語言歷史學研究所週刊》第一〇三期，一九二九年十月三〇日。
18 鍾敬文：《山海經神話研究的討論及其他》，《民俗》週刊第九二期，一九三〇年一月二〇日。
19 容肇祖：《我最近對於民俗學要說的話》。

料。」[20]言下之意，似乎何思敬買回來的這些日本書籍中可資利用的東西不多，所以重又指望原裝的英國民俗學。那麼，原裝的英國民俗學又可以為我們提供一些什麼新的研究範式呢？

除了楊成志的譯介之外，《民俗》週刊的翻譯作品主要是來自中山大學英吉利語言文學系的幾位師生，但在他們知見的外文書籍範圍內，似乎也沒有什麼可供譯介的國外民俗學理論，由於《民俗》週刊中的譯作也不太多，我們可以把所有的譯述篇章做個普查：

楊成志《民俗學問題格》（一至十二期連載）
趙簡子《兩個美國Aleut地方的故事》（四期）
趙簡子《吉卜賽民間故事四則》（七、八、一一—十二期連載）
楊成志《民俗學上名詞的解釋》（十三—十四期）
李貫英《〈沙士比亞的英國〉中的「民俗」》（三七期。按：此處「民俗」實為民間故事）
李貫英《介紹並譯述兩首英文小歌》（四九—五〇期）
李貫英《一首俄國民歌》（四九—五〇期）
趙簡子《識天時的迷信及其他》（五六期。按：主要是氣象諺語）
李貫英《沙士比亞的民俗花卉學》（五七—五九期）
李貫英《介紹和學譯三個德國歌》（五七—五九期）
趙簡子《原始民俗藝術與戲劇》（五七—五九期）

20 劉萬章：《本刊今後的話》，《民俗》週刊第一〇一期，一九三〇年二月二六日。

趙簡子《介紹I.H.N.Evans關於民俗學之兩部重要著作》（五七－五九期）
趙簡子《譯歌謠一首——農夫》（五七－五九期）
趙簡子《譯歌謠一首——樵夫》（五七－五九期）
趙簡子《希臘民俗——介紹Modern Greek In Asia Minor》（六四期）
趙簡子《西藏民間故事》（六七期）
趙簡子《詩人波得僧的山歌》（七五期）

從以上列表中可以看出，真正的原著翻譯者除楊成志外只有兩個人，李貫英和趙簡子[21]。但他們的譯作大多是國外民間文學作品，理論文章幾乎沒有。

那麼，是譯者沒有關注到民俗理論嗎？答案應該是否定的。在趙簡子的一份決心書《自述對於民俗學的志願》[22]中，他曾提到一篇「極是重要」的文章，「就是我曾和（容肇祖）先生說暑假我譯Gohn Rkobert Moore的Popular Poety（民眾詩歌論）的一回事！這篇文章是專論英美民歌，歌謠及兒歌的文章，極有系統，文體井然；引征極多，往往用心理學，人種學（Ethnology），人類學（Anthropology）作解釋，讀之使人大為了然。對於民歌的起源，演變，類同，比擬，混合，改脫都言之詳晰。」

他說「這篇稿子極是重要，卒非虛言」，所以「立誓當譯完此篇巨文」。文章後來沒有譯成，但從《志願書》中我們可以看出，趙簡子對於當時的人類學、民族學等相關社會科學是有所涉獵的，而且對於此類文章的價值有一定的判斷

21 李貫英是中大教師，趙簡子是中大學生，均為中山大學民俗學會會員。時隔七十多年後，鍾敬文先生還清楚記得趙簡子是江蘇南通人，富家子弟，大學畢業後沒再從事民俗研究。（鍾先生談話錄音，北京友誼醫院，二〇〇一年八月十七日）

22 趙簡子：《自述對於民俗學的志願》，《民俗》週刊第九二期，一九三〇年一月二五日。

能力。他在長時間內沒有完整地譯成一篇對於學科有建設性意義的理論文章，甚至沒有寫出過哪怕一篇介紹性的小文章，一方面固然是他的不夠勤快，另一方面也說明這一類的理論文章本來就少。其實，所謂國外民俗學研究基本上也只是一些對民俗事象的分類和解說，而不是我們所想像的精深和系統。

即使在民俗學的故鄉英國，民俗學也不會是一門理論成熟的顯學；即使在今天，我們所瞭解的西方民俗學經典論著，幾乎無一例外的都是以「人類學」經典論著的面目出現的，可以不包容在人類學學科範圍內的純粹的「民俗學著作」，大概也是鳳毛麟角[23]，更不用說在趙簡子的年代了。

另外，趙簡子的《介紹I.H.N.Evans關於民俗學之兩部重要著作》和《希臘民俗——介紹Modern Greek In Asia Minor》譯的是兩部民俗學著作的目錄，從已譯出的目錄內容來看，大概也是民族志、民間文學作品集一類的著作。反倒是《原始民俗藝術與戲劇》的學術味道略微濃一些。

少數傑出的民俗學家，如當時的中山大學英語系代主任江紹原，清楚地瞭解外國的民俗學範式只具有部分參考價值，因此他一直在努力地為科學借鑒西方學術學術成果嘗試一些可行的方式。這主要體現在他對發、須、爪等迷信活動以及中國傳統禮俗文化等民俗事項的研究中。他將西方的宗教、巫術理論與中國傳統的考據學、流行於平民社會的迷信事項相結合，寫作了數百篇民俗小品，造成了廣泛的社會影響。他對一味以西學作為標準的何思敬進行了辛辣的嘲諷，諷刺何思敬主持的中山大學民俗學會「將來如何雖不得而知，但逆料此學在外國的地位如果再高上去，則它在中國的地位必也可以相當的增高，蓋中國人現在有些地方，固唯西人的『馬首是瞻』也」[24]。

23　英國《牛津小百科全書》解釋「民俗學是人類學的分支」。參考吳朝陽譯：《民俗學》，《民俗學論文選》，江蘇省民俗學會一九八四年編印。

24　江紹原：《現代英吉利謠俗及謠俗學》，上海：中華書局，一九三二年，第二六九—二七〇頁。上海文藝出版社一九八八年重印此書時，將書名改為《現代英國民俗與民俗學》。

第三節　民俗學的對象和範圍

既然是一門獨立的學科，必然要有相應的研究對象和範圍。對象的邊界如何劃定，主要取決於學科倡導者們對於學科的定位，換句話說，民俗學的邊界是早期民俗學者們人為圈定的，並不具有質的先驗性。

關於民俗學的研究對象和範圍，專門的論述不多，但涉及這一話題的文章不可勝數，為敘述方便起見，我們首先選取三篇有代表性的文章加以討論，它們是：由顧頡剛講演、鍾敬文整理的《聖賢文化與民眾文化》[25]、江紹原的《各辭典中的謠俗學論》[26]、楊成志的《民俗學之內容與分類》[27]。

張競生一九二三年為北京大學風俗調查會擬定的調查表將風俗內容分為環境、思想、習俗三大項。環境主要是與生產力水準相關的項目，思想主要是與意識形態相關的項目，習慣主要是與日常生活相關的項目。但由於張只是把風俗定位為「研究歷史學，社會學，心理學，及行為論，以至法律，政治，經濟等科學上不可少的材料」[28]，沒有站在學科規劃的高度上來對取材範圍予以限定，範圍過於寬泛，反而顯得模糊。

顧頡剛作為一個歷史學家，他在創立民俗學會時，非常簡潔明瞭地把民俗學定位為對民眾歷史的研究，因而民俗學的研究對象即是「民眾的文化」，具體可分為三個方面：

25 顧頡剛講、鍾敬文記：《聖賢文化與民眾文化》，《民俗》週刊第五期，一九二八年四月十七日。
26 江紹原：《現代英吉利謠俗及謠俗學》，第二四二—二七七頁。
27 楊成志：《民俗學之內容與分類》，《民俗》季刊第一卷第四期，一九四二年三月。
28 轉引自王文寶：《中國民俗學史》，成都：巴蜀書社一九九五年，第二〇四頁。

一，風俗方面（如衣服，食物，建築，婚嫁，喪葬，時令的禮節……）

二，宗教方面（如神道，廟宇，巫祝，星相，香會，賽會……）

三，文藝方面（如戲劇，歌曲，歌謠，謎語，故事，諺語，諧語……）

楊成志的看法與顧頡剛基本一致，認為「民俗學者乃人民傳襲之一切信仰、制度、慣俗、風尚、藝術及口傳文學的民間文化共同態研究之科學也」。

傳統說法一般把民俗看做是「無教育大眾之農民生活」，或是未開化民族的文化現象，甚至認為只是人類早期生活形態的「殘存物」，而楊成志則試圖從研究對象上將民俗學從民族學中區別出來，他說：「民俗學之研究對象乃注重研究文明國家內普通人民的一切學識與技能為職志，與民族學注重無文字，無書籍之原始或半開化民族之研究不同。」因而「民俗學之研究對象，不僅限於一切口傳文學，民間各種生活方式，即舉凡關於文明社會中之民間智識，藝術與技能，農民大眾固亟當注意，即城市中之一切工人階級與自由職業者之一切集體表現亦宜顧及也。」這一界定，擴大了民俗主體的範圍，把城市中的市民生活也納入到了民俗學的範疇之內。當時能如此界定學科範圍的學者並不多見。

江紹原對此一問題思考得最多，也最用心，他搜羅了知見範圍內的所有「英美諸辭典」，譯介了大量的海外名流對「民俗學」的界說，最後提出自己的看法，我們可以將之大致梳理為如下五點：[29]

一、民俗學的範圍大於民間文學。「Folklore有時確被謠俗學者以外的文人學士和外行人們當做民間故事或民間文學的意思去用……然這個現象遲早必可完全消滅，特別是因為英語中現已有了folksong，folktales，和flok-literature等字可以用，我國人或許尤應該早日認清『謠俗』與『民間故事』並非同物，蓋近年來我國之『民俗

29 下面提到的江紹原先生自創的「民學」和「謠俗學」等名詞，均為folklore，也即我們現代意義上的「民俗學」。

學』工作固大部分是關於謠俗學中民間文學這一部者也。」

二、民俗學的對象有別於民族學。因為民族學研究的是「野蠻民族全民中的一小部分『lore』」，為了以示區別，「folklore中的folk只指『民』階級，而這階級在野蠻社會中尚未完全形成」。因此，「我提議我們中國學人也只消專稱我們的共和國中文化程度較高的民族之『民』階級的種種事物之研究為Volkskunde：民學，而不比學英美一部分學者之將文明較低的民族和英美平民中某種事物之研究一律稱為folklore研究。」

三、新民俗也在研究範圍之內。「在以往，至少英美，幾乎只知道注意『舊傳的』謠俗或云『遺留物』，這或許是因為學人忽略了瞭解現在群眾的任務而只要用謠俗為研究人類或本種族的過去之故吧。」而現在，「守舊的英國尚且有了擴大為包羅新舊謠俗的新謠俗學之動機，我國的民學研究者，慎勿蹈考古癖的覆轍。」

四、物質民俗是精神民俗研究的有力支撐。「我甚願我國的民學學人將來研究民間種種事物時能件件求出其經濟的，物質的，社會的原因，而不可憑空去捉摸那抽象的『人心』或『民眾心』而希圖找到其『法則』與開展序，或輕談其各種產物的『起源』與『發展序』。我們得捨棄形式主義和倒因為果的『心』論而求在社會生活及經濟事實中探求各事物『生住異滅』的真因。」

五、對民俗主體及民俗學學科範疇的總體界定。「『民學』者，研究文化雖已升至較高的平面然尚未普及於一切分子之社會其中『民』階級（及其所形成的更小群）之生活狀況，法則，及其物質的經濟的基礎，觀念形態，情感表現……及此等事實之來源，變遷，和影響者也。」這裡所謂的「民」，也即在文明社會中未受到良好教育的平民階層。

第四節　民俗學與歷史學、方言學的關係

在民俗學的草創時期，每個倡導者都有自己心目中的一張藍圖。每個倡導者所描繪的藍圖，都會傾向於自己的專業興趣。

民俗學在確認為一門獨立的學科之前，曾經是作為一種特殊形態的歷史學而被關注的。一九二二年四月《晨報》有一篇文章說：「民歌是原始社會的詩，但我們的研究卻有兩個方面，一是文藝的，一是歷史的……歷史的研究一方面，大抵是屬於民俗學的，便是從民歌裡去考見國民的思想，風俗與迷信等。」[30]這種提法在當時是有代表性的。

對顧頡剛來說，所謂西學只是用來招攬同人的幌子，他很樂意從西方學術思想中汲取「科學研究」的方法，但他最終的目的是為我所用，他似乎從來沒有把西學當做一種學術的標準來遵守。他骨子裡有著濃重的史學情結，無論是對歌謠還是對民俗的興趣，都是站在為歷史研究服務的角度來切入的，他一直強調自己是一個歷史學家而不是文學家，他說：「我自己知道，我的研究文學的興味遠不及我的研究歷史的興味來得濃厚；我也不能在文學上有所主張，使得歌謠在文學的領土裡占得它應有的地位；我只想把歌謠作我的歷史的研究的輔助。」[31]

顧頡剛是把民俗當做民眾生活的歷史來看待的，他在《民俗》週刊發刊詞的結語部分寫道：「我們要打破以聖賢為

30 仲密：《歌謠》，原載《晨報副鐫》一九二二年四月十三日；又載《歌謠》週刊第一六號，一九二三年四月二十九日。收入周作人《自己的園地》，石家莊：河北教育出版社，二〇〇二年。

31 顧頡剛：《自序》，《古史辨》第一冊，上海：上海古籍出版社，一九八二年。

中心的歷史，建設全民眾的歷史！」[32]這從顧頡剛《聖賢文化與民眾文化》[33]的演講稿中也可看出，他說自己在歷史研究中，時常因歷史記載的偏畸而感受著痛苦：

（我們）研究聖賢文化時，材料是很豐富的，中國古來的載籍差不多十之八九是關於這一方面的；說到民眾文化方面的材料，那真是缺乏極了，我們要研究它，向哪個學術機關去索取材料呢？別人既不能幫助我們，所以非我們自己去下手收集不可。以前我們在北京大學，曾開手做過這種運動，設立了一個風俗調查會和一個歌謠研究會。後來因經濟及種種關係，沒有幹出很好的成績。現在中山大學有民俗學會的組織，就是立意在繼續北大同人所要做而未成功的工作。

他把民俗學要調查搜集的材料分成風俗、宗教、文藝三個方面。把它與胡愈之或何思敬所述西方民俗學的研究對象一比較，就知道顧頡剛在民俗學研究對象的認識上，明顯借鑒了西方的概念。當然，他的研究目的不是為了給統治者提供什麼資政服務，他說：「我們研究的東西也許是社會上很需要的，也許現在雖沒有用而將來可以大用的，但這種的斟酌取擇，原是政治家，社會改造家，教育家的事情而不是我們的事情；我們盡力於研究還來不及，那能顧到這一方面呢？」[34]顧頡剛僅僅是把民俗當成是歷史的一個部分——下層人民的歷史來研究的，所以，他認為在當時的情況下，搜集材料是第一位的。何思敬雖是個社會學家，但也認為風俗資料是為歷史研究服務的：「風俗習慣，學術上，是貴重的

32 顧頡剛：《「民俗」發刊詞》，《民俗》週刊第一期，一九二八年三月二一日。
33 顧頡剛講，鍾敬文記：《聖賢文化與民眾文化》。
34 顧頡剛：《一九二六年始刊詞》，《北京大學研究所國學門週刊》，第二卷第十三期，一九二六年一月六日。

資料，著實可以給現代新歷史學以許多難得的暗示，有特殊的價值。」[35]

中山大學早期民俗學工作中關於民俗與民間文藝的分野，其實即是歷史與文學的分野。這一觀點還體現在後來「語史所」（或稱文史所）各部門的工作計畫之中：搜集民俗資料是歷史學部的事，而搜集民間文藝的資料則是中國語言文學部的事。

今天的學科分支中，民俗與方言很少放在一起討論。但在二〇世紀初民間文學運動剛剛開始的時候，兩者關係是如此的緊密，以至於一九一八年歌謠徵集活動尚未啟動，方言的問題就被提上了議事日程。

在劉半農起草的《北京大學徵集全國近世歌謠簡章》中，提出了「歌辭文俗一仍其真，不可加以潤色，俗字俗語亦不可改為官話」；「方言成語當加以解釋」[36]等要求，並有錢玄同、沈兼士兩位學者負責考訂方言，之後，《北京大學日刊》發表了不少有關方言的通信文章。沈兼士、魏建功等人還曾針對顧頡剛發表在《晨報》上的「吳歌」方言進行了討論[37]。胡愈之也在《論民間文學》中說到：採集民間文學「應該先研究語學（Philology）和各地的方言；為不懂得語學和方言，對於民間文學的真趣，往往不容易領會。」[38]方言是最早與歌謠發生密切關係的相關學科。魏建功甚至提出，搜集歌謠應全注音並標語調。[39]

當時的方言研究之興，大概與胡適等人提倡「國語文學」有關，周作人《歌謠與方言調查》[40]對此有過認真的詮釋：「我們寫一篇文章的時候，常覺得缺少適宜的字，心想倘若有一部同英國Roget所編的相似的詞典，收羅著各種方

35 何思敬：《風俗研究專號卷頭語》，《國立中山大學語言歷史學研究所週刊》第十一、十二期合刊，一九二八年一月十六日。
36 《北京大學徵集全國近世歌謠簡章》，《北京大學日刊》一九一八年二月一日。
37 部分討論後來又被顧頡剛刊發於《歌謠》第七、八、九號。
38 胡愈之：《論民間文學》，《婦女雜誌》第七卷第一號，上海：商務印書館，一九二一年一月。
39 魏建功：《搜集歌謠應全注音並標語調之提議》，《歌謠周年紀念增刊》，一九二三年十二月十七日。
40 周作人：《歌謠與方言調查》，《歌謠》週刊第三一號，一九二三年十一月四日。

言成語，可以供我們的選擇，那就非常得力了。方言須查如能成功，這個希望便可達到，我相信於國語及新文學的發達上一定有不小的影響。」

因為「歌謠原是方言的詩」，所以從一開始，北京大學的學者們就打算一面徵集歌謠，一面進行方言調查。但是擔心頭緒太多，反而力量分散弄得一事無成，所以等到歌謠徵集大致成功之後，周作人才又鄭重地把這事翻出來。

大家都同意，如果不懂一地的方言，「想好好地錄出一首地方的俗歌來，決不是容易事情」。單是一個拼音問題，歌謠研究會就籌議過好幾次。董作賓還提出「方音」的問題供大家討論。

北京大學的這批學者認為，方言問題不僅體現在歌謠、風俗的搜集整理上，即使要做研究的工夫，充分的參考資料也是必不可少的，方言自然成為其中的一種重要分子。這話粗粗一聽，很有道理，可是一旦落實到具體操作層面，處處都是問題。除去搜集整理中的工具作用，方言到底在哪幾個方面，用什麼方式來說明民俗學的研究？周作人沒有，別人也沒有任何具體說明。容肇祖的《徵集方言的我見》[41]詳細地羅列了五條方言研究的益處，但看來看去都是為「國語」的輔助，看不出方言研究於民俗研究的「不可或缺」的重要性。

周作人的文章直接引發了一九二四年一月二六日北京大學方言調查會的成立。方言調查會與歌謠研究會最初就是一套班子，兩塊牌子，大家的早期成果也都發在《歌謠》上面。但是很遺憾，我們用今天民俗學的眼光來看，除容肇祖一篇短文《反切的祕密語》大約還能算作民俗學之外，其他似乎都與今天我們所理解的民俗學沾不上邊。但在當時，民俗學本身也未成型，方言學與民俗學的關係，想像中應該是比較重要的。

民俗學與方言學的親密關係是早期民俗研究的一大特色，何思敬在《民俗學的問題》中為它找到了一條來自西歐的理論依據：「『鄉下話與民俗』（Rustic Speechand Folk-lore 一九一三）的作者Wright夫人告訴我們一個秘訣可以理解鄉

[41] 容肇祖：《徵集方言的我見》，《歌謠》週刊第三五號，一九二三年十二月二日。

民的好像無可捉摸的思想，這個秘訣就是澈底熟悉他們的方言。『鄉人的內秘的情緒都繫聯於傳統語言及語調，你只要能控御得到他們的言語之形式，你就能把他們的心弦操在你的掌中』。這些話已經很明白，很充分的了。」[42]這些話無非想說明這樣一個道理：熟悉方言是民俗調查的必要手段或工具。但手段、工具與目的本身，畢竟不是一回事。

《北大研究所國學門方言調查會宣言書》提出的七項工作計畫中，只有一項與後來的民俗研究有一定的關聯，即「考定苗夷異種的語言」，他們認為「中國古時南部民族關係至今尚未明瞭……南部之原民種系未明，萊夷淮夷之所以為夷，且無從查考。今日幸而尚有苗裔之保存於我國境內，自應給他做一透澈的研究，然後足以討論上古中國本部原民的種族。由方言調查會方面不妨先究其語言語法，以定其所屬統系。雲南之玀玀[43]，粵之苗瑤，黎，閩之佘客，蛋家，其制度語言皆含有至濃厚歷史研究的滋味。」[44]劉策奇最先寫了一篇《僮話之我見》，簡單分析了各地僮話同源的幾個特點，刊於《歌謠》第五四號。可以說，中國早期民俗學者對少數民族的關注，是從對歌謠和方言的關注切入的。

但即使是這一項工作，現在也已被歸到人類學和民族學的學科系統中了。人類學者認為「不同的民族，由於社會經濟發展的情況不同，所處的民族關係、語言環境不同，所經歷過的文化階段不同，語言發展的特點也不相同。從這個意義上說，語言像一面鏡子能如實地照出不同民族的特點」。[45]民族學者的工作則是「要通過現代語言中保留的古代語言的遺跡來探討古代文化史上的未知因素，要通過語言間的相互關係來確定某些民族的接近程度，要通過語言的分佈、擴散及互相借貸的過程來推論歷史上民族的遷徙、接觸和文化交往情況，還要通過求索語言從萌芽到成熟、從原始詞手段到文字發明的具體過程來印證原始文化的發展歷史。」[46]比如在史祿國的《北方通古斯的社會組織》中，方言調查就是

42　何思敬：《民俗學的問題》。
43　「玀玀」是lolo的音譯，即今之彝族。
44　《北大研究所國學門方言調查會宣言書》，《歌謠》第四七號，一九二四年三月十六日。
45　梁釗韜主編：《文化人類學》，廣州：中山大學出版社，一九九一年，第三二二頁。
46　林耀華：《民族學通論》，北京：中央民族學院出版社，一九九〇年，第七一頁。

一項重要的內容。

當時的民俗學工作者把這些內容都圈定在自己的研究範圍之內，後來楊成志的西南民族調查，最重要的工作之一就是作西南少數民族的語言調查。今天我們在書寫民俗學史時候，自然地將楊成志的成績當做了民俗學成績的一部分，同樣，民族學、人類學也都毫不客氣地把這些成績認定為他們的早期成果。

第五節 中山大學民俗學會的工作規劃

中山大學民俗學會的工作規劃並沒有周密的可行性論證，也沒有多少前例可循，他們只能是摸著石頭過河，不斷在實踐中或想像中調整自己的工作方向。也正因為如此，他們省去了許多繁瑣的論證籌畫，搶得先機，力所能及地做了許多想做的事。

顧頡剛和傅斯年辦「中山大學語言歷史學研究所」，起初並沒有什麼獨創性的規劃，許多事情都是視清華北大等機關前例[47]。

在民俗學上的規劃，首先是印書，印刊物、印叢書，其次是設立風俗博物館。正因為沒有事先規劃好，倉促上馬，才會發生《民間文藝》出到十二期後突然中止，改名《民俗》這樣的事情。

[47] 《國立中山大學語言歷史學研究所年報》，廣州：中山大學語言歷史學研究所，一九二九年一月十六日，第二一頁。

中山大學民俗學會同人合影（一九二八年六月十日），左起：崔載陽、余永梁、馬太玄、劉萬章、傅斯年、戴季陶、楊成志、顧頡剛、容肇祖、鍾敬文、陳錫襄、莊澤宣

在叢書的出版計畫上，最初討論的十二種叢書中並沒有《印歐民間故事型式表》[48]，半路中殺出的這個程咬金，做了叢書出版的第一部，也是因為「忽觸到這個工程的重要」才產生的。

隨著顧頡剛們對民俗學學科現狀的瞭解日益清晰、對民俗學學科建設的理解不斷加深，為了適應形勢的需要，他們的工作計畫也在不斷地進行相應調整。

語言歷史學研究所在一九二八年三月九日擬定的民俗學工作計畫中還沒有辦「民俗學傳習班」的想法，時隔半月，不僅有了詳細的方案，而且很快就開始正式招生了。這次傳習班一直打著「第一期」的廣告，但最終的效果未能盡如人意，也就再也未有第二期的出世。

一九二八年三月二六日《國立中山大學日報》公佈的《本校民俗學會最近之規劃》中，開列了四項主要工作：

一、開一民俗學研究班。

二、刊行民俗週刊及叢書。

48 《國立中山大學語言歷史學研究所年報》，一九二九年一月十六日，第二二頁。

三、設立風俗博物館。

四、實地調查及登報徵求（民俗材料）。

堅持了十七年之久的中山大學民俗學運動，其最基本的工作大致都在此四項之下。民俗學傳習班只在鍾敬文手上辦過一期。學會的刊物數度浮沉，一直在頑強地掙扎。刊物的出版，是運動開始的標誌，同樣，刊物的最終結束，也標誌著運動的結束。風俗物品陳列室在容肇祖之後基本處於關閉狀態，抗戰之後，各展示品佚失殆盡。風俗調查主要集中在對西南少數民族的調查上，這是惟一一項在各個時期的計畫中都從未黜除過的專案，即使在運動結束之後。

民俗學會在學界的巨大影響，主要在於早期的活動。

顧頡剛做事雷厲風行，鍾敬文又勤快實幹，早期的學術環境、人事環境、經濟條件也相對優越，他們一旦計畫，幾乎馬上就著手付諸實踐，所以說，幾乎所有的工作，從計畫到實施的時間都很短。顧頡剛的急性子，使得民俗學會能夠抓住早期的有利條件，在極短的時間內做出大量的成績。

但是，計畫一旦涉及到了錢，往往還是得打些折扣。顧頡剛曾經有過詳細的經費預算，最基本的一項是希望民俗學會每月有二百元的「經常費」[49]，事實上這項開支從來沒有兌現。以國民黨政府當時的財政狀況，各種財務預算，無論是學校的、研究所的，幾乎都是一紙空文[50]，民俗學會的經費得不到落實也是情理之中的事。

因為經費拮据，原定的「風俗博物館」最終也只辦成了「風俗陳列室」，由館到室，在規模和檔次上都是一個巨大的落差。對風俗博物館的建設熱情，一直到七〇年後鍾敬文執掌北師大民俗學的時候，還未消退。

另有一些具體活動的展開，是事先無法計畫的，比如，一九二八年三月底，廣東省國民黨第三次黨員會議，連山代

49 《國立中山大學語言歷史學研究所概覽》，廣州：中山大學語言歷史學研究所，一九三〇年一月，第六〇頁。

50 同時期的《國立中山大學日報》上有大量中山大學與「大學院」或「教育部」的往來檔可以說明這一問題。

表團帶來一批瑤民，專事民族舞蹈以助興，容肇祖認為這是一個難得的方便民族調查的機會，提出訪問計畫，於是鍾敬文、陳錫襄等人就「前往接洽，請其來校跳舞，並即查問其風俗習慣，以供研究」。[51]又如，一九二八年六月，暑假臨近，課時稍微鬆動，容肇祖在語言歷史學研究所的事務會議上提議派人往韶關北江一帶調查風俗古物，理由是韶關南華寺與唐代佛教關係密切，又南雄的珠璣巷是北人南遷的中轉站，其間必有許多風俗古物的遺存。會議決定由容肇祖與商承祚兩人前往，結果正趕上剿匪，出於安全考慮，當地官員勸止了他們的南華寺之行。兩人在韶關待了幾天，很快就回到了廣州。

儘管許多計畫都大打折扣，但民俗學會最宏大也是最重要的一項工作，《民俗》週刊的發行和民俗學會叢書的出版，大多得以實現。當然，為了這項工作，這些早期的民俗學倡導者，尤其是鍾敬文，付出了沉重的代價。

容肇祖於一九二八年十月，《民俗》週刊第二七期起開始接手編輯事務，並著手將鍾敬文時期已經策劃，但尚未實現的「專號」設想付諸實踐。他先後策劃編輯了《中秋專號》、《神的專號》、《檳榔專號》、《傳說專號》、《歌謠專號》、《故事專號》、《舊曆新年專號》、《清明專號》、《妙峰山進香調查專號》、《蛋戶專號》、《祝英台故事專號》、《謎語專號》等，大大加強了週刊的專題意識和爭鳴意識。

一九二八年十二月二五日，顧頡剛、余永梁合作完成了一份語言歷史學研究所的《本所計畫書》[52]，其第四部分為「民俗」：

一、作兩粵各地系統的風俗調查

---

51 分別見《國立中山大學語言歷史學研究所概覽》第五九頁，鍾敬文《中國民間文學講演集》（北京師範大學出版社，一九九九年）第四八頁。前者稱將派「容肇祖鍾敬文兩先生前往接洽」，後者說「我就和中大同事陳錫襄幾位先生去訪問過他們」，本書以前者為計畫，後者為現實，取後一說。

52 《國立中山大學語言歷史學研究所年報》，一九二九年一月十六日，第一八－二〇頁。

中國學術界對於民俗的注意，也是近來的事。本所民俗學會在此方面已占重要的位置。但還沒有系統的集眾工作。現在應著手精細的調查，先選派對於民俗觀察訓練的人若干，分赴各地調查，就先從兩粵著手。

二、西南各小民族材料之搜集

中國的民族史，北部因歷史上的事實，各民族沒有顯然的差別。西南則交通與政治勢力的關係，各小民族還生存到現在，如苗，瑤，僮，蛋，等民族。他們的風俗語言社會組織等等，應趁還有可搜求的時候趕快去搜集。

三、徵求他省風俗，宗教，醫藥，歌謠，故事等材料

要求中國的民俗調查得詳盡，須費很多年的時間，而且也不是本所能夠完全擔任得了的。可是在中國學術機關還沒有幾個對於這方面從事的，本所應盡力提倡，並作搜集的工作。

四、風俗模型之製造

要大家走遍世界尋風問俗是不可能的。我們製造模型，先從中國起，再推之於各國。使人們一踏進我們這個陳列所，就可見到各地風俗實況之縮影，使人得到一個具體的觀念。

五、鈔輯紙上之風俗材料

固然從前文籍所紀的風俗不翔實，但那是時代的關係，不能深怪，還應該好好地應用他。試問在縱的方面的研究，除了紙上材料，還有旁的多的法兒嗎？所以舊有文籍，應先從各地方誌，筆記，小說，文集，歌曲唱本等等鈔輯出來，作「比較風俗學」。

六、編制小說，戲劇，歌曲提要

「民俗學目錄學」，我們應提出這標題來。將各地民間小說，戲劇，歌曲，先編提要，使大家有個線索，研究方便。民俗學才會很迅速的發達，進步。

七、編印民俗學叢書及圖片

本所已出民俗學叢書二〇餘種，在中國民俗學是從沒有這樣記錄，但以民俗學問的全體而論，怕只不過九牛一毛。本所應繼續編印，使民俗學蔚然成為大國。至於圖片，亦應多多編印，以廣流傳。

八、擴充風俗物品陳列室為歷史博物館民俗部

本所現有風俗物品陳列室，規模初具，應盡財力能力所及，加以擴充，為語言歷史博物館之一部。

九、養成民俗學人才

本所上期開設民俗學傳習班，訓練民俗調查研究的人才，畢業已二〇餘人。可是民俗學是需要大隊人工作，才易收效。本所應繼續開班，使此項人才激增。

計畫比較全面，反映的是當時的民俗學會對理想狀態的一種憧憬，但是，這些計畫大多未能實現，不僅如此，自從一九三〇年一月容肇祖離校，何思敬接任，民俗學會改稱民俗學組之後，該組基本上連過去已經展開的工作都未能延續。何思敬沒做太多工作，但他也有自己的想法，並有計畫出世，在他中止《民俗》週刊的《民俗學組通函》中，擬定的計畫有二：

一，擬翻譯歐西名著，刊成叢書。本組著手翻譯之書名如下：

Burns夫人之Handbook of folklore[53]

Haddon教授之Fetishism and Magic[54]

53　民俗學手冊。
54　神巫之術。

Hartland教授之Religion in primitive people[55]

先行出版。若同人能力可及，如：

W.G.Frazer教授之The Golden Bough[56]

Ed.Tyler教授之Primitive Culture[57]

等古典名著，亦擬翻出，以供斯學者之參考。其外關於中國古代史之歐人最近名著，亦有一二如：

H．Maspero La China Antique[58] 一九二七

M.Granet La Civilization Chinvise[59] 一九二九

亦擬翻譯。蓋民俗學之目的，一部在乎幫助闡明歷史之種種疑問。Maspero與Granet二先生對於中國古代史亦應用及此，吾人引以這為深可借鑒者。

二，關於《民俗》週刊，擬編至一一〇期止，此後則改為月刊。內容分配如下：

（一）論著，一篇或二篇

（二）譯叢，一篇或三篇

（三）資料，一綜或二綜

（四）消息，國內外民俗學界消息[60]

55 原始人的宗教信仰。

56 金枝。

57 原始文化。

58 法語：古代中國。China應作Chine。

59 法語：中國的文明。La Civilization Chinvise疑為La Civilisation Chinoise之錯簡。

60 何思敬：《民俗學組通函一則》，《民俗》週刊第一一〇期，一九三〇年四月三〇日。

上述計畫有其合理之處，可惜並未付諸實踐。何思敬的工作似乎就是擬定了一份計畫書，今天已經很難從文獻上找到他的工作成績。民俗學組空一招牌，無人理事，慢慢地連「學組」這個名稱也逐漸被人遺忘了。因為「學組」沒有什麼影響，所以一九三二年底朱希祖上任文史研究所主任的時候，沒有使用「民俗學組」這個名稱，而是重新用回到「民俗學會」，並重新任用容肇祖為民俗學會主席。

這一時期「文史學研究所民俗學會」的工作大綱是：

（一）徵求各時各地之風俗、習慣、迷信、醫藥、歌謠、故事之記錄，及器物之字、雕刻等。

（二）調查關於各民族之風俗習慣、生活、社會、組織、社交、迷信等，及各地之祈神、賽會、求籤、問卜、宗禮、冠婚、喪祭等種種風俗。

（三）對於民俗種種材料加以整理、研究，及外國民俗學上之名著之翻譯。[61]

一九三三年上學期結束時，中山大學沒有續聘容肇祖，民俗學會無人打理，學會工作到六月份再次中斷。以後的幾年，每次年終總結時，都會把過去的成就翻出來炒一炒，然後簡單羅列幾條計畫，比如在一九三六年，「國立中山大學文科研究所歷史學部民俗組」在其《民俗組簡章》中就說：「本所運用民俗學的方法，整理傳說，以發見本國各時代各地方之民俗為宗旨。」[62]其《民俗組工作大綱》稱「本組研究，分下列兩種：A，歷史的研究。從各地方誌，文集，筆記，小說，及其他專書，抄輯史料，分類，分地，從事比較研究，歷史敘述。B，社會的研究。從調查，搜集所得到的社會實況種種統計，

61 《國立中山大學文學院概覽》第一四二頁。該書不詳出版日期，時朱希祖初任文史所主任，應為一九三三年所印。
62 《國立中山大學研究院年刊》，中山大學研究院，一九三六年，第五三頁。

為將來革新社會之參考。」[63]

該組劃定的研究範圍，則分為以下九類：

一、民間文藝及音樂；
二、民間風俗；
三、民間信仰；
四、民間物產；
五、民間商品；
六、民間工藝；
七、民間節令；
八、民間科學；
九、民間遊戲；[64]

在文科研究所的「將來發展計畫」中則特別提到要「徵求西南各省風俗宗教醫藥歌謠故事等民俗材料」。[65]但是，這些計畫大多只是年復一年地謄抄工作，絕大部分計畫既無實施細則，也無經費預算，每年的計畫只是用來上報和存檔，基本上已經失去意義了。

63 《國立中山大學研究院年刊》第五六頁。
64 《國立中山大學研究院年刊》第五七－六二頁。
65 《國立中山大學研究院年刊》第七八頁。

事實上，中山大學語言歷史學研究所自從改稱文科研究所之後，「其性質與原來大不相同，語史所著重在本所同人之研究，文科研究所則著重在傳授學業」[66]。因此，我們從這些計畫中看到的，只是文科研究所的教授們對於民俗研究的理解，或者是對於民俗學的學科想像，很難具體落實到實際研究工作中。

66 一九四五年《國立中山大學恢復語言歷史學研究所計畫》，存廣東省檔案館，全宗號二〇，目錄號一，案卷號二一，第一一七頁。

第二章　作為學科標誌的同人出版物

中山大學民俗學運動從一九二七年初開始，到一九四三年底結束，前後跨越十六年，起止時間是以民俗學會的幾份出版物為標誌的。「民俗學」作為學科名稱的提出，始於北京大學《歌謠》週刊，但是，在眾多可供選擇的學科名稱中脫穎而出，則是決定於中山大學民俗學會《民俗》週刊的巨大影響。鍾敬文曾有這樣一段評價：「這個附屬於南方的一個大學的民俗學會，從創始到結束，前後經歷了十六年。它印行了許多書籍、期刊，收集發表了許多民俗資料，探討了許多民俗問題，宣傳並在一定範圍內普及了民俗學知識，培養出一些年輕的民俗學工作者。它不但開拓了中國民俗學的領域，在東亞人民文化研究史上也是引人矚目的。」[1]

日本學者直江廣治說：「由於中山大學民俗學會的蓬勃發展，使民俗學進入科學研究的軌道。各地研究民俗學的同好者們，受到刺激鼓舞，也召開了研究鄉土風物的集會，使採集民俗資料的工作急速進展。」[2]美籍學者洪長泰也說：「一九二七年廣州中山大學民俗學會的建立，在中國各地省份引起了連鎖反應。使一九二七年至一九三七年成為中國民

1 鍾敬文：《六十年的回顧》，《民間文藝學及其歷史——鍾敬文自選集》，濟南：山東教育出版社，一九九八年，第四八五頁。

2 〔日〕直江廣治著，林懷卿譯：《中國民俗學》，台南：莊家出版社，一九八〇年，第二一八頁。

俗研究的黃金時代。」[3]日本學者加藤千代則直截了當地把中山大學稱作「中國民俗學的發祥地」[4]。

有關中山大學民俗學會出版物的價值闡述和文本分析已經汗牛充棟，本章旨在鉤沉這些出版物背後的出版事件，以及圍繞出版事件所產生的人事關係，藉以管窺中國現代學術史上大學出版業的發展歷程。

第一節　《民間文藝》：上承《歌謠》下啟《民俗》

《民間文藝》的出版，雖然尚未正式打出「民俗學」的學科大旗，但已經拉開了中山大學民俗學運動的序幕。

一九二七年初，傅斯年奉朱家驊之命在中山大學籌建「語言歷史學研究所」，遂招顧頡剛來中山大學。顧頡剛早在廈門大學的時候，就有複辦《歌謠》週刊的意願，得此機會，提出在中山大學複辦《歌謠》，並舉薦鍾敬文負責具體事務，一起籌辦中山大學民俗學會。

一九二七年十月十六日，顧頡剛與鍾敬文、羅常培等人一起去傅斯年處開會，議定刊行四種出版物：《文史叢刊》、《語言歷史學研究所週刊》、《歌謠》週刊、《圖書館週刊》，其中《歌謠》週刊由鍾敬文、董作賓具體負

3　〔美〕洪長泰著，董曉萍譯：《到民間去——一九一八—一九三七年的中國知識份子與民間文學運動》，上海：上海文藝出版社，一九九三年，第八七頁。

4　〔日〕加藤千代《訪中山大學》。轉引自葉春生：《民俗的綿續與中大民俗學會的業績》，《民間文學論壇》一九八七年第六期。

責[5]。

主要是為了擴大口承文學的搜集範圍，使不侷限於歌謠一項，原定週刊名《歌謠》在臨出刊前突然改名《民間文藝》，週刊內容除歌謠之外，尚有神話、傳說、故事、謎語一類，編輯取向全在「語言文學」。《民間文藝》週刊每期封二公佈的「徵求民間文藝簡章」如下：

（一）本刊徵求民間文藝範圍，凡流行民間的神話，童話，傳說，趣事，寓言，歌謠，謎語，俗曲，唱書，劇本，諺語，歇後語等等皆是。所有關於上列各種材料，我們一律歡迎。篇幅多者，可裝訂成冊見寄。

（二）記錄的方法，韻語如歌諺等，須一依口語寫出，其中方言俗字，可用羅馬字或國音字母，注明其音讀，並詳釋其意義，勿隨意改成國語或文言。散文如神話童話等，則以宜質樸的國語傳寫之，遇雜有韻語處，仍當儘量保存本色。又該材料采自何處，通行於何地，並須一一注明。

（三）投稿人姓名住址，須詳為開列，以便通信，並寄贈本刊。

（四）本刊收稿處為「廣州文明路國立第一中山大學語言歷史學研究所民間文藝週刊編輯室」。

刊物承印為廣州市德政街三友印刷社，每期的印數大約在七八百份左右[6]，售價為每冊三分，半年六角（共二六冊）。其發行名義上是由學校出版部負責，發行地主要是北京、上海、廣州三地。實際上，通過市場銷售的數量極少，

5 顧頡剛日記，一九二七年十月十六日。

6 據鍾敬文先生回憶，《民間文藝》和《民俗》週刊每期印數都不到一千份，他又說《民俗》季刊印數更少（鍾先生談話錄音，北京友誼醫院，二○○一年八月十五日）。而據一份《民俗》季刊的報價單（存廣東省檔案館，詳後），季刊印數為五百份，因此，我們可以推測《民間文藝》及《民俗》週刊的印數當在五百—一千之間。

民俗學會的辦公地點最初暫設在學校圖書館

大部分是以寄贈的方式發出的，而寄贈的工作，自然也由鍾敬文負責。

還在北京大學《歌謠》時期，董作賓就是「歌謠店」中的一員猛將，且因《看見她》而聲名大噪，加之顧頡剛對「文藝」的興趣不大，於是，鍾敬文將《民間文藝》發刊詞的寫作任務交給了董作賓。

一九二七年十一月一日，《國立第一中山大學語言歷史學研究所週刊》及《民間文藝》創刊號出版。這時正值學界籌組「第二批西北科學考察團」，語史所決定參與考察，委託董作賓負責擬定計畫等項。董作賓很快淡出了《民間文藝》的編輯工作，這樣，擔子就落在了鍾敬文一個人身上。

十二月一日，董作賓和鍾敬文等人一起去了顧頡剛家。董為「母病偏中，急欲假歸」[7]。董作賓這一走，就再也沒有回到中山大學，也再沒回到尚未成型的民俗學界。

鍾敬文自小愛好文學，《民間文藝》的文學取向恰合了他的口味，故亦樂在其中，並將他的幾位海豐同鄉楊成志、劉萬章、林樹槐等人也拽入到民間文學的陣營中來。

7 顧頡剛日記，一九二七年十二月一日。

《民間文藝》週刊共出了十二期，因其僅用來發表民間的「文藝」作品，終是「內容範圍太窄，篇幅也小」[8]，因此到了一九二八年初，民俗學會遂決定停刊《民間文藝》，改為《民俗》週刊，「放寬範圍，收及宗教風俗材料」[9]。

第二節 《民俗》週刊：夾縫中求生存

五四之後，一門關於平民生活與平民文化的專門之學已經呼之欲出，但是，這門學科該叫什麼名稱呢？學者們曾經分別設想為民學、民情學、風謠學、歌謠學、風俗學等等，之所以最終定名為民俗學，與《民俗》週刊的巨大影響直接相關。

鍾敬文在《重印〈民俗〉週刊序》中說：「《民俗》週刊，是中大民俗學會活動中的主要定期出版物，它與三十多種民俗叢書構成這個學會活動的重要部分，也是整個學會具有比較顯著的成績的一部分。不管從它本身看，或從它對當時學界的影響看，都可以這樣說。」[10]《民俗》週刊創刊於一九二八年三月二一日，第一一〇期後曾停刊三年，一九三三年春復刊，只出了一三期和一本「百期紀念號」，又停刊了，時間是一九三三年六月三〇日。

《民俗》週刊是中國第一份專門的民俗雜誌，早期《民俗》週刊的編輯工作全由鍾敬文一人負責，連刊名「民俗」

8 鍾敬文：《六十年的回顧》，《民間文藝學及其歷史——鍾敬文自選集》，第四八四頁。
9 顧頡剛：《「民俗」發刊詞》，《民俗》週刊一期，一九二八年三月二一日。
10 鍾敬文：《重印〈民俗〉週刊序》，《民俗》週刊影印本，上海：上海書店，一九八三年。

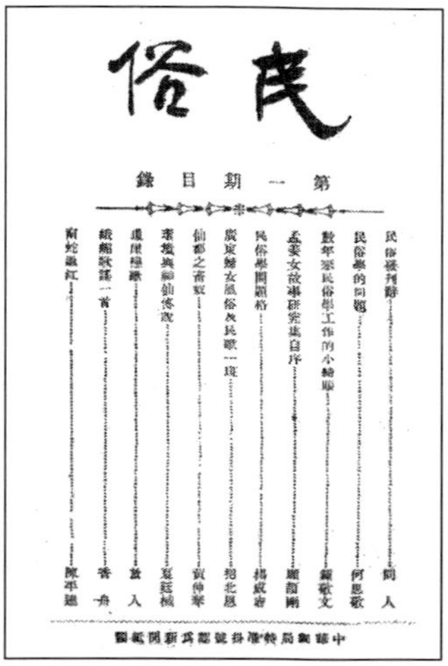

《民俗》週刊第一期封面

兩字，亦為鍾敬文手書[11]。創刊之初，稿件奇缺，鍾敬文不得不四處求人寫稿，除了給外地的民俗學同人通信索稿，主要是在校內發動，據鍾敬文回憶，一些知名教授如何思敬、崔載陽等人的稿件都是反復催促才能拿到，就連歷史系一位教務員的「從前草草寫下的一則短記，現在呢，他又沒有多餘的時間再寫，因為我即需稿用，只能把它發印了」[12]。

一九二八年六月，鍾敬文經手付印的民俗學會叢書之一《吳歌乙集》出版，七月四日，校長戴季陶通知辭退鍾敬文。「謂是因《吳歌乙集》有穢褻歌謠之故，為戴季陶大不滿意」[13]。鍾敬文堅持工作到八月底，發完《民俗》第二三、二四期的稿件，於九月七日離開廣州。

鍾敬文被辭，《民俗》週刊面臨夭折的危機，一是經費困難，二是人手不足。在七、八月份容肇祖尚未回粵時，顧頡剛只好親自編稿。因為花在週刊上的時間驟增，顧頡剛在日記中屢屢提及這些事務，心中頗不快。七月下旬至八月上旬，顧頡剛幾乎每天都去找朱家驊副校長，或是給他寫信。最後因為朱家驊對民俗學的支持，勉力保住了這份刊物。

在鍾敬文與容肇祖之間，顧頡剛曾親自編過兩期《民俗》，即二五、二六期合刊[14]。容肇祖從一九二八年九月底，

11 鍾敬文手書「民俗」二字一直沿用到一九二八年十月十七日第二九、三〇期合刊，十月二四日第三一期以後，文字由豎排改橫排，刊名「民俗」改為「漢三公山碑鉤出」美術字。
12 鍾敬文：《環境與神仙傳說·按語》，《民俗》週刊第一期，一九二八年三月二一日。
13 顧頡剛日記，一九二八年七月四日。
14 《國立中山大學日報》一九二八年十月八日第四版《本校「民俗週刊」近訊》：「現自二七期起，改由容肇祖教授擔任編輯，聞二七、二八合期，已行付印……又該刊擬出一『中秋專號』，稍遲即行付印，歡迎校內外人投稿云。」容肇祖自己則在一九三三年六月十六日補印的《民俗》

第二七、二八期合刊開始接手《民俗》週刊的編輯事務。

由於人事變動，刊次頻密而人手緊缺，《民俗》週刊從六月份開始就無法按正常日期出版，往往只能以兩期合刊的形式出版，這種狀況一直持續到十月份，即容肇祖接手一個月之後。動盪時期的稿件品質自然也無法得到保障，張清水是民俗學會的諍友，他並不知道發生在中山大學內部的這層層故事，因而在一九二八年十一月寫給容肇祖的一封信中批評說：「九號接閱民俗，才知確已如顧先生言，交由你接編民俗了。疊出合刊，內容不大充實，不能無譏，先生注意這層？」[15]

容肇祖初接《民俗》週刊時，手上沒有現成的作者群，就把自己的親朋好友發動起來，為《民俗》週刊撰稿，容肇祖的妹妹容媛、舅舅鄧爾雅等人，都是這時進入民俗學會的。

容肇祖決定從形式到內容對《民俗》週刊進行大力改革，他在接手的第一期就發出聲明：「現在本刊力求改良，增加篇幅，並自下期起改印橫行，以求與語言歷史學週刊一致。帶研究性質的稿件，尤所歡迎。」[16]在同期的另一則啟事中則要求大家搜羅關於中秋節的風俗、故事、傳說，以及相關材料照片等物品，準備刊出「中秋專號」。後來又在給清水的信中說：「此後各期，或注重在一方面的。如三一期，注重在神話及童話；三二期為中秋專號；三三期則全屬研究的範圍；三四期注重在故事的傳說；三五期為風俗的零碎片斷。此後各期始可依目做去，當有部分偏重的地方。我意以為使人一定要連續買這週刊，這是書賈的行為。有幾個錢，便買某一期。看完了，不買別期亦可，這才是真正的方便學者。」[17]

15 清水、肇祖：《本刊通信》，《民俗》週刊第三五期，一九二八年十一月二一日。
16 封二《本刊啟事》，《民俗》週刊第二七、二八期合刊，一九二八年十月三日。
17 清水、肇祖：《本刊通信》，《民俗》週刊一〇〇期之《百期紀念號的卷頭語》中說：「我在本刊擔任編輯，始自二五、二六期」。參照《近訊》，又據顧頡剛日記，一九二八年八月二三日：「到校，發《週刊》及《民俗》稿各兩期。」根據以上綜合資訊，我們認為二五、二六合期當為顧頡剛所編。

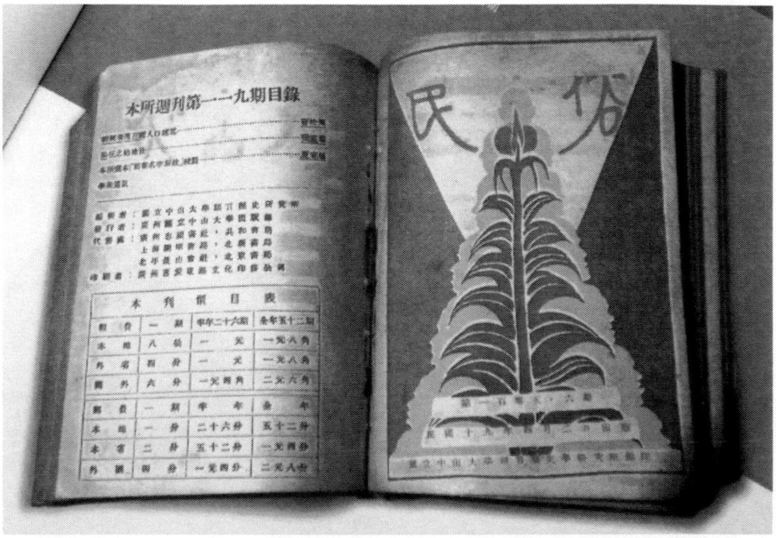

劉萬章編輯的《民俗》週刊

很長一段時間，容肇祖一個人編輯著《民俗》週刊，因為每週還有十幾個課時，其辛勞可想而知。大約在一九二八年底開始，劉萬章開始參與《民俗》的編輯事務，因為劉在十二月二日已經開始向同人寫信約稿[18]，他在一九二九年二月的一篇文章中更直接地說，當時容肇祖已經開始「要我替民俗編民間故事專號」[19]。這段時間幫助《民俗》編輯工作的還有夏廷棫[20]。

一九二九年，顧頡剛等人相繼離開中山大學，加上校長戴季陶和語史所現任領導對民俗學會的工作不大支持，容肇祖一直被聘為「講師」，日久生怨，因而逐漸萌生去意。一九三〇年，容肇祖原高師的老師楊壽昌介紹他去嶺南大學國文系做副教授，於是，容肇祖在編完《民俗》週刊第九三、九四、九五期合刊（一九三〇年二月十二日出刊）之後，離開中山大學，轉就嶺南大學之聘。

《民俗》週刊從第九六－九九期合刊「謎語專號」開始由劉萬章主編。

儘管民俗學運動的參與者眾，但能進行研究工作，且能寫出一些較高水準研究文章的人卻是極少數。要提高《民俗》週刊的學術

18 招勉之：《本刊通訊》，《民俗》週刊第四四期，一九二九年一月二三日。
19 劉萬章：《讀民間故事研究》，《民俗》週刊第五一期，一九二九年三月十三日。
20 葉鏡銘：《關於民俗》，《民俗》週刊第一〇三期，一九三〇年三月十二日。

含量，使之擁有學術上的較高地位，非有一批知名學者捧場不可。但是，主編劉萬章卻是土生土長的廣東地方民俗學工作者，與當年北京大學《歌謠》時期成長起來的民俗學者不同，劉萬章與北京上海等地的學界名流幾乎沒有任何聯繫，即使本校的大教授們，也不大願意把文章交給他。劉萬章幾乎約不到任何有學術含量的稿件，他曾經非常無奈地說，《民俗》週刊的稿子多得很，容肇祖先生離開的時候，就曾經將一大堆稿子移交給他，後來各地的同志，陸續寄來的也不少，可是，研究性的文章卻一篇都沒有[21]。劉萬章只能用些學生和各地民俗學愛好者的來稿，導致稿件品質越來越差。

一份學術刊物的權威與否，除了刊物本身的品牌效應，與主持人的學術地位及其在學界的人脈與有很大關係。有傅斯年、顧頡剛等人撐著，語史所各項事業自然風生水起，但是，隨著他們相繼北上，剛剛扯起的民俗學大旗也只有委頓下來。《民俗》週刊走到這一步，已經預示著中山大學民俗學運動的退潮了。接下來雜誌的停刊，似乎只是時間問題。果然，《民俗》週刊出到第一一〇期的時候，學校不再給予經費支援，被迫停刊。

一九三三年三月，在朱希祖、容肇祖的努力下，《民俗》週刊又復刊了。

容肇祖一九三二年七月回到中山大學。同年十月，著名歷史學家朱希祖[22]也來到中山大學[23]，十二月出任文史研究所（即原語言歷史學研究所）主任，隨即勸說容肇祖複辦《民俗》週刊，他在《恢復民俗週刊的發刊詞》中說道：「書籍費調查費人才費，三者缺一不可，非有大規模的計畫和預算，不能完成此學的使命，和極大的貢獻，此在中央政府應當提倡獎勵，特設機關，寬籌經費，延攬各項專門人才，分代搜集，分省調查，分析綜合研究，且須寬以歲月。現在我們在中山大學文史研究所，不過小規模的試驗，而且學期中間接手種種預算，多已固定，三項經費完全沒有，僅能擔任

21 劉萬章：《本刊今後的話》，《民俗》週刊第一〇一期，一九三〇年二月二六日。
22 朱希祖（一八七九－一九四四）字逷先，又作迪先等。一九三二年至一九三四年任中山大學文史研究所主任。
23 中山大學教務處編印：《國立中山大學二十一年度職教員錄》，一九三二年十二月。

容肇祖手稿

出版週刊的經費，一切全賴容先生個人的努力。」[24]

可惜的是，復刊的《民俗》週刊只堅持了十四期。學期結束時，中山大學沒有續聘容肇祖，刊物無人主持，一九三三年六月十三日，這份中國現代學術史上頗具影響的民俗學專業期刊，終於在第一二三期劃上了一個悽愴的句號。

關於《民俗》週刊的發行情況，我們有以下資訊：

根據一九二八年的《語言歷史學研究所預算表》[25]，《民俗》週刊每期印刷費為八〇元，又據鍾敬文回憶，一九二八年上半年，每期印數不到一千冊，則每期冊成本至少應在八分，而《民俗》週刊的市面零售價是每期冊四分。再參照相似厚度的民俗學小叢書的定價，可知《民俗》週刊的定價嚴重偏低，即使全部售罄，也是虧本的買賣。

《民俗》週刊的作者大都是民俗學的愛好者和同情者，一般來說，只要成為《民俗》週刊的作者，大都能被列入雜誌的寄贈名單，而因為經費有限，民俗學會從未給這些作者發過任何稿酬[26]。

據鍾敬文回憶，早期的《民俗》週刊幾乎沒有固定訂戶[27]。這從該

24 朱希祖：《恢復民俗週刊的發刊詞》，《民俗》週刊第一一一期，一九三三年三月二一日。
25 《語言歷史學研究所預算表》，《國立中山大學語言歷史學研究所年報》（即《國立中山大學語言歷史學研究所週刊》第六二—六四期合刊），一九二九年一月十六日，第十一、十二頁。
26 《國立中山大學語言歷史學研究所概覽》，廣州：中山大學語言歷史學研究所，一九三〇年一月，第一〇六頁。
27 這種情形很容易理解，因為當時有恆久興趣於民俗學的同人大多是《民俗》週刊的作者，而作者都能獲贈，獲贈就沒必要訂閱。

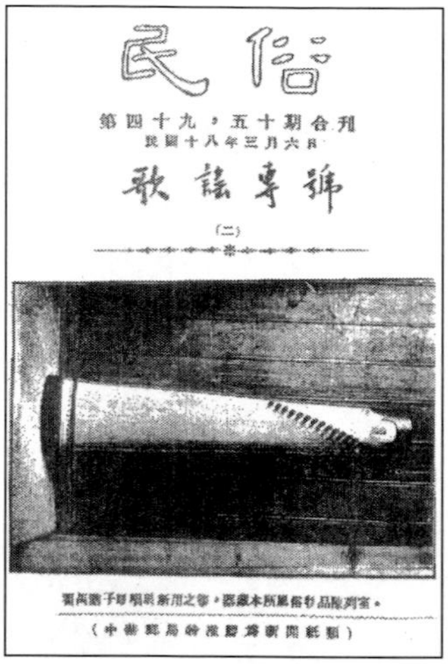

《民俗》週刊「歌謠專號」的封面

刊的定價也可看出來，「半年二六冊」的定價是八角，而「全年五二冊」的定價居然要一元八角，也就是說，訂一年的單價還要貴過訂半年的單價。這一價目表在《民俗》週刊刊至第一六期，一直沒有人提出疑問，直到第十七期後，才把半年定價改為九角，刊物改為橫排以後，再提為一元。零售價不變，訂閱價卻一直在升，這都是非常奇怪的做法。可能的原因是：一、根本沒有認真的訂戶，價格的標示沒有實在意義；二、訂閱價面對圖書館等公款訂戶，而零售價則面對自掏腰包的民俗學愛好者。

出過一批專號之後，大約雜誌贏得一些訂戶，從第五一期起，訂價開始變得合理，因而大字刊出改價啟事：零售四分，半年訂價一元，全年一元八角。也就是在這一時期，容肇祖在寫給張清水的一封信中說：「民俗週刊，非集中的研究，不能促其進步。民俗近來銷路頗暢，預定全年的，日見其多。」[28]其中「神的專號」大概頗能滿足人的好奇心，更是「銷路頗暢，許多人之欲研究神，已不言而喻」[29]。

羅香林在一九二九年九月十三日的一篇文章中說：「過去一年多的《民俗》，推銷方面似乎也不太妙，雖然說每期也可銷到一千多份。今年暑假，我因事回粵一次，上下經過南京，上海，杭州，汕頭……等地，每到一地，總算曾去逛過一次書鋪，旁的雜誌，那很容易找，但是《民俗》的蹤跡呢，那裡見得到！跑到各大學的圖書館去參觀，看得見《民俗》週刊的，卻也沒有幾個。」[30]銷路暢與不暢，大概各人標準不同。總的說來，應是發行量呈上升態勢，但始終不大

28 《本刊通信》，《民俗》週刊第五二期，一九二九年三月二〇日。
29 張清水：《韶州的神廟》，《民俗》週刊第六一、六二期合刊，一九二九年五月二九日。
30 羅香林：《關於〈民俗〉的平常話》，《民俗》週刊第八一期，一九二九年十月九日。

理想。

由於時局動盪不安，郵局的投遞屢有遺漏，寄贈的雜誌總是無法保證送達被贈人手中。周作人在寫給鍾敬文的信中說：「蒙賜寄刊物，收到無多，蓋因檢查頗嚴，大抵被沒取了去也。」[31]就連民俗學會的代售點開明書店，他們的一個叫Sofio的編輯都很難收齊當時出版的《民俗》週刊：「我這裡的《民俗》，多半向友人處索來，有一期，無一期，零零落落，殊為憾事。我把《開明》按期寄去廣州民俗編輯部，要求交換，卻始終沒有得到回音。」[32]

第三節　民俗學會叢書：民俗學的典籍生產

中山大學民俗學會叢書前後共發行三九種[33]，儘管只有少部分著作堪稱學術經典，但正因為這些經典的標誌作用，使得「民俗學會叢書」作為一個整體，具有了傳世的價值。

31　周作人：《通訊》，《民俗》週刊第一三、一四期合刊，一九二八年六月二七日。
32　清水：《關於民俗學的消息種種》，《民俗》週刊第八五期，一九二九年十一月六日。
33　楊成志先生及鍾敬文先生在一些講話或文章中都提到，中山大學民俗學會共出版叢書計三六種。筆者根據不同時期各類文獻中關於「中山大學民俗叢書」的綜合統計，叢書應為三九種（如果將顧頡剛《孟姜女故事研究集》第一、二、三冊計為一種，則為三七種）。筆者通過各種管道，找到了其中三八種，惟有黃詔年的《孩子們的歌聲》（一九二八年七月出版），遍尋不著，最後，由日本神奈川大學的彭偉文博士在日本的兩所圖書館找到此書。據說日本圖書館規定不能複印整本圖書，所以，彭偉文是在兩個圖書館各複印了半本寄回給我們的。後來，由我的導師葉春生教授籌集資金，我們將全部的「中山大學民俗叢書」進行了重新錄入整理，二〇〇四年由黑龍江人民出版社重新出版，總其名為《典藏民俗學叢書》，全書分為三冊，共計二七〇八頁，筆者在該書《重版說明》中對此有更詳細的說明。

刊行叢書是顧頡剛一直以來的心願，他說：「我最悲傷的，北京大學自從成立歌謠研究會以來，至今十年，收到的歌謠諺語有二萬餘首，故事和風俗調查有數千篇，但以經費不充足的緣故，沒有印出來。凡是不到北京大學的人便沒有看見的機會，有了同沒有一樣！我因為有了這幾次的創痕和悵念，所以到了中山大學之後發起民俗學會，就主張把收到的材料多多刊印，使得中山大學所藏的材料成為學術界中公有的材料。」[34]

一九二七年十一月八日，語史所週刊發佈《民俗學會刊行叢書》的消息：

> 民俗學（Folk-lore）的研究，在外國早已成為一種獨立的學科。可是這門學問，在我國尚沒有很多人注意到。現顧頡剛、董作賓、鍾敬文諸人，因組織民俗學會，專從事於民俗學材料之搜集與探討。該會為求達到廣大搜求與研究的功效，極望國內外的同志，加入該會合作。聞該會已著手編印叢書，計最近付印及將付印者，有下列各種：
>
> 孟姜女故事研究（顧頡剛著作）
> 妙峰山（顧頡剛著述）
> 東嶽廟（顧頡剛等著述）
> 中國歌謠概論（董作賓著）
> 民間文藝叢話（鍾敬文著）
> 粵謳（劉萬章等改編）
> 河南謎語類編（白啟明編輯）

[34] 顧頡剛：《序》，謝雲聲《閩歌甲集》，廣州：中山大學民俗學會叢書，一九二八年七月。

陸安傳說集（靜聞編述）
狼僮歌謠（劉乾初等翻譯）
看見她（董作賓著述）
歌謠論文集（鍾敬文編）
佘歌（靜聞編輯）[35]

此時語言歷史學研究所尚未正式成立，更未開過什麼正式的會議，計畫的這十二種叢書作者幾乎全是顧頡剛、董作賓、鍾敬文以及鍾敬文的幾個朋友。計畫的發佈不等於要照此行事，其意義更在於拋磚引玉，以激起有志民俗學事業的同人的關注和參與。事實上，第一本面世的民俗學小叢書也不在上述十二種之內，而是楊成志、鍾敬文合譯的《印歐民間故事型式表》，該書於一九二八年三月三日出版。

語言歷史學研究所一直到一九二八年三月二七日才正式召開第一次會議[36]，正式討論叢書計畫。顧頡剛首先在會上提出籌辦叢書事，「議決：定名為『語言歷史學叢書』，設總編輯一人，舉顧頡剛先生擔任之」，下分五類，每類各設編輯若干人，其中「民俗學由何思敬顧頡剛鍾敬文諸先生擔任之」。

四月，民俗學會叢書第二批出版，它們是《孟姜女研究集》第一冊、《蘇粵的婚喪》、《臺灣情歌集》。其中《臺灣情歌集》也是半路殺出來的，鍾敬文說：「當我們的民俗學會正在進行出版叢書之際，而謝雲聲先生編輯的這部『臺灣情歌集』，恰巧從廈門寄了來。」[37]

35 《民俗學會刊行叢書》，《國立第一中山大學語言歷史學研究所週刊》第二期，一九二七年十一月八日。
36 《國立中山大學語言歷史學研究所概覽》，廣州：中山大學語言歷史學研究所，一九三〇年一月，第五八頁。
37 鍾敬文：《鐘序》，謝雲聲《臺灣情歌集》，廣州：中山大學民俗學會叢書，一九二八年四月。

民俗學會很善於在媒體上做宣傳，他們不無自豪地在《中山大學日報》上大造聲勢：「本校民俗學會，自成立以來，各方面的進行，都很努力，對於出版叢書一事，尤為勇猛突進。」[38]當時的校報、《語言歷史學研究所週刊》以及《民俗》週刊，都在連續廣告「民俗學會新出三種叢書」：

（一）《孟姜女故事研究集》：此書，為本校史學系主任顧頡剛先生所著。顧先生為當今史學界泰斗，其對於孟姜女故事的探討，乃他為研究古史工作的一部分，而成績之佳，不但在中國得到許多學者的欽佩，便是日本許多民族學家史學家及民俗學家，也很為贊許。此集裡面，共收其所作長文兩篇：A，孟姜女故事的轉變，B，孟姜女故事研究。書前有顧氏自作序言一篇，敘述其研究此故事的經過，書末有鍾敬文先生所作校後附寫一文，評論顧氏這個工作的價值及他所以能有此好成績的原因，誠為現代出版界中一部不很易得的產品。書價極廉，每冊只售三角。

（二）《臺灣情歌集》：此書為謝雲聲先生所編輯。共收錄有意味的臺灣情歌二百首，方言俗字，皆加解釋。卷首有鍾敬文先生所作序文一篇，談論臺灣情歌的性質及價值，末端並牽及歌謠傳遞問題，頗足以為瞭解此書之鑰匙。每書定價三角。

（三）《蘇粵的婚喪》：此書共收入記錄蘇州及廣州婚喪情形文章六，記述者為顧頡剛與劉萬章兩先生。中國數年來對於民俗學所做的工作，此方面的最為缺乏，這書略可以補此缺憾。每書定價三角。[39]

民俗學會的大批叢書，多是在一九二八年出版的，其中《吳歌乙集》是引發鍾敬文被辭退的導火線。

38 《民俗學會新出三種叢書》，《國立中山大學日報》一九二八年四月二七日第三版。
39 同上。又見同時的《語言歷史學研究所週刊》、《民俗》週刊等。

從諸多叢書作者的序言或後記的鳴謝詞看，早期的叢書大部分是顧頡剛約的稿。一九二九年八月十二日，民俗學會核定徵求叢書稿件條例，並發出啟事：

> 本會出版叢書，已有三十種，綆短汲深，深懼無以副讀者之雅望。茲特為提倡民俗學的著作及譯述起見，特定叢書投稿條例如下：
>
> 一、研究民俗學而確有心得的著作，及外國名著的譯述，投稿本會，經本會審查認為合格者，予以金錢的報酬，每千字由一元至五元。受酬後版權永歸本會。（本學年內稿費以一千元為限，額滿後寄到者，劃入下年支取，不願者仍得索回原件。）
>
> 二、搜集材料的著作，經本會審查認為合格者，初版印一千本，即給回本書五十本。再版時，再與原著者磋商報酬。
>
> 三、投寄之稿，望繕寫清楚，並請加新式標點。審查不及格後須退還者，亦望自行聲明。
>
> 四、投寄之稿，本會酌量刪之，但抽稿人不願他人增刪者，可於投稿時豫先聲明。
>
> 五、投寄譯稿，並請附寄原本。如原本不便附寄，請將原文題目，原著者姓名，出版日期及地點，詳細敘明。
>
> 六、投稿者請寄廣州國立中山大學語言歷史學研究所民俗學會收。[40]

常有人抱怨叢書的錯字太多，事實上，叢書排版之後，一般會寄給作者本人校對一次[41]，因而書中的錯誤，作者本人是有責任的。顧頡剛的《孟姜女故事研究集》是委託夏廷棫校對的，書出以後，錯誤不少，顧頡剛為此非常生氣，在

40　《國立中山大學語言歷史學研究所概覽》，第九五頁。
41　清水：《本刊通訊》，《民俗》週刊第七四期，一九二九年八月二一日。

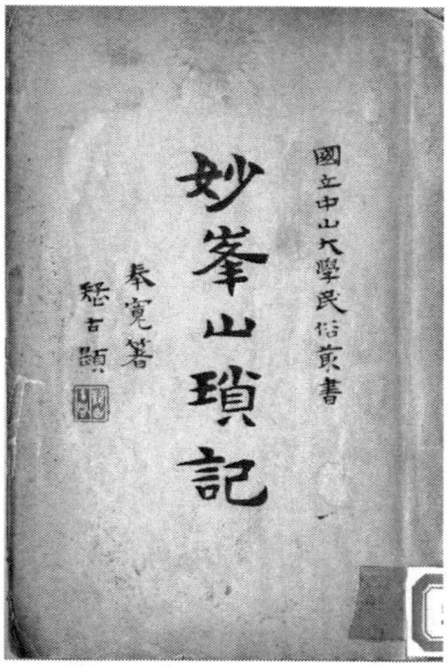

民俗學會叢書之一（一九二九年）

日記中用激烈的言辭表達了不滿。

民俗學小叢書面向全社會的徵稿活動影響不小，就在叢書刊印停頓之後，還有人不無惋惜地提起這事，「當時本想在中山大學民俗學會出版，後來民俗學會因經費關係無形停頓」，只好交由別處出版[42]。

關於叢書的銷售情況，我們沒有足夠的資料，大約總體上不是很理想。張清水曾經批評說：「民俗叢書，已一天天多起來了，內容雖不見怎樣好，但總還過得去；不過於印刷，校對，裝訂……太不注意，銷路平常，想只為此。」[43]

但也有銷路好的，顧頡剛在中山大學的一位學生曾說：「吾師顧頡剛先生把他的《孟姜女故事研究集》發表後，一般人群相讚揚，爭與傳觀。」[44]

吳藻汀在廈門出版的《泉州民間傳說二集》「自序」中說：「第一集蒙顧頡剛先生的介紹，容肇祖先生的審查，居然被采為廣州國立中山大學民俗學會的民俗叢書之一，這又使我多麼榮幸呀！出版後兩三月間，在泉州一隅竟售至千餘冊，這又使我多麼欣慰呀！」[45]從這段文字看，第一冊銷量不錯，而新民書社作為民間書社，願意主動承印「二集」，也當是看到了有利可圖。

叢書在北京的銷售情況應該也不差，清華大學的羅香林這樣描述了他的購書經過：「前天在景山書局經過，在看板

42 曹松葉：《自序》，《金華各屬謎語》，金華：金華新民書局。該書存中山大學中文系資料室，封底殘缺，出版年月不詳。
43 清水：《本刊通訊》，《民俗》週刊第七四期，一九二九年八月二一日。
44 黃昌祚：《民俗學雜談》，《民俗》週刊第一一四期，一九三三年四月十一日。
45 吳藻汀：《序》，《泉州民間傳說二集》，廈門：廈門新民書社，一九三一年六月。

上看見『新到民間文藝叢話』的招徠條告，一時好奇心動，便闖了去詢問價錢。小夥計招呼很好，『先生坐罷！四毫錢九扣。中山大學出版的，拿一本罷！』」[46]

第四節　民俗學會遭遇的出版審查制度

出版審查制度是一把雙刃劍。出版審查與反審查更像一出鬥智鬥勇的智力遊戲，今天東風壓倒西風，明天西風反攻東風。

在民俗學會之前，中山大學的出版業務極少，出版部多是承印一些講義通知之類。一九二六年十一月，《國立中山大學校報》（週報）創刊，一九二七年五月九日，《國立中山大學日報》創刊，兩報內容重複，大小事務，來稿即登，連是否同意某位學生請假的小事都可公佈於報上。所謂出版部，其功能只是印務而已，從學校領導到具體的報紙編輯，大都沒有用稿審查的意識。

這一寬鬆的環境為語言歷史學研究所兩種刊物及前期叢書的印行帶來了不少方便。顧頡剛十月十六日與羅常培、鍾敬文等人同到傅斯年處，開會商量創辦四種刊物[47]。議定之後，無須繁瑣的文字方案，似乎也未經學校當局審批，語史所同人即著手付諸實踐，並且馬上向外發佈消息：「語言歷史學研究所，自開學來即積極籌備，並議定出版週刊及民

46　羅香林：《讀鐘著民間文藝叢話》，《民俗》週刊第二九、三〇期合刊，一九二八年十月十七日。
47　顧頡剛日記，一九二七年十月十六日。

間文學二種刊物。週刊內容包括語言歷史研究及社會風俗調查等項；民間文學內容包括歌謠童話小說及傳說故事等項。第一期稿均已付印，不日內即可出版云。」[48]

從一九二八年五月一日教務主任陳宗南代理校長批復的一份公函[49]中可以看出，四月份出版部主任伍叔儻曾經向校長致函要求「設立出版物審查委員會」，該批復同意設立委員會「並以伍主任為主席」，「文理法醫農預各科主任與語言歷史學研究所圖書館各主任為出版物審查委員會委員」。

一九二八年五月十二日，在出版部主任伍叔儻的主持下，召開了「出版物審查委員會」第一次會議[50]，通過「自本會成立起，各科出版品，及繼續出版品，除講義外，須照本會章程付審查後，方可付印案」。按照這一章程，每一本叢書及每一期刊物都得通過一次校級「出版物審查委員會」審查方可付印。語言歷史學研究所各出版物如果嚴格執行這一章程，在實際操作中恐怕只有死路一條。為此，傅斯年特別提出要額外成立一個「語言歷史學研究所刊物審查委員會」，作為學校「出版審查委員會」的一個分會，同時提出以顧頡剛、何思敬、徐信符、商承祚、羅常培、容肇祖、余永梁、黃仲

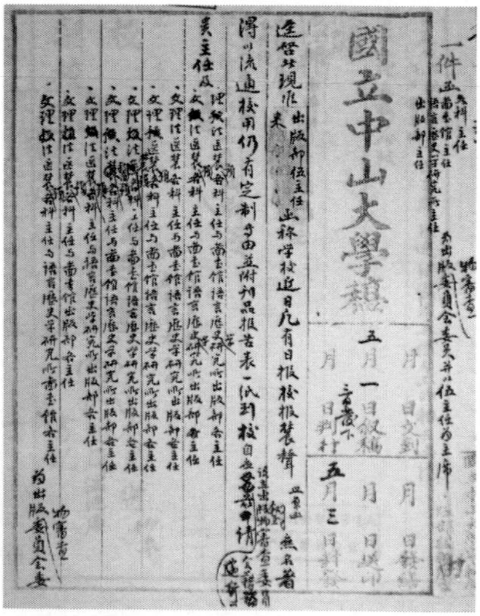

中山大學出版物審查委員會文件（一九二八年五月三日）

48 《國立中山大學日報》一九二七年十月二五日第四版。

49 《中山大學一九二七—一九四二各委員會一覽表與出版、審計庶務等委員會章程、會議錄、人選》，存廣東省檔案館，全宗號二〇，目錄號三，案卷號六七。

50 《本校出版物審查委員會第一次會議紀事錄》，《國立中山大學日報》一九二八年五月十二日第一—二版。出席本次會議的有沈鵬飛（事務管理處主任）、傅斯年（文科主任）、何思敬（法科主任）、鄺嵩齡（預科主任）、楊振聲（圖書館主任）、伍叔儻（出版部主任）、古底克（醫科主任）等，顧頡剛先生未到會。

琴、傅斯年九教授為委員。所幸這一提議「照案通過」。

接下來，五月十六日下午即由傅斯年主持召開了一次語言歷史學研究所的「出版審查委員會」，九教授對具體審查工作做了粗略分工：「（一）公推傅斯年，余永梁審查語言歷史學研究所稿件負責人。（二）公推顧頡剛，容肇祖審查民俗週刊稿件負責人。（三）公推顧頡剛，何思敬，黃仲琴審查民俗叢書刊印一切事宜。」[51]

一方面，這一分工可以看做是對學校出版審查委員會的一種敷衍，既無審查細則，亦無實施方案；另一方面，這一分工也是對學校出版審查委員會決議的一種修正，學校會議上通過的是另立語言歷史學研究所「刊物」審查委員會，而在研究所九教授的這一分工中，夾帶對叢書的審查也作了安排。在委員會的名稱上，也作了巧妙修正，學校會議提出的「刊物審查委員會」被修正為「出版審查委員會」，許可權明顯加大。

會議之後，傅斯年馬上將這一修正案上報給校長，五月二二日，校長批復下達。《中山大學日報》云：「文科傅主任斯年，擬於語言歷史研究所，組織一委員會，專司研究所內出版物審查之責，並擬定九人一事；戴校長親自主稿函複云，此事可完全照辦，且亦甚妥當；惟在全校出版統一上，必須有一統系，以免現時各處出版品絕不相謀之弊；且亦關係全校預算，及整個教育方針，意以出版委員之名，宜定為出版審查委員會；此會之內，宜包含幾個專門委員會（原草案定名為分會似不若專門委員會為妥）。」[52]

戴季陶在這一批復中還是給予了語言歷史學研究所出版物較大的獨立審查許可權，尤其是建議不必使用「分會」這樣一個名稱。

可就在校長批復的前一天，發生了一件令人不大愉快的事。

顧頡剛在一九二八年五月二二日日記中寫道：「孟真見告，謂昨日校中出版審查委員會開會，將研究所已審查之書

51　《語言歷史學研究所「出版審查委員會」第一次會議紀錄》，《國立中山大學日報》一九二八年五月十八日第二版。
52　《戴校長為語言歷史學研究所組織出版審查委員會事致文科主任函》，《國立中山大學日報》，一九二八年五月二一日第三版。

重行審查，叔儻不肯以《民俗叢書》付議決，思敬至有『《民俗叢書》將成顧頡剛叢書』之語。予做事太銳，招人之忌，自在意內。」

這裡提到的「民俗叢書」即《民間文藝叢話》（鍾敬文）、《孟姜女研究集》第三冊（顧頡剛）、《吳歌乙集》（王翼之）、《民俗學問題格》（楊成志）、《廣州兒歌甲集》（劉萬章）等。

顧頡剛採取了兩條途徑來解決問題。

第一，從行政途徑上。他馬上給遠在浙江的副校長朱家驊寫了兩封兩千餘言的長信，把伍叔儻阻止出版的事論了一遍。朱家驊收到信，五月三一日分別給顧、伍兩人回電，表示要繼續出版，伍叔儻因此憤而提出辭職（後被挽留）[53]。衝突表面上以顧頡剛的勝利而告終。

第二，從制度管理上。在上述校長批復的基礎上，顧頡剛們的幕後工作我們無從得知，但至少曾在五月二八日語言歷史學研究所「出版物審查委員會」第二次會議上，顧頡剛和容肇祖兩人唱了一出漂亮的雙簧[54]。首先是顧頡剛提議，語言歷史學研究所出版物審查委員會既然是根據本校總出版物審查委員會第一次議決案而成立的，所有審查責任就應該由本會來完全負責，因此既經本研究所審查通過的出版物，即無庸再送交學校出版審查委員會複審，以省手續而分責任。這一動議明顯是針對學校《出版物審查委員會簡章》而提出的，因《簡章》第二條規定：「關於各科之出版物，由各科主任組織三人以上之審查委員會審查；經審查認可後，報告本會決之；該委員姓名，亦應同時報告本會。」[55]

53 顧頡剛日記，一九二八年五月三一日。
54 《語言歷史學研究所「出版物審查委員會」第二次會議紀錄》，《國立中山大日報》，一九二八年五月三〇日第二版。
55 《出版物審查委員會簡章》，見於《中山大學一九二七－一九四二各委員會一覽表與出版、審計庶務等委員會章程、會議錄、人選》，存廣東省檔案館，全宗號二〇，目錄號三，案卷號六七。

接著，容肇祖提議本委員會應該訂立自己的《出版物審查委員會細則》，以規定本會的一切進行事宜。擺明是要以《細則》來取代《簡章》。

顧頡剛馬上提議「舉容肇祖君為本委員會『出版物審查委員會細則』起草人」，並獲通過。我們從最終獲得校長批准的《國立中山大學語言歷史學研究所出版物審查委員會細則》中可以看到，第一條即規定「本會為本所一切出版物審查機關，有審定應否出版，及出版先後次序之全權」[56]。「全權」兩字很關鍵。

有了常規制度的尚方寶劍，伍叔儻們就更加奈何不了語言歷史學研究所的叢書計畫了。顧頡剛處理這些事情確實是大刀闊斧，他惟一沒有考慮的，也是非常重要的一個問題是：人際關係。這一疏忽為隨後的許多工作埋下了隱患，甚至直接導致了鍾敬文的被辭退。

第五節　鍾敬文成了出版審查制度的犧牲品

《吳歌乙集》風波因為牽扯了幾位中國最重要的民俗學者，加上涉及「穢褻」問題，因而成為中國現代民俗學史上一段為學者們津津樂道的著名公案。

從事無巨細的顧頡剛日記中，看不出他作為「審查委員」做過些什麼具體審查工作。作為中山大學民俗學運動的主

[56] 《國立中山大學語言歷史學研究所出版物審查委員會細則》，《國立中山大學語言歷史學研究所年報》，一九二九年一月十六日，第四頁。

要領導者，他的主要工作集中在資金保障和組織管理上，不停地寫信鼓動各方有志民俗事業的人士參與到這一運動中來。何思敬、黃仲琴也只是掛名委員，他們對待民俗學的態度更多的是好奇和觀望。從民俗週刊到民俗叢書，具體事務性的工作幾乎都由鍾敬文包乾了，[57]這一點，從後來《吳歌乙集》事件的全部責任都由鍾敬文承擔一事也可看出。

一九二〇—一九三〇年代在中國出版史上是個迅猛發展的時期，各種有礙社會「穩定」的社會思潮、思想方式以及各種小資的生活方式借助出版物的流通獲得大流行，這不能不引起國民黨政府的高度重視。其結果自然是要尋找一個「公眾接受」的突破口以介入出版審查和出版物管制。

一九二八年六月二一日的《國立中山大學日報》出現了題為《大學院訓令禁止生徒購閱淫猥書報》的通告，內容略云：「邇來內政部，為維持風化起見，有諮請大學院，通飭各校，禁止學生購閱之舉，日昨大學院訓令到校，略謂，為令遵事，案准內政部諮開，為諮請事，查出版自由，雖為黨綱所特許，維持風化，亦為行政之大端，邇來各埠，新出書報雜誌，宗旨純正者固多，而誨淫敗俗之出品，亦複充斥市面，據調查所得，上海一隅，此項淫褻小報雜誌，已達百種以上，其各種誨淫書冊歌曲等小本，更到處皆然，無知青年，私行購閱，墮落日甚，流毒無窮，查刑法內，關於販制此種文字圖畫等，均有處罰之規定，亟應依法取締，函請貴院酌令各校，對於誘惑青年之淫書淫報，猥褻雜誌，禁止生徒購閱，以收杜漸防微之效，請煩查核辦理等由，查淫猥書報，流毒社會，在青年學子，尤為易受誘惑，誠如內政部所言，亟應通飭各校，一律禁止各學生購閱，以端趨向，而肅學風，除分行外，合行令仰該校長，即便遵照，辦理。」[58]

這則通告顯然是一條可被那些不滿民俗叢書出版的人利用的資訊，因為民俗事項的研究總免不了會涉及到「性」話

57 鍾先生在《民俗學說苑·自序》中提到：「《民俗》週刊從第一期到第二四期都由我個人負責編輯（名義上的主編是顧頡剛先生）。在這兩個刊物的編輯上，約稿、寫稿、審稿、集稿等事務不用說了，連送稿到印刷廠，去會計處取錢付印刷費等事務也都由我負責去做。此外，如民俗學叢書，那最初十多種的付印，也都是我經手的。」（此序收入《雪泥鴻爪——鍾敬文自述》，太原：山西人民出版社一九九七年，第二五一頁。）

58 《大學院訓令禁止生徒購閱淫猥書報》，《國立中山大學日報》一九二八年六月二一日第二版。

題，但當時並未引起民俗學會同人的注意，他們自信自己的工作是「為學術為真理」的，因而無暇顧及這些學術之外的資訊。

早在一九二六年，顧頡剛的《吳歌甲集》剛剛出版的時候，顧就寄了一本給他的同鄉王翼之，王受到鼓舞，經一年餘而成《吳歌乙集》。一九二七年五月，王在上海將書稿交給了顧頡剛[59]。《乙集》先在《民間文藝》週刊連載，由第一期至第三期，後因打算印行「民俗學會叢書」，《乙集》有幸列入計畫，連載也就中止了。

後來的《民俗》週刊以及「民俗學會叢書」是由鍾敬文一人責編的。人手嚴重不足，編輯工作非常艱苦，但這件事也為顧和鐘帶來了巨大的聲譽，同時也因大量經費的支出而導致許多人的不滿。

列入六月份出版的《吳歌乙集》，是被五月二一日的學校出版物審查委員會拒絕交付決議的叢書之一。由於顧頡剛等人的上述努力，叢書計畫雖然受到挫折，但最終得以實現。

顧頡剛萬萬沒有想到，暫時的勝利招致了更大的損失。一九二八年七月四日，學校當局突然通知辭退鍾敬文，這一突來橫逆，無論對鍾敬文個人還是對民俗學運動都是一個不小的打擊，顧頡剛在該日日記中寫道：「敬文為學校所辭，謂是因《吳歌乙集》有穢褻歌謠之故，為戴季陶大不滿意。然此等事由我主持，何不辭我耶？」顧頡剛日記此前一直稱戴季陶為「戴校長」、「季陶」，此處直呼其名，可見其當時心情之憤怒。

鍾敬文的憤慨則帶著一種命運的悲愴，他在給朋友的信中寫道：「這樣的時代裡，正義的擁有者，永遠要吃虧的。

59 《吳歌甲集》出版於一九二六年七月，《吳歌乙集》張新伯序的時間為一九二七年七月。時間間隔正好一年。王翼之在《自敘》中說：「我很感謝頡剛先生許我將這書作為吳歌乙集，並且他能抽暇為我作序，和擔任校訂，發行之勞，這尤其是我銘感難忘的。」而上海張新伯作序時已直稱其為《吳歌乙集》。可見顧在七月張伯新序書之前曾抽空讀過《乙集》手稿，已允其署為《吳歌乙集》，並曾答應作序。顧頡剛受中山大學副校長朱家驊委派，一九二七年五月離粵前往滬浙一帶購買大學圖書，二二日抵滬，直到六月十四日離開，答應作序並出版事，應該發生在這段時間。相應的，顧頡剛日記一九二七年五月三一日也有這樣一段文字：「八點許到車站（去南京），上特別快車，八點五十分車開。在車看《吳歌乙集》及小報。」

你要主張真的學術，你要提倡真的人道，那你最好是預先具備了上十字架去的勇氣，否則，這可不是好玩的，你必至於要痛悔著當初何苦來！受到此等待遇，老實說，我覺得自己還大大的不配，但我竟因此獲了罪，我倒能覺得泰然。並非我是怎樣神勇，——我是個脆弱不過的人，這是用不到諱言的——只在眼裡心中，很清楚地看出這是必然的道理而已。」[60]二〇〇一年，時隔七十多年後談起此事，鍾先生依然耿耿於懷，斥責戴季陶「假道學」。

其實顧、鐘都忽略了一個現實，當時戴季陶雖為中山大學校長，然而由於他身兼國民黨政府數個要職，長期不理校務，實際主持校政的是副校長朱家驊。從中山大學校史資料上看，朱家驊這段時間在校，而戴季陶反而不在學校[61]。戴季陶身兼數處要職，日理萬機，為了一本小書辭退鍾敬文，幾乎不可能是自己讀書發現「問題」，而後作出決定的。最可能的情況是，眾「道學」教授發現朱家驊明顯站在顧頡剛的一邊，當他們從《吳歌乙集》中找出所謂的「穢褻歌謠」之後，越過朱家驊，直接將「問題」提呈戴季陶。戴季陶是國民黨的理論宣傳家，掌管「精神文明」建設，況且還有《大學院訓令禁止生徒購閱淫猥書報》的通告在先，他不得不對這一事件做出反應，但是，當時顧在學界的名氣如日中天，中山大學正處於「千金買駿骨」的階段，顧頡剛的去留舉足輕重[62]，而鍾敬文當時只是以文史科中國語言文學系教務助理員的身分進入中山大學的，辭退鍾敬文是唯一可走的棋。

鍾敬文被辭，《民俗》週刊面臨夭折的危機，這段時間顧頡剛幾乎每天都去找朱家驊副校長，仰朱家驊之力，才渡過難關。

分析這一事件，戴季陶越過語史所負責人顧頡剛，直接由學校當局下文辭退顧頡剛手下一名幹將，顯然是由學校出

60 轉引自楊哲：《風雨世紀行——鍾敬文傳》，上海：華東師範大學出版社，一九九九年，第九六頁。
61 據《中山大學日報》，戴季陶一九二八年六月二八日曾參加學生畢業典禮，此後直到七月三一日始有其消息，該日報紙第二版《戴校長自北平來電》云：「戴校長，因公請假北上，瞬將一月，昨自北平來電……」
62 《戴校長自北平來電》中提到：「孟真，頡剛，敬甫諸兄，十萬不可離校，現在救國救教育之道，只在大家團結一氣，將中大辦好……」

版審查委員會眾教授們精心策劃的一次「報復」行為，戴季陶只不過是眾教授借用的一把鍘刀。出版審查制度本身是一面雙刃劍。事實上這一制度出臺以後，叢書品質確實有了明顯改進，但出版數量也因而下降，直接導致影響減弱[63]。

第六節　中山大學民俗學會的出版經費

為理想而奔波，憑熱情而工作，為經費而鬥爭，因經費而夭折，大概是二〇世紀中國學術界最常見的現象之一。

一九二六年底—一九二七年初，大批原北京大學學者之所以去廈門大學而就中山大學，最主要的原因是因為當時廈門大學辦學經費緊張，研究院瀕臨關門，許多學有所成的學者被辭退，其餘人眾也都人心惶惶，而同在南方的中山大學則由於得到國民黨政府的特別培植，教學科研經費雖不充裕，但相對兄弟大學，總算是好的。朱家驊在一九二八年十月二七日公宴全校教授講師的講話中提到：「至於說到經費，中大每月經費一二萬元，除現在中央大學外，總算是第一經費充足的大學。」[64]正是基於這一經濟基礎，中山大學民俗學會的興辦才具有了可能。

傅斯年一九二六年回國以後，首站即到中山大學，擔任文科主任，很有一番雄心壯志，想把中山大學的文科研究興

63 關於出版物「質」和「量」的辯證關係，傅斯年與顧頡剛還有過一次不歡的爭執，傅斯年以為大學出版物必以質上為先，而顧頡剛以為民俗學正處於發軔階段，必先以量的積累為前提。這是另話。

64 《本校校長公宴全校教授講師紀事》，《國立中山大學日報》一九二八年十月三〇日第二版。

辦起來，遂四處招攬人才。

語言歷史學研究所是隸屬於文科主任之下的系級研究機構，由傅斯年兼任籌辦主任，該所僅開辦費預算即達六萬元[65]，這是一個不小的數位，儘管當時的預算多是空頭支票。

這一預算還不包括出版經費，出版經費歸口出版部。中山大學出版部隸屬於事務管理處，是系級事務機構。

顧頡剛一九二七年四月十七日抵達廣州，幾天之後即與傅斯年商議復刊《歌謠》週刊。這一計畫是出乎當年預算之外的，顧四月二七日從傅斯年家出來之後，即與鍾敬文一起去拜會了中山大學出版部主任伍叔儻[66]，具體商議此事。商議的結果是得到伍叔儻支持，隨後即由伍叔儻著手申請經費。一九二七年五月九日的《國立中山大學日報》上出現題為《歌謠週刊行將出現》的消息：「本校事務管理處出版部伍叔儻主任請撥款印歌謠週刊，本校委員會經復函照辦，惟須將詳細計畫預算送核，以便酌定補助辦法云。」由此可見，許多後來為難民俗出版物的教授們，初期都曾是民俗學運動的支持者。

顧頡剛在北京大學主持《歌謠》週刊時，最大的苦惱就是眼看著大量來之不易的民俗材料堆在書庫裡面，因為沒有資金而不能印行，既然中山大學有這樣的條件，他自然是希望能夠大量印行民俗類出版物。顧頡剛因為曾經主持《歌謠》週刊，掌握了一批有志民俗事業的學人名單，並與大部分人保持著通信聯繫；鍾敬文也是個勤於通信的人，學術朋友，多書信往來經年而未曾謀面，此時便紛紛去函索稿。

民俗學會初創時期的條件很艱苦，幾位創業者的工作完全是兼職和義務的，作者也沒有分文稿酬。鍾敬文說：「我

65 《國立中山大學日報》一九二七年五月十三日第四版有傅斯年的一則聲明：「『顧頡剛教授為赴京購書專員，已領到現款六萬元』此事不確。先是圖書館有搜求大宗中國舊書以備研究材料之議，而文史科將設置之語言歷史科學研究所，亦有以六萬元作開辦費之議。惟顧教授現未領到分文，後來分月匯上海北京……」

66 顧頡剛日記，一九二七年四月二七日：「敬文來，同遊東山培正，培道數校。訪叔儻，談歌謠會事。出，敬文別去。」

們對於這個學問的致力，是基於一種心理的兼愛，與餘力的奮展。」[67]

顧頡剛是史學系主任，每星期七個課時[68]，並且主編著《國立第一中山大學語言歷史學研究所週刊》，還有大量行政事務；鍾敬文是中國語言文學系的教務助理員，兼任附中教員，也是雜務纏身。更令人心酸的是，鍾敬文編完了十二期的《民間文藝》，卻連自己的住處都還未能完全解決[69]。一九二八年三月，顧頡剛曾專此函請學校解決教職員宿舍並撥款創辦「民俗學會」，學校的答覆是：「略謂開辦費二百元，應予照撥；惟教職員舊宿舍，前經撥給圖書館，作擴充閱覽室之用……該會如需房舍辦公，可先撥附小舊居，中華路之空房房間，以資應用；至週刊編輯，請添委書記一節，現在裁員減政時期，亦未便照擬，一俟校款稍裕，再行酌辦云。」[70]

儘管客觀條件艱苦，卻沒有影響民俗學會的創辦者們高昂的學術熱情。

一九二七年十二月，廣州起義打響，全城大亂，許多不法之徒趁火打劫，對中山大學的衝擊不小[71]，有錢有勢的人大都逃離了廣州，這在顧頡剛日記，以及中山大學日報等材料中都有提及，但並沒有衝擊到中山大學語史所的工作進程。何思敬在《語言歷史學研究所週刊》「風俗研究專號」卷頭語中說到：「劫後的廣州，出版界除了幾種新聞紙及宣傳品以外，一切出版物都好像在停頓的狀態；在這種時候風俗研究專號之出世總不禁我們有許多感慨……然而我們感謝幾位教授克苦維持其平日的態度從事於向來的研究，劫後仍將其所得編成冊子出以問世。」[72]

67　鍾敬文：《編後》，《民俗》週刊六期，一九二八年四月二五日。
68　據《國立中山大學日報》一九二七年九月二四日第二版《文科教員認課表》，顧頡剛每星期授課《中國上古史》四時，《書經研究》二時，《目錄指南》一時。
69　楊哲《風雨世紀行——鍾敬文傳》第九二頁也提及此事：「敬文當時在學校附近和老鄉一起共租了一間房子」。
70　《撥款劃地創辦民俗學會》，《國立中山大學日報》一九二八年三月二一日第三版。
71　當時許多人因為戰火而避離中山大學，劉萬章在他的《廣州的舊喪俗》文末寫道：「十六年十二月十二日，彈雨火林最烈時，完稿於靈峰寺。」
72　何思敬：《風俗專號卷頭語》，《國立第一中山大學語言歷史學研究所週刊》第一一、十二期合刊，一九二八年一月十六日。

無論當時的條件是如何的艱苦，中山大學的民俗隊伍卻難得地處在團結和興旺的氣氛之中。本校文科教師們紛紛給鍾敬文、余永梁寫稿，人力、稿件、出版經費，都得到了一定的保障。可惜的是，這種局面沒有維持太長時間。

中山大學辦學經費名義上達每月十二萬元，事實並沒有完全兌現。中山大學一九二八年三月《呈請大學院補助本校月費大洋壹萬五千元》中提到：「兩年以來，各種設施，需費甚巨，從前紙幣，庫券，公債流通，月領經費，稍加樽節，尚克支持；惟自中央紙幣價格低折，校費所搭發之五成金庫券及公債券，其價值幾等於零；前存中央銀行現款，及庫券公債共三十餘萬，因該行停止支付，不能提取，即能提出，亦不通用，而一月份經費十二萬元，又概屬紙幣及庫債等券，雖有款領，亦等於無。」[73]

中山大學一九二四年新創，到一九二八年初，建校不到四年，百業待興，各種硬體設施的建設自然是放在首位的，幣價低折之後，首先受到衝擊的是出版業務。伍叔儻屢屢在校報上刊發啟事，有時是要求教師們核准講義的份數，為免浪費；有時是要求教師們趕緊把要印的東西拿去印，以免印務工人白拿了工資。《民俗》週刊以及民俗叢書的印行，還算不上學校的當務之急。

顧頡剛是個只顧及做事，不大顧及別人說長道短的人，馬不停蹄地大量印行週刊和叢書，這種做事的風格很快受到一些同事的非議。顧頡剛雖有察覺，卻不加理會[74]。大家礙於顧頡剛與傅斯年聯合的力量，一時也不便正面阻攔。

傅斯年卻是個很注重自己威望和形象的人，他在聽到許多人的議論，看過民俗學會的一些出版物之後，對這些書籍的品質和價值也產生了懷疑，並出面干涉。顧傅兩人志趣不同，終於導致了一九二八年四月二九日的一場大吵[75]。有意

73 《呈請大學院補助本校月費大洋壹萬五千元》，《國立中山大學日報》一九二八年三月十一日第一版。

74 顧頡剛日記，一九二八年五月二二日：「予做事太銳，招人之忌，自在意內，且『憂人發跡自怕窮』，亦一極普通之心理也。人之好善，誰如我乎！」

75 顧頡剛日記，一九二八年四月二九日。

思的是，顧傅爭吵之後沒多少天，五月十日就由伍叔儻召開成立了一個「出版物審查委員會」，並由圖書館主任楊振聲提出並通過了「各科出版品賬單，須由科主任及出版部主任簽字後，會計部主任方可付款案。」[76]當時語言歷史學研究所隸屬於文科主任，即傅斯年。

民俗學會確實也顧及到了學校的困難，盡可能地將出版的成本降至最低，甚至將工作人員辛勤勞動的義務性進行了制度化。由容肇祖起草的中山大學語言歷史學研究所出版物《版權及版稅暫行細則》云：

（一）本所所印書籍，暫不予著作者以報酬（無論本院同人與否）。除定期刊物外，俟第一次印書售罄時，由本會酌量給予酬金。

（二）本所所印書籍，為便利學人的研究，未受酬之著作，其版權仍歸著作者。再版時必需再得該著作者之允可，方為有效。

（三）版稅或稿費之著作，於必要時，由出版審查委員會酌定。但既得版稅稿費之著作，版權即歸本所。[77]

儘管此一制度留有「酌量給予酬金」的餘地，但「本院同人」中無論是顧頡剛鍾敬文容肇祖還是其他人，都從未從中領過分文稿酬或勞務酬金。

出版物審查委員會成立之前，《民俗》週刊及民俗叢書印刷款之領取、支付等事務都是由鍾敬文負責的，其程序是：填寫出版物取款表→語言歷史學研究所代主任顧頡剛簽字→出版部主任伍叔儻簽字→會計部主任處取款→向印刷廠付款[78]。

76　詳見《國立中山大學日報》一九二八年五月十二日第一、二版。
77　《國立中山大學語言歷史學研究所出版物審查委員會細則》，《國立中山大學語言歷史學研究所年報》，一九二九年一月十六日，第四頁。
78　該流程已求證於鍾敬文先生（北京友誼醫院，二〇〇一年八月十七日）。

會議之後，該程序中明顯加入了文科主任簽字一項，過程更加複雜，審核更加嚴格。「出版物審查委員會」開會之後，五月一日馬上由傅斯年主持召開了一次「語言歷史學研究所『事務委員會』第一次會議」，楊成志擔任記錄，通過的議案中，第八條為「推舉楊成志主理語言歷史研究所週刊，民俗週刊兩出版物簽名蓋章向會計部領款事宜」[79]。

楊成志取代鍾敬文處理款項事務有兩種可能：一是為了減輕鍾敬文的工作壓力，使之能有更多時間從事編輯事務；一是傅斯年已經開始不信任鍾敬文，欲另找人取而代之。

不久，鍾敬文就被校長戴季陶辭退，楊成志也去了雲南。人手不足，經費也受到刁難，民俗學會面臨巨大危機，顧頡剛在這段時間幾乎每天都去找副校長朱家驊，要求辭去中山大學的所有職務。朱家驊百般挽留，大約曾經許以繼續出版的經費[80]。

於是，顧頡剛毫不客氣地於一九二八年十月二九日一天之內「寫叔儻兩信，為印刷費事」[81]，此時的伍叔儻大概已經獲悉朱家驊的態度，反應很快，馬上在十月三一日的一個教務會議上，非常主動地向學校「函請增加部費四百元，專供語言歷史研究所週刊及雜誌印刷費」，而此類議案一般不在「教務會議」上提出來，所以議決沒有結果，「轉請校長核辦」[82]。從後來的出版實際來看，當時的印刷費應該是得到了保障。

民俗學運動剛剛興起的時候，中山大學的出版事業還是一片空白。待到民俗學會叢書的出版產生光環效應之後，各個學科都蘇醒過來了。申請經費就像切蛋糕，民俗學會申請多了，別的學科自然就少。這時，民俗學會就很難做到像從

79 詳見《國立中山大學日報》一九二八年五月十九日第二版。又見《國立中山大學語言歷史學研究所年報》，一九二九年一月十六日，第二六頁。
80 顧頡剛一九七三年七月在日記「一九二八年五月三一日」處進行了補記：「又助予編輯《民俗》週刊之鍾敬文，為戴季陶所開除，亦仗朱之力，得繼續出版」。
81 顧頡剛日記，一九二八年十月二九日。
82 詳見《國立中山大學日報》一九二八年十一月二日第一版。

前那樣來稿即印，這是很自然的現象，但在顧頡剛看來，這是因為教授們的心態發生了變化。顧頡剛對眾教授們不斷設置出版門檻的做法很不滿，同樣，眾教授們對顧頡剛的霸道也很不滿，心理學系主任汪敬熙就是其中一位。

一九二八年底，顧頡剛的好朋友，生物系主任辛樹幟因生物系印哺育類叢書，去找出版部主任伍俶儻簽字，伍俶儻不肯簽。辛樹幟聽說汪敬熙將任出版部主任，因造訪之，不料汪敬熙卻說「中山大學規程，已給顧頡剛破壞，現在你又要來破壞嗎」！辛樹幟非常生氣，兩人大鬧一番。辛樹幟氣憤難平，來找顧頡剛訴苦：「我們二人真是眾矢之的也。」[83]

顧頡剛對辛樹幟轉述的汪敬熙這番話耿耿於懷。到了一九七三年，顧頡剛又在該日日記旁補寫了幾句話：「餘與樹幟性格相同，事業心相同，扶植後進心切相同，故得謗亦相同。算到今歲幾五十年，我二人尚在人民政府領導下工作，而當時牽制我輩工作之伍叔儻、汪敬熙一班人到何處去耶？」但也有學術史家認為顧頡剛這段話不免有意氣的成分：「汪敬熙反對印行民俗學叢書，更多是從經費的用度上考慮。研究經費的重要性，對於從事實驗室研究的汪來說，應該比一般文科學者有更深切的體驗。」[84]

《民俗》週刊自鍾敬文離開之後，幾乎全由容肇祖一力支撐。顧頡剛一九二九年二月底請假回北平之後，民俗學會的經費來源就開始捉襟見肘了。容肇祖在一九二九年六月送請校長審核的《發展民俗學會計畫書並經費預算》中大倒苦水：「投稿之士，全本熱心，絕沒有金錢之報酬，以投其他雜誌，則潤筆可資，至叢書巨著，本會除送回三五十本外，絕無其他版稅或報酬……至外國出版關於民俗及中國民俗之書籍，求之圖書館中，已屬寥寥，研究所又無專款購買……購風俗物品雖曾領過數百元，但無一定經費，搜求物品，有限於時地，而應付無從……小小調席，亦需費用，近之如蛋

[83] 顧頡剛日記，一九二八年十二月十六日。
[84] 劉小雲：《〈吳歌乙集〉風波背後》，《民俗研究》二〇〇八年第一期。

戶，如廟誕，如神會，由三數十元，以至百元之費用，有調查則有專號，無調查則無文章」[85]。按容肇祖的預算，每年約需經費九二〇〇元。

七月十五日，朱家驊校長函准「計畫書」備案，批准經費每年二二〇〇元，具體為「風俗物品五百元，調查費五百元，叢書稿費一千元，購書籍費二百元」[86]。這是民俗學會有史以來被批復的最大一筆經費。

計畫書雖然批下來了，但並不意味著這些經費都能按時到賬。「實際民俗學會亦只用過支付稿費等項約二百餘元。」[87]容肇祖一九三〇年一月離開中山大學，經費沒人使用，學校就把專案撤了。

容肇祖之後，何思敬主持中山大學民俗學會的工作，《民俗》週刊在他的任期內中止了發行。

容肇祖在他著名的《我最近於「民俗學」要說的話》中有一段話：「何思敬先生就民俗學組主任通函有云，『當顧頡剛先生在本大學時，大學當局之扶助民俗學發展，實不遺餘力，民俗學之隆盛，實賴此焉。』實為不知民俗學會之情形者。顧頡剛先生在校時，民俗學會除為購買風俗物品得過二百元之經費外，叢書，週刊之印刷，均由出版部支付，此外則未有其他補助。（按：這段話與事實略有出入，一九二八年十二月，為擴充風俗物品陳列室，校長曾特批風俗物品購置費四百元[88]。一九二九年六月，顧頡剛從北京來函，擬購《妙峰山瑣記》稿本並印刷費，校長核准照匯大洋四百元[89]。）[90]容肇祖這些話實有所指，他不滿意何思敬接任後，《民俗》週刊只支撐了十幾期就停刊了。

85 《國立中山大學語言歷史學研究所概覽》，第八六、八七、八八頁。
86 《國立中山大學語言歷史學研究所概覽》，第九二、九三頁。
87 容肇祖：《我最近對於「民俗學」要說的話》，《民俗》週刊第一一一期，一九三三年三月二一日。
88 《國立中山大學語言歷史學研究所概覽》第六八頁：「校長特給風俗物品購置費四百元，風俗物品陳列室大加擴充。」另顧頡剛一九二八年十一月十五日日記「寫校長長信（民俗學會經費）」應即此事，此四百元應算是朱家驊對顧頡剛的一種安撫。
89 《國立中山大學語言歷史學研究所概覽》第九二頁。
90 容肇祖：《我最近對於「民俗學」要說的話》，《民俗》週刊第一一一期，一九三三年三月二一日。

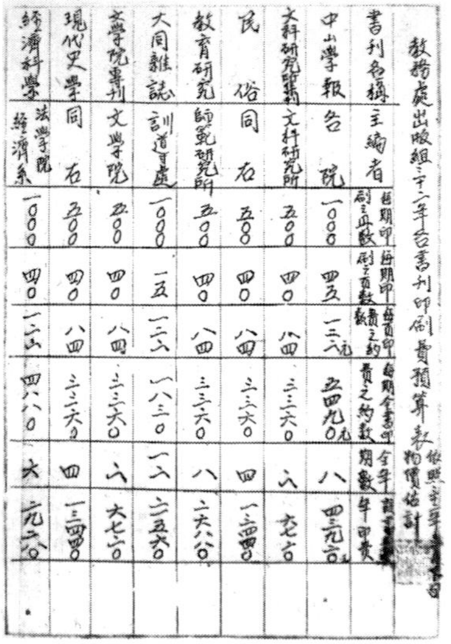

中山大學各出版物印刷費預算表（一九四三年）

何思敬在《民俗》週刊停刊前曾有一則聲明：「邇來本大學其他各科研究所，亦力事充實，以致不能顧及民俗學之發達，特將該會改為民俗學組，其經費又將劃入語言歷史研究所項下，此後事業，恐不能無甚影響，故擬略事收縮，以免放漫。但同人等，亦不辭艱困，盡力設法，以副各同好之雅望。」[91]

而容肇祖的意思則是，民俗學會本來就沒有經費，當然也就不存在「經費又將劃入語言歷史學研究項下」的問題。事實上，一九三〇年以前，週刊的印刷費用是由出版部支付的，但在容肇祖第一次離開中山大學之後，出版經費卻又劃入了語言歷史學研究所的預算中[92]，這在「語言歷史學研究所第一次所務會議」記錄中可以看出，「民俗學組何思敬先生之計畫」云：「民俗學組此後之方針或須稍有更變，將印刷費一部分撥作購買參考書籍之用。」[93]可見印刷費確實已經打入了語

---

91 何思敬：《民俗學組通函一則》，《民俗》週刊第一一〇期，一九三〇年四月三〇日。何思敬的話恐怕也是實情，一九三〇年四月十二日語言歷史學研究所主任商承祚在「語言歷史學研究所第一次所務會議」中說：「經費方面，十八年度超過預算之款，已由校長兩次核准，作為特別報銷。十九年二月份已餘剩二百餘元，以後望仍不透支，第二次特別報銷，因學校經費困難，尚未能支付。」（見《國立中山大學日報》一九三〇年四月十七日第二版），因當時商承祚主持考古組，需費甚巨，倘若何思敬不做大的努力為民俗學組爭取，恐無經費可用。

92 《國立中山大學日報》一九三〇年五月十日第二版之《校聞》發表中山大學評議會「請中央照新預算撥給本校經費」文，略云：「南京考試院戴校長轉呈中央政治會議鈞鑒：敝校自奉命改組，即銳意革新，重定規章，增置設備……文理醫農諸科研究所，已成立者凡十一處；內而廣東全省，外而廣西之瑤山，雲南之玀玀區域西至片馬川邊，無不有敝校學術調查隊之足跡，凡其地理地質，民俗物產，已撰專書，可資考證者，近數百萬言……竊思此種粗具規模，與甫經開始之工作，若依十八年度之實支經費毫洋一百六十二萬元之數，實不足維持，更無論於發展……兼之中央紙幣低折，與搭發軍需庫券等，種種影響，益拮据萬狀。」才過兩天，同報第二版稱接到「教育部函」，已核定十九年度經費，共一百五十萬元，比上一年不增反減。這一來，出版經費的實支就要比預算大大減少，調整資金出口也在情理之中。

93 《語言歷史學研究所第一次所務會議》，《國立中山大學日報》一九三〇年四月十七日第二版。

言歷史學研究所的預算，並由該所支配[94]。

何思敬雖然未能為當時的中山大學民俗學事業做太多的工作，但他的話倒也不假。不過，中國是個人治社會，沒有人會主動把事業經費送到你手上來，即便是公事，也得動用私人關係去協調和爭取。商承祚對這段歷史的回憶，充分揭示了人際關係的重要性。他在談到《中山大學語言歷史學研究所週刊》的命運時說：「後來與顧頡剛不和的人進行破壞，與刊物出版社的人勾結起來，在經濟上搗亂，年餘就報賬虧了二千多元，學校雖允報銷，顧雖不管財政，但知道有人在反對他。一日對我說，看此情況我是站不住腳了，非走不可，但此刊物必須辦下去，由你來負責。我答應支持，但也料到我日後會被動，也會因此而被迫辭職，果不其然，顧走後，他們仍以此刊物來發難，突然來了一筆三千元的賬單，我說何以在顧去後才來。他們說這是印刷廠的事。如不能報賬，刊物只能暫停，俟還清再出版。我說『這怎行！』於是我將此事與戴季陶校長說，請給予特別報銷，戴即時批了。可是過了兩個月，再來一筆三千元的賬單，我知手下人在搗亂，有必將刊物置於死地而後快之意。那時戴已離校，副校長朱家驊回校，因他們多是一來一往的。無已，我又將此情況彙報，他亦不同意停刊，批了又特別報銷。於是這批人又造謠說，我是朱派，還是戴派，無法揣摩，而我為的是工作，不懂得什麼派。」[95]

94 周作人一九三〇年五月十日寫給江紹原的信中也說到：「中山大學民俗學會經費已問過頡剛，據云那邊並未一定分配，語言歷史學研究所共有經費一千五百元，內除職員薪水四百，研究所刊及民俗周刊印費共六百，餘便作其公共的叢書出版費等，因為研究所別無什麼書出版，故暫時多用在民俗方面云。」（張挺、江小蕙箋注：《周作人早年佚簡箋注》，四川文藝出版社，一九九二年，第二〇四頁）

95 商志䜭編：《商承祚文集》，廣州：中山大學出版社，二〇〇四年，第五三四－五三五頁。

第七節　《民俗》季刊：抗日戰爭時期的艱難掙扎

楊成志試圖複辦《民俗》雜誌，重振中山大學民俗學會。不幸的是，此時正值抗日戰爭爆發，楊成志空有救學之志，卻無回天之力。

一九三五年冬，楊成志從法國學成回國，擔任中山大學研究院秘書，利用其與研究院院長鄒魯關係密切的有利條件，於一九三六年九月主持恢復已經停刊三年的《民俗》週刊，將其改為季刊，加大了開本。「至其篇幅之增加，材料之豐富，印製之精美，插圖之珍貴，不但昔日之中大《民俗》，有望塵莫及之歎；即歷年國內所出版之民俗期刊，亦無與之頡頏。」[96]

一九三六年六月十八日，《國立中山大學日報》刊登一則「文科研究所《民俗》復刊號將出版」的消息：「中國民俗學運動，由本校民俗學會開其端。該會自民十六年成立以來，曾發刊《民間文藝》十二期，《民俗》週刊至一二三期及民俗叢書數十種。影響所及，如汕頭、揭陽、廈門、福州、杭州、鄞縣、平湖、北平諸地，均有民俗刊物之出版，誠樹立吾國一種新學術研究之好現象。」

但是，當楊成志重張民俗學門店，出任民俗學會主席的時候[97]，當年民俗學會的熱心分子卻多已流散無蹤，即使是早年的中堅人物，此時也已學心不再。原中山大學民俗學會主席容肇祖在收到《民俗》季刊復刊號之後，也以這樣的話

96 袁洪銘致楊成志信，《民俗》季刊第一卷第二期，一九三七年一月三〇日，第二六五頁。

97 楊成志出任民俗學會主席之具體時間不詳，但在一九四一年《文科研究所教職員姓名表》（存廣東省檔案館，全宗號二〇，目錄號一，案卷號十二，第一四〇頁）中，楊成志的「職別」一欄寫有「兼民俗學會主席」。

語來回復楊成志的稿約：「奉手教索稿，無任慚愧。弟久已此調不彈，手生荊棘。近來著作，都偏向於中國思想史的一方面。」[98]

在這樣一種局勢下，楊成志只能重新培養一批新的民俗學生力軍。他試圖借助西方現成的人類學研究方法，以重振中山大學民俗學事業，這就造就了以王興瑞、江應梁為代表的新一輩以人類學為專業的民俗學者的成長。「本刊主撰人雖不復往日濟濟一堂之文學家，史學家，不免有零落寂寞之感，然篇幅之豐厚，內容之充實，較之往日該校出版之民間文藝，民俗週刊，則有過之而無不及也。」[99]

《民俗》季刊剛剛復刊了三期，抗日戰爭隨即爆發，中山大學舉校遷往山區。一九四一年春，在韶關坪石，楊成志把已經挾筆從戎，做了上校視察專員的鍾敬文勸回了中山大學[100]，協助編輯《民俗》季刊。

《民俗》季刊第一卷第四期封面
（一九四二年三月）

儘管坪石及其附近城鎮所用的紙張、鉛字都大不如前，但物價卻在戰爭中不斷上揚。據中山大學出版組一九四一年一月十九日的一份意見書：「查現已交來『承印本校講義估價單』之印刷廠家，計有四家，其所估價格以廣東省政府印刷所每篇捌元為最高，曲江國民印刷所六元一角次之，而以江西鼎記及贛縣一職皆定四元五角為最低，似應同時與鼎記及一職簽訂合約，交付承印，以求印刷快捷而免獨家操縱（雖贛縣距離本校較遠，然縱加運費猶較曲江印刷廠所定價格

98 容肇祖致楊成志信，《民俗》季刊第一卷第二期，一九三七年一月三〇日，第二六一頁。
99 《民俗復刊號——兼評我國民俗學運動》，《民俗》季刊第一卷第二期，一九三七年一月三〇日。
100 目前未能找到鍾先生入校原始記錄，但據《坪石區第一日入學考試情形紀略》（《國立中山大學日報》一九四一年八月九日第二頁），一九四一年八月八日、十日「監試委員」中均有鍾敬文之名，可見至遲在一九四一年上半年，鍾敬文已經回到中山大學。「一九四一年春季」的說法據楊哲《風雨世紀行——鍾敬文傳》。

便宜）。」[101]結果到了十月一日，出版組主任許孝禪給校長的一份請示中說：「案查本校前曾與南昌印記印刷所訂立印刷合約，現已逾期。本組曾去函提議延長約期，茲接該所復函稱：『近來物價騰漲，前定價格，當不適用於現時，如須繼續付印，則照前訂之價比例遞加三分之一，並先付定金貳仟元，以便購備材料』等由准此。查現時物價確在繼續暴漲中，若不早與續約，恐將來更加昂貴。」[102]

《民俗》季刊每期印數五百份[103]，原計畫每年四期，按一九四三年二月下旬的物價估算，其一九四三年的經費預算如下：「每期印刷之頁數：四〇頁；每頁印刷之約數：八四元；每期全書印費之約數：三三六〇元；該書刊全年印費：一三四四〇元。」[104]當時正處在抗戰時期，市面物價飛漲，幾乎每天的紙價都不一樣，這些資料也就沒有太多的可資比較的意義。

由於季刊創辦於抗日戰爭期間，辦刊條件艱苦，不能按時出版，或刊或停，到一九四三年十二月止，七年共出八期。印製品質和學術影響都未盡如人意。正如張清水在寫給楊成志的信中所說：「大致尚佳，惟錯字太多，似須多多注意。民俗各期文字分類表，似不臻於美善，如拙作紹介『鵝姆姆故事』之論文而歸入故事欄中，殊覺其未妥也。」[105]

楊成志以《民俗》季刊為陣地，培養了大批人類學、民族學的研究生。一九四三年《民俗》季刊的「編餘綴話」中特別強調：「本雜誌雖然名稱是『民俗』，但是實際上所負的任務卻兼及一般民族事實底記述和探究，換一句話，本刊不但是民俗地、民俗學底期刊，而且是民族志、民族學底期刊。我們過去已經這樣做了，現在和將來也要本著這種宗

101　國立中山大學出版組：《本組對於天字第玖號一件辦理之意見》，存廣東省檔案館，全宗號二〇，目錄號四，案卷號一一〇六，第九頁。
102　出版組主任許孝禪致校長函，存廣東省檔案館，全宗號二〇，目錄號四，案卷號一一〇六，第六二頁。
103　蔡潤鳴一九四二年四月十六日呈送總務長的出版驗收函，存廣東省檔案館，全宗號二〇，目錄號四，案卷號一一〇六，第一三六頁
104　見中山大學《教務處出版組三十二年各書刊印刷費預算表》，存廣東省檔案館，全宗號二〇，目錄號四，案卷號一一四一。
105　張清水致楊成志信，《民俗》季刊第一卷第二期，一九三七年一月三〇日，第二六三頁。

旨做去。因為這不單是所在地域地關係，也是學問研究上的利便或必要。」[106]

《民俗》季刊一九四三年停刊的時候，楊成志在中山大學的人類學建設已經相當成熟了，一九四四年，他被選派到美國作人類學、民族學專題考察與學術訪問。一九四五年，楊成志重返中山大學，隨即馬不停蹄地開始籌辦人類學系，很快獲得成功，並擔任了中山大學人類學系第一屆系主任。該系為我國南方各高等院校培養了最早的一批人類學、民族學和民俗學等學科的教學與科研骨幹。隨著《民俗》季刊的停辦，學術史家一般認為中山大學民俗學運動遂不宣而終。

《民俗》季刊最後一期封面（一九四三年十二月）

不過，在中山大學文科研究所的文件中卻不這麼認為。據一九四五年九月《國立中山大學研究院文科研究所現狀》的綜述：「本所過去十四年之研究工作集中於古物、檔案、民俗物三方面，尤以西南邊胞之研究為重心。先後曾派員赴西康、雲南、廣西、貴州、廣東各地調查邊民情況。如西康與雲南之玀玀族及僰夷，廣西之苗、傜、侗、僮，貴州之苗人、仲家，廣東海南島之黎、苗，粵北曲江、樂昌之傜民，均詳加調查研究，結果先後發表於本所各刊物。廿九年遷院粵北後，複進行乳源傜民之調查，其調查報告亦經於本所《民俗》季刊第二卷第二期合刊發表……卅四年本所東遷梅縣，民俗學會始從事《粵東民俗志》之編纂，並組織粵東民俗考察團於暑假期內出發縣屬境內各地作初步考察，至專題研究。」[107]也就是說，一九四五年文科研究所遷至廣東梅縣之後，民俗學會仍然活躍在學術舞臺上，正著手編纂《粵東民俗志》。

106 編者：《編餘綴話》，《民俗》季刊第二卷第一、二期合刊，一九四三年五月。
107 一九四五年《國立中山大學研究院文科研究所現狀》，存廣東省檔案館，全宗號二〇，目錄號一，案卷號一二，第二二三—二二四頁。

第三章　民俗學專門人才的培訓

鍾敬文一九八七年在《六十年的回顧——紀念中山大學民俗學會創立六十周年》一文中說到，中山大學民俗學會的一項重要工作，是在一九二八年春夏間舉辦了一期民俗學傳習班，「這個班是以語言歷史學所和教育研究所聯名合辦的，目的在培養這方面的幹部」[1]。鍾敬文認為這些學術活動在自己的學術生涯中佔有比較重要的位置，他說：「到了我第一次在中大工作的時期，就有機會參與了該校語言歷史學研究所民俗學會的建立和風俗物品陳列室的設置工作，稍後又主持了民俗學傳習班的事務。中山大學民俗學會的建立，雖然後於北京大學歌謠研究會，但規模比較宏大、事業比較廣泛，而且，首次把『民俗學』這個名詞冠於學會名稱之上，其意義尤不容忽視。我當時年紀還輕，二十四、五歲，資歷甚淺，但由於自己的熱心和某些客觀條件的便利，做了許多工作。它對於我以後這方面的活動起了建基作用。」[2]

大部分民俗學史家主要是從鍾敬文的這些回憶性文章中瞭解到中山大學民俗學會的這項工作，因此只要論及中山大學民俗學會的學術活動時，都會提到這項活動。但是，由於資料的欠缺，大家對這段歷史並不十分瞭解。

多數論文對這段歷史的敘述都比較模糊，只能泛泛提及，而只要稍稍做出些比鍾敬文的表述更清晰的努力，往往就會發生錯誤。比如有的學者說：「中山大學民俗學會舉辦了二次民俗學傳習班，由民俗學會的會員包括國內民俗研究的

1 鍾敬文：《六十年的回顧——紀念中山大學民俗學會創立六十周年》，《民間文學論壇》一九八七年第六期。
2 鍾敬文：《我在民俗學幾個方面的活動——〈民俗學說苑．自序〉的一節》，《民俗研究》一九九三年第四期。

專家授課。」[3]事實上民俗學傳習班只辦了一屆，就再也辦不下去了。又比如有學者說：「董作賓與鍾敬文一起主編《民間文藝》週刊，舉辦『民俗學傳習班』等，推動了我國剛剛誕生的民俗學的向前發展。」[4]事實上董作賓離開中山大學的時候，開辦民俗學傳習班的念頭都還沒開始冒泡。諸如此類，不勝枚舉。

本章目的，一是鉤沉中山大學民俗學傳習班的歷史，二是希望通過這段歷史說明：專業性的民俗學隊伍是難以通過速成的方式來建設的。

第一節　中山大學民俗學傳習班的經過

中山大學民俗學會為一門新興的學科畫出了一幅美好的藍圖，這幅藍圖不僅吸引了許多學科的優秀學者共同參與建設，也調動了許多校內外學生的學習熱情。

中山大學語言歷史學研究所共設考古、語言、歷史、民俗四個學會。一九二八年三月九日制定的四學會研究計畫中，民俗學會只有設立民俗博物館、印行民俗學叢書和週刊、印行風俗物品圖譜三項。[5]三月二一日《民俗》週刊正式出版。有感於作者群的稀落和民俗知識普及的需要，三月二六日，語言歷史學研究所

3　呂靜：《「篳路藍縷以啟山林」——顧頡剛先生與中國民俗學》，《史林》一九九三年第三期。
4　周豔文、豫民：《董作賓對民俗學的貢獻》，《中州今古》二〇〇一年第三期。
5　《國立中山大學語言歷史學研究所年報》，廣州：中山大學語言歷史學研究所，一九二九年一月十六日，第五七頁。

公佈的《本校民俗學會最近之規劃》[6]中，將以上三項計畫修訂為四項：

（一）開設民俗學研究班。
（二）刊行民俗週刊及叢書。
（三）設立風俗博物館。
（四）實地調查及登報徵求。

計畫為「民俗學研究班」開設的科目及授課教授分別為：

（一）兒童文學與教育　莊澤宣（教育學系主任）
（二）民俗心理　崔載陽（文科教授）
（三）民俗學概要　何思敬（哲學系主任）
（四）整理傳說的方法　顧頡剛（史學系主任）
（五）希臘的神話　劉奇峰（英吉利語言文學系主任）
（六）關於中國風俗材料書籍的介紹　馬太玄（預科教授）
（七）中印故事的比較　馬太玄
（八）北大歌謠研究會及風俗調查會經過　容肇祖（預科教授）

6 《國立中山大學日報》一九二八年三月二六日第三版。

（九）般周時代風俗斷片　余永梁（語言歷史學研究所專任編輯及事務員）
（十）搜集風俗材料的方法　陳錫襄
（十一）歌謠概論　鍾敬文

公佈《規劃》的第二天，三月二七日，莊澤宣領導的「教育學研究所」也宣佈介入到研討班來，並一同制定了招生章程。他們降低調子，招生章程中將原計畫的「研討班」改成了「傳習班」。儘管這天正下著雨，可是，熱情高漲的顧頡剛還是冒雨去找校長戴季陶，專為商量民俗學傳習班的事[7]。

一九二八年四月六日，「語言歷史學研究所」與「教育學研究所」聯合向外發佈《民俗學傳習班招生章程》[8]：

（一）名額：暫定正式生二十名，旁聽生數目不限定，看將來講室座位有無多餘為奪。
（二）資格：凡本校本科二年級以上學生，或校外有研究本學科之興趣及能力者，均可報名入學。
（三）學費：每員暫收二元。
（四）學科：略〔基本同《規劃》之科目，增開《民俗學與心理學》（心理學系主任汪敬熙），莊澤宣改題為《民間文學與教育》，何思敬《民俗學概論》調至第一課。〕
（五）工作：功課授完後，即分別給予題目，俾便著手做各種調查，整理研究工作。

7　顧頡剛日記，一九二八年三月二七日。
8　《國立中山大學日報》一九二八年四月六日第一次廣告；四月十日第二次廣告。又，標署出刊時間為「一九二八年三月六日」的《國立第一中山大學語言歷史學研究所週刊》第一九期之封二也有《民俗學傳習班招生章程》，《章程》落款時間是「一九二八年三月二七日」，當是該《週刊》未能按時出刊之故。

（六）期間：修業期間三個月，屆期凡已報告成績，經教授評閱及格者，准予發給修業證書。

（七）報名處：本校語言歷史學研究所週刊編輯室，或教育系辦事處。

報名參加傳習班的學員共有二二人，他們是羅烈群、許流芬、甄達、黎文輔、馬景會、李永穠、李全佳、何時雨、梁孔滚、韋承祖、程雲祥、李履庵、簡文獻、文慶新、李傑、陳實善、阮怡然、胡達、周強漢、馮驥、羅禹培、李建漢[9]。人數基本達到預期數量。

學員成分、層次比較複雜，部分是中山大學的學生，如簡文獻是英吉利語言文學系三年級學生[10]，李永穠、程雲祥、李傑是預科甲部畢業班學生[11]，馬景會是哲學系學生[12]，周強漢、李全佳是中國語言文學系學生[13]，羅禹培是法科法律學系學生[14]；還有部分是中山大學職員，如許流芬是學校出版部書記，學歷為陽江縣立中學畢業[15]；更多的是校外

9 祥見《國立中山大學語言歷史學研究所年報》，一九二九年一月十六日，第二五頁。又見《國立中山大學語言歷史學研究所概覽》，廣州：中山大學語言歷史學研究所，一九三〇年一月，第六一頁。

10 《文科告白》，《國立中山大學日報》一九二八年四月十日第二版。

11 後來李永穠升入中山大學法科經濟學系，李傑升入中山大學理科地理學系。三人姓名前見《國立中山大學一覽》「本校畢業生名表」，中山大學一九三〇年二月編印，第三八一－四〇四頁；李永穠、李傑二人姓名後又見《國立中山大學二十一年度概覽》「各學院歷屆畢業生名錄」，中山大學一九三三年編印，第四〇七－四二八頁，

12 見《國立中山大學一覽》第三九一頁「在校學生名表」，年級不詳，查《國立中山大學二十一年度概覽》，「各學院歷屆畢業生名錄」中未見其名，估計未能完成學業。

13 見《國立中山大學一覽》「在校學生名表」，及《國立中山大學二十一年度概覽》「各學院歷屆畢業生名錄」，周強漢一九三一年畢業，李全佳一九三二年畢業。李全佳後為中山大學中國語言文學系教授，名見一九四一年一月三〇日《國立中山大學日報》第四頁，「文學院第二次院務會議紀錄」。

14 分別見《國立中山大學一覽》「在校學生名表」，及《國立中山大學二十一年度概覽》「各學院歷屆畢業生名錄」。

15 《國立中山大學教職員一覽表》（油印資料，存中山大學校史資料室），一九二八年十二月編印，第十八頁。

有志於民俗學的愛好者，如住在廣州東山區的韋承祖。

報名持續了半個月，四月二〇日發佈了《民俗學傳習班開學通告》[16]，四月二三日正式開課，計畫每週一、三、五晚按時授課。

鍾敬文無疑是這次活動的主要組織者和操作者，擬寫章程、通告，聯絡教師，排定科目，借用課室，招收學員，乃至主持開學儀式，都是由他一手操辦，學員韋承祖記述說：「開學那天，戴校長因事赴港沒有來，由鍾先生敬文演講『本組織的經過』，並於民俗學諸大綱，也有詳盡的演述。再由何思敬先生講授『民俗學概論』，至九點鐘始行下課。」[17]

韋承祖的記述中遺漏了楊成志，據《國立中山大學日報》報導：「本校民俗傳習班已於四月二三晚實行上課。其地址暫借西樓一百零六號（即第三講堂）為課室，每逢星期一，三，五，下午六時至七時半為授課時間。據聞上星期一開課時鍾敬文君述明『該班組織的緣起』，楊成志君報告『該班教務狀況』後，由何思敬教授講『民俗學概論』，曆一時許方完課。」[18]

第二次課由崔載陽主講，原定講題《民俗心理》，實際講題為《初民心理》[19]。

顧頡剛的課程內容最豐富，《整理傳說的方法》題下實際分三課四天講授。四天上課時間分別是四月二七日、四月三〇日，六月一日，六月四日[20]。「第一次（施按：本次分兩天講完）講：『孟姜女故事研究集』，是說故事傳說的演變和應如何整理的方法；第二次講：『古代民族宗教』，是說關於商，周，秦，楚，燕，漢諸代所崇奉的神祇，為古代

16 《國立中山大學日報》一九二八年四月二〇日第二版。
17 韋承祖：《民俗學傳習班第一期經過略記》，《民俗》週刊第二三、二四期合刊，一九二八年九月五日。
18 《國立中山大學日報》一九二八年五月二日第二版。
19 據《民俗傳習班近況》。
20 均參照顧頡剛同日日記。

宗教之傳統源流。複次講授『山海經』，其要點是山海經是戰國人對於世界，萬物，神怪，異族，故事的想像之一種記載；所以我們不以事實的眼光看它，而以戰國人想像所萃薈之眼光看它，則此書為古代極有價值之書，而並可為研究古代傳說之資料。」[21]

據說顧頡剛有輕微口吃，說話不是很流暢，顯得口才不佳，「但所傳授的內容和治學方法，卻使這般年輕學生耳目一新，頗感震動」[22]，顧頡剛不僅善於在課堂誘導學生，課後也與學生保持著一定的學術聯繫，其一九二八年四月三日日記中即記有「寫何時雨信，囑調查風俗」。

第二節　並不完美的結局

從實際效果看，一九二八年的中山大學民俗學傳習班是失敗的。但是，這種失敗的經驗經過了五十年的沉寂，到了一九七八年之後，被罩上了神聖的光環，被當成了發展民俗學事業的先進經驗得以在全國推廣。

用今天的話來說，傳習班的授課教師陣容非常豪華，綜合了多個學科的頂尖學者，可是，實際效果卻並不理想。課程原定三個月，實際上只支撐了一個半月，六月上旬就結束了。「六月十日下午本班員生在校攝影，戴校長及諸

21 韋承祖：《民俗學傳習班第一期經過略記》。
22 王學典、孫延傑：《顧頡剛和他的弟子們》，濟南：山東畫報出版社，二〇〇〇年，第一一二頁。

民俗學傳習班結業合影（一九二八年六月十日），前排右起：陳錫襄、顧頡剛、楊成志、劉奇峰、鍾敬文、戴季陶、崔載陽、劉萬章、馬太玄、莊澤宣、何思敬，後排右起：余永梁、容肇祖，以及學生六人

教授諸先生亦均到場；惟學生僅得六人，這卻是一個很可感歎的事」[23]。傳習班基本按正規學生的要求來培訓學員，還正兒八經地給學生佈置了一些風俗調查的題目，可是，完成調查並上交作業的學員極少，到了七月，傳習班正式宣佈結業。

民俗學會剛剛發起的時候，許多教授熱情很高，可是，傳習班的失敗讓他們中的一些人覺得非常沮喪，個別教授甚至從此退出了民俗學運動，冷眼旁觀起來。

失敗的原因主要有二：

從教師一面看，課程內容準備不足。除顧頡剛一題用了四次課外，其餘教授都是一次一題，計畫內的課只講了十五次。為了救場，鍾敬文不得不加講一課《初民的智識與社會情況》，另外再由楊成志加講一次《民俗學問題格》，共十七次課。我們無法得知課堂效果如何，但我們可以猜想，當時民俗學正處於發軔階段，許多問題教授們自己都還弄不清楚，要想把課講得既生動有趣又能讓學生信服，不大可能。

從學生一面看，好奇心超過了事業心。由於傳習班是民辦性質，對學生沒有任何制度上的約束辦法，學生可來可不來。學員

23 韋承祖：《民俗學傳習班第一期經過略記》。合影的照片登在《民俗》第十七、十八合期封二。

們若非有獻身一門新學術的事業心，一旦發現課程枯燥無味，他們是很難堅持下來的。「本班在開學之初，近廿人，數星期後，存十餘人，最後的幾個星期，僅存六七人。此種不好的現象，實要歸咎於學員沒有堅定的志趣……他們對於民俗學無內心的信仰與考慮；並不肯用心努力去探討，不過人云亦云，遂易生厭倦與放棄。」[24]

參加傳習班的二二名學員，只有個別人還偶爾與老師們保持著一定聯繫，如韋承祖受顧頡剛之命寫出了《民俗學傳習班第一期經過略記》，何時雨曾為顧頡剛買回《廣西風俗志》[25]，多數學員從此消失在民俗學的視線之外，沒有一個學員把民俗研究當成了自己的奮鬥方向。

中山大學民俗學傳習班自第一次失敗之後，再沒招過第二期。最可能的原因是出版審查以及鍾敬文的被辭事件，影響了民俗學會的內部團結，再難有凝聚眾教授積極參與的力量；其次是因為第一期傳習班的效果不大理想，學科本身在當時還缺乏吸引力；另外，隨著鍾敬文的離開，民俗學會缺少了一個具體事務的積極操作者。

儘管第一期傳習班未能盡如人意，但它總歸是中國民俗學史上的第一次專門培訓。鍾敬文始終不願承認傳習班的失敗，二〇〇一年在北京友誼醫院時，還曾反復叮囑筆者要認真挖掘這一段歷史，用一個專門的章節，至少寫出五千字來。可是，無論筆者如何的搜尋和拼湊史料，也湊不齊這麼多字數，而且，就目前的材料來看，傳習班除了具有學術史的意義外，並沒有太大的實際作用，它在民俗學發展史上的意義似乎並不像鍾敬文所想像的巨大。

中國現代民俗學與民間文學的幾次大發展，大都是以運動或准運動的形式展開的，早在北京大學歌謠運動時期，民俗學的倡導者們就已有了短訓專門人才的計畫，這一計畫終於在中山大學實現了，卻未能取得理想的效果。可是，鍾敬文對此並不灰心。通過團結同志、培訓人才來發展民俗學事業一直是他的一個心願。

一九四九年以後，鍾敬文執教北京師範大學，該校遂成為中國民俗學和民間文學專門人才的培訓中心。從一九五三

---

24 韋承祖：《民俗學傳習班第一期經過略記》。
25 顧頡剛日記，一九二八年六月八日：「看何時雨買來《廣西風俗志》。」

年開始，就不斷有各地方高校的教師至此進修，這些短暫進修的教師，大多只能接受一些常識性的培訓。他們中的許多人，因了這短暫的學習，很快就分赴全國各高等院校，成了民間文學研究的播火者。

一九七八年以後，當鍾敬文成為中國民俗學的絕對領袖，獨掌中國民俗學發展方向的時候，中山大學民俗學會時期的許多經驗和藍圖，都被鍾敬文借鑒利用到新時期民俗學的發展事業當中。

為了大範圍地鋪開民間文學的普及教學，一九七九年暑期，北京師範大學舉辦了大規模的講習活動，進修班的六十餘名學員，「主要是來自全國三十八所高等院校（包括綜合大學、師範學院、民族學院）從事民族民間文學教學工作的中、青年教師，部分省市社會科學院文學所的研究人員和出版社的編輯」[26]。他們在這裡進行了為期一個月的培訓，回到原來的工作崗位後，多數都成為各地民間文學事業的骨幹力量。所以鍾敬文說：「中國民俗學會成立不久，就致力於學科知識的傳播和人才的培養，開設了民俗學包括民間文藝學講習班，並且以後連續辦了幾期，有的地方學會也辦過這類講習班，培養了一批收集、研究者和有關的工作幹部。這些工作，都有力地推進了中國民俗學的發展。」[27]

一九八二年下半年，北師大又舉辦了一期民間文學教師進修班，為全國高校和研究機構培訓專門人才。此後，不斷有各地方高校的民間文學教師來北師大進行短期培訓，然後充任各地民間文學研究的中堅力量。與此同時，一些地方院校和研究機構也模仿北師大展開了此類短訓工作，對人才進行二次批發、三次批發。這些培訓班大多只是學一學程咬金的三板斧：「一，學習民間文學工作十六字方針和基本知識；二，下鄉采風，邊學邊幹；三，整理編印資料。」[28]

歷次進修班的學員都是組織上選送的取經者，因而不可能出現中山大學民俗學傳習班時期那種學員們想來就來，想走就走的現象，但是，民俗學自身內涵的薄弱卻並不因為時間過去了五十年而有所改觀。

26 紀言：《北京師範大學舉辦暑期民間文學講習班》，《民間文學》一九七九年第十期。
27 鍾敬文：《近年中國民俗學的發展與〈民俗學概論〉的編撰》，《民間文學論壇》一九九八年第四期。
28 《全國培訓民間文學工作骨幹經驗交流會在京召開》，《民間文學》一九八二年第九期。

長期以來，我們的學術工作中一直存在著「人多力量大」的思想誤區，老一輩學者尤其重視團結各種力量以擴大民間文學的研究隊伍，他們熱衷於以運動的形式來招兵買馬，大量培訓專門人才，藉以推動學術的發展。許多學者都曾充分論述過這種躍進式人力資源培訓工作的歷史功績，但是，我們也不能不看到，這種「多快好省」的短期培訓方式，很難培養出具有研究能力的民俗學工作者。我們的急功近利，只是培養了一批民俗學愛好者，他們的存在，充其量只是擴充了民俗學的二級市場，而對於民俗學的學術發展，幾乎起不到什麼積極的推動作用。

第四章　中國最早的西南民族調查

中山大學民俗學運動中，除了出版方面的成績，影響最大的，莫過於楊成志的西南民族調查。這次調查活動之所以影響大，除了調查活動本身的學術史意義之外，還與楊成志的反復宣傳密切相關。筆者曾不止一次地從不同的前輩學者口中聽說一些楊成志西南之行的故事，但每一個故事的版本都不一樣，而每一位講述者都聲明是親自從楊成志那裡聽來的。

其中最傳奇的一則故事是由陳摩人教授講述的：楊成志在雲南玀玀調查的時候，有一次給一位玀玀貴族照了一張相，過了不久，這位貴族就去世了。玀玀人認為楊成志是個害人的巫師，就把楊成志關了起來，準備選個日子處置他。過了幾天，突然天上飛過一架日本飛機，玀玀人從來沒有看過這麼大聲、恐怖的飛行物，非常害怕。他們把楊成志叫來詢問，楊成志說：「這是因為你們把我關起來了，天上就派了這個鐵鳥來警告你們。」玀玀人聽了，趕緊把楊成志放了，好酒好肉地把楊成志送走[1]。

在對這次調查活動的文獻鉤沉中，我們可以找到這則故事的原型或者說引子，卻遠不如這則故事富於傳奇色彩，而這些文獻，一樣也只是出自楊成志自己的個人敘述。

1　這則故事是在筆者博士論文《論中國現代民俗學的學科創立和學術轉型》（也即本書前身）答辯結束時的午宴上，由答辯委員會成員，廣東民族學院陳摩人教授講述的。二〇〇二年五月，廣州金威酒樓。

事實上，辛樹幟比楊成志更早進入西南少數民族地區開展民族調查，而且取得了不俗的成績，但是，只因為辛樹幟是個生物學家，只是把民俗學當做一種個人愛好，日後也沒有成為中國現代民俗學史的敘述者，所以，他被楊成志等民俗學史家們給有意忽略了。

本章所要揭示和說明的是：中山大學民俗學會是最早展開西南民族調查的學術團體。辛樹幟領導的瑤山民族調查，為有組織的團隊調查提供了科學分工與合作的新範式。史祿國率領的西南民族調查小組在雲南等地的活動，則是中國現代學術史上一段著名的公案。楊成志在涼山的考察活動，更是民俗學、人類學史上一段著名的田野佳話。中山大學民俗學會在田野調查學術史上具有里程碑式的意義。

第一節　二〇世紀初外國學者在中國的民族調查活動

儘管許多外國學者在中國的民族調查活動居心叵測，但它的積極意義也是明顯的：一方面刺激了中國學者對自己國情和文化研究的迫切感，一方面為我們保存了一批珍貴的民俗文化資料。

有明以降，西方就不斷有傳教士和商人到中國來，在中國的生活和旅行很容易激起他們對於中國文化的興趣，「一些對中國文化有讚賞之心的耶穌會士將一些中國典籍和在中國的見聞介紹到西方，在十八世紀末葉曾在西方引起一股中國文化熱，但這種更多基於想像而不是實際的熱度，不久就漸次消退」[2]。

[2] 顏玉強：《前言》，〔澳〕莫理循《中國風情》，北京：國際文化出版公司，一九九八年。

鴉片戰爭以後，來華的西人大增，著述再次蜂起，風土人情等見聞類的著述尤多，如著名英國旅行家莫里循（George Ernest Morrison）《一個澳洲人在中國：一次穿越中國到緬甸的安靜的旅行故事》[3]，講述的是鴉片戰爭後作者從上海經漢口穿過四川、雲南到緬甸的所見所聞，敘述了作者對中國西南地理、風俗、以及種種人際關係的看法和評價。當然，這些著述的目的是給西方人看而不是為要給中國文化作貢獻的，但在客觀上刺激了中國學者，尤其是一批留學歸國人士對民眾風俗的關注。

鳥居龍藏（一八七〇－一九五三年）

一八七六年，「曾編輯過廣東話手冊的N B · 戴尼斯（Dennys），在《中國民俗及其同雅利安和閃米特民族民俗之關係》（The Folklore of China, and Its Affinities with That of the Aryan and Semitic Races）這部書中，較早地把歐洲民俗學研究中的概念運用到了中國，並滿懷興趣地試圖以自己所建立的體系來歸納中國的民俗。他的分類方式是嚴格的英國式的：天與季節，預兆和占卜，妖怪和精靈，巫術與魔法。在書中，戴尼斯採取了一種簡單的技巧：他先記錄下一則中國民間信仰，然後列出西方國家許多信仰中的類似情形，以此來論述他的觀點：中國人和薩克遜人有共同的本性」[4]。

日本人類學創始人鳥居龍藏是較早在中國進行人類學考察的專業學者。他從一八九五年開始了他在中國的調查，一九〇二年七月進入中國西南少數民族地區，至一九〇三年三月，「考察了諸民族的分佈與自然地理條件之間的關係，各民族的體質、服飾、居住、習俗、語言、文化等，事後根據調查編寫了《中國西南部人類學問題》、《苗族調查報告》

3　英文原名An Australian in China: Being the Narrative of a Quiet Journey Across China to Burma。
4　安德明：《多爾遜對現代中國民俗學史的論述》，《北京師範大學學報》一九九六年六期。

等著作」[5]。日本人對中國的民俗調查有很強目的性，明治三十三年（一九〇〇年）成立的「臨時臺灣舊慣調查會」就有濃重的殖民色彩，但在客觀上很好地為我們保存了一批民俗資料，[6]而且對於觸動中國學術階層，尤其是留日學生的民族自尊心起到了一定的作用。

十九世紀末和二〇世紀最初十幾年間，外國學者在中國的田野作業基本上都是打著社會學、人類學、民族學或者民種學的旗幟在進行的，當時在中國進行此類研究的比較著名的西方學者有格羅特（J. J. M. de Groot），葛蘭言（Marcel Granet），甘博（Sydney Gambel），步濟時（John Stewart Bnrgess），葛學溥(D. H. Kulp II)等人[7]。

即使我們在此排除西方探險家和旅行家的大量有關中國各地風俗的旅行日記和調查報告，我們還是可以數出一些專業的民俗學書籍，比如柏林民俗博物館東亞部主任W.Grube（一八六五－一九五二年）一八九八年來華旅行，次年離開，一九〇一年整理出版了《北京民俗學》（Pekinger Volkskunde），一九一一年又寫出了《中國的宗教禮俗》（Religion and Kultus der Chinesischen）。

華西協和大學是較早關注西南民族的高等學校，該校博物館早在一九一九年就開始搜集西南少數民族地區的各種文物和標本，一九二二年還成立了「華西邊疆學會」，最初有一六名會員，多為在該校任教的外籍教師，一九二三年開始不定期出版英文刊物《華西邊疆研究學會雜誌》[8]。

一九一八－一九二三年間，上海滬江大學社會學系的美籍教授葛學溥（Daniel Harrison Kulp）指導學生在廣東潮州鳳凰村進行了一系列民族志調查，一九二五年出版《華南的鄉村生活》[9]（美國哥倫比亞大學教育學院出版社）。該書

---

5 王建民：《中國民族學史》上卷，昆明：雲南教育出版社，一九九七年，第六二頁。
6 日本「臨時臺灣舊慣調查會」一九一四年編印了《蕃族調查報告書》，一九二二年編印了《臺灣蕃族慣習研究》。
7 〔美〕顧定國：《中國人類學逸史——從馬林諾夫斯基到莫斯科到毛澤東》（胡鴻保、周燕譯），社會科學文獻出版社，二〇〇〇年，第三四頁。
8 參見《華西邊疆研究所緣起》，《中國邊疆》第一卷第二期，一九四二年。
9 英文原名Country Life in South China : The Soeiology of Familysm。

詳細記錄了鳳凰村的經濟、家庭、宗教、教育、人口及社區組織等情況。有人認為這是社會人類學發展史上的一個里程碑：「開創了人類學從原始民族研究向農民社會研究的道路。」[10]

但是，這些著述很少被當時的民俗學者所提及，因而要估量它們對中國現代民俗學到底產生過多大的影響，是一件很困難的事情。有些書籍可能只需影響過一兩個學術核心人物，如胡適、周作人之類，它就可能間接地在學界產生巨大的影響，而有些則可能只是後人從故紙堆中找出的一部當時根本不為人知的出版物。

二〇世紀初期，中國學者的田野調查分屬於兩個不同的學術交流圈，一個是社會學的，一個是文藝學的。前者以人類學、民族學調查為標榜，後者以歌謠徵集為標榜，兩者在學術發展的初期並沒有太多的學術交流。歌謠徵集活動的發起者是一群浪漫的文學家，最初的目的是為了新文學的建設，主事者劉半農曾說：「我以為若然文藝可以比作花的香，那麼民歌的文藝，就可以比作野花的香。要是有時候，我們被纖麗的芝蘭的香味薰得有些膩了……那麼，且讓我們走到野外去，吸一點永遠清新的野花香來醒醒神罷。」[11]

北京大學風俗調查會成立後，這些文學家們開始借鑑社會學的一些調查方式進行風俗材料的搜集，但效果不大理想。直到中山大學時期，才因顧頡剛、史祿國、辛樹幟等分屬不同學術圈的學者的整合，使民俗學的田野作業逐步走向了科學，但也走向了人類學。楊成志的西南民俗調查，更使人類學、民族學以及民俗學的作業方式不再涇渭分明。

10 周大鳴：《二、三十年代廣東民俗學、人類學史略》，《民俗研究》一九九七年第一期。
11 劉半農：《瓦釜集》北京：北新書局，一九二六年四月，第八九頁。

第二節　史祿國早期的調查活動和調查方式

正是因為有了史祿國的田野成績作為參照，傅斯年對《民俗》週刊上的許多調查文章抱以「淺薄」、「無聊」的怨言。起碼在田野作業的方式以及在調查結果的可信任度上，史氏不是同期的中國民俗學者所能與比肩的。

早期的「國學研究機構與個人，十分注重瞭解歐美、日本等國關於中國研究的學術動態，積極加強與國際學術同行及組織的聯繫交往」[12]。北京大學國學門還曾請赴蘇俄考察回來的李四光等人介紹蘇俄東方學術的情形，得知「俄國學術上的特色許多不與西歐相同，在人類學和考古學方面，他們的材料實在不少」[13]。

俄國人在中國的東北顯得特別活躍，史祿國是較早在中國進行人類學考察的專門學者[14]。沙俄皇家科學院曾經組織「中亞東亞探查隊」，史氏則擔任過領隊，他在《北方通古斯》自序中說：「一九一二年和一九一三年我曾到後貝加爾作過三次考察，一九一五年到一九一七年期間我又去蒙古和滿洲作了考察……一九一七年科學院又派我前往中國的蒙古以及西伯利亞毗鄰的各地方，使我得以繼續過去幾年的考察。但是我的工作還沒有完成，因為整個遠東，特別是西伯利

12　桑兵：《晚清民國的國學研究》，上海：上海古籍出版社，二〇〇一年，第十九頁。
13　北京大學國學門週刊之《本學門同人歡迎李陳二教授茶會紀事》等，轉引自桑兵《晚清民國的國學研究》第十九頁。
14　史祿國的生年有一八八七和一八八九兩種說法，據漢譯史氏著作《北方通古斯的社會組織》譯者前言，史氏「一九一〇年畢業於法國巴黎大學人類學院，回國後在聖彼德堡大學和帝國科學院從事研究工作，一九一五年被選為該院人類學學部委員。曾於一九一二年至一九一三年在俄國後貝加爾和一九一五年到一九一七年在我國東北多次進行民族志學、考古學和語言學調查。十月革命以後流亡我國。從一九二二年至一九三〇年先後在上海、廈門、廣東等地的大學任教和從事研究工作。一九三〇年以後在北平輔仁大學、清華大學任教，並到福建、廣東、雲南和東北等地進行過學術調查。一九三九年逝世於北平」。又據一九二八年五月十五日《國立中山大學日報》介紹：史氏一九一七年離開俄國，其流亡路線是西伯利亞、內外蒙古、東三省、山東、江浙、兩廣，一九二六年到廈門大學。

亞各地，陷入不安定狀況而幾次中斷，我的研究性質改變了，新資料的搜集幾乎限於漢族（體質）人類學的問題。」

這些調查之所以能夠進行是因為聖彼德堡的一些東方學、語言學和民族學者「對當時還沒有進行過全面調查的西伯利亞及其鄰近地方的新資料（語言學、民族學、人類學）的搜集工作非常關心」[15]。當然，我們知道，這種關心是帶有殖民色彩的關心，但無論他們的出發點和目的為何，事實上，史祿國的調查興趣與調查方法跟後來中山大學民俗學會的西南民俗調查有著直接的關係，一定程度上刺激和促進了中國學者的民族調查活動。

史氏生前著作多是以英文發表的，一九二三年出版了他的通古斯系列著作中的第一本《華北人類學》，一九二四年又出版了《對滿族氏族組織的研究》。《北方通古斯的社會組織》雖然遲到一九三三年才由上海商務印書館出版，但史氏的調查和寫作卻遠早於這一時間，這裡並不旨在說明《通古斯》作為一本著作對時人產生的影響，而是因為史氏本人對中山大學民俗學會的西南民族調查曾有過主導作用，因而想透過該書，把史氏當做一個人類學家的個案，瞭解他的調查才能，以及當時西方人類學的流行方式，進而瞭解他對傅斯年、楊成志等人的學術影響。

史祿國（一八八七或一八八九－一九三九年）

「通古斯」是史氏對鄂溫克、鄂倫春以及滿族在內的北方少數民族的通稱，《北方通古斯的社會組織》被認為是一部經典的民族學專著。作者在中俄交界地作了較長時間的調查，並引用了大量的中外文獻來寫作。全書共分九章，分別是通古斯人對自然環境的適應、各集團的地理分佈和分類以及他們與鄰族的關係、氏族和歷史、氏族的組織和職能、婚姻、家庭的組織和機能、財產和協作、社會習俗及其一般特性等。此外，對於通古斯的語言和詞彙，通古斯的民間宗教

15 〔俄〕史祿國：《作者序言》，《北方通古斯的社會組織》（吳有剛、趙復興、孟克譯），呼和浩特：內蒙古人民出版社，一九八五年。

與信仰等，作者也表現出了強烈的關注，並作了大量調查。從這些內容看來，史祿國早期的田野調查並沒有侷限在體質人類學，而是一種廣義的社會調查。

史氏的調查在中國早期人類學家中具有典範意義。這種調查顯然不是帶著筆記本浮在鄉下的「采風」活動，而是作為通古斯人值得信賴的朋友的真誠交流，史氏說：

我在熟悉了他們的思想和規矩以後，時常看到他們是如何回避考察人員的。他們並不否認這一點，並且說明他們為什麼這樣做。但如果對他們平等和友好相待時，情況就不同了。那些屬於「文明國家」的「心地友善」的人們，把他們當做「原始頭腦」的人，像幫助兒童那樣的態度去對待他們，對這種特殊態度，通古斯人馬上可以感覺出。實際上，在當地大自然的環境裡，他們才是真正的主人。他們是瞭解這一點的，而那些「文明的」考察人員，卻用幼稚的、稀奇古怪的問題去打擾他們。通古斯人的敏感和觀察問題的才能，立即可以看透考察人員的真正的感情和態度。他們對我講過許多關於同「文明」人打交道中的有趣故事。他們往往只在自己人中才笑話這些觀察人員，而按照他們的禮節，是不在外人面前顯露的。同「原始」民族相處也還有許多其他困難。[16]

在與通古斯人成為朋友的過程中，史的妻子，希羅科戈羅娃充當了一個非常好的橋樑。「實際上，在這些考察中，她的參與不僅擴大了我搜集資料的範圍，而且便於我們同停留之處的通古斯人和滿人建立友好關係。因為，即使是和平的考察者，如果不帶家屬，這些民族通常也是不大信任的。再者沒有婦女的幫助，對某些民族的生活方式進行深入的瞭解也是絕對辦不到的。不僅如此，在很多情況下，對事實的觀察，尤其是同一時間在不同地方進行各種習俗和禮儀的觀

16 〔俄〕史祿國著，吳有剛、趙復興、孟克譯譯：《北方通古斯的社會組織》，呼和浩特：內蒙古人民出版社，一九八五年，第五一〇、五一一頁。

察，至少需要兩名實地觀察者的協作。」[17]

史氏最大的便利處，在於有相對充足的經費以供他帶著妻子在各地遊歷和調查。他每到一處，必然要在他所考察的集團中，雇傭一些當地的通古斯人，並對他們進行必要的紀律和常識的培訓，他們的經驗和人緣往往能給予史氏相當不錯的幫助，史氏甚至認為有的時候若沒有這些土著的幫助，考察工作是沒有希望獲得成功的。

他很注意與當地族群建立良好的心理關係，而建立這種關係的前提就是通曉當地的習俗，「通曉通古斯的習俗，無論對通古斯人還是對外族人來講，都是取得個人成就的基本條件之一。這樣的人被認為是阿亞（好），否則就被看做是品行不端，性格乖僻。」[18]有一次，由於缺乏對習俗的瞭解，在對居民進行挨戶拜訪的時候，史氏沒有按照該地社會地位的正確順序而拜見，最後才訪問到一個非常受人尊敬的、帶著幾個子女的寡婦，這個寡婦對他的無禮非常生氣，史氏因而花了不少時間同她重新確立良好的關係。

史氏獲取材料的途徑不是單純的訪談和輯錄，他更熱衷於親身體驗，他說：「我曾有過一個難得機會去觀察通古斯人在搶婚中的細節和心理狀態。當時我有一位老朋友打算去搶劫一位姑娘，請我去幫忙，因為我的馬和槍都很好，但我拒絕了，因而失掉了機會未能親自去觀察這一民族志學現象；因為我不想為此得罪其他通古斯集團。」[19]

更難能可貴的是，史氏的調查不是單純被動的瞭解，有時他也通過實驗來對人群進行測試，比如說，興安通古斯人的集團特性與周邊族群有著較大的差異，史氏認為他們自大而又崇尚強權，為了證實這一看法，他在這個集團中工作了兩個月，對於他們在不同情況下的態度進行了一系列的實驗，「在這些通古斯人中我成功地找到了一個人，我使他確信

17 《北方通古斯的社會組織》「作者序言」。
18 《北方通古斯的社會組織》第五一七頁。
19 《北方通古斯的社會組織》第三六二、三六三頁。

我的意志，我對薩滿教及其做法的知識都比他優越，在這以後他盡力贊同我。」[20]

史氏能盡力要求自己的調查結果和資料具備較強的可信度，他在一份狩獵產量的數據下注說：

> 這些資料是我從巴翁特管理處找到的檔案中抄錄的。數字是直接向全體獵民詢問後匯總的。通古斯人提供情況的正確性是不容置疑的，因為他們通常是不說謊話的，特別是在狩獵問題上，他們也沒有理由回避真實情況。通古斯人對獵取動物的數字知道得非常確切。我認為遺漏的數字不會很大，改變不了獵業的真實情況。因此本表的數字是相當可靠的。[21]

儘管流於囉嗦，但不可否認史氏的注釋詳細、規範。從以上這段話以及其他注釋中，我們還可看出一點，即，史氏在對特定事物作出判斷的時候，往往會先佔有一個「面」的資料，有時還利用統計的資料來得出結果。對於存在特例的事物，他也會盡可能在注釋中作出說明。這一態度是科學而且可取的。

第三節　嚮往西南民族調查的中國學者

儘管二〇世紀初的中國學者迫切地想要展開各民族風俗調查活動，可是他們苦於一無經費保障，二無安全保障，

20 《北方通古斯的社會組織》第五三二—五三五頁。
21 《北方通古斯的社會組織》第五八頁。

三無技術保障，因而，只能先從道聽塗說和文獻鉤沉做起，我們只好用「拋磚引玉」來形容他們的工作。

一九一一年夏，在英國學習動物學和地質學的丁文江先生在結束七年留學生活回國的時候，曾取道雲南、貴州、湖南轉漢口，「他在貴州黃果樹等地，看到許多奇裝異服的女人，引起了他注意到貴州的土著民族，仲家子、青苗、花苗等。」[22]一九一四年，丁作西南地質礦產調查的時候，對於雲南和四川會理的少數民族進行了風俗調查和體質人類學測量，先後在《獨立》雜誌上發表了《雲南的土著人種》和《四川會理的土著人種》等文章，主要記錄了他測量栗蘇、青苗、羅婺、羅倮四族人的結果。[23]但他畢竟是個學動物學的，這種調查主要還是集中在人體測量，而且由於人類學調查的準備不夠充分，連測量工具都是臨時製作的。

一九二二年，北京大學《歌謠》週刊創刊以後，從五六號起推出「婚姻專號」，其中五七號刊載了廣西柳州劉策奇的《瑤人的婚姻》，這是《歌謠》週刊最早反映少數民族風俗的文章（該文寫於一九二四年四月十一日），嚴格說來，這還不能算作是田野作業的成果，只不過是把自己家鄉瑤人的風俗作些介紹。《歌謠》週刊的文章多偏於語言文學，風俗作品本已不多，涉及少數民族風俗的內容更加只是一些文章中的零散片斷。

一九二三年五月，北京大學風俗調查會成立，該會議決的調查方法中有一條是：「實地調查，我國幅員遼闊，而調查者尤當以其人之生長地為標準。」這一做法固然是方便了調查的開展，但也降低了田野作業的科學性和專業性，以當時調查者的田野作業素質而言，其結果很容易就會摻雜調查者的想像和回憶。風俗調查會制定了比較嚴格的《風俗調查表》，表中「旨趣」第四云：「對於滿、蒙、回、藏、朝鮮、日本及南洋諸民族的風俗，如有確知真相，願意供給材

22　胡適：《丁文江的傳記》，《胡適文集》第七卷，北京：北京大學出版社，一九九八年，第四一六頁。
23　丁文江在《漫遊散記》中把這次旅行所得分為五個部分，其中第二部分《雲南的土著人種》發在《獨立》第三四、三五期，第三部分《四川會理的土著人種》發在《獨立》第三六、四二、四六期。

料者，尤為特別歡迎。」[24]可見當時的學者已經有了少數民族風俗調查的願望，只是限於經費和條件，一時無法大面積鋪開。

一九二六年，廈門大學國學研究院成立，並設有社會調查（禮俗方言）組，《廈門大學國學研究院週刊》第二、三期（一九二七年）曾發佈啟事徵集有關苗族、瑤族的生活狀況等風俗資料，以及福建各民族的族譜資料等，雖然未有豐碩成果，但總是表達了學界對於少數民族風俗資料的渴求。《中山大學語言歷史學研究所週刊》第二期有董作賓一篇《福建畲民考略》，顯然是福建時期的調查成果，可惜只是「披覽所及，凡閩中地志筆記，有關畲民之記載，輒撮要錄之」[25]。這可說是民俗調查，但非田野作業。

廈門大學國學院關閉，顧頡剛、史祿國等人均轉往中山大學。傅斯年、顧頡剛早有民族調查的計畫。在中山大學語言歷史學研究所一九二七年的研究生招生計畫中，專門提到要「集合校內教授導師及校外參加人」進行「廣東及鄰省之民俗及人類學材料徵集（創設人類學館）」；一九二八年的招生計畫進一步明確是「珠江流域各省之民族，及人類學研究，並創設民族民俗學館。」而且計畫與中央研究院歷史語言研究所合作進行「民族學旅行」。[26]

由於經費不能落實，事實上該所直到一九三二年才開始招生，創設人類學館的計畫自然告吹，但與中央研究院的合作卻因為史祿國的到來而如願展開，也即後來楊成志等人的西南民俗調查。

顧頡剛不是那種會坐等經費到來的人，在創辦《中山大學語言歷史學研究所週刊》之初，他就已經開始組織從史書中挖掘資料，打算先出一期《西南民族研究專號》，作為前期成果。鍾敬文首先把自己一年多以前寫的一篇《惠陽崋仔山苗民的調查》拿出來，文章從「崋仔山地址及苗民人數、苗民生活、苗民身體及性情、苗民風俗文化及其他」四個方

24 轉引自張紫晨：《中國民俗學史》，長春：吉林文史出版社，一九九三年，第七三一頁。
25 董作賓：《福建畲民考略》，《國立中山大學語言歷史學研究所週刊》第二期，一九二七年十一月八日。
26 以上資料參見《國立中山大學語言歷史學研究所年報》，一九二九年一月十六日，第五～七頁。

面來展開，具體內容雖然不夠科學，但試圖以當時社會學人類學的調查格式來結構文章則是無疑。鍾敬文很實在的在文末作了這樣的說明：

這篇小文，大部分的材料，是一個姓黃的朋友供給我的。他曾親到過那裡一回，又常和到那裡去的習熟，所以知道得頗詳細，雖然他自己謙說這些材料，恐或有靠不住的地方，並且太過於簡略了，我曾請他托過一位住在峯仔山附近地方的朋友，替我去細密地調查一下。此刻，他的材料尚未寫好交來，我卻恐怕自己過此以後再沒有作這工作的機緣，所以就不及等候的，把這文草了出來。[27]

這種調查的方式和態度都不可取，但寫作上的實事求是的態度難能可貴，再說文章寫作本身的目的就是拋磚引玉，以期引起大家對於少數民族風俗調查的興趣和重視。

中山大學民俗學會有限的幾位工作人員，一無經費二無人工，對田野作業只能是心嚮往之，沒法認真落實，只好零零碎碎地做些「准田野作業」的工作。

一九二八年三月底，廣東省國民黨開第三次黨員會議，連山代表團帶來一批瑤民，專事民族舞蹈以助興，容肇祖認為這是一個難得的方便民族調查的機會，提出訪問計畫，於是鍾敬文、陳錫襄等人就「前往接洽，請其來校跳舞，並即查問其風俗習慣，以供研究」。[28]調查結果由莫輝熊寫成《連陽瑤民狀況的概要》，[29]內容非常簡略。調查過程則由陳

[27] 鍾敬文：《惠陽峯仔山苗民的調查》，《國立中山大學語言歷史學研究所週刊》第六期，一九二七年十二月六日。文章寫於一九二六年三月十五日。

[28] 分別見《國立中山大學語言歷史學研究所概覽》，廣州：中山大學語言歷史學研究所，一九三〇年一月，第五九頁；鍾敬文《中國民間文學講演集》，北京師範大學出版社，一九九九年，第四八頁。前者稱會議議決「容肇祖鍾敬文兩先生前往接洽」，後者說「我就和中大同事陳錫襄幾位先生去訪問過他們」，本書以前者為計畫，後者為現實，取後一說。

[29] 莫輝熊：《連陽瑤民狀況的概要》，《民俗》週刊第六期，一九二八年四月二五日。

錫襄寫成《瑤民訪問記》。[30]又如，一九二八年六月，暑假臨近，課時稍微鬆動，容肇祖在語言歷史學研究所的事務會議上提議往韶關北江一帶調查少數民族和風俗古物，會議決定由容肇祖與商承祚兩人前往，結果正趕上劇匪，兩人在韶關待了幾天，只去了一下瑤山黃茶坑，到一兩戶瑤人家庭略略看了看，拍了幾張照片，很快就回到了廣州。其間經過和收穫，後來由容肇祖寫成了《韶州調查日記》。[31]

因為沒有既定的標準可以「拿來」作為田野調查的參考，每一個民俗學者都想把自己理解或想像的標準貢獻給新興的民俗學科。儘管參與討論者不少，但是由於缺乏一個好的田野調查範本作為參照，這些討論都難以擺脫「紙上談兵」的嫌疑。一九二八年三月二六日，民俗學會就計畫「制就各種調查表，預備實地調查」[32]，但是久無下文。六月二八日的語史所出版物審查委員會第二次會議上，再次議決「由本所印就《西南民族調查表》，分發本校學生就地調查」[33]，不過，好像還是沒有下文。

顧頡剛喜歡利用專號這種形式造聲勢，《西南民族研究專號》一九二八年夏天如期出刊，但該刊大部分文章只是「概況」、「述略」、「記遊」、「略考」、「雜談」，以及陳錫襄這種「訪問記」一類，多是道聽塗說，或是故紙堆裡的工作。這是當時流行的歷史研究的方式，顯示了一定的文獻操作的實力，但從田野調查的角度來說，幾乎沒有任何突破。

這期精心策劃的專刊不僅沒有得到學界的讚揚，反倒招致不少的批評，丁文江就曾在寫給該刊編輯的信中批評這些文章：「大抵出於編譯，錯誤極多，例如貴州之仲家實與僮人言語相同，與苗無關……專號中所言皆非科學的也。」[34]

---

30 陳錫襄：《瑤民訪問記》，《國立中山大學語言歷史學研究所週刊》第三五、三六期合刊「西南民族研究專號」，一九二八年七月四日。
31 容肇祖：《韶州調查日記》，《國立中山大學語言歷史學研究所週刊》第三九期，一九二八年七月二五日。
32 《國立中山大學語言歷史學研究所概覽》，廣州：中山大學語言歷史學研究所，一九三〇年一月，第五八頁。
33 《本所大事記》，《國立中山大學語言歷史學研究所年報》，一九二九年一月十六日，第二六頁。目前尚無材料說明該項計畫是否得到落實。
34 《編者的話》，《國立中山大學語言歷史學研究所週刊》第四六、四七期合刊「瑤山調查專號」，一九二八年九月十九日。

其實有些錯誤是文獻本身的不可靠，不是編譯者的錯，但沒有田野調查的取證，總是無法為自己開脫。余永梁自己也在「編後」中說：

> 這專號我們不很滿意，因為也是整理紙上材料多，實地考察的少；我們要解決西南各種人是否一個種族？紙上所給予我們的似乎可以說是一個種族，然而是朦朧的。蛋民究竟是不是粵原有土著民族？黎民是否與南洋人有種族的關係？這要做人體測量，與實地調查或可望解決。各民族的文化，語言，風俗，宗教，與分佈情形，除了調查，沒有更好的方法……這專號只算是研究的發端，我們將要盡力去研究調查來出第二第三以至於若干次專號。這才是中國語言歷史的一種新建設啊！[35]

打破這種沉悶局面的不是語史所的同仁，而是一位對人文科學抱有同樣濃厚興趣的生物學家。

第四節　辛樹幟及其領導的瑤山風俗調查

辛樹幟領導的瑤山風俗調查活動，不僅開中國西南民族風俗調查之先河，而且為有組織的團隊調查提供了科學分工與合作的新範式，被顧頡剛譽為「在民族學和方言學上開一新紀錄」。

35　《編後》，《國立中山大學語言歷史學研究所週刊》第三五、三六期合刊「西南民族研究專號」。

辛樹幟（一八八四－一九七七年）

一九二八年，辛樹幟、楊成志以其嚴肅科學的實踐精神展開了對西南少數民族的調查活動，它們可以看做是中國民族學、民俗學者規範的田野考察的開端。

辛樹幟是中山大學生物系主任[36]，「植物學教授，然中國學問至博且精闢」[37]，曾與傅斯年同在德國留學，一九二八年的瑤山之行儘管是一次以動植物考察為主的科學活動，但其所附帶進行的民俗考察活動，完全可以看做是中國最早的有組織有計畫的科學的西南民俗調查。

辛樹幟雖是理科教授，但對文科具有同樣的學術敏感，對民俗研究也表現出了極大的興趣。他曾與傅斯年同在德國留學，兩人在柏林時，相互就有人文科學方面的交流活動，[38]到中山大學以後，還曾參與傅斯

36 辛樹幟（一九八四－一九七七）字先濟，出生於湖南省臨澧縣東鄉辛家嘴一個貧民家庭。九歲入私塾啟蒙，一九一〇年進常德師範學校，一九一五年秋二一歲時考入武昌高等師範學校（今武漢大學前身）生物系。畢業後為了籌措出國留學資金，他不辭辛苦，曾在長沙多所中學任教。一九二四年赴歐留學。先在英國倫敦大學學習生物學。一年後，又轉入德國柏林大學。一九二七年冬，辛樹幟突然接到中山大學戴季陶、朱家驊發來的電報，約他回國擔任黃埔軍校政治部主任，並寄給他二千元作路費。但他不想從政，加上他的指導教授笛爾斯曾告訴他：「中國的廣西瑤山地區，在動植物分類學上，是一塊未開墾的處女地。」他一心想到瑤山作一認真的考察，填補動植物分類學上的這一空白。因此在回國後，他再三向戴、朱兩人說明自己的想法，最後被中山大學聘為生物系教授兼系主任。期間辛樹幟牽頭組織了著名的大瑤山生物考察，開國內大規模科學考察和生物採集之先河。這次考察還收集了大量的民族民俗資料。離開中山大學以後，辛樹幟曾先後擔任國立編譯館館長，西北農林專科學校校長、中央大學教授兼主任導師，蘭州大學校長等職。一九四九年後任西北農學院院長，中國動物學會副理事長。被譽為中國現代科學開發大西北的先驅人物。一九五七年全國政協會議期間曾被毛澤東戲稱為「辛辛苦苦，獨樹一幟」。

37 傅斯年、顧頡剛、楊振聲致一九二八年五月五日蔡元培、楊杏佛信，《傅斯年全集》（第七卷），長沙：湖南教育出版社，二〇〇三年，第六一頁。

38 辛樹幟在一九二八年六月二二日寫給傅斯年的長信中曾說「兄前在柏林時，曾語弟謂有一種羅馬字母，可拼漢字，此時（按，即瑤山調查時）即可應用。」（載《國立中山大學語言歷史學研究所週刊》第四二期，一九二八年八月十五日）

年「歷史語言研究所」的工作，做了「人類學及民物學組」的特約研究員。

辛樹幟與顧頡剛的交往也頗富戲劇性，顧頡剛在一九七三年的回憶中介紹說：「中大生物系主任也，渠在德留學時，始讀予辨古史文，曾大罵予，後乃浸對予表同情，遂為五十年來不變之好友，此予在中大時僅存之碩果也。其故，惟緣識得予學術宗旨，能對予不妒忌耳。」[39]

顧頡剛對辛樹幟評價很高，他在《湖南唱本提要序》中說自己「自從到了廣州，在中山大學裡創辦了民俗學會，設備了風俗物品陳列室，始竭力在廣東各地搜集唱本，先後得到數千冊。理科教授辛樹幟先生見了，很表同情，當他去年（一九二八年）暑假中回到湖南的時候就和石漢聲先生一同搜集本地的唱本，並由石先生按篇作了一提要。開學回校時，拿給我看，這真使我歡喜欲狂，想不到我多年理想中整理唱本事業竟於一剎那間實現了！我們非常的感謝兩位先生，他們為中山大學的民俗學會開闢了一條新道路。」[40]辛樹幟帶回的這些民間唱本，多達七八十冊，姚逸之說它是「湖南的民間文藝，第一次呈獻於民俗學界」[41]。又說這些唱本「量的方面雖然不多，而品類悉備，也可以說是蔚然大觀！所以從這些唱本中，很可以察知湖南民間文藝的大概情形」[42]。

辛樹幟在中山大學的執教生涯中，不僅自己投身到中山大學民俗學運動之中，[43]連帶他的學生和屬下也動員起來了，他的一位部屬曾說：「今年（一九二九年）暑假，銜生物系之使命，回湘探采雪峰山脈植物標本。辛樹幟教授囑隨

39 顧頡剛日記，一九二七年十月十九日（一九七三年七月之補敘）。
40 顧頡剛：《序》，姚逸之《湖南唱本提要》，廣州：中山大學民俗學會叢書，一九二九年三月。又載《民俗》週刊第六四期，一九二九年六月十二日。
41 逸之：《湖南民間文學的一瞥》，《民俗》週刊第四〇期，一九二八年十二月二六日。
42 姚逸之：《自序》，《湖南唱本提要》。又載《民俗》週刊第六四期。
43 《民俗》週刊第二九、三〇期合刊曾發表辛樹幟《臨澧童歌》。

地徵集民謠，以供語言民俗學之研究。」[44]另一位部屬姚逸之也說：「本校辛樹幟教授，今年（一九二八年）九月，從湖南帶了很多的民間歌曲和鼓辭來，他因事忙，命我幫助整理。」[45]於是花了「數月」時間，「專心將辛樹幟先生所採集的湖南唱本清理出一個頭緒，成就了簡短的提要」[46]。

辛樹幟還在德國的時候，就已從他的導師處對瑤山有了一個模糊的認識，知道廣西瑤山不僅有天然的原始森林和豐富的生物資源，又是少數民族居住區，瑤山中的語言、習慣、風俗、民情，都未曾有過專門考察。雖然地方誌上記載有瑤人的一些零星資料，但往往與實際情況出入較大，也很不完善。於是，辛樹幟決定帶一考察團，對瑤山的動植物資源、歷史、語言、民俗進行深入細緻的考察。

辛樹幟很早就意識到了西南民俗調查的重要性，他在一九二七年十一月五日寫給傅斯年的信中即已提到「望兄在史地科組織團體，赴兩廣雲貴等處搜求材料，使吾國南方史地開研究之生面。」[47]他自己則率先身體力行開赴廣西瑤山，他在同一封信中說到自己的打算：

> 昨晚（五號晚），由蒼梧乘小輪啟行。聞今日下午二時得達江口，擬明日由江口步行赴瑤山（距江口七十餘里，瑤山由瑤人居住得名，桂省極大山也）。抵瑤山時，除作生物採集外，並擬請任國榮君調查瑤人風俗，作一篇長文，以登兄與頡剛先生所辦之週刊[48]。（任君懂瑤人所說之普通語，且與瑤山下之瑤人有一次之接洽。此次吾人更購有小鏡及絲線等物以贈瑤人，若能得其歡心，當可探出其生活之種種狀況也。）

---

44 何觀洲：《湖南安化歌謠》，《民俗》週刊第一一〇期，一九三〇年四月三〇日。
45 逸之：《湖南民間文學的一瞥》。
46 容肇祖：《序》，姚逸之：《湖南唱本提要》。又載《民俗》週刊第六六期，一九二九年六月二六日。
47 辛樹幟一九二七年十一月五日致傅斯年信，《國立中山大學語言歷史學研究所週刊》第一六期，一九二八年二月十四日，第一一一頁。
48 即《國立中山大學語言歷史學研究所週刊》。

但這次調查準備不夠充分，只能算是一次探路，辛樹幟本人也在路上感冒，感覺「身體固苦極也」，大約以此耽誤入山行程，只得幾名助手入瑤山住了四五天，基本上只是走馬觀花，任國榮未能對瑤人風俗作出比較系統的調查，也沒能寫出「長文」，只以獵奇的筆調寫成一篇《瑤山紀遊》，登在《語言歷史學研究所週刊》第三五、三六期合刊。

一九二八年夏，辛樹幟再次帶領考察隊到了廣西平南縣，於五月二四日進入瑤山，[49]辛在途中「觸暑小病，幸已痊」。這一次他親自指揮調查，情形大異任氏「紀游」，成果豐富。其中石聲漢[50]謠歌搜集的經歷頗可作一田野作業的典型個案：

> 瑤山兩個月的留居中，在夜間圍著我們底石油燈並坐閒話時，在我們借住的一個叫做羅香的瑤村，徵集得了他們的歌詞兩百多首。
>
> 這兩百多首的歌，是五種瑤人中的一種，自稱「正瑤」的歷代相傳的一種寶藏。其中一部分是以干支綜合的六十花甲子添上一點「五行」的尾巴為起句的，他們自己稱做甲子歌，此外則是一些散散碎碎東鱗西爪的歌詞，沒有一定的名稱的。現在就依照他們的習慣，把它們分列開來。「甲子歌」另訂一本，算作第二集。其餘的歌，因為是跳舞時所唱，所以給硬排上一個名稱，叫它們做「舞歌」，算作第一集。

49 辛樹幟五月三〇日給傅斯年的信中說「入瑤山已經七日」，可知入山時間為五月二四日。

50 石聲漢，農史學家、農業教育家和植物生理學專家，是辛樹幟的得意門生。晚年致力於整理、研究我國古代農業科學遺產工作，是我國農史學科重要奠基人之一。祖籍湖南湘潭，一九〇七年出生於雲南省昆明市。一九二五年，當「五卅」運動波及武漢時，他在漢口英租界散發傳單時被捕，一九二七被武昌高師開除學籍，同年十一月，應辛樹幟之召，到中山大學生物系任教務助理員，同時補修在武昌高師生物系未完的課程。一九二八年，他參加了由辛樹幟主持的瑤山生物採集隊，除採集和製作動植物標本外，還親自到瑤民家庭，學習瑤語，記錄瑤歌及民俗，並以日記形式出版了《瑤山採集記》一書，翔實地記載了採集隊的研究工作和生活，生動地反映了瑤山地區的自然風貌，瑤族的民情民俗。《瑤山採集記》文辭精美、樸實，曾受到朱家驊的推崇。

舞歌的徵集，是我們到瑤山第一日開始的，當我們問及他們的山歌時，因為大家都很生澀，他們頗有點訕訕地，只笑著可堅持著不肯說。經過了再四的要求和解說，似乎有點卻情面不過，才彼此推推慫慫，末了由一個比較年長的人，審慎地給我們說了一條。這就是「春到了，滴滴搭搭地整犁耙」的一首。當時他們總是半吞半吐，不肯實說，所以第一次將這首歌記出，寄回在語言歷史學研究所週刊上發表的，簡直和原來的形式差得很遠。到了第三天晚上，我們再張起燈來和他們閒談時，我隨便檢出複寫紙留寫的底稿出來，照著羅馬字母拼音讀給他們聽。這事竟得了意外的結果：他們驚奇而讚歎起來。我再乘這機會和他們說明用羅馬字記音的方法，可以把他們底歌全部記出。他們又「咭咭呱呱」地商議了一會，大概是給一種好奇心驅使再試一試，於是又給我說了一條。這次說得很快，使我簡直只剛好辨清楚他的音，記了下來，連句讀都沒有弄清楚，不要說形式了。等我再複念給他們聽，他們認為我這一次的考試「可以及格」之後，才慢慢一個個字要他們解釋。當時我底粵語既不十分靈便，他們中間又沒有一個識字的人，所以結果所得和第一次比較上還只有退步沒有進步。然而，徵集歌謠所必需的「信用」可是有了。

這風聲漸漸傳了開去，合村的人都知道我「會使番字唱歌」，才有幾個稍微能夠識得漢字的來替我解釋。我的信用漸漸推廣了起來，到後來每到了黃昏時候，我從碉樓上提著燈拿著紙筆下來時，便總有七八個人迎著我說：

Sen san, shwan ga la yar?

先　生　唱　歌　哪　呀？

於是，大家圍著攏來，七嘴八舌，談論的談論，喧笑的喧笑。醉人地帶著酒的氣息和煙斗中底濃煙窒住了我底呼吸，在嗆咳和錯擾中我竭力鎮定著逐字逐句去搜求他們的解釋，寫成章片。

有一天，我們因為要解決我們白天採集時的午飯問題，在村中找得了一間買餅的雜貨店。這發現給我們以一種意外的滿足。到了晚間，我們再來從事於徵集時烹好一大「鍋」茶，把餅陳列了出來，請他們吃了一頓之後，便從那緩緩移動顳顬的時候，囁囁嚅嚅地陳述中，加增了許多的篇章。

不久有一個和羅香相鄰的龍軍村人，叫做趙春榮的，用漢字寫了一首謠歌給我。這一種的變換使我更增加許多興趣。接著又有羅香的一位「年尊德大」的趙顯周君，他給我寫了兩首，由這幾首來對照從前得來的歌詞，更發現了請不識漢字的瑤人給我們解釋是不中用的，才決定以後專請識字的瑤人寫漢字的歌，再記出它們的音來，方能有好的結果。

最初我們所能得到的歌，只是普通無甚意味的歌，問到情歌，是絕對地不承認有的。後來有一個少年無意中洩漏了一首，我便以此作範，用力徵集，好容易得了七首之後，給那位趙顯周知道了，他老大的不高興，當場用瑤語責備了那些講情歌給我聽的人一頓，並且禁止他們再談。以後幾晚，他晚晚都來監督著我這「危險的人物」，不使我和他們有接觸的機會。同時，卻也從他自己的談話中探知了他們有一本甲子歌，在本村的一個叫「Ahn song」的人，便有一個鈔本。

然而「荷葉包老菱，水裡按葫蘆」，無論如何是包不住按不住的，終於給我捉著一個機會找到了另外的三四條。趙君也沒有辦法對付我了，更禁不住大家「好相與」的情面，軟了下去，倒幫起忙來。

到徵集漸多，漸漸熟習了之後，就爽快用我們帶去的白洋紙，釘成了小本子，分開了交給趙顯周趙春榮和另外一個叫趙梓華的少年，請他們閑中為我「多寫兩首」。他們的語音，我也漸漸熟了，把一個本子交回來時，我便按字先讀給他們聽，不對的，再請他們改正。這樣徵集上更快，結果更好了。

雖然進行上是順利了，然而麻煩卻一天天多起來：因為想求真，所以每一次征得一首新歌，我總要前前後後把歷來得有的通通檢查一遍，比較得失，照著語言去尋求它們底語義，改正從前的錯誤。一點疑義，往往費到半點多鐘的工夫來思索，翻檢，追問。常常到一點兩點鐘才能睡。幸喜我是有神經衰弱病的人，所以在這點倒還沒覺得怎樣；然而陪我作這「工作」的瑤人，可就有吃不起的時候了。

快要出山時，才向那「Ah song」借了甲子歌的鈔本來，請趙梓華君給我畫葫蘆地抄了一本，就拿著這本俗文訛字，「彌望皆是」的鈔本，壓著趙顯周君給我們全部解釋了一遍。此外還有舞歌中很多錯誤和晦澀難懂的地方，也一一地仔細問過了他，才算把這一次的徵集宣告結束。

甲子歌原來應當有一二〇首，不幸竟缺少了二五首之多，追問他們，據說原來是完全的，可是不知怎樣在流傳中錯失去了，沒有方法能補得出來，這當然是一個「大缺憾」。舞歌，也應當不止這些的；這裡所收集的，一共一百多一點兒，可是在短時期忙碌的工作中所能抽出的暇晷，實在沒有辦法可以更徵集得再多了。就這一點點舞歌裡面，也還有很多闕疑解不出來的地方，在沒有充分的瞭解以前，我可不敢妄補上去，寧願留它一處空白。[51]

顧頡剛說「本校生物系教授辛樹幟先生，助教石聲漢，任國榮，黃季莊，蔡國良諸先生，於今年五，六，七首尾三個月中，到廣西中部的瑤山採集動植物標本。他們住過寨山瑤的金秀，花籃瑤的羅丹，正瑤的羅香，羅運諸村落。他們在沒頂蓬蒿之中鑽走著，在滿山的竹子之中攀緣著走，在惡蜂，山蛭，毒蛇的巢穴中搏擊著走……但他們對於學問的熱心和勇氣使他們不以在生物學上開一新紀錄為滿足，還要在民族學和方言學上開一新紀錄。他們在白天採集動植物，在昏暗的燈光下又做採集歌謠，標注方音，和探問風俗的工作。」[52]

辛樹幟自言「瑤中生活最苦者，為無人理髮，吾人現已儼然『長毛矣』。次之則食物不足，不特一月不知肉味，即求青蔬亦不可得。再次則山嶺崎嶇，溪澗深闊，跋之外涉尤為苦。讀書人決不能做，非帶幾分野蠻氣質者，必苦不堪

51　石聲漢：《瑤歌．卷頭小記》，《國立中山大學語言歷史學研究所週刊》第四六、四七期合刊，一九二八年九月十九日，第三四—三六頁。

52　顧頡剛：《跋》，《國立中山大學語言歷史學研究所週刊》第四六、四七期合刊「瑤山調查專號」。

言。」[53]

此前對於猺人的傳聞極其恐怖，稱其獷悍不馴，「性質凶蠻，做皇帝的動輒宰人以為樂」[54]，但辛樹幟等人為著學術起見，毅然決定冒險深入，遂向平南縣署申請了一連的護送兵士，武裝齊整，又找了熟悉猺人情形者為嚮導，結果發現「入猺山並無甚困難，猺人亦殊誠篤可親；唯猺村附近各處之漢人，類多奸狡絕倫」[55]。

入猺山半個月，辛樹幟感到「此間情形大佳，不得不擴充預備，作大規模之搜集」[56]。六月上旬末，即派任國榮帶了一個他認為忠實可靠的猺人村董「趙君」，特回廣州一趟，為備長住的物用，同時帶回一批猺俗用品，捐給語史所的風俗物品陳列室。[57]對於任國榮帶回的這個猺人，辛樹幟也是有目的的：「故任君此來帶有猺人一個，如貴系欲作詳細之調查，可擇諳粵語者一人，向之詢問，唯此人兩日後仍當隨任君返山，如願從事，務請著速。」他自己則以通信的形式，不斷向傅斯年報告山中情形：「弟在此已得五種猺人，對於猺人風俗習慣等，亦略有把握。山川地理，以望遠鏡及高度表之助，亦已得其端倪。」[58]

辛樹幟激動於此次的猺山之行，他在給傅斯年的信中寫道：「弟因此山生物情形甚佳，刻正籌思設立研究所之計畫，深望吾兄亦設法計畫作猺山語言歷史民俗研究所，與弟同時進行，此種研究所成立後，於猺人語言人種上種種問題，當必能得一總解決，其貢獻之大，自不待言。」[59]

53 辛樹幟一九二八年五月三〇日致傅斯年信，《國立中山大學語言歷史學研究所週刊》第三五、三六期合刊「西南民族研究專號」，第一一〇—一一一頁。
54 轉引任國榮《猺山兩月視察記》，《國立中山大學語言歷史學研究所週刊》第四六、四七期合刊「猺山調查專號」。
55 辛樹幟一九二八年五月三〇日致傅斯年信。
56 辛樹幟六月七日致傅斯年信，《國立中山大學語言歷史學研究所週刊》第三五、三六期合刊「西南民族研究專號」，第一一二頁。
57 如信中提到：「糧猺之服飾等，當囑石君攝影奉上，至服飾中比較特別之數種，已設法購得，由任君帶來，即以敬贈貴系，以供參考。」
58 辛樹幟一九二八年六月二二日致傅斯年信，《國立中山大學語言歷史學研究所週刊》第四二期，一九二八年八月十五日。
59 辛樹幟一九二八年六月某日致傅斯年信，《國立中山大學語言歷史學研究所週刊》第四二期。

顧頡剛極贊辛樹幟此行的成績：「樹幟等五人到廣西瑤山三月，採集成績極好，鳥類昆蟲類至數千頭，植物標本至數萬種，風俗歌謠亦得若干，將移置風俗物品陳列室」，[60]又將石聲漢所編《瑤歌》書稿交給了商務書館的夏劍塵。[61]九月，顧頡剛開始將這次廣西之行的風俗調查成果編為《語言歷史學研究所週刊》的《瑤山調查專號》，並親自為之作「跋」，書出之後，又親自送往辛樹幟處[62]。此一西南少數民族的社會風俗調查，更在楊成志之前，當是最早的學院調查，正如顧頡剛所言，「在民族學和方言學上開一新紀錄」。

在辛樹幟這次成功的瑤山調查之後，中山大學生物系的風俗調查幾乎成了一種傳統。一九三〇年十二月四日的校報有《理科生物系第一次廣東北江瑤山採集日程》，很把生物系的風俗調查作為一件要聞來報導：「五月七日住荒洞，雨大霧，調查瑤人養女招郎制度，結網取雨情形。並觀瑤人在廟中敬神儀式，調查廟內所供木偶之名稱。」[63]

這次調查的時間長一些，一九三〇年「三月十五日出發，二三日入山，五月二六日返校，閱十周又三日」。[64]擔任民俗調查的主力是龐新民，他在回校後寫成《廣東北江瑤山雜記》，刊於傅斯年的《中央研究院歷史語言研究所集刊》。龐在序中說「本篇材料之收集，得李方桂先生及黃君季莊、黃君兼善、薑君哲夫諸同志之助力極大」，可見又是一次辛氏「集體協作與個人為主相結合」採集方式的結晶。龐氏這一「雜記」，體例已經相當完備。

之後，在一九三一年春季，生物系採集隊第四次深入瑤山，主隊住在羅香，另有兩個支隊，分住古陳、羅蒙。龐新

60 顧頡剛日記，一九二八年八月十六日。
61 顧頡剛日記，一九二八年八月三〇日。
62 參見顧頡剛日記，一九二八年九月十二日至十二月一日。
63 《理科生物系第一次廣東北江瑤山採集日程》，《國立中山大學日報》一九三〇年十二月四日。
64 龐新民：《自序》，《兩廣瑤山調查》，上海：中華書局，一九三四年。該書收錄於婁子匡編印的《北京大學民俗叢書》。

民住在古陳分隊，悉心收集民俗資料，又寫成《廣西瑤山雜記》，頗可補任國榮氏《廣西瑤山兩月視察記》之不足。[65]

一九三二年春，辛樹幟離開中山大學，北上南京擔任國民政府教育部編審處處長，而中山大學生物系的民俗調查，雖然未有上規模的大動作，零碎的調查活動卻從未中斷。

瑤山考察，開國內大規模科學考察和生物採集之先河。類似考察後來又有多次，範圍已遠遠超出瑤山地區，涉及貴州苗嶺山脈的雲霧山、門蓬山和東部的梵淨山，湖南南部的金童山，廣東北江流域等部分山區，共採集標本六萬餘號。其中植物近千種，哺乳類動物四十餘種，鳥類二一〇種，爬蟲類四十餘種，兩栖類二十餘種，昆蟲類六百餘種，鳥類中有六十多種是首次發現，揭開了中國南部的動植物寶藏。發掘出許多新屬新種，其中最突出的是辛氏鱷蜥、鱷蜥亞科、辛氏美麗鳥、辛氏木、辛氏寄生百合、辛氏鎧蘭等二十多種以辛氏命名的動植物新屬新種。此外，他們還收集瑤族服飾物品數十件，攝得照片數十張。對當地風俗習慣作了大量筆記，印行《瑤山兩月視察記》《正瑤舞歌》《甲子歌》《瑤山採集日程》等文字資料。

第五節　史祿國及其西南民族調查小組

俄國學者史祿國率領的西南民族調查小組在雲南等地的活動，是中國近現代學術史上一段著名的公案。

65 一九三四年，中華書局將龐新民兩篇「雜記」合為單行本，以《兩廣瑤山調查》為題出版。

一九二八年初，中山大學有意聘請原任教於廈門大學的俄國人類學家史祿國（S.M.Shirokogoroff）教授，《國立中山大學日報》於四月三〇日刊出學校與史祿國的合同內容，史祿國每月工資四百元，中山大學和「大學院」各負責二百元。

史祿國曾於一九二八年四月到穗幾天，後於五月十二日正式到校，語言歷史學研究所派事務員楊成志前往迎接[66]。一星期之後，五月十九日，傅斯年宣佈「本校語言歷史學研究所正計畫下學期赴廣西各省為人類學之調查」[67]。從時間上來看，這一計畫應與史祿國的到來有很大關係。

其時傅斯年、顧頡剛受大學院院長蔡元培之托，正在廣州籌辦「中央研究院歷史語言研究所」，該研究所人員幾乎就是中山大學語言歷史學研究所的全班人馬，兩所關係被稱作是「同胞之姊妹」。兩個單位各有一定經費，「在（一九二八年）十月二二日以前，中央研究院歷史語言研究所的籌備處，設在中山大學校區之內，與該校新成立的語言歷史學研究所在設備、人員甚至經費方面都很難劃清。」[68]

這裡有必要先對中央研究院以及該院的民族調查計畫作一交待。一九二七年國民黨南京政府成立後，議設中央研究院，並確定為全國最高科學研究機關，該院以蔡元培為院長。蔡曾在德國專攻民族學，他的《說民族學》被認為是中國人第一次用自己的語言探討自己的民族學問題，中央研究院內設民族學組，蔡元培親自兼任組長，他也因而被後來的民族學者稱作「民族學之父」。[69]中央研究院社會科學所還在籌備時就已計畫在幾年之內先後對西南各省的苗族、瑤族進行調查，並著手籌設民族學博物館，但一時無法有效展開工作。一九二八年，蔡又決定與中山大學合作成立「中央研究院歷史語言研究所」，地點設在廣州柏園，該所第七組是「人類學及民物學組」，開始工作時沒有聘到組長，史祿國負

---

66 《人類學教授史祿國博士抵校》，《國立中山大學日報》一九二八年五月十五日第一版。
67 傅斯年：《文科告白》，《國立中山大學日報》一九二八年五月十九日第一版。
68 逯耀東：《胡適與當代史學家》，（臺灣）東大圖書公司，一九九八年，第二三二頁。
69 參見〔美〕顧定國著，胡鴻保、周燕譯：《中國人類學逸史——從馬林諾斯基到莫斯科到毛澤東》，北京：社會科學文獻出版社，二〇〇〇年，第三八頁。

責研究工作，辛樹幟、容肇祖負責搜集各種民物標本，由於該所地處南國，得地利之便，順理成章就做了西南民族之學院調查的首發者。

「中山大學語言歷史學研究所」和「中央研究院歷史語言研究所」合作的這個調查專案，初定人員是史祿國夫婦和楊成志[70]。後因容肇祖、商承祚在北路韶州的「調查瑤民考求古物」活動提前於六月二九日結束[71]，於是，七月七日，《國立中山大學日報》有《加派容教授往滇調查玀玀[72]人種生活》的消息：「本校人種學教授，史祿國君，及其夫人，帶同助理員楊成志及工人，前往雲南省，調查玀玀人種生活，狀況，由粵出發，路經安南，請交涉署轉請法領事發給護照，經志前報：茲加派容肇祖教授，會同前往，再函交涉署併案給照，及函請政治分會，令行雲南省政府，接待各員，並飭屬加意保護云。」[73]

七月十日，由中央研究院作東，傅斯年、顧頡剛、鄺嵩齡、杜定友、羅常培五人在廣州南園酒家為赴滇調查的史祿國夫婦、容肇祖、楊成志四人餞行[74]。

中山大學派楊成志跟隨史祿國是有目的的，這是一次很好的向史氏學習的機會[75]。這次西南民族調查原定是要「調查彼處人類學工作大略情形，以便後來派訓練成就之助員前往就地長期工作，並於就便中在省城作大量工作，兼至滇東

70 《大事記》，《國立中山大學語言歷史學研究所年報》，一九二九年一月十六日，第二七頁。《大事記》記一九二八年七月七日：「派容肇祖教授北路考察古物並函北區善後公署妥為保護。派人類學教授史祿國及其夫人，助理員楊成志及工人一名，赴雲南調查玀玀，並函法領事請發護照。」

71 容肇祖：《韶州調查日記》。

72 玀玀是lolo的音譯，又被寫作猓猓、玀猓、羅羅等，即今之彝族。

73 《加派容教授往滇調查玀玀人種生活》，《國立中山大學日報》一九二八年七月七日第二版。

74 顧頡剛日記，一九二八年七月十日。

75 顧定國曾經提到了史祿國與楊成志之間的師生關係：「無論是在課堂上還是在田野工作中，史祿國都教育自己的學生，讓他們將人類學看做是一個充分整合了民族學與語言學及體質人類學的學科。楊成志在中山大學的時候從史祿國那裡接受了這種教育，又交將它傳授給自己的學生。」（顧定國著，胡鴻保、周燕譯：《中國人類學逸史——從馬林諾斯基到莫斯科到毛澤東》，北京：社會科學文獻出版社，二〇〇〇年，第五九頁）

之熟玀玀區域一行」[76]。

後來史祿國中道返穗，而楊成志認為「要研究人類，社會和文化的原始時代，『獨立玀玀』是最重要的目的地」[77]。可見其深入涼山的目的主要是為了「原始時代」的研究。

七月十二日，赴滇調查人員出發[78]。擬「從廣州起程附輪直抵安南海防，再從彼處搭火車至雲南省會昆明，然後向玀玀山地考察。調查時間擬在雲南駐足三個月，下學期開學時乃回來本校。」[79]

事實上他們於一九二八年七月十三日先到了香港，十五日下午四時才到達越南海防[80]。十六日大早，熱帶風暴跟著殺到，七月十七日他們轉乘汽車抵達河內。由於河內通往昆明的鐵路被這番大水沖壞，容肇祖曾打算雇電船由水路通老街，未能成功，一班人只能焦急地等待。

史氏夫婦住在Hotel de Metropale，容肇祖和楊成志則住在同利旅館。容、楊兩人不想浪費時間，於是天天在法國遠東大學圖書館等處抄寫各色稀見漢學資料，偶爾收集一些「檳榔傳說」之類[81]，楊成志形容是「朝到圖書館，暮回同利來」[82]。史氏夫婦活動不詳，容、楊兩人的信中似乎都不大願意提及。

這樣一直等到七月二九日才有車北上，大約在三、四天後抵達昆明，他們第一時間找到了雲南省主席龍雲，龍雲熱情接待了他們，但認為少數民族地區過於危險，要隨軍隊前往才能保障安全，因此不能馬上成行。

76 轉引自王建民：《中國民族學史》上卷，昆明：雲南教育出版社，一九九七年，第一一五頁。
77 楊成志致顧頡剛信，一九二八年八月二日，《國立中山大學語言歷史學研究所週刊》第七六期，一九二九年四月十日。
78 《本所大事記》，《國立中山大學語言歷史學研究所年報》，一九二九年一月十六日，第二七頁。
79 《學術界消息》，《國立中山大學語言歷史學研究所週刊》第三七期，一九二八年七月十一日，第三六頁。
80 越南重要的港口城市。
81 楊成志抄錄的《檳榔的傳說》後來發表在《民俗》週刊第二三、二四期合刊，一九二八年九月五日。
82 以上內容詳見《安南通信》，《國立中山大學語言歷史學研究所週刊》第四四、四五期合刊，一九二八年九月五日。

容、楊兩人的調查目的與方式都與史氏夫婦有著大的差別，前者的興趣在於民俗學或是文化人類學的調研，而後者則側重在體格人類學的測試[83]。史祿國是這次調查的負責人，容、楊兩人的工作不得不屈從於史的安排，彼此矛盾不小，以致楊成志稱之為「蟻務」，又說「我的時間因史祿國先生測驗學生及犯人，大半為消磨去」[84]。當時的西南彝族（玀玀）在漢人的口中幾乎可作野蠻的代名詞，雖然有軍隊同行，但是彝人的「奴隸社會及其原始狀況似乎令史祿國感到恐懼」[85]，所以「史夫婦又以長途危險，裹足不前」[86]。

容肇祖在寫給傅斯年的信中說史祿國「到雲南後，便擬到路南州一些近府城之處了事。後來與省公署主席等已定東川路程，期一遲延，便決計一步不去。到昆明後，便說明已用自己的款（按：意為公款已經用罄）。我和他較少接洽，而據楊成志的話，覺得他太不對了，楊君從他去東川，他說：危險，我有太太，你沒有太太的。這是什麼話？此次往東川，有孟坤師長、有巧家縣長、大關縣長及雲南省政府的委員等，及商家及軍隊多人，危險的話，直無所指」[87]。

容肇祖頗有意於做一些有意義的風俗調查，可惜只幾年前與顧頡剛的妙峰山調查成績可觀，後來的調查沒有一次達到預期目的。這次西南之行是容肇祖最沮喪的一次，時間一再被耽誤，轉眼臨近九月，中山大學馬上就要開學，三人之中只容肇祖有課，他不得不中止調查趕回廣州，只為中央研究院購得幾種《雲南省通志》和一些地方書籍[88]。

83 容肇祖說史祿國的主要任務是「調查少數民族的頭骨」，參見容肇祖：《我的家世與幼年》，中山大學《民俗學刊》第一輯，澳門出版社，二〇〇一年十一月。
84 楊成志一九二八年八月二二日信，《國立中山大學語言歷史學研究所週刊》第七六期，一九二九年四月十日。
85 顧定國稱是楊成志這麼對他說的。參見顧定國《中國人類學逸史》第六七頁。
86 楊成志一九二八年十一月十五日信，《國立中山大學語言歷史學研究所週刊》第六六期，一九二九年一月三〇日。
87 容肇祖致傅斯年信，藏臺灣中研院語史所檔案館（《史語所檔案》元字一八六號卷「史祿國雲南調查事件」），轉引自王汎森：《容肇祖與歷史語言研究所》（東莞市政協編《容庚容肇祖學記》，廣東人民出版社，二〇〇四年，第三三七頁）
88 參見容肇祖先生遺稿：《我的家世和幼年》（施愛東校注），《民俗學刊》第一輯，澳門：澳門出版社，二〇〇一年。原稿存容肇祖夫人袁熙之先生處。

容肇祖帶回民俗物品共有一百多件，包括一些書籍和拓本，其中一部分是在越南購得的[89]。容於九月四日回到廣州，九月六日向顧頡剛彙報了兩個月的遊滇經歷，並說了史祿國的一些「不可靠」事[90]。九月十七日，汪敬熙到顧頡剛家，也說起「史祿國在雲南，不調查而打撲克」一事。

因楊成志主動要求深入川邊，史祿國分了六百多元經費給他，隨即打道回穗。據傅斯年的一份工作報告，史祿國此行並非全無成績，「在昆明量得自三歲至二三歲之學生一二三八人，又兵士六二七人，罪犯一三〇人，所記點由三三至十六，詳細類別：除學童外，皆記其縣村；並得人類學照片一五十餘。此為史君研究南方中國人發育問題之一部」[91]。

十月二九日，學校有關部門專門「為質問史祿國事，在校開會」，汪敬熙態度激烈，定要學校辭退史祿國。顧頡剛評論說：「孟真極袒史祿國，此感情用事也，緝齋（汪敬熙）必欲去之，亦成見。予極畏事，而今乃不得不為調人。」[92]雖然史祿國最終保住了教職，但自此受到中山大學主流學術圈的排斥，各學術場合不再有史祿國名字出現。

第六節　楊成志千里走單騎

楊成志在涼山的考察活動，是中國民俗學、人類學、民族學史上一段著名的田野佳話，楊成志用一年零八個月的田野冒險，收穫了他一生的榮耀。

---

89 傅斯年：《國立中央研究院歷史語言研究所十七年度報告》，《傅斯年全集》（第六卷），長沙：湖南教育出版社，二〇〇三年，第十二頁。
90 顧頡剛日記，一九二八年九月六日。
91 傅斯年：《國立中央研究院歷史語言研究所十七年度報告》，《傅斯年全集》（第六卷），第十一—十二頁。
92 顧頡剛日記，一九二八年九月十七日、十月二九日、十月三〇日。

楊成志對於「史教授的不敢前進」非常失望，「我當時所覺得的，有兩種背馳的情感：一以為調查民族是我國新辟的學田，播種的人，安能任牠荒廢？一以為土匪遍野和山谷崎嶇的滇道，孤行獨往易陷於危險！結果，我的勇敢心戰勝了畏懼，於是乎，這種調查的重大擔子遂由我個人獨挑。」[93]

在當時許多外國學者的眼中，玀玀是一個野蠻而原始的民族，楊成志在滇的時候，向幾位英國老牧師借過三本關於玀玀人的書籍：1.In Unknown China、2.Eamwel Pollard、3.Among the tribes in south-West China。「覺得要研究人類，社會和文化的原始時代，『獨立玀玀』是最重要的目的地」，因此決意深入，「我覺得此回獨自遠途旅行，成功與失敗，實未可預料。成功可作中國學術上的貢獻，失敗由於我自願犧牲」[94]。

楊成志在雲南省政府主席龍雲的幫助下，雇了一名隨僕，跟隨國民革命軍第九七師師長孟友聞的部隊，「九月一日從昆明出發，七天而抵東川，五天而抵巧家，嘗盡跋涉之苦。後由巧家渡金沙江至六城壩而深入涼山玀玀之地」[95]。

因為楊成志是孤身入滇，除去他本人的回憶和當時的信函之外，我們沒有更多的材料來複述這次冒險的西南之行。以下敘述，主要根據楊成志當時寄給語言歷史學研究所諸同事如傅斯年、顧頡剛、鍾敬文、余永梁、容肇祖等人的書信[96]。

一九二八年九月二八日，楊成志在六城壩分縣衙門曾給傅斯年、顧頡剛寫信彙報在該縣的情況，第二天就因水土不服而病倒了，「足足睡了五六天才漸漸告愈。在病床中，夜聞江風的怒號和猛犬的高吠，（因玀玀夜間來偷襲漢人）恐怖的情景，令我感到『出門不如在家好』。有一夜二十餘個玀玀，聞我抬有四個木箱來此境，竟於九句鐘時候來襲偷衙

93 楊成志：《雲南民族調查報告》「緒論」，《國立中山大學語言歷史學研究所週刊》第一二九—一三二期合刊，一九三〇年五月二一日。
94 楊成志致顧頡剛信，一九二八年八月二二日。
95 楊成志致鍾敬文、余永梁信，一九二八年十一月十五日。
96 這些書信大多刊於《國立中山大學語言歷史學研究所週刊》，部分刊於《國立中山大學語言歷史學研究所概覽》和《民俗》週刊。由於內容瑣碎，除直接引文外，其他不再一一注明出處。

門。他們先以石頭拋上屋背，以探裡頭人的動靜。即由衙警開了兩火槍，他們才向別家搶去」[97]。

六城壩分縣縣佐胡運夔力勸其放棄入山計畫，可楊成志主意已定，下定決心冒險進山。十月上旬，楊成志病一好，馬上找了個胡漢把帶路，毅然深入涼山，「爬過五十餘里[98]的高山險穀抵Loga地方Lokgaga家」，此地「保頭」[99]聽楊成志自稱是奉雲南省主席，國民革命軍第一二路總指揮龍雲之命來拜謁親戚的[100]，加上看見楊成志攜帶的許多針線之類從未見過的小禮物，馬上就派十餘個奴隸宰了一頭大黃牛，舉行了隆重的歡迎儀式，「半生熟而食之」。

楊成志在這裡住了七天，又在小gaga住了七天，然後轉往Gelu'mokwe。本來他打算在涼山地區調查兩個多月，「只因此地寒冷非常，住食直似牛馬，這幾天竟下雪至盈尺，使我不能踏出門口多事考察」[101]，再說，金沙江西岸的四川玀玀不買龍軍長的賬，楊成志擔心「進去必受捆綁或慘殺」，只好回轉，於十一月四日回到巧家六城壩縣佐公署。

扣除行程用時，楊成志在涼山共住了二五天，「足跡所及縱橫凡兩百餘里，經過的鄉村亦達百餘」[102]，「共計收集各種民俗物品約兩擔，並攝得各種風俗影片四打許。當攝影時，異常困難，因該地土人謂照相是吸收靈魂，余初渡金沙江抵六城壩時，與胡縣佐共攝一相，未幾該縣佐病死，由死更增加土人之迷信」[103]。

楊成志後來回憶這兩個月的冒險經歷時說：「雖然冷氣刺骨，有時找不著路可行，有時遇著猛獸和易跌倒危崖絕壁

97　楊成志致傅斯年、顧頡剛信，一九二八年十月二〇日。
98　在《雲南民族調查報告》中，這段路程變成了六〇餘里。
99　楊成志在一九二八年十月十日信中說，「保頭是一個酋長，他的權力支配一切……一個保頭常管轄哇子或百餘家，或數百家，與別個保頭是各自為政的。且無論何人都不能獨立，必投一個保頭以討生活，否則一定被人欺侮或擄殺的」。外國人稱這裡為獨立玀玀（Indpendent lollo），並稱其社會組織是「封建制度」，楊成志卻認為還在「部落時代」。
100　龍雲也是玀玀人，即今彝族，所以涼山玀玀都認之為親戚。
101　楊成志致傅斯年、顧頡剛信，一九二八年十月二〇日。
102　楊成志一九二八年十一月六日信，《國立中山大學語言歷史學研究所週刊》第六五期。
103　楊成志致容肇祖信，一九二九年三月二六日。

這是楊成志最得意的照片之一，由於當地婦女不願照相，楊成志只好自己穿上婦女的服裝照了一張

的險地去。我享受這種世外的古代生活，隨時隨地，都足以令我眼不能閉，耳不能塞和筆不能停！茲僅略述幾件最有趣味的遭遇以博一笑。有一次我得了酋長的歡心，險些兒做成駙馬；有一次當一個年約十二三歲的酋長兒子吹一口鴉片，吐一口血，我勸他戒絕時，他竟答我道：『鴉片煙只有令人好，未聞有置人病，怪咯！』更有一次，我當攝影焚屍的照片，相機被搶（後幸得酋長追究回來）而又被追逐和打擊；更有一次竊取一家的靈牌，險些兒結果了我這條未死的生命……諸如此類，我現在回憶起來，自覺得著魯濱孫的個中樂趣不少！」[104]

楊成志涼山之行的調查內容主要是彝人的地理分佈，社會組織，人情風俗及語言文字等。據稱，涼山的獨立羅羅分為外八支、內九支，此次調查，雖然只有雲南外八支的50%，但也難能可貴。楊成志自己很滿意，他說：「涼山『盧鹿』之地，無論哪個漢人都目為擄殺的大本營，毫不敢越雷池一步的。但是我當時渡金沙江抵六城壩後，我的熱情戰勝畏縮，遂冒險獨進……其間數遇危險，然能安然歸來可謂幸矣！」[105]「而且得著豐富的材料，不特其起居行動，農手工業，人情，風俗，得窺其全豹，至其語言和文字，也得到略涉其涯。有此成績，自覺頗佳，若假我以時日，自信《羅羅的社會組織》一書或可寫成也。」[106]

語言交流方面，楊成志主要借助了Paul Vial的《羅羅文與法文字典》（Dictionnaire Francaise Lolo）。

104 楊成志：《雲南民族調查報告》「緒論」，《國立中山大學語言歷史學研究所週刊》第一二九—一三二期合刊。
105 楊成志致容肇祖信，一九二九年三月二六日。
106 楊成志致鍾敬文、余永梁信，一九二八年十一月十五日。

一九二八年十一月四日，楊成志回到六城壩。當時剛剛發生一些玀玀擄殺漢人的事件，巧家縣長孟紹堯被迫要用兵攻打涼山，楊成志知道以後，馬上叫人給孟縣長帶去一信，盡力勸阻。可能此信正中孟縣長下懷，十一月十日，縣長特去信感謝，一切按照楊成志的意思辦。一場兵禍隨即得到化解。

另有一件趣事，楊成志從涼山回到六城壩時，恰逢當地縣佐胡運燮發冷病去世。「當此無官的時期當中，漢蠻正陷於火拼的大擄殺，我一方面函促孟縣長速派新官來；一方面執行著故官的職守，極力從中排解調和；做了雙重代理縣佐，凡十二天，得使視人命如草芥和焚屋如焚原的大風潮暫時告息，諸酋長信服，自約束其娃子不敢下山擄人燒殺。」[107]楊成志認為這是「涼山人信任我的一種成績」。

六城壩是一個瘴癘之地，楊成志說這裡江風一吹，疾病隨生。「從涼山歸來在那裡住了三十餘天竟害了四回病；若我沒有帶些藥品和學得吹兩三口鴉片煙（因病和避瘴而吹，是不得已的，不好誤會！）或許繼前胡縣佐而長逝了。」[108]

苦於在涼山學得的玀玀文字不多，回到六城壩後，楊成志決定請一位白毛先生來教他語言文字，結果費了許多心思才找到一個「老而疑心頗大的Bi:tsu先生」。教了十來天，那老師就偷偷地跑了，隔了幾天，楊成志通告「大保頭」把他找了回來，過了三天又跑了[109]，令楊成志苦惱不已。

在六城壩做不了什麼事，十二月中旬，楊成志又渡金沙江，在寒風中走了兩天山路回到巧家縣城，住在縣教育局。楊成志在山裡的兩個月，巧家縣城和六城壩的人都傳說他已經被擄賣或殺死了，楊成志一回到縣城，就引起了轟動。該縣各界稱其勇敢過人，聞訊而來拜會的官紳絡繹不絕，請吃飯請喝酒的接踵而至，楊成志得意地說：「這幾天來我的腸胃實在有些福氣。」

107　楊成志：《單騎調查西南民族述略》，《國立中山大學語言歷史學研究所週刊》第一一八期，一九三〇年二月十二日。
108　楊成志致傅斯年信，一九二八年十二月二六日。
109　當時玀玀人與漢人矛盾很深，白毛先生擔心受到漢人迫害。

楊成志本想休息兩天就轉往昭通，無奈沿途土匪蜂起，行動不得。「在此彷徨當中，既不能前進，又不願白費光陰，遂從事於徵求和編輯『巧家民間文藝集』的工作，因這裡是民間文學豐富之區，如山歌，兒歌，孝歌，神歌，散花歌，謎語，諺語，土話，對語……都值得研究的……餘此以外，我更聘七甲的一位老『白毛』（七十八歲）到教育局教我夷文。他今天抵步，並帶有夷書，實即經文十餘本……可惜者，這位老官，眼睛失明，不能寫夷字，以資我作漢夷文對照的工作。」[110]

學習文字不是一天兩天能夠完成的事，反正去不了昭通，楊成志也就改變計畫，安下心來住在巧家學玀玀文。

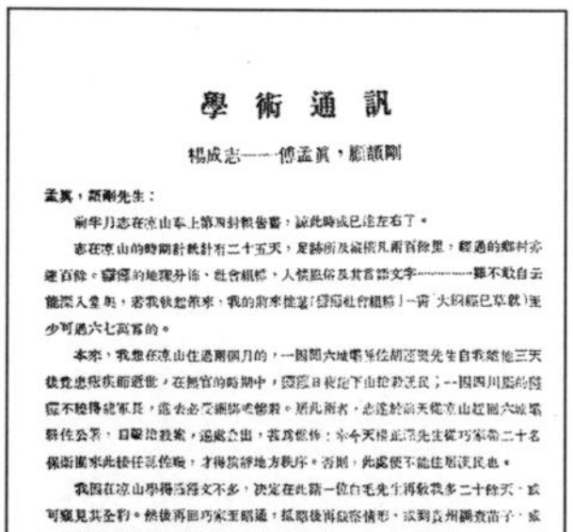

楊成志的學術通訊（一九二八年十一月）

楊成志一九二八年十二月二六日給傅斯年寫了一封長信，信中說：「我從史祿國先生手拿一四二二塊滇幣，除買了兩匹馬，器物，食用，夫腳……現在所存的只有百餘塊而已……這回我自告奮勇冒險而來，完全本於求學的衝動，而今得此成績，算是萬幸中之幸，若學校要用我時也望打電給我，以定行止。」（其實顧頡剛早在一九二八年十月二四日就已專為楊成志旅費問題致函朱家驊校長[111]，十一月初校長批了四八〇元，加楊成志自己的四個月工資共八〇〇元，匯出之後，因交通不便，未能及時收到。）

又說：

傅先生：我從七月十二日從廣州出發直至今日，沒有接到家人，朋友的一隻字，家鄉杳茫，毫無音信，深夜思之，常流苦淚，若先生肯撥冗給我一封長書，或托頡剛先生寫之亦可，詳述學校情形給我知道，則感激無既

110 楊成志致傅斯年信，一九二八年十二月二六日。
111 顧頡剛日記，一九二八年十月二四日。

矣。[112]

身處異地半年，楊成志根本不知道語言歷史學研究所早已滄海桑田，鍾敬文已被戴季陶所辭退，傅斯年也離開了廣州，顧頡剛正要北上，余永梁或者已經病逝[113]，而楊成志卻還在癡癡地一一給他們寫著信。

因為巧家原是苗族的地方，苗族文化資源也很豐富，十二月二八日，巧家的保安大隊長楊心白又為楊成志找來一個苗族「白毛」，「拿著一本厚有七尺（六百多篇字，以草紙抄寫的），寬四尺，長六尺的苗文經[114]，我接看後自覺暗喜不住。據他說是數百年前他們的祖先從貴州帶到此地的，先輩的白毛能讀能念，傳到他們這一輩已沒有人能懂了，雖有些白毛，如我一樣，能做『道場』，不過是照口傳念去，一字不懂的……這個時候，我自恨沒有三頭六臂來學習苗，蠻，夷三種文字！請了白毛來，又要懂得漢語者做翻譯，若有一兩個人同我來此地，豈不是一個研究的絕大機會麼？無論如何，我當盡我個人的精神，力量，時間對於上三種文字努力下去」[115]。

楊成志從苗、蠻、夷三種經書中各抽謄了一篇附在信內寄回，可惜當時的印刷技術不能原本印出，以至不存。

因巧家的學習條件好，楊成志在這裡一待就是五個月，拜涼山「白毛」為師，每日研究彝族語言文字及詩歌，他說「我的生活簡直每天從早上坐到晚上專攻『盧鹿』（即玀玀，彝族）的語文，因太機械故，雖有時覺得枯燥不堪，但從

112 楊成志致傅斯年信，一九二八年十二月二六日。後來在一九二九年三月二六日致容肇祖的信中，楊成志說當天接到一封吳北明的來函，知道《民俗》出了很多專號，希望編輯部將中山大學語史所的兩種週刊寄幾十份到雲南商務印書館，以便分送。

113 余永梁大約在一九二八至一九二九年間病故於家鄉四川，具體時間不詳。可參見楊哲《風雨世紀行——鍾敬文傳》（華東師範大學出版社，一九九九年）第一三〇頁。

114 按今天的尺寸，這本書足有六立方米大。即使尺改為寸，七寸厚的書也難以裝訂成冊，以尺而論更無可能，不知是計量標準不同，還是楊先生的筆誤。

115 楊成志致傅斯年信，一九二八年十二月二八日。

比較上和發明上來著想，精神上實得著完滿安慰的。」楊成志希望將來能把這些研究成果印成一本《中盧字典》，而且自信能比外國人做得更好。除了語言文字研究，楊成志也很關心當地的民間文藝，他把「盧鹿詩歌」分為六種：新年歌，挽歌，山歌，新婚歌，火把節歌，兒歌。

他躊躇滿志甚至不無挑釁地說：「史祿國先生畢竟調查出甚麼『盧鹿』來？他到過什麼地方和曾經把調查報告弄出來否？念甚！在我的心目中，我而今覺得這種『西南民族』的調查，無須外國人幹，只要我們和自己肯耐得勞，吃得苦，冒著險便便宜得多。」[116]

楊成志結束了巧家的學習，沒有繼續北上，大約在一九二九年的四月底或五月初回到了昆明，這時的楊成志雖然身無分文，卻因其冒險的成功而獲得不小的聲譽。他在五月十日的信中說「已由巧家返昆明，近日各學校均來邀講演，各學術團體及外國人絡繹不絕來參觀此次所收集之羅蠻夷苗各種物品，幾至應接不暇。更有外國人向餘要求，准其攝各種物品的照片，因版權所有，已直言拒絕。內有一部苗經，據前來參觀者May君言，至少值法幣四千元之數。」[117]

楊成志在昆明聽說美國博物學家F．Rck攜美金十餘萬來滇調查，收得的民俗物品達百餘隻馱馬運載之多，一面羨慕不已，一面自豪地說：「然在中國自己能發起調查西南民族，並深入涼山實地考察的，要以本所為第一了。深望此後本所經費得以增加，作更進一步之調查，獲得完美之結果。」[118]

在昆明安定之後，楊成志本來打算先往城西四十里外大板橋和麥雨龍潭一帶調查，幸運的是，當他「頃到昆明師範演講時，知該校學生中有昆明縣境內的散民，民家，白子，子羌，及苗子等族之學生，一校語言多至六種，彼等均屬各鄉前來肄業者，見志來滇欲作民族之調查，極願幫助赴其本村考察，並擔任作嚮導。得此機會，將來調查結果當較為真

116 楊成志致容肇祖信，一九二九年三月二六日。
117 楊成志一九二九年五月十日信，《國立中山大學語言歷史學研究所概覽》，廣州：中山大學語言歷史學研究所，第八四頁。
118 同上。

確」[119]。六月十九日的信中說「昨得大板橋之散民學生楊李二人介紹，至大小麻左村訪張白毛先生，此人漢語既好，且通漢文，為大板橋最著名之巫術師。與伊談話之下，得閱其所有經書二十餘本，覺得所謂散民者即與迤東一帶之玀玀類似一種，蓋其語言與文字，甚多與志前所學於玀玀者相同，故該族之源流，現擬從事探詢研究。」[120]

之後的兩三個月，「此地自張胡（因攻昆明城）失敗，散兵四布，昆明人民均不敢越雷池半步，然成志仍繼續工作，冒險至四鄉調查散民，白子，子君，夷人，花苗民家等民族的起居風俗」[121]。他在九月一日的信中說：「現在收集各種風俗物品不少，正在設法先行寄粵，整理陳列，俾供眾覽，籍資研究」。九月八日的信則說：「到散民村已有月餘，關於他們信仰上的各種神會和神名的考察，記載起來，最少可成一書，殊堪告慰。現在擬轉赴西鄉一帶調查，可研究多數種民族狀況，詳情將來細告。關於雲南歷史人物的各種傳說或記載，前星期曾在民眾日報登出廣告徵求名人：阿育王，諸葛亮，司馬相如，狄表，建文帝，永曆帝，沐英，傅生德，吳三桂，陳圓圓，杜文秀，岑毓英，蔡松坡及唐繼堯，其他……等等。將來收集起來，不特可在週刊上出一專號，並可作實地的史料也。將來西鄉調查完畢，回昆明時，擬逗留數天，致各縣長及教育局長索取縣誌及民族記載諸材料，未識能辨到否耳。茲寄回散民族之照片六張，閱之便略知該民族之裝飾種種……」[122]

楊成志此後的短期打算是「擬以三月之時間，將昆明全縣的散民，子君，擺夷，黑夷，白夷，白子，民家和花苗等八族，調查清楚，輯一部『昆明民族的分析』，目下已得有四種文字，想從前漢人欲覓此種文字材料，異常困難，除『古滇土人圖志』篇首有二三十個鹿盧文字舉例外，無籍可稽，因此，這很值得研究的一件也」[123]；長期打算是長達三

119 楊成志一九二九年六月十九日信，《國立中山大學語言歷史學研究所概覽》第九〇—九一頁。
120 同上。
121 楊成志一九二九年九月一日信，《國立中山大學語言歷史學研究所概覽》第九七頁。
122 楊成志一九二九年九月八日信，《國立中山大學語言歷史學研究所概覽》第九九—一〇〇頁。
123 同上。

年以上的西藏緬甸之行。

但因中央研究院歷史語言研究所與中山大學語言歷史學研究所分家已定，傅斯年、顧頡剛也已離開中山大學，人事、經費都已不復當年，楊成志沒有了繼續調查的條件，不得不結束這次極富冒險色彩、意義深遠的西南之行，於一九三〇年三月二三日回到廣州。

因為急於擴大戰果，楊成志也曾產生了當年北京大學歌謠徵集處的讓政府代勞的天真想法，他說：「我現在更有一種理想天天盤旋腦海中，那就是我想和雲南省政府合作，把雲南全省的民族作一個鳥瞰的調查。其法分為兩種：附近昆明諸縣由我自己親住考察，較遠而又難到的地方，由省政府責成該縣縣長照調查表（此表當然由我制定）分填。」[124]這一提議過分天真，自然難有下文。

王建民認為這次調查「前後共用了一年零八個月的時間，無論從調查的時間長度、調查的深入程度及調查內容的明確方向和專門化等方面，都顯現出他的此次調查是學科發展歷史中的重要事件」[125]。其實，楊成志在雲南的一年半中，真正深入涼山的時間只有二五天，算上在六城壩的時間，他沉入縣城以下鄉村的時間也只有三個月，大部分時間都住在昆明市和巧家縣城學習語言，另外，就是零零散散地在昆明周邊做過一些其他少數民族的調查工作。

儘管如此，我們依然必須承認，楊成志這次富有冒險精神的西南之行是中國現代田野研究的先行之旅。主要是因為楊成志的貢獻，日本學者直江廣治甚至認為「中國的民族學研究工作，可謂是由中山大學正式開始的」[126]。

人類學、民俗學調查是一種包含個性色彩的「軟科學」，調查對象是具有不同思想和思維方式的活的群體，其文化、政治和信仰等狀況總是依時依地而千差萬別，這些情況都決定著田野調查的獨特性，因而不能用一種公式化的程

124 楊成志致容肇祖信，一九二九年三月二六日。
125 王建民：《中國民族學史》上卷，南寧：雲南教育出版社，一九九七年，第一一七頁。
126 〔日〕直江廣治著，林懷卿譯：《中國民俗學》，台南：世一書局有限公司，一九八〇年，第二一八頁。

序對之實行調查，也「沒有心理學的實驗程序或者社會學所用的限制式或匿名式的問卷、訪問、抽樣方法」，而是要求調查者「一心一意地日夜和一個群體一起生活」[127]，講究的是參與、體驗。所以，田野調查很難有固定劃一的形式，而且，成功的人類學調查多數是以個人為單位來開展工作的。

在這點上，楊成志屬於歪打正著，他的個人英雄主義的行為並不出於初衷，而是因為容肇祖要趕回中山大學開課，史祿國又因為「看到社會混亂，土匪又多，感到很難繼續調查，就先回中大」[128]，楊成志年輕氣盛，認為中國的人類學研究如果不到少數民族地區調查就很難成功，於是自作主張，選擇了獨身赴雲南、四川交界的涼山彝族地區進行調查。

個人行為與集體行為的最大區別在於，個人相對比較容易融入到被調查者的群體之中，方便於感情上的聯絡，更可能得到真實的資訊。楊成志進涼山，帶有一匹騾子、一隻狗，還有一匹小馬是專門馱禮物的，他準備了一批布匹、白糖、針線之類，送給各寨的酋長，以聯絡感情。他還冒充自己是雲南省主席龍雲軍長（彝族）的親戚，以使自己在土著親緣關係網上能有一個確切的位置，方便與彝人的自由交往。結果，親戚和禮物的作用，使他受到了彝人熱烈的歡迎，酋長羅嘎嘎甚至帶了七八個人拿了槍來接他。他自備的藥品在涼山也派上了用場，為一個女奴隸主醫好了腳病，於是，他不僅得到了一條大狗，還得到了許多調查的便利。[129]

不過，這種高度獨立的體驗方式似乎只適用於功名未就的青年學者。當楊成志從法國學成歸來之後，學術地位陡升，就不復有當年獨驅瘦馬向寥廓的勇氣和毅力了。這一點，我們只要略略瀏覽一下楊成志一九四一年擬寫的一份考察計畫就可以看出：

127 〔美〕尤金·N·科恩等著，李富強譯：《文化人類學基礎》，北京：中國民間文藝出版社，一九八七年，第三頁。
128 楊成志：《我與中山大學人類學系》，中山大學人類學系編《梁釗韜與人類學》，廣州：中山大學出版社，一九九一年。
129 本自然段的敘述主要依據楊成志《我與中山大學人類學系》，並參照楊成志當時的部分通信（見一九二八年《國立中山大學語言歷史學研究所週刊》）。

（1）目的：考察傜人之語言，慣俗，信仰，社會組織，日常生活，地理分佈，及測量其體形，收集其民族物品為對象。

（2）人員：除本人為領隊外，有技術員顧鐵符，研究生梁釗韜，王啟澍及工人一名。

（3）考察日期：自四月九日起至四月二四日共兩星期。

（4）考察費：

A火車費——五人來往韶關計共三七元。

B汽車費——五人來往韶關乳源約共五〇元。

C提伕費——約共十五元。

D宿費——韶關，坪石，乳源旅館宿費約四〇元。

E食費——除一半由考察團員自給外，一半擬由校補助，約四〇元。

F攝影啡林費——擬購一二〇啡林片八筒，每筒十六元，計共一二八元。

G禮物費——擬購針，線，火柴，熟煙，鹽等禮物贈送傜人約計六〇元。

H民俗品收集費——擬向傜人收集關於各種可作研究標本之衣裝物約一三〇元。130

130 《人類學指導教授楊成志擬率領員生赴乳源調查猺人准給考察費三百元由》，存廣東省檔案館，全宗號二〇，目錄號四，案卷號一四二七，第四一—四三頁。

由於國民政府統治西南民族地區的需要，西南民族調查的經費更加充足了，加上辛樹幟和楊成志等人的先行經驗，學者們對於民族地區的恐懼心理也日漸消退，一九三六年以後，南方高校的民族調查逐漸成常規科研專案。

第七節　中山大學研究院時期的民族調查活動

中山大學語言歷史學研究所從顧頡剛時期就開始籌備研究生招生事宜，並且向外打出廣告，報名人數不少，但由於經費不能落實，實際沒有招生。該所一九三一年一月易名為「文史研究所」，一九三五年又改稱「文科研究所」，一九三二年夏開始正式招收研究生。一九三五年冬，楊成志從法國學成回來，複職於中山大學，擔任研究院秘書兼文科研究所指導教授，一九三六年九月，招收了他的第一批研究生，王興瑞[131]和江應梁[132]。

中山大學生物系的瑤山考察在當時產生過很大的影響[133]，楊成志回來之後，「認定廣東北部，介在曲江，樂昌與乳源三縣的瑤山，亦為西南民族實驗區中的一個寶藏，或係一幅生存的漢瑤文化接觸的活動圖畫，承本校生物系黃季莊先

---

131 王興瑞，一九一二生於海南樂會，一九三八年中山大學研究院碩士畢業後，曾任中山大學、上海大夏大學、廣州珠海大學教授，廣雅中學校長、國民黨廣州市黨部執委等職，一九五六年起執教於廣州雷州師範學校。長期致力於歷史學和民族學的調查、研究，多次赴海南島對苗、黎民族進行田野考察，頗有建樹。

132 江應梁，一九〇九年二月生於雲南昆明，一九三八年中山大學研究院碩士畢業後，任中山大學歷史系講師。一九四二年任國立東方語專副教授，一九四六年受聘任中山大學、廣州珠海大學教授，並兼任珠海大學文史系主任。一九四八年受聘雲南大學，從事民族學和民族史的教學與研究工作，培養了一批博士、碩士研究生和眾多科研、教學人才。曾任雲南大學西南邊疆歷史研究所所長。江應梁教授早年專攻社會學、人類學，後期治民族史。

133 比如，一九三六年楊成志曾率領一批學生對粵北瑤山進行了為期四天的考察，就是請生物系教員黃季莊做嚮導，而黃季莊正是辛樹幟當年瑤山考察的助手之一。楊成志組織的多次民族考察活動中，其考察的組織方式和工作方式，也和辛樹幟的廣西瑤山考察一模一樣。

生做我們的嚮導，遂於十三日作者（即楊成志）率領研究生王興瑞，江應梁，本科考古學四年級生羅比甯，李秋雲兩女士及民族學與民俗學三年級生劉偉民與宋兆聯[134]等一共八人（按：實為十人[135]），由廣州出發直到瑤山住了幾天。在荒洞瑤村中享受了心靈上快慰的生活，尋獲了出乎意外的資料」[136]。

楊成志所說的「意外」，主要是指瑤民接待的熱情以及提供資料的無保留態度，在這一點，生物系的黃季莊先生功不可沒，王興瑞在他的日記中寫道：「我們這次能有這一點成績，得力於黃季莊先生的幫助殊不少，假使此行沒有他給我們做引導，恐怕我們連接近瑤人的機會也不易得到，更哪裡談得到成績？」[137]

這次考察，楊成志率領考察隊於一九三六年十一月十二日早上從廣州出發，十三日晚才輾轉到達荒洞，這是生物系採集隊一九三〇年曾經來過的地方。

楊成志在一九三二年去法國留學之前，還曾到過海南島，對黎族進行過兩個月的調查，[138]對海南的土著人種有所瞭解，回國以後，他又與伍銳麟等組織了一次大規模的海南考察。

一九三七年，文科研究所與嶺南大學西南社會調查所合作，組成「海南島黎苗考察團」[139]，由楊成志為團長，「於

134 王興瑞《考察團日記》作「宋兆麟」。
135 據王興瑞《考察團日記》，還有廣州市博物館的兩名職員也參加了這一活動，一行共是十人。
136 楊成志《廣東北江瑤人調查報告導言》，《民俗》季刊第一卷第三期，一九三七年六月三〇日。
137 王興瑞：《研究院文科研究所北江瑤山考察團日記》，《民俗》季刊第一卷第三期，一九三七年六月三〇日。
138 參見楊成志：《我對雲南民族羅羅族研究的計畫》，《禹貢》半月刊第四期，一九三四年。
139 整個考察過程可參見《民俗》季刊第三期（一九三七年六月）「附錄」：《私立嶺南大學西南社會調查所、國立中山大學研究院文科研究所海南島黎苗考察團組織經過》，分有《考察團簡章》、《考察團合約備忘錄》、《考察團職員表》、《考察團經費支配辦法》、《考察團計畫大綱》、《考察團過港返粵談話》、《香港南華晨報對考察團的紀錄》、《文科研究所海南島黎苗民俗品及攝影展覽會訊》等八篇。

二月三日出發，直赴瓊崖黎境，該團以四十餘天[140]穿過圍繞五指山黎境及環行崖島一周，搜集民俗品不少[141]，並帶回雕面紋身黎女四人到廣州觀光，現本所研究生王興瑞一名尚留黎境工作，待六月始事畢返所云」[142]。這次考察，被稱作「中大與嶺南倆大學學術研究合作的第一聲」[143]。

考察團返穗之後，楊成志還在研究院草場舉辦了一個「海南島黎苗民俗品及攝影展覽」，觀者甚眾[144]。楊成志的兩個研究生都參與了這次考察[145]。王興瑞時年二五歲，海南本地人，一九三六年考入中山大學研究生院。此前，他和同鄉岑家梧已經合作寫有十二萬字的《瓊崖民俗志》，因種種原因未能及時出版，於是先將第一部分以《瓊崖島民俗志》為題在《民俗季刊》「復刊號」（一九三六年九月）上發表了[146]。這次考察團的緣起，很可能與王的這篇文章有關，所以當遊歷性的「考察」結束之後，實質性的「工作」基本上落在了瓊島才子王興瑞的身上。

對瓊島苗、黎民族的調查研究，是王興瑞一生的學術重心，研究生剛一入學，他就將自己的碩士學位論文確定為《海南島黎族的研究》，他在該論文的「研究計畫」中說：

140 該團於一九三七年三月二三日返校。
141 另據《國立中山大學現狀》（一九三七年）第三一三頁，共有「黎人物品八〇餘件」。
142 《國立中山大學研究院年報》，中山大學研究院一九三七年六月印行，第七八頁。
143 《海南島黎苗考察團過港返粵談話》。《民俗》季刊第一卷第三期，一九三七年六月三〇日。
144 《國立中山大學日報》一九三七年三月二四日：「本校研究院文科研究所此次與嶺南大學合組海南島黎苗考察團，深入五指山考察黎苗返校後，帶來民俗品多種，如衣飾用具等並攝有黎苗生活照片數百幀……花面紋身黎女四人則已於昨日由楊成志教授帶來校中參觀，在研究院草場中表演織布並唱歌，由文科研究所購備茶點招待，各院教授同學前往觀看者甚眾。又該團此次會約同星三電影公司派員攜同活動影機前往拍照電影，計攝得黎苗實際生活影片萬餘尺，俟沖洗剪接後，不久即可攜來校中公映云。」
145 其中江應梁不是正式團員，乃自費考察。
146 王興瑞的《瓊崖民俗及其他》完稿於一九三四年五月，為《民俗》季刊寫「校後」的時間是一九三六年六月九日，見《民俗》季刊第一卷第一期，第七九頁。

在黎人研究工作的進行中，實際考察是萬萬不可少的。現在有一個可喜的消息，就是嶺南大學西南社會調查所和本校研究院文科研究所擬合組海南島黎人考察團，於明年二月初出發海南島深入黎山作實際的考察，這件事如果能實現，使我有參加的機會，那我是感到非常幸運的。關於考察計畫，大概分為兩步：第一步，是用一個月的時間，環游全海南島各黎洞，作普遍的考察，先把黎人全部的大概情形認清楚；然後第二步，選定一個適宜的地方，長住在那裡，做四五個月的深入考察，再以這個地方為中心，旁及其他各地，做比較的研究。[147]

王興瑞前後經歷了兩年多的實地調查和研究，於一九三八年完成了他的碩士論文，當時的廣州，正在敵機的狂轟濫炸之下，中山大學研究院的導師們，是在防空洞裡，聽著地面爆炸聲，為王興瑞的《海南島黎族的研究》、江應樑的《雲南西部擺彝[148]研究》進行碩士學位答辯試的。

江應樑原是上海暨南大學歷史社會學系的畢業生，他也選擇了自己的家鄉風俗作為研究生涯的突破口，因是雲南昆明人，所以寫作《昆明民俗志》，並於一九三六年十月寫完該書「導論」，約二萬四千餘言，發在《民俗季刊》第二期（一九三七年一月）。可能是因為抗戰爆發，社會生活突然有了大的轉折，江未能繼續他的著作，轉而寫作《抗戰中的西南民族問題》（中山文化教育館，一九三八年），這成為他早期民族民俗研究的代表作。

一九三七年五月，嶺南大學與美國地理學會合組桂北科學考察團，並且聘請擔任該團民族組的主任，負責調查瑤人風俗習慣等，楊成志帶領江應樑等人參加了這次調查。[149]

147 《國立中山大學研究院年報》，一九三七年六月印製，第一二九頁。
148 即今之傣族。唐宋以來，漢人記載有白衣、巴衣、白夷、百夷、伯夷等多種稱呼。
149 佚名：《桂北科學考察團消息》，《嶺南大學校報》第九卷第二六期，一九三七年。

一九三八年，江應樑碩士畢業，留校做了歷史系講師，為了完成楊成志當年未竟的事業，一九四一年還隻身到大涼山彝族地區進行人類學考察，後來寫成《涼山夷族的奴隸制度》。

一九四一年，中山大學從雲南澄江遷回粵北坪石之後，楊成志再次萌生了瑤山調查的欲望。四月底，楊成志率領民族學研究生梁釗韜、王啟澍等人，前往乳源瑤山進行考察。楊成志給自己分配的任務是體質測量、語言記錄、攝影及一般的觀察。他們在瑤山待了六天，結果楊成志「不慎在烏坑小鎮跌傷了右腳，終於不能作體質的測量，至為遺憾」[150]。師生們很快將調查結果編寫完畢，分導言、人口問題、經濟生活、宗教信仰、刺繡圖案、傜語六個部分，合為《粵北乳源傜人調查報告》發表於《民俗》季刊。

[150] 楊成志：《粵北乳源傜人考查導言》，《民俗》季刊，第二卷第一、二期合刊，一九四三年五月。

第五章　顧頡剛：民俗學會的核心與靈魂

中山大學民俗學運動的籌備和發起主要是傅斯年、顧頡剛、鍾敬文、容肇祖四個人，另外，董作賓是籌備中參與，又在籌備中離開了，何思敬、楊成志是學會前期受感召的參與者和中後期的領袖人物。

事實上，傅、董、何三人並不是該運動的中心人物：傅斯年的角色比較複雜，他是中山大學民俗學運動的主要推動者，但在運動開始不久就表現出對民俗學會的苛責和不滿；董作賓參與的工作並不多，而且在運動剛剛開始就離開了中山大學，此後也未再回歸到民俗學界；何思敬擔任民俗學會主席期間，基本上沒做什麼具體工作，他從容肇祖手中接過民俗學會的火炬，很短時間內就任由火炬熄滅了。

如果我們把中山大學民俗學運動劃分為三個時期的話，各個時期的核心人物分別是：前期顧頡剛、鍾敬文；中期容肇祖；後期楊成志。而顧頡剛無疑是整個運動的核心與靈魂。

第一節　從廈門大學到中山大學

顧頡剛因為經濟問題而南下廈門大學，又因為經濟問題而轉赴中山大學。顧頡剛雖然「因貧而仕」，卻並不因此而減弱他在學術領域的雄心壯志。他有宏大的計畫，實幹的精神，每到一處，必定在該地掀起一股學術高潮。

一九二六年秋天，因北京各大學經費困難，欠薪嚴重，大批教授紛紛南下。顧頡剛工資本來就不高，還欠了二千塊錢的債務，經濟壓力比較大。高校欠薪的狀況實在難以維持顧頡剛清苦的學術生活，他不得不違逆了自己「不出北京的素願」，隨著北京學者的南下浪潮轉赴廈門大學擔任國學院研究教授。

在廈門大學的這段時間，顧頡剛團結和培養了一大批民俗學的後備力量，有些還成為後來中山大學民俗學運動的骨幹力量。

到了廈門大學之後，為組織國學研究院，天天都是事務會議、學術會議，顧頡剛因為是個臨時負責人，不得不天天到會，費去許多可以做研究的工作時間。這對於以學術研究為生命的顧頡剛來說，本來就是個非常苦惱的事，但是想想既然「為貧而仕」，看在金錢的份上也只好忍了。可是，由於顧頡剛的事業心太強，把學術的攤子鋪得太大，引起了別人的犯忌和不滿，樹了一批敵人，這事把顧頡剛弄得心煩意亂[1]。

偏偏到了一九二七年，廈門大學經費又陷困境，顧頡剛好不容易經營起來的學術王國又垮塌了。恰好此時中山大學文科在傅斯年的主持下，四處招兵買馬。於是，同年四月，顧頡剛去廈門大學而轉就中山大學之聘。剛到廣州時，找不

[1] 顧頡剛致胡適信，一九二九年八月二〇日，《胡適來往書信選》上冊，北京：中華書局，一九七九年，第五三一—五三二頁。

到傅斯年，顧頡剛就在容肇祖家住了幾天[2]。

顧頡剛到廣州時，只有三四個月就放暑假了，加之整頓中的中山大學亟需擴充圖書和設備，因此，顧頡剛受朱家驊、傅斯年之托，於五月十七日乘船離粵，到滬杭一帶購買圖書。顧頡剛對於購書事務興致極高，他在給胡適的信中說：「廣州中大經費甚充足而書籍頗少，現派我任購書之事，到京滬收買舊書，九月中仍回粵。這件事是我極高興做的，因為借此可以收得許多材料。我買書的計畫，除普通書外，要收地方誌、家譜、檔案、科舉書、迷信書、唱本、戲本、報紙等。」[3]

顧頡剛的理想是要把那種「慨慨無生氣的，和民眾不發生關係的圖書館改作活潑潑的，供給許多材料來解決現代發生的種種問題的圖書館」[4]。顧頡剛買書，一去就是五個月。

顧頡剛購買舊書時，很善於選擇，所得很不少，有時看看價格比較滿意，就把整個書店的存書都買走，這為中山大學學生打下了國學研究的廣博基礎。關於民間文學和民俗有關的東西，如科舉考試的榜文，考生夾帶的用絲絹抄寫的全部經書試題的文章等等，都在搜羅購買之中[5]。可是，許多書商送來的圖書，來來去去大多只是些正統觀念中的經史子集，所以絕大部分書單都是重複的。顧頡剛更渴望得到的，卻是那些「雜誌，日報，家譜，財簿，日記，公文，職員錄」之類的民間文獻，可是書商們手頭上沒有這些東西，顧頡剛只好自己到舊家或小書攤上搜尋，因此買到了不少地方誌和醫卜星相之類的民間秘本。「至於民眾文學書，上海灘石印小本的勢力遐被全國，我也買了一個全份。碑帖雖無大宗收藏，但舊家總積存著許多，又有專做營業的碑帖鋪，所以也覓得了不少。」[6]

---

2 容肇祖先生遺稿：《我的家世和幼年》（施愛東校注），《民俗學刊》第一輯，澳門：澳門出版社，二〇〇一年。
3 顧頡剛致胡適信，一九二七年四月二八日，《胡適來往書信選》上冊，北京：中華書局一九七九年，第四三〇頁。
4 顧頡剛：《購求中國圖書計畫書》，《文獻》一九八一年第八輯。
5 容肇祖先生遺稿：《我的家世和幼年》（施愛東校注），《民俗學刊》第一輯。
6 顧頡剛：《〈本館舊書整理部年報專號〉卷頭語》，《國立中山大學圖書館週刊》，第一－四期合刊，一九二九年二月。

中山大學考古學會合影（一九二八年），左起：容肇祖、黃仲琴、沈鵬飛、商承祚、顧頡剛、余永梁、楊筠如（或丁山）

顧頡剛此行總共購書約十二萬冊，其中民間文藝約五百種、民眾迷信約四百種、地方誌約六百種、碑帖約三萬張（這些碑帖現在已經成為中山大學圖書館的鎮館之寶），後來裝成一二〇餘板箱，放置在語言歷史學研究所。購書期間，顧頡剛一直與容肇祖、鍾敬文等民俗學同道們保持著密切的通信聯繫。

傳說顧頡剛攜六萬元鉅款前往上海和江浙購書，此事在滬上圖書市場造成很大轟動。可是，這筆錢並未完全到賬，中山大學這邊就不斷電促其歸校[7]。

顧頡剛於十月十三日回到廣州，就任中山大學史學系主任，並協助傅斯年籌備和主持著語言歷史學研究所的各項學術活動，成為語史所的實際負責人。顧頡剛給胡適的信中說：「語言歷史學研究所雖未成立，而已有房子、書籍、職員、出版物，同已經成立一樣，這一方面孟真全不負責，以致我又有實無名地當了研究所主任。」[8]

[7] 《顧頡剛教授返校》，《國立中山大學日報》，一九二七年十月十七日第二版。

[8] 轉引自逯耀東：《胡適與當代史學家》，臺北：東大圖書公司，一九九八年，第二三四頁。

十月十六日，顧頡剛與鍾敬文、羅常培一起在傅斯年處開會，商討語言歷史學研究所出版刊物之事。議定四種刊物，除《民間文藝》交由鍾敬文和董作賓負責之外，其餘三種都有顧頡剛的參與。

顧頡剛是較早在中山大學開設民俗學課程的教授，一九二七年十月二二日的國文史學兩系會議中，議定顧頡剛擔任五科導課任務，其中就有《整理民間傳說方法》和《中國神祇史》兩科。此外，他也會在歷史系的常規課程中穿插民俗學的內容，並把自己的民俗學著作送給學生。[9]

第二節　顧頡剛在中山大學的苦惱

> 顧頡剛是個天才的學術工作者，他自己在此一方面也極自負。他非常珍惜自己的時間，常常為繁雜的事務性工作而煩惱；但他又是一個追求完美的人，事無內外，只要經手，都想做得漂亮。

中山大學民俗學運動在傅斯年、顧頡剛等知名學者的推動下，從一開始就在全國範圍內產生了巨大的影響，但由於內部存在的分歧和來自外部的壓力，也遭遇了許多意想不到的磨難。得失的原因固然多樣，但顧頡剛直率執拗的個性在民俗學運動的進程中無疑也是不可忽視的因素之一。

顧頡剛為人正直，他的早年好友羅家倫在給胡適的信中說到：「頡剛的舊學根柢，和他的忍耐心與人格，都是孟真

9 顧頡剛日記，一九二八年五月十五日：「上『上古史』一課（《孟姜女》每人送一本）」。

和我平素極佩服的。」[10]但另一方面，他在處理人際關係的時候，書生氣較重，而且原則性太強，固執地不肯以學術屈就人情，經常為此得罪人。以至胡適在一次晚宴上評論顧頡剛「性欲強，脾氣不好」，又說他的脾氣是向內發展的，而傅斯年的脾氣是向外發展的。顧頡剛默許這番話「此他人所未知者也」[11]。

顧頡剛在中山大學既是史學系主任，又要代理傅斯年的語史所主任工作，事務繁雜，心情也不好，他說「我以前不負事務上的責任，而且怕管事，所以人家只覺得我謙恭……現在這兩年中，我負了事務的責任了。既負了責，就不該避，就應當有計畫，就應當照了計畫做，顧不得和人碰傷了……所以這兩年來樹的敵雖多，但我自己心無愧怍，則亦聽之而已。」[12]

顧頡剛在學術上自視很高，很不願意被各種各樣的社會活動佔用了他學術研究的時間，甚至不願意授課。一九二八年十一月傅斯年辭去語史所主任一職後，朱家驊苦口婆心，反復做他思想工作，才說動他勉強接棒再支撐一段時間。

顧頡剛在日記中不斷抱怨廈門大學和中山大學的授課任務和行政工作，極度懷戀北京的學術環境。這一心態加大了

顧頡剛在中山大學
（一九二八年六月）

10　轉引自趙世瑜：《眼光向下的革命——中國現代民俗學思想史論（一九一八－一九三七）》，北京：北京師範大學出版社，一九九九年，第一〇〇頁。
11　顧頡剛日記，一九二七年八月二六日。
12　顧頡剛致胡適信，一九二九年八月二〇日，《胡適來往書信選》上冊，第五三六頁。

他對於事務工作的不耐煩和脾氣的不好。《孟姜女故事研究》第一冊出版以後，顧頡剛在書中發現許多校對錯誤，非常生氣，在日記中寫道：「《孟姜女研究集》，夏君所校，誤字百出。彼乃真無一技之長，無法用之矣。」[13]顧頡剛也知道自己性子急，他在日記中一邊檢討自己的脾氣過於急切，一邊還在生別人的氣：「閑中自度，予之性質可析為三事，好學，愛才，急功。予之不能任事，即以予太急切，在予眼中，他人總不能太努力也。以予極勤極急之人，遇見極懶極緩之夏君，幾何不發火耶！使彼篤學，或有才幹，予自當恕之，而無如其中庸愚騃也！」[14]

面對各種瑣務和錯綜複雜的人際關係，顧頡剛越不耐煩就越為它們而煩惱，同事之間的關係也越來越僵，在民俗學會中就先後與傅斯年、何思敬等人有過大吵。他自己總結「我樹的敵人可以分為兩種，一種是妒忌我，一種是想征服我，這兩種都是沒法避免的。我不能求悅人而自暴自棄，遷就了別人的標準。我自己不願壓迫人家，也不願人家來壓迫我。如有人想要壓迫，當然反抗」[15]。他認為與傅斯年之間的爭吵就是因為「孟真乃以家長作風凌我，複疑我欲培養一班青年以奪其所長之權。予性本倔強，不能受其壓服，於是遂與彼破口」[16]。

後來他曾在《顧頡剛自傳》中再次提到這些傷心的話題，歸納了同事關係僵化的三個原因：「第一，一件事我不做則已，做便拼命幹，所以必然有些成績，一有成績大家便側目而視，以為我喜出風頭，有意壓倒別人。我在中大，除教授之外，兼史學系主任，又兼語言歷史學研究所主任，又兼圖書館中文部主任，日常的工作已經不勝其忙；而我又為獎進青年，提倡研究的風氣，出了三種週刊、二種叢書，新書接疊地出版，使得一班同事眼裡冒火說：『中山大學難道是顧頡剛一個人的天下！』可是我何嘗阻止別人的努力，你們有學問，有力量，為什麼不用出來呢？第二，那時中大的教

13 顧頡剛日記，一九二八年四月二五日。他所責罵的夏君，是史學系教務助理員，當時民俗學會的熱心人士之一，也是顧的助手之一。
14 顧頡剛日記，一九二七年十二月三一日。
15 顧頡剛致胡適信，一九二九年八月二〇日，《胡適來往書信選》上冊，第五三六頁。
16 顧頡剛日記，一九二八年四月三〇日（一九七三年七月之補敘）。顧傅四月二九日破口大吵，賴容肇祖勸息。

授很多北大出身，我是民九畢業的，盡有民初民七民八畢業的，他們自視為前輩，然而風頭出不起來，彷彿他們不出風頭完全受制於我，所以越是老同學越攻擊得厲害，正合於諺語所謂『熟皀隸打重板子』。第三，學生對我的獎進扶掖極願接受……可是學生越對我好，同事們就越對我吃醋」[17]。

在廣州適應了兩年之後，顧頡剛終於發現廣州不是他的久留之地，他總結了「廣州的不能研究學問乃是極明顯」的四條理由：

一、此間的書籍不夠參考，商量學問又無其人（只要看研究所招生廣告登了十餘天，尚無一人報名便可知）。

二、在此免不了中山大學的教書，一教書我的時間便完了。我是一個神經衰弱的人，越衰弱便越興奮，所以別人沒有成問題的，我會看他成問題。這在研究上是很好的，但在教書上便不能。教書是教一種常識，對於一項學科，一定要有一個系統，一定要各方面都敘述到。若照教書匠的辦法，拿一本教科書，或者分了章節作淺短的說明，我真不願。若要把各種材料都搜來，都能夠融化成自己的血肉，使得處處有自己的見解，在這般忙亂的生活中我又不能。所以教了兩年書，心中苦痛得很。我並不是絕對不願教書，我覺得現在還不是我的教書的時期。

三、廣州房價太貴，要租一所房子把北京的書都搬來，非每月出百元的租金不可……若我把書搬來不久，中大情形變了，豈不是又要搬走。搬來搬去，費去的精神不要講，單是運費已需千金了。

四、在北京，就是沒有事情也可挨住半年，因為生活程度低，而且熟人較多，有法通融。廣州則生活程度高，又少熟人，一無進款即絕無辦法。[18]

17 《顧頡剛自傳》，《東方文化》總第三期，一九九四年五月。
18 顧頡剛致胡適信，一九二九年八月二〇日，《胡適來往書信選》上冊，第五三四—五三五頁。

一九二九年二月二四日，顧頡剛終於下定決心，請假攜眷離開了廣州，「一到北平舊宅，開了我的書箱，理了我的舊稿，我實在不忍再走了」[19]。五月，就聘燕京大學國學研究所研究員兼歷史系教授，又兼在北京大學上課，主編《燕京學報》。

自到燕大後，顧頡剛專心於古史研究，決定對舊系統的古史進行全盤的清理，逐漸淡出民俗學領域。

第三節　學術思想及其背景

在中國近現代學術史上，顧頡剛無疑是將傳統學術與西方社會科學方法結合得最天衣無縫的學者之一，很好地實踐了自己提出的「研究舊文化，創造新文化」的學術理想。

顧頡剛出生在清代的漢學重鎮蘇州，受到地方和家學的影響，身上帶有明顯的清代考據學遺風，即使在他十五歲進了新式學堂以後，對傳統經典的閱讀興趣依然濃厚。他在治學態度上接受了清代學者勤勉認真、不避煩難的精神。他在談論編輯《清代著述考》的體會時說：「我愛好他們的治學方法的精密，愛好他們的搜尋證據的勤苦，愛好他們的實事求是而不想致用的精神。」他給自己定下的規矩是：「不做學問則已，如其要做學問，便應當從最小的地方做起。研究的工作彷彿是堆土阜，要高度愈加增，先要使底層的容積愈擴大。只有一粒一粒地播種，一簣一簣地畚土，把自己看做

[19] 顧頡剛：《致中大文史兩系同學書》，《國立中山大學日報》，一九三〇年十一月一日。

一個農夫或土工而勤慎將事，才是我的本分的事業。」[20]

當然，少年顧頡剛對學術的這種愛好並不包括民間文化。因為他們家在當地被當做「讀書人家」，所以「對於市民們的文娛活動，如唱歌、拍曲、說書、灘簧、寶卷，雖常有接觸的機會，但總不願意屈就它」[21]。

顧頡剛開始關注民間文化大概是到了北京大學以後的事。他說：「我雖曾憎恨過紳士，但我自己的沾染紳士氣確是不能抵賴的事實。我鄙薄小說書的淫俚，不屑讀。在十五歲的時候，有一種賽會，喚做『現聖會』，從鄉間出發到省城，這會要二十年一舉，非常的繁華，蘇州人傾城出觀，學校中也無形的停了課，但我以為這是無聊的迷信，不屑隨同學們去湊熱鬧……就是故事方面，也只記得書本上的典故而忘卻了民間流行的傳說。自從到了北京，成了戲迷，於是只得抑住了讀書人的高傲去和民眾思想接近，戲劇中的許多基本故事也須隨時留意了。」[22]

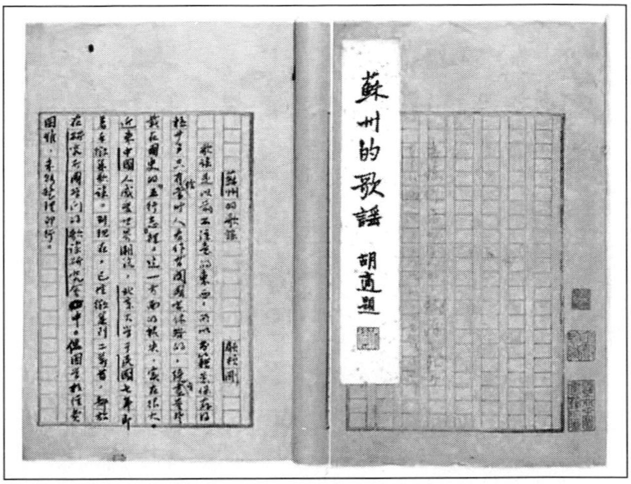

顧頡剛《蘇州的歌謠》手稿

顧頡剛進北京大學時，正是民主和科學思想迅速傳播與深入的年代，許多知識份子的眼光開始轉向民間，一時間，平民政治、平民教育、平民文學等平民主義的口號廣為流行。相應的，學術領域也出現了平民文化研究的呼聲與勢頭。蔡元培執掌北京大學之後，曾聘請吳梅先生擔任中國文學系的教

20 顧頡剛：《自序》，《古史辨》第一冊，上海：上海古籍出版社，一九八二年。
21 顧頡剛：《我和歌謠》，《民間文學》一九六二年第六期。
22 顧頡剛：《自序》，《古史辨》第一冊。

授。吳梅天天吹笛，還教學生唱曲。這事對顧頡剛的觸動比較大，讓他意識到這些極平民化的俚俗文化也可以成為一門學問。因為看戲，使顧頡剛「沉醉於這種優美的藝術，開始搜集資料，加以研究，久而久之，才認識到人民群眾的文學創作確有超過文人學士的地方……於是我的階級的自豪感和鄙視工農的習性無意中被拗了過來」[23]。他在寫於一九二八年三月七日[24]的《民俗》週刊「發刊辭」中顯得特別激進，一連串地喊出五句口號：

我們要站在民眾的立場上來認識民眾！/我們要采檢各種民眾的生活，民眾的欲求，來認識整個的社會！/我們自己就是民眾，應該各各體驗自己的生活！/我們要把幾千年埋沒著的民眾藝術，民眾信仰，民眾習慣，一層一層地發掘出來！/我們要打破以聖賢為中心的歷史，建設全民眾的歷史！[25]

這些口號的思想意義非常明瞭，同時也清晰地透露出顧頡剛的民俗研究的學術目的。關於「思想性」與「學術性」、「求真」與「致用」的關係，在顧頡剛的這段話中實在是你中有我我中有你，很難區分得清楚。

顧頡剛自認為是個極癡迷於純粹學術的純粹學者，按照他一貫的對學術「求真」而不講「致用」的態度[26]，這麼一連串地高喊激進口號並不十分符合他的性格。顧頡剛一九二八年三月二〇日在嶺南大學的演講《聖賢文化與民眾文化》[27]，口氣和上述「發刊詞」一模一樣。顧頡剛在該日日記中說：「今日到嶺南大學講題為《聖賢文化與民眾文化》，為民俗學會作鼓吹。聽者六七十人。」其「鼓吹」二字頗值得玩味。顧頡剛是個很懂得造勢和宣傳的學者，不排

---

23 顧頡剛：《我和歌謠》。

24 顧頡剛日記，一九二八年三月七日。

25 顧頡剛：《「民俗」發刊辭》，《民俗》週刊第一期，一九二八年三月二一日。

26 關於顧頡剛的「求真致用觀」，陳泳超曾有中肯的理解：「按顧頡剛的理論設計，社會日益複雜發展，若學術單純為了致用，必定造成學術的淺薄與勢利，從而難以長期為社會提供幫助，學術只有以求真為惟一目的，不求眼前的應用，也就可以擺脫現實的侷限，脫離開對社會政治的依附地位而獲獨立的品格，反而可以為社會發展提供持續不斷的新鮮血液。」（陳泳超：《中國民間文學研究的現代軌轍》，北京大學出版社，二〇〇五年，第一〇九－一一〇頁）

27 顧頡剛講，鍾敬文記《聖賢文化與民眾文化》，《民俗》週刊第五期，一九二八年四月十七日。

除他的激進方式是為了借助思想啟蒙的時尚話語來吸引青年一代，誘使更多的力量投入到民俗學會。也就是說，掛「新思想」的招牌，做「新學術」的買賣。

顧頡剛學術思想中的懷疑精神則是很早就有的。他在少年時代就讀了姚際恒的《古今偽書考》，後來又讀崔述的《崔東壁遺書》，覺得很痛快。尤其是崔述在「提要」中引用的「打碎沙鍋紋到底」這則諺語，更是引起他的無限感慨，他不無自得地將之引為同道：「想不到這種『過細而問多』的毛病，我竟與崔先生同樣的犯著。」[28]鄭樵也是一位很有批判精神的辨偽大師，顧頡剛因輯鄭樵的詩說，看了他論《琴操》的話，才知道杞梁之妻「初未嘗有是事，而為稗官之流所演成」。從此，顧頡剛開始有意識地關注孟姜女故事。

有了辨偽精神不一定就會走上辨偽之路，關鍵在於是否具有自覺的辨偽意識以及科學的辨偽方法。在這一點上，胡適的新國學運動給了顧頡剛很大啟發。顧頡剛早期的學術活動，與胡適有著千絲萬縷的關聯，他毫不否認自己「深摯地瞭解而承受」了胡適的研究方法，他說：「要是不遇見孟真和適之先生，不逢到《新青年》的思想革命的鼓吹，我的胸中積著的許多打破傳統學說的見解也不敢大膽宣佈……要是我不親從適之先生受學，瞭解他的研究的方法，我也不會認識自己最近情的學問乃是史學。」[29]

顧頡剛沒有留學經歷，他對西學的接受，許多是從胡適那裡間接習得的。他在一九一九年一月十二日的日記中談到自己對胡適一篇文章的看法：「胡先生評他根本論點，只是一個歷史進化觀念；並謂語言文字的問題，是不能脫離歷史進化的觀念可以討論的。此意非常佩服。吾意無論何學何事，要去論他，總在一個進化觀念；以事物不能離因果也。」一月十七日的日記中又說：「下午讀胡適之先生之《周秦諸子進化論》，我佩服極了。我方知我年來研究儒先言命的東西，就是中國的進化說。」

28　顧頡剛：《自序》，《古史辨》第一冊。
29　顧頡剛：《自序》，《古史辨》第一冊。

胡適於一九一九年十一月發表《新思潮的意義》，提出「研究問題，輸入學理，整理國故，再造文明」四項綱領，所謂「整理」，「就是從亂七八糟裡面尋出一個條理脈絡來；從無頭無腦裡面尋出一個前因後果來；從胡說謬解裡面尋出一個真意義來；從武斷迷信裡面尋出一個真價值來」[30]。這一點極合顧頡剛的胃口。顧頡剛聲稱自己有歷久不衰的整理材料的興趣，他說：「瑣碎的困難我是不怕的，我覺得要在極瑣碎的事物中找出一個極簡單的綱領來，那才是最有趣的事情。」[31]又說：「學問必須在繁亂中求得的簡單才是真實的綱領；若沒有許多繁亂的材料作基本，所定的簡單的綱領便終是靠不住的東西。」[32]

一九二〇年胡適擬了一份《國故叢書》的計畫，據說顧頡剛是最踴躍的支持者，力任編輯辨偽叢刊的工作[33]。胡適同年寫成《〈水滸傳〉考證》，其追蹤一事物在歷史演變過程中諸形態變遷的研究方法，給了顧頡剛很大啟發[34]。

胡適在《清代學者的治學方法》中提出了「大膽的假設，小心的求證」的研究方法。這個方法中三個最主要因素是：（一）歷史的態度。任何人、任何事物、任何問題，作為研究的對象，必得弄清它的歷史，它的來龍去脈，弄清它在形成、發展變化過程中的諸形態。（二）實證的態度。對前人或他人的判斷不可輕信，必須求證實。（三）重視思想的能力。思想的能力來源於多觀察、多疑問、多假設，耐心地求證實。什麼是「歷史的態度」呢？胡適說：「進化觀念在哲學上應用的結果，便發生了一種『歷史的態度』……這就是要研究事務如何發生，怎樣來的，怎樣變到現在的樣

30 胡適：《新思潮的意義》，《胡適作品集》第二冊，臺北：遠流出版事業股份有限公司，一九八六年，第四八頁。
31 顧頡剛：《兩個出殯的導子賬》，《歌謠》週刊第五二號，一九二四年四月二七日。
32 顧頡剛：《自序》，《古史辨》第一冊。
33 顧頡剛致胡適信，一九二〇年十一月二四日及十二月二一日，未刊稿。轉引自耿云志：《胡適整理國故平議》，耿雲志、聞黎明編《現代學術史上的胡適》，北京：三聯書店，一九九三年，第一一二頁。
34 參見耿雲志：《胡適整理國故平議》。

子：這就是『歷史的態度』。」[35]

可以說，顧頡剛的實踐為胡適的主張樹立了一個很好的標本。他的古史辨偽的工作、他的民俗研究的方法，是對胡適「歷史的態度」的創造性發揮。

顧頡剛在研究傳說演變的時候，充分注意到了傳說的每一次遷移和變化與其所處歷史環境，如時代、地域、政治、風俗之間複雜而微妙的關係。他把這一「史」與「說」的相關關係放到對古史的研究與說明當中，通過傳說的變化來反推那些促使傳說變化的社會制度、文化背景和思想潮流，取得了很好的效果，獲得了巨大聲譽。

但是，這種借助於傳說的側面考證方法只有兩種用處：「一是推翻偽史，二是幫助明瞭真史。」[36]就廓清「真史」而言，顧頡剛只敢說「幫助明瞭」，可見畢竟不是正途。顧頡剛的史學研究因此顯得「破」有餘而「立」不足。這種以傳說為材料的研究範式在給他帶來巨大聲名的同時，也授人以明顯的把柄。

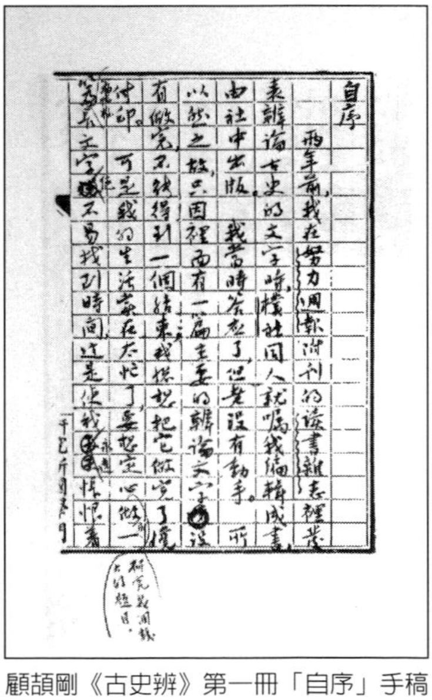

顧頡剛《古史辨》第一冊「自序」手稿

這種尷尬對於顧頡剛來說猶如啞巴吃黃連：因傳說而成功，又因傳說而受責。這也使得顧頡剛對民俗學抱了一種非常矛盾的心態：

一方面，他非常堅定地認為民俗學是一門大有前途的學問，並且不斷地為之鼓與吹。他在《聖賢文化與民眾文化》中，提出了「研究舊文化，創造新文化」的口號（顧頡剛此一口號的表面是思想革命，其實質乃是學術革命），堅定地要在聖賢文化之外解放出民眾文化來。

35 胡適：《實驗主義》，《胡適文存》第一集卷二，臺北：亞東圖書館。
36 顧頡剛：《自序》，《古史辨》第一冊。

另一方面，他又沒有把民間文學甚至民俗學當成自己的安身立命之本。中山大學時期，《民間文藝》共出十二期，顧頡剛只是「應鍾敬文之征」[37]，才在第十一、十二合期上發了幾篇七八年前收集來的蘇州歌謠；反之，他對《中山大學語言歷史學研究所週刊》卻表現出了極大的熱情，每一期都親自編審，主要的學術文章也都發表在這裡。

究其心態，大約他要在一正統的領地中取得勝利，博得一公認的地位（研究舊文化），再以此身分去推行一種新興的學術（創造新文化）。反映在中山大學民俗學會早期學術期刊的刊文取向上，采風式的田野作業的原始性材料多發表在《民間文藝》，而研究性的論文則多發在《語言歷史學研究所週刊》上。兩份刊物創刊不久，顧頡剛就已開始為《語言歷史學研究所週刊》籌畫「風俗專號」[38]，並在各種報刊上大肆宣傳。其意圖很明顯：把「民間文藝」當成非正統的待認可的「學」，把「語言歷史學研究」當成正統的公認的「學」，「專號」的目的是逐步地把前者納入到後者之中。

第四節　顧頡剛的民俗學策略

顧頡剛在研究工作中非常注意科學方法的運用，邏輯清晰、條理分明；在學術組織工作中則非常注意步驟和策略；此外，對宣傳、傳播以及人才梯隊建設也很重視。

顧頡剛的民俗研究，尤其是他對孟姜女故事的研究，不僅在民俗學領域具有示範意義，即使在整個國學領域也具有

37　顧頡剛日記，一九二八年一月二一日。
38　顧頡剛日記，一九二七年十二月二九日：「式湘（陳錫襄）來，計畫編風俗專號事」。

廣泛影響。胡適曾經評價《古史辨》「是中國史學界的一部革命的書，又是一部討論史學方法的書。此書可以解放人的思想，可以指示做學問的途徑，可以提倡那『深徹猛烈的真實』的精神。治歷史的人，想整理國故的人，想真實地做學問的人，都應該讀這部有趣味的書」[39]。這一段話用來評價《孟姜女故事研究》同樣適合。二〇〇一年，鍾敬文在回顧二〇世紀中國民俗學發展歷程時，曾把《孟姜女故事研究》比作民俗學界的《論語》：「有些經典的論著可以一印再印，《論語》就有很多版本。《孟姜女故事研究》，我們這個學科的人都要有，可以印出來當禮物送給開會的人。」[40]

以「孟姜女故事研究」為中心，我們可以試著討論一下顧頡剛的民俗學策略。

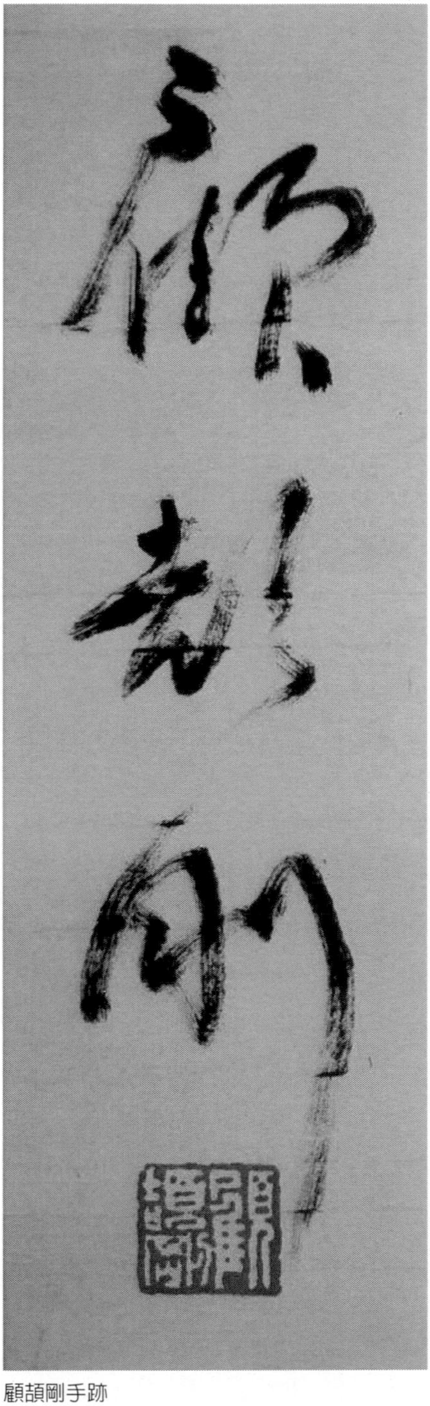

顧頡剛手跡

[39] 胡適：《介紹幾部新出的史學書》。

[40] 鍾敬文先生錄音談話，施愛東整理：《女奚不曰其為人也》，載《民俗學刊》第一輯，澳門出版社，二〇〇一年。

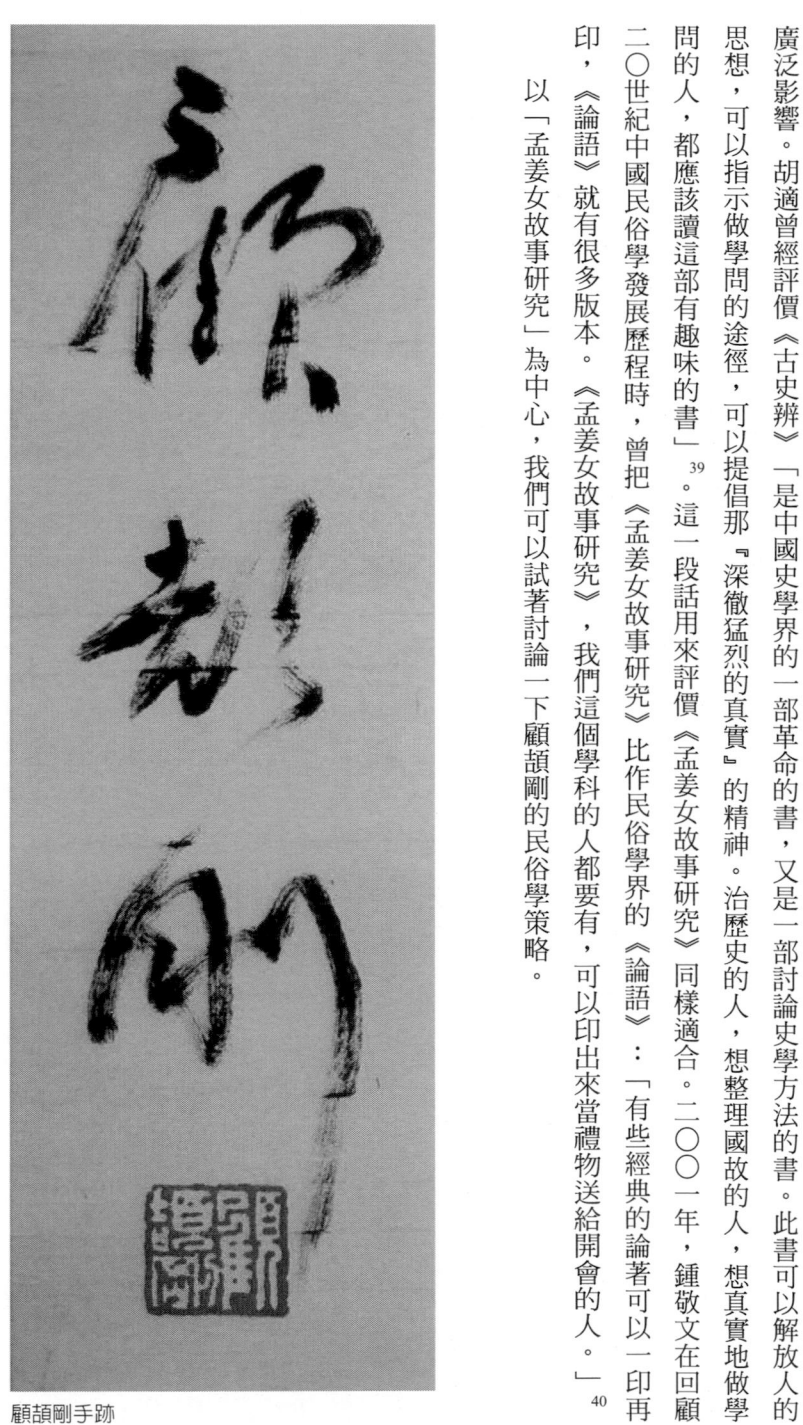

一、打破學科壁壘，以民俗材料印證古史，以治史方法帶動民俗研究

「五四」以後，「到民間去」的呼聲日漸響起。顧頡剛意識到「凡是真實的學問，都是不受制於時代的古今，階級的尊貴，價格的貴賤，應用的好壞的。研究學問的人只該問這是不是一件事實，他既不該支配事物的用途，也不該為事物的用途所支配。所以我們對於考古方面，史料方面，風俗歌謠方面，我們的眼光是一律平等的」[41]。為了將這種平等的思想落到實處，顧頡剛身體力行，嘗試把民間的歌謠、戲曲、傳說、故事等當做鮮活的學術素材，與高文典冊中的經史材料置於同等的地位進行研究。比如，他把《左傳》、《檀弓》、《孟子》上有關杞梁妻的文字記載與民間有關孟姜女的口頭傳說放在一起進行比較研究，試著從故事的歷史變遷中尋找古史傳說演變的一般規律；通過對民間歌謠的校注、詮釋和理論探討，論證《詩經》是古代詩歌的總集；借助鄉村祭神的集會、賽會、香會，研究古代的神道、社祭活動。

但顧頡剛對民俗材料的運用，目的是為了歷史研究，而不是為了民俗研究。他說他研究古史願意承擔的工作，一是「用故事的眼光解釋古史的構成的原因」，二是「把古今的神話與傳說為系統的敘述」[42]。

這一招可謂歪打正著。當時的現實狀況是：民俗學作為一門新興的學科，在中國沒有現成的理論和方法可資借鑑，西方的研究方法也沒有來得及與思想觀念同步介紹到中國來，顧頡剛將民俗材料與治史目的相結合的做法，正好為處於發軔階段的民俗學開闢了一條極富中國特色的研究進路：把傳統的歷史考證的方法引入民俗研究。孟姜女故事研究的成功，更是極大地提升了民俗研究在普通學人心目中的地位。

41 顧頡剛：《一九二六年試刊詞》，《北京大學研究所國學門週刊》第二卷第十三期，一九二六年一月。
42 顧頡剛：《答李玄伯先生》，《現代評論》第一卷第十期，一九二五年二月十四日。

如果說顧頡剛最初的民俗研究是出於治史的需要，那麼在創辦《民俗》週刊之後，則明顯由自發轉向了自覺。他在一九二八年初的《〈民俗學會小叢書〉弁言》中說到：「民俗可以成為一種學問，以前的人決不會夢想到……我們為了不肯辜負時代的使命，前已刊發《民間文藝週刊》。此外，風俗宗教等等材料也將同樣地搜集和發表。」[43]

傅斯年曾經指責民俗學會的小叢書過於粗淺，為此，顧頡剛旗幟鮮明地表白了他的立場：「民俗學是剛提倡，這一方面前無憑藉，所以我主張有材料就印。」[44]這種思路是與歷史學的發生發展是相通的，上古歷史起於記載而非起於研究，資料的積累是研究的基礎，學問之道，學而後才能問，無從學也就無從問。顧頡剛常常感歎自己研究歷史時深感著痛苦，因為各種史書記載的都是貴族的生活文化，若要從中找點一般民眾生活文化的材料，很不容易[45]。可見，顧頡剛確實是把民俗資料的搜集、印行當做民眾生活文化的歷史素材來記錄、整理的。

事實證明了顧頡剛素材論的重要意義，當年印行的這些民國初年搜集的民俗資料，在城市化迅猛發展的現代人看來，恰恰是一種不可多得的近現代民眾生活歷史素材，它的珍貴價值，正體現在不復重現的歷史性上。

二、互通有無，盡可能多地佔有專項課題的研究資料

顧頡剛民俗研究的扛鼎之作是「孟姜女故事研究」（包括《孟姜女故事的轉變》和《孟姜女故事研究》等系列孟姜女研究論述）。其孟姜女研究歷時半個世紀，他不僅從歷代史書、筆記、類書、文學作品中找出大量的記錄材料，還廣從社會收集，凡神話、傳說、歌謠、戲曲、說唱、寶卷等，都成為他關注的材料。

43　顧頡剛：《〈民俗學會小叢書〉弁言》，楊成志、鍾敬文譯《印歐民間故事型式表》，廣州：中山大學民俗學會叢書，一九二八年三月。
44　顧頡剛致胡適信，一九二九年八月二〇日，《胡適來往書信選》上冊，第五三三頁。
45　顧頡剛講，鍾敬文記：《聖賢文化與民眾文化》。

但個人的搜集無論如何都是有限的，當他在一九二四年十一月二三日出版的第六九號《歌謠》週刊上刊出《孟姜女故事的轉變》之後，全國各地的學者、民俗學愛好者紛紛回應，來信對他的研究工作表示敬意和支持，並熱情地為他提供了大量的材料和線索。這些材料大大地開闊了顧頡剛的眼界和思路。《歌謠》週刊先後共出了九次「孟姜女專號」，歷時七個月，出版了八〇個版面，共約十二萬字。這一專項課題材料之豐富、波及研究者之廣泛，在世界民俗學史上，也是極為罕見的。顧頡剛打了一場漂亮的人民戰爭。

後來他在中山大學民俗學會叢書《孟姜女故事研究集》第一冊出版時序道：「這兩篇文字，第一篇只作成了一半。當這半篇寫清時，自己覺得很滿意，幾乎要喊出『可以找到的材料都給我找到了！』但過了些日子，誤謬之處漸出現了，脫漏的地方出現得很不少了，而宋以後的材料越聚越多，更不容易處理，因此，剩下的半篇再也寫不下去……材料日出不窮，每當接觸新材料的時候就感到舊材料的寒儉，想把各個小部分的材料搜集略備，實在不是一時做得到的事。」而「材料的多和整理的難，正可鼓勵我們工作的興味！正是暗示我們將成就偉大的創造」。

正因為意識到佔有材料的重要，所以他又說：「我對於我們同志要作幾項請求。孟姜女故事的材料請隨時隨地替我搜求，不要想『這種普通材料，顧某當已具備了』。因為從很小的材料裡也許可以得到很大的發見，而重複的材料正是故事流行的證明。」

從這些敘述中可以看出，顧頡剛把對原始材料的佔有，當成是研究工作最起碼的硬體基礎。問題是，如何才能盡可能多地佔有專項課題的研究資料呢？顧頡剛認為「各種學問都是互相關聯的」，學問與學問之間，學人與學人之間，應該互通有無，分工合作，「浙江的徐文長，四川便是楊狀元，南洋便是龐振坤，蘇州便是諸福保，東莞便是古人中，海豐便是黃漢宗……這類故事如果都有人去專門研究，分工合作，就可畫出許多圖表，勘定故事的流通區域，指出故事的演變法則，成就故事的大系統。我的孟姜女研究既供給了別的故事研究者以型式和比較材料，而別的故事研究者也同樣地供給我，許多不能單獨解決的問題都有解決之望了，豈非大快！」[46]

錢南揚在進行梁祝故事研究的時候，顧頡剛不僅提供資料，熱情鼓勵，還積極為他聯繫出版。二〇世紀上半葉，顧頡剛每天都有大量的書信往來，大都交流學問心得，互通資料有無。這不僅是一種治學方法，更是一種值得提倡的優秀學風。

三、以發展的眼光，站在時間的長河中考察故事的流變

在大量擁有材料的基礎上，如何分門別類地看待材料、處理材料？顧頡剛把他層累造史的觀點運用到民俗研究中，認為讀歷史材料，不能平行對待，不應放在同一個時間背景下進行處理，而應採用歷史的、發展的觀點去分析。比如一件事實變為傳說，在民間流傳，總是處於變化之中，我們必須知道傳說因何產生；從一個人到另一個人，從一個時代到另一個時代，從一個地區到另一個地區，都發生了一些什麼變化；為什麼要這樣變而不那樣變。

胡適曾經把顧頡剛的歷史演進法總結成下列公式：

（一）把每一件史事的傳說，依先後出現的次序，排列起來。

（二）研究這件史事在每一個時代有什麼樣子的傳說。

（三）研究這件史事的漸漸演進，由簡單變為複雜，由陋野變為雅馴，由地方的（局部的）變為全國的，由神變為人，由神話變為史事，由寓言變為事實。

（四）遇可能時，解釋每一次演變的原因。[47]

46 顧頡剛：《自序》，《孟姜女故事研究集》第一冊，廣州：中山大學民俗學會叢書，一九二八年四月。下同。

47 胡適：《古史討論的讀後感》，顧頡剛編著《古史辨》第一冊，上海：上海古籍出版社，一九八二年，第一九三頁。

這一概括極其精到。傳統的古史觀是平面的、一脈相承的，顧頡剛則以演進的目光來看待上古史的構成，並且努力分辨出其中的層次，分析其演變的原因。顧頡剛不僅在治上古史時採用這一方法，在孟姜女故事、羿的故事、尾生故事中，處處都藉以歷史演進的眼光來對待。

顧頡剛首先是對材料的年代進行精當鑒別，然後依著故事的發展，把每一變異都放到特定的社會背景中，力求聯繫當時的社會、政治、時尚、風俗等種種因素加以綜合考慮。例如，他在分析孟姜女傳說時指出：戰國時，齊都中盛行哭調，需要悲劇的材料，所以杞梁妻哭喪的題材就被廣泛採用；西漢時，天人感應之說盛行，杞梁妻的哭，便成了崩城的感應，而且崩城不足，繼以崩山；六朝、隋唐間，人民苦於徭役，於是杞梁的崩城便成了崩長城，杞梁的戰死便成了逃役而被打殺，同時，樂府中又有擣衣、送衣之曲，於是杞梁妻又作送寒衣的長征了，又因為陝西有薑嫄的崇拜，故杞梁妻會變成孟姜女。

可以說，「演進」是他史學研究和民俗研究的基本觀點和方法。顧頡剛的這一思想對當時的史學、神話學、傳說學等學科的衝擊力是非常巨大的。

四、考慮不同地區的風俗差異，從地域的分佈上看故事的流變

顧頡剛的歷史演進法不是單純地把古史或者傳說放在時間的維度中加以演進的考量，而是把它們分別安在不同時間、不同地域上進行具體分析。他在《孟姜女故事研究》結論部分的一則附言中提到：「只要畫一地圖，就立刻可以見出材料的貧乏，如安徽、江西、貴州、四川等省的材料便全沒有得到；就是得到的省份每省也只有兩三縣，因為這兩三

縣中有人高興和我通信。」[48]他認為若能更全面地把各處的材料都收集到，必可借了這一個故事，將各地交通的路徑、文化遷流的系統、宗教的勢力、民間的藝術等作一更清楚的瞭解。

做這種地域上的分佈圖表和比較分析使他得出了非常精彩的結論：他發現由於中國歷代的政治、文化中心的變遷，使得一個傳說會產生若干個傳播的中心點。一個中心點形成的時候，這個傳說便會被當時當地的時事、風俗、民眾的思想感情所改造，從而發生變異。在這個中心點周圍的地區，傳說是相對穩定的；而各中心點之間，傳說則發生很大的變異，形成了不同的異文。

這種流變的差異不單單表現在中心點的轉移上，如果結合不同地區的社會、風俗等因素加以考察，就會發現文本與地緣風俗之間的關係：「陝西有薑嫄的崇拜，故杞梁妻會變成孟姜女。湖南有舜妃的崇拜，故孟姜女會有望夫台和繡竹。廣西有祓除的風俗，故孟姜女會在六月中下蓮塘洗澡。靜海有織黃袍的女工，故孟姜女會得織就了精工的黃袍而獻與始皇。江浙間盛行著厭勝的傳說，故萬喜良會得抵代一萬個築城工人的生命。西南諸省有稱妻妾事夫為孝的名詞，故孟姜女會得變成了尋夫崩城的孝女。」[49]站在地緣的角度，考慮不同地區的風俗差異，極有說服力的解決了大量異文的差異原由。

顧頡剛的民俗研究，幾乎不受已有理論的束縛，更不是在書籍中尋找材料去印證前人或者外國人的理論，他一切從比較和歸納具體材料出發，順理成章，自然成文，因而不斷地會有些新發現、新建樹。

48 顧頡剛：《孟姜女故事研究》，葉春生主編《典藏民俗學叢書》上冊，哈爾濱：黑龍江人民出版社，二〇〇四年，第八三頁。
49 顧頡剛：《孟姜女故事研究》，葉春生主編《典藏民俗學叢書》上冊，第八四頁。

五、從小學功夫入手，研究古籍材料。

顧頡剛做學問很嚴謹，思慮很周全。相應的態度是，調動盡可能多的技術手段來處理有限的原始素材。大凡語言、文字、訓詁等方面的小學工夫，都成為有效的技術手段。

他在《吳歈集錄的序》中說：「我想要澈底的弄他（吳歌）清楚，必得切切實實做一番小學工夫，拿古今的音變，異域的方言，都了然於心，然後再來比較考訂，那麼才可無憾，這件事情，不是幾年裡所能做的。」[50]

在後續的研究中，顧頡剛越來越重視這一方法的運用。寫於一九三〇年的《羿的故事》如此解釋「阻窮西征」：「『窮』就是窮石，《淮南子．地形訓》說，『弱水出自窮石』，窮石本是西方的地名。『阻』讀為『徂』，《詩經．周頌》『彼徂矣岐，』沈括、朱熹據《後漢書．西南夷傳》朱輔疏，和韓愈《岐山操》讀作『彼岨矣岐』，『岨』就是『阻』，可見『徂』『阻』本通。『徂窮西征』，就是說羿西征往窮石。」[51]很好地發揮了他小學工夫扎實的長處。

另一個例子是王昫華在顧頡剛的遺作《〈六月雪〉故事的演變》中發現了王力致顧頡剛的一張明信片，中有如下內容：「日前辱詢鄒周竇三字古音，茲查高本漢氏所假定音值如下……」王昫華分析：這個明信片雖沒有提到六月雪的故事，但顧頡剛向王力詢問三字的古音，是為了寫作「六月雪」故事。他想從「鄒衍」「周青」「竇娥」三個人的姓氏上找到語音演變的證據，則是顯然的[52]。

50 顧頡剛：《吳歈集錄的序》，《歌謠》週刊第一五號，一九二三年四月二二日。
51 顧頡剛：《羿的故事》，錢小柏編《顧頡剛民俗學論集》，上海：上海文藝出版社，一九九八年，第二九頁。
52 顧頡剛：《〈六月雪〉故事的演變》，《民間文學論壇》一九八三年第一期。

六、實地調查與古籍記載相印證。

顧頡剛的實地調查主要集中在神道和社會研究上。他研究神道的興趣，是遊歷了蘇州和北京的兩處東嶽廟而引起的，其目的則是為了古史研究。他認為鄉村祭神的集會、迎神送祟的賽會、朝頂進香的香會，是古代祭祀社神集會的變相，因而可以以今證古，從中看到一些古代社祀的影子。

「我們要瞭解古代神話的去處，要瞭解現代神話的由來，應當對於古今的神話為一貫的研究。我們要研究古代的神話，有史書、筆記、圖畫、銘刻等等供給材料，要研究現代的神話，有廟宇、塑像、神祇、陰陽生、星相家、燒香人等等供給材料。」[53]兩相印證，即可借古推今，以今證古。

顧頡剛《東嶽廟的七十二司》的初稿中，只是將當時的北京、蘇州東嶽廟的各司職責作一羅列。後來補寫的時候，則徵引《漢書》《日知錄》等古代典籍，旁徵博引，從中國的秦始皇說到埃及的尼羅河，最後得出結論：「閻羅王未入中國之先，鬼是東嶽管的，閻羅王入了中國，鬼是閻羅王管的；但東嶽的勢力還在，所以閻羅王做了東嶽的層屬。」[54]

《妙峰山的香會》一文，從香會的來源、組織，到明清兩代和本年的香會情況都有詳盡的記錄。他還做了一項前人從未做過的調查，抄錄了這一年各個香會的會啟，並做了多方面的分析說明。此文刊出之後，引起社會注意，得到很高的評價。正如傅彥長所說：「他不怕辛苦，親自到民間去調查，用最熱烈的同情心與最懇切的瞭解力來報告我們，使向來不受聖賢之徒所抬舉的民眾增高他們的地位，其功實在他所著的《古史辨》之上。」[55]

53 顧頡剛：《東嶽廟遊記》，《歌謠》週刊第六一號，一九二四年六月二九日。
54 顧頡剛：《東嶽廟的七十二司》，《歌謠》週刊第五〇號，一九二四年四月十三日。
55 傅彥長：《中華民族有藝術文化的時候》，葉春生主編《典藏民俗學叢書》中冊，第一一三四頁。

顧頡剛曾到西北、西南一帶去過，沿途有所見聞，即以其敏銳的洞察與淵博的學識對一些具體民俗事象做一考察，先後寫出「吹牛」「拍馬」「拋彩球」等有趣的民俗學小品文。

用田野作業得來的活的民俗資料，與古籍中的死的文獻資料互相印證，分析研究，作為一種有別於傳統經學的研究方法，為後起的民族學者們廣泛應用於神話領域。抗戰時期，處於西南後方的一批民族學家用當地少數民族的現存神話與傳世文獻中的古典神話進行比較研究，解決了神話領域中許多懸而未決的重要問題。

七、獎掖後學，團隊作戰，以梯隊的人才做梯隊的學問。

說顧頡剛是個開風氣的大師級學者，不僅因為他的學術敏感和學術智慧，還在於他特別善於造起聲勢。一方面固然是因為「名盛則附之者眾」，另一方面也因為顧頡剛懂得團隊作戰的威力，乃有意而為之。他說：「在現代研究學問，應當把自己看做學術界中工作的一員。不論是大將和小卒，工程師和小工，都是一員，都有工作可作。」[56]

但是，充分發揮每一個人的作用並不等於每一個人的工作都是一樣的。顧頡剛日記中有這樣一段話：「傅（斯年）在歐久，甚欲步法國漢學之後塵，且與之角勝，故其旨在提高。我意不同，以為欲與人爭勝，非一二人獨特之鑽研所可成功，必先培育一批班子，積疊無數資料而加以整理，然後此一二人者方有所憑籍，以一日抵十日之用，故首須注意普及。普及者，非將學術淺化也，乃以作提高者之基礎也。」[57]這裡提到的不僅是普及與提高的關係問題，還涉及人才培養與梯隊建設、學術團體的內部分工等問題。顯然，顧頡剛認為學科的振興和發展，光靠一兩個頂尖人物的努力是無法完成的，而要培育一批班子，團結一班同好，有人從事資料的搜集，有人從事基礎的研究，有人從事提高的研究，形成

56 顧頡剛：《序》，魏應麒編《福州歌謠甲集》，廣州：中山大學民俗學會，一九二九年六月。
57 顧頡剛日記，一九二八年四月二九日（一九七三年七月之補敘）。

梯隊，進行團隊作戰。而欲達到此一目的，則首先須做普及的工作，即培養人才。

顧頡剛的民俗研究，正是以這種形式來展開的。一九二六年，顧頡剛離京南下，先在廈門大學，「竟花了半年時間在廈門、泉州、福州等地搜集風俗物品」[58]，雖然花去不少時間和精力，但因為是單幹，成績不大，這段歷史因此也很少被人提及。一九二七年，顧頡剛來到中山大學，隨即將鍾敬文從嶺南大學引入中山大學，馬不停蹄地印行民俗刊物，成立中山大學民俗學會，把中山大學文學院的教職員幾乎全部網羅到學會中來了。之後，顧頡剛很少從事具體的民俗研究和編輯工作，更多的只是做些指導性工作，為刊物和叢書的出版寫些發刊詞和序言之類。一些具體、瑣碎的工做事實上都由鍾敬文、容肇祖等人完成了。這段歷史轟轟烈烈，在全國造成很大影響，民俗學作為一門現代學術的地位得以奠定。

顧頡剛一生的主要精力都是放在歷史學上，但在他中山大學時期最值得大書特書的學術功績卻不在歷史學而在民俗學，他的每一篇有關民俗學的發言都會在學界產生迴響，這不能不歸功於團體和刊物的力量。

培養學生，獎掖後學，留給自己著書立說的時間就少了，但從學科的發展上來說，無疑利大於弊。顧頡剛認為自己的努力為中山大學創造了一個學術的「黃金時代」，他說：「學生對我的獎進扶掖極願接受，他們沒有研究的題目我就替他們想，他們找不到材料我就替他們找，他們做的文章詞不達意我就替他們改，一個大學生經過兩年嚴格的訓練，也夠入學問之門了。」[59]顧頡剛把培養、發現人才當成了自己學術事業的有機組成部分。

要之，顧頡剛民俗研究最大的特點就是科學、求實、具體問題具體分析。正如他自己所說：「我們現在研究學問，應當一切從事實下手，更把事實作為研究的終結。我們不信有可以做我們的準繩的書本，我們只信有可以從我們的努力

58 王學典、孫延傑：《顧頡剛和他的弟子們》，濟南：山東畫報出版社，二〇〇〇年，第二九頁。
59 《顧頡剛自傳》，《東方文化》總第三期，一九九四年五月。

研究而明白知道的事實。」[60]正因為有這種思想作指導，他敢於不理會任何既有理論，無視古人既定「事實」，獨闢蹊徑，做出開創性的成就。

第五節　顧氏研究法的傳播

顧頡剛的出色研究成績提供了一些可供模仿的研究範式。一九二〇年代末到一九三〇年代間，顧頡剛在民俗學界乃至史學界培養了大批的追隨者。層累造成的古史學說以及傳說的歷史演進法成為了這個時代中國學術界的時尚觀點和研究法。

顧頡剛的孟姜女研究起了一個極好的示範，以「演進」作為研究進路討論風俗變遷或者傳說流變的文章隨之蜂擁而起。僅以一九二八年至一九二九年的《中山大學語言歷史學研究所週刊》為例，就有潘家洵的《觀世音》、楊筠如的《春秋時代男女之風紀》《堯舜的傳說》《薑姓的民族和姜太公的故事》、呂超如的《戰國時代的風氣》、余永梁的《西南民族起源的神話——盤瓠》、方書林的《孔子周遊列國傳說的演變》[61]等。《民俗》週刊所刊載的相關文章，品質雖有不如，數量卻更在其上。容肇祖說：「由顧先生的歷史與民俗的研究，於是近來研究民俗學者引起一種的歷史的眼光，知把民俗的研究和歷史的研究打成一片，而在我國，可以使尊重歷史的記錄，而鄙棄民間的口傳的人們予以一種

60　顧頡剛：《試刊詞》，《北京大學研究所國學門週刊》第二卷第十三期。
61　以上文章均見一九二八—一九二九年《國立第一中山大學語言歷史學研究所週刊》，廣州：中山大學語言歷史學研究所編印。

大大的影響。我的《占卜的源流》，和錢南揚先生的《祝英台故事集》，等，便是其應聲。」[62]

顧頡剛沒有就傳說演變和古史演變作明確的區分，大約時人也以兩者均為史學之一法，不加區別。陳槃在《黃帝事蹟演變考》的文後附了一段話：「我很愉快，我能捉住顧頡剛先生告訴我們的偽古史的原則——『層累地造的』；又用了顧先生給我們辨偽史的工具——以故事傳說的眼光來理解古史，於短期間寫成這篇文字。若是這篇文字寫得不好，這是我學力所限，但這個原則和工具是不會錯誤的。」[63]

顧頡剛早在廈門的時候，就已寫出了《天后》一文，在《民俗》週刊第四一、四二期合刊發表以後，又一次掀起了顧氏演進法對神的研究的熱潮。

《天后》不厭其煩地羅列所能搜到的不同時代對「天后」的記載和封謚，製成表格，通過比較、分析，提出看法，指出其隨時代的演變規律。容肇祖在同一期《民俗》週刊上發表的《天后》一文，則是對顧頡剛《天后》的進一步補充和完善，將顧氏「不能加上許多新材料」加了上來，結論更細緻，主要思路也是「證顧頡剛先生所說」[64]。

之後，直接因顧頡剛《天后》而引發的對天后的研究就成了《民俗》週刊「神的研究」的一個小高潮。如周振鶴就在他的《天后》中說：「喜歡步人家的後塵的我，記得圖書集成裡也有關於海神的一部；打開來一看，卻很雜亂；於是吾把有關於天妃的各種記載也做成一張年表，同顧容二位做的年表很有些補益和互證的地方。」[65]把容肇祖的細緻更向前推進一步，並提出天妃姓蔡。後來魏應麒又再著文，糾正周的說法。

魏應麒在對「郭聖王」的研究中，也是沿用顧氏演進法的思路，先羅列所能搜到的不同時代對「郭聖王」的記載和

62　容肇祖：《我最近對於民俗學要說的話》，《民俗》週刊第一一一期，一九三三年三月二一日。
63　陳槃：《黃帝事蹟演變考》，《國立中山大學語言歷史學研究所週刊》第二八期，一九二八年五月九日。
64　容肇祖：《天后》，《民俗》週刊第四一、四二期合刊，一九二九年一月九日。
65　周振鶴：《天后》，《民俗》週刊第六一、六二期合刊，一九二九年五月二九日。

封謚，製成表格，然後分析。魏文結論的第一條就是：「年代愈後，神的威靈愈顯赫，此可備證明頡剛師的史跡層積的一種理由。」[66]不僅使用了顧氏研究方法，還印證了顧氏演進理論。像這一類以顧氏演進法為進路的文章，在《民俗》週刊的學術稿件中，往往還是品質較高的一批。

顧頡剛本人也有意推廣他的「歷史演進」的研究方法，他曾在民俗學傳習班上講過《整理傳說的方法》，以孟姜女故事研究為例，專講故事傳說演變和如何進行整理，可惜未有文稿留傳。他在編輯論文的時候，也常給投稿的作者以悉心的指導。從他在給夏廷棫的一封信中，我們可以大致瞭解顧頡剛的教學方式：

你這篇「水道自然之變遷與禹治水之説」，可在此間所藏濱江河之各府縣誌中廣搜材料。又「洪水」是常有的事，亦可在各史五行志及通志災祥略中集材料。

研究「莊子裡的孔子」我意可照下列次序做去：

（一）將莊子中說及孔子的話完全錄出。

（二）將抄出的材料，分為三類：

1. 與論語相同者（即儒家之孔子）。

2. 譏誚孔子者（即道家反對儒家的話）。

3. 與道家說相同者（即把孔子道家化的話）。

（三）加以評論：

1. 證明孔子面目之變化。

66 魏應麒：《郭聖王》，《民俗》週刊第六一、六二期合刊，一九二九年五月二九日。

2. 證明莊子非一人所著。

3. 證明戰國各家學說之衝突。

我們千萬不要希望可以從莊子一書中得到孔子的真相，因為戰國學者本無求真的觀念，要怎麼說就怎麼說。我們只能知道古人對於孔子的觀念曾經有過那樣一套，如莊子中所舉。[67]

顧頡剛研究範式最大的特點是條理分明。他說：「瑣碎的困難我是不怕的，我覺得要在極瑣碎的事物中找出一個極簡單的綱領來，那才是最有趣的事情。」[68]從給夏廷棫的信中可以看出典型的顧頡剛研究范式的思路和方法。方書林受到這封信的啟示，很快寫出了一篇《孔子周遊列國傳說的演變》[69]。

當時身受顧頡剛教誨的學生，總是對顧氏的提攜充滿感激，陳槃在《黃帝事蹟演變考》中說：「我對於顧先生尤其感謝的是他的勤勤誘導，誨人不倦，鼓舞著我使我內心充滿了創作的熱力，很大膽地來嘗試這篇文字。」[70]顧

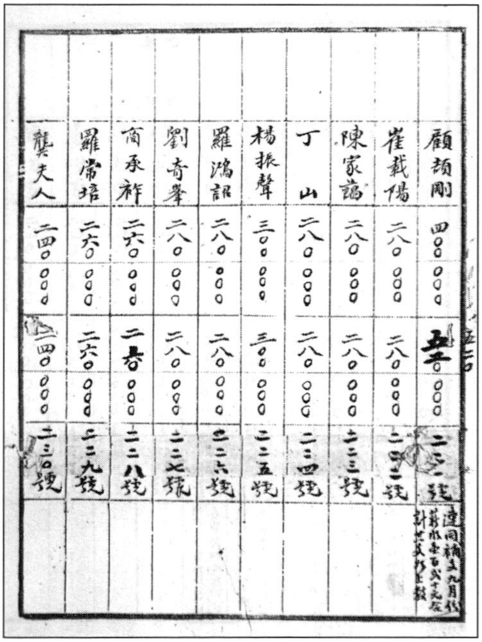

顧頡剛等教授工資表（一九二七年十一月）

67 顧頡剛致夏廷棫信，《國立第一中山大學語言歷史學研究所週刊》第二三期，一九二八年四月三日。
68 顧頡剛：《兩個出殯的導子賬》，《歌謠》週刊第五二號，一九二四年四月二七日。
69 方書林：《孔子周遊列國傳說的演變》，《國立第一中山大學語言歷史學研究所週刊》第七〇期，一九二九年二月二七日。
70 陳槃：《黃帝事蹟演變考》。

頡剛將上古文獻與近代神話傳說概念相結合的做法，也啟發了好些文章的出世，鍾敬文的《楚辭中的神話和傳說》就是這一思想指導下的成果。

劉萬章《一隻拜忌牌子之內容》[71]則是典型的對顧頡剛《一個「全金六禮」的總禮單》《一個光緒十五年的「奩目」》的模仿之作。可惜的是，劉萬章只能仿得顧文之形而不能深得顧文之神。顧頡剛在抄出研究對象的名目之後，總是能夠畫龍點睛地給出一個精到的分析和結論，他甚至常常能從不完整的資料中引出一些自圓其說的學術猜想，這是劉萬章的學力所無法做到的。

王翼之編《吳歌乙集》，明顯是受到顧頡剛《吳歌甲集》的啟發，而且完全按顧頡剛的分類方式進行整理。但是，《吳歌乙集》的學術影響卻遠不及《吳歌甲集》，作者學術聲望的差別固然是一個原因，另一個原因是王翼之不可能像顧頡剛一樣把吳歌放在深遠的歷史文化背景中進行天才的分析和考察。民間天然的歌謠，一旦沒有研究方法的強力支撐，很容易就被人當做了「猥褻」的文學。這也就是為什麼《吳歌乙集》飽受「猥褻」的指責，而同樣的指責卻並沒有針對《吳歌甲集》而去。

顧頡剛思維縝密，寫作方式也很有特點，條理極其分明，邏輯非常清晰，尤其偏愛以圖表的方式、一二三四開中藥鋪的方式來進行寫作。列表和做示意圖這些在今天的寫作者看來極普通極簡單的工作，在剛剛擺脫文言寫作的一九二三年，卻極少見到。顧頡剛六月二〇日的《答劉胡兩先生書》[72]，即以簡明的圖表示意了商周秦楚各民族的活動時期。一九二四年寫作《東嶽廟遊記》時，又以示意圖的形式詳細記錄了「北京東嶽廟總圖」和「東嶽廟七十六司圖」。一九二八年《天后》一文中為天后所做的年表，則至今仍為學者們所沿用。

曹松葉在寫作《金華城的神》時說自己「對於神方面引起注意，是在廈門集美讀顧頡剛先生的《泉州的土地神》一

71 劉萬章：《一隻拜忌牌子之內容》，《民俗》週刊第六期，一九二八年四月二五日。
72 顧頡剛：《答劉胡兩先生書》，《古史辨》第一冊。

文起」[73]，但他仿效顧頡剛研究範式而寫出的文章卻一樣只得其形而不得其神。不久，曹松葉又作《黃河長江珠江三大流域謎語一個簡單的比較表》，模仿顧頡剛清單分析的方式，洋洋灑灑列了十二頁的對照表，最後的分析卻只有一句話：「看上面的表，有幾首是一致的，有幾首是幾全相同的，大多數是相似的；所以我們起碼可說黃河長江珠江三大流域的謎語，有許多是類似的。」[74]除此之外，作者似乎並沒有看出其他什麼問題。

就當時熱衷於民間文化研究的一班民俗學愛好者來說，顧頡剛研究範式對於仿效者的素質要求還是太高了點，因而成功的仿效作品總是只有少數。張清水就曾經無奈地說：「採用顧先生的方法，題目的確是很難找，而且找著也很難措手。憶昔民十六年春，曾叫靜聞夥友研究『梁山伯與祝英台』的故事，十七年夏曾懇請顧先生擔任研究，均以『事務拘身，故事過雜』為辭，可見困難之一般。」[75]

值得一提的是，在眾多的顧頡剛追隨者中，容肇祖是極少數能將顧頡剛研究範式結合自己的學術興趣與理念進行別樣嘗試的優秀學者。他在《迷信與傳說》一書「自序」中說：「研究我國古代的迷信與傳說，我所用的方法，大半是剝皮的方法。始初是習聞胡適先生剝筍及剝皮的比喻（如說剝筍，一層一層的剝去，其中是極小的或無複餘；泥菩薩的衣服，一層一層的剝去，其中只有粘土；周公的偉大，一層一層的分析，只留渺小的周公），其後是習見了顧頡剛先生的古史辨和孟姜女的研究，更覺得這方法是適用的，這就是我的嘗試。」[76]

胡適的「剝筍法」其實也是從顧頡剛的層累造史觀中抽象出來的：

73 曹松葉：《金華城的神》，《民俗》週刊第八六－八九期合刊，一九二九年十二月四日。
74 曹松葉：《黃河長江珠江三大流域謎語一個簡單的比較表》，《民俗》週刊第九六－九九期合刊，一九三〇年二月十二日。
75 張清水致顧均正信，一九二九年十一月十二日，《民俗》週刊第一〇二期，一九三〇年三月五日。
76 容肇祖：《自序》，《迷信與傳說》，廣州：中山大學民俗學會叢書，一九二九年八月。

顧先生自己說「層累地造成的古史」有三個意思：

（一）可以說明時代愈後，傳說的古史期愈長。

（二）可以說明時代愈後，傳說中的中心人物愈放愈大。

（三）我們在這上，即不能知道某一件事的真確的狀況，也可以知道某一件事在傳說中的最早狀況。

這三層意思都是治史的重要工具。顧先生的這個見解，我想叫他做「剝皮主義」，譬如剝筍，剝進去方才有筍可吃。這個見解起於崔述，崔述曾說：

世益古則其取捨益慎，世益晚則其採擇益雜。故孔子序《書》，斷自唐虞；而司馬遷作《史記》乃始於黃帝。……近世以來……乃始於庖犧氏或天皇氏，甚至有始於開闢之初盤古氏者……嗟乎，嗟乎，彼古人者誠不料後人之學之博之至於如是也！（《考信錄提要》上，二二）

崔述剝古史的皮，僅剝到「經」為止，還算澈底。顧先生還要進一步，不但剝的更深，並且還要研究那一層一層的皮是怎樣堆砌起來的。[77]

歷史演進法以及剝筍法，本質上都是縱向研究法，只不過一個是由前向後演進，做逐項遞增的研究；一個是由後向前剝皮，做逐項遞減的研究。

顧頡剛沒有海外留學的經歷，也沒有在西方已有的民俗學理論上下太多的工夫。他是從戲曲和歌謠中悟到研究古史的方法，反過來，又用史家的眼光、辨史的方法來從事民俗研究。顧頡剛既充分利用了中國古代的傳世文獻，又富於現世的人文關懷，因而顯得極富中國特色，使得中國民俗學從一開始就建立在一個較高的起點上。

[77] 胡適：《古史討論的讀後感》。

第六章　各向同性：傅斯年、顧頡剛與民俗學

在中國現代學術史上，傅斯年與顧頡剛同是史學大家，兩人在中山大學的一段交往，由情同手足，聯手對付魯迅，到相互埋怨，最終分道揚鑣，是中國現代學術史上一段著名的公案。許多人曾有過不同的揣測，這裡僅從他們對待民俗學態度的異同入手，討論兩人的處事風格以及學術思想的差異。

本章試圖通過傅斯年與顧頡剛在中山大學民俗學會的一段學術交往，揭示這樣一個問題：儘管在民俗學會不斷上演著一些愉快的合作或者不愉快的爭執，但如果拋開一些可能存在的個人恩怨，單從學術思想的角度來看，並不因為各人對待「民俗學」態度的不同而必然地可以區分出進步與落後。他們對待民俗學的態度可能不一樣，但其為學術的宗旨是沒有分別的。如果我們站在「學術本位」而不是具體「學科本位」的角度來看，就不能簡單的以是否無條件地支持所謂的「民俗事業」作為行為價值的評判標準。

在中國現代民俗學的發生早期，「現代學者將不同的現代性原則如民族主義、民主主義和個人主義投射於民間文學表像，於是就形成了多種民間文學理念之間相互競爭以及在民間文學表像整合功能的作用下以不同方式相互組合的深層關係」[1]。正是這種現代性的追求，讓持不同民間文化理念的學者走到了一起；但也正是這種複雜的競爭關係，讓持不

1 呂微：《現代性論爭中的民間文學》，《文學評論》二〇〇〇年二期。

同學術理念的學者從合作走向了分歧，最終分道揚鑣。

學者之間最初的合作關係總是體現為一種大致相近的文化理念，但是，隨著合作的展開、細部磨合的深化，彼此之間的學術差距和競爭關係終將會得以漸次展開，並逐漸得以放大。隨著矛盾的異化，學術分歧最後總是會外現為人事鬥爭。

我們很難找到一個恰當的詞彙作為本章的標題，因此借用了一個物理學的名詞「各向同性」，原意是指特定物體的物理和化學性質在各個方向的測試效果是一樣的，不會因測試方向的不同而呈現出性質上的差異。

第一節　傅斯年的學術主張

傅斯年是中國學術史上難得一見的天才組織者。中國現代學術史上的重要學者和重大學術事件，很少有不與傅斯年發生關係的。他的「上窮碧落下黃泉，動手動腳找東西」的學術主張影響了數代人文科學工作者。

傅斯年一九二六年底回國後，即受聘於中山大學，據朱家驊說：「民國十五年我在中山大學，為了充實文學院，要找一位對新文學有創造力，並對治新史學負有時名的學者來主持國文系和史學系，和戴季陶、顧孟余兩先生商量，聘請他來擔任院長兼兩系主任……當時中山大學聲譽隆盛，他出力很多。」[2]傅斯年身體不是太好，做事又認真，為了

[2] 朱家驊：《悼亡友傅孟真先生》，原載臺灣《中央日報》，一九五〇年十二月三一日。收入王為松編《傅斯年印象》，上海：學林出版社，一九九七年。本章關於傅斯年的回憶文章，凡未注具體出處之篇目均轉引自該書，不再一一注明，如「胡適《〈傅孟真先生遺著〉序》」等。

傅斯年在中山大學（一九二八年）

中山大學的文科建設可謂殫精竭慮。他在寫給胡適的信中說自己「到廣州後，又忙又病」，甚至給胡適的信都得托人代寫，信中所求，全是公務。

顧頡剛評傅「任文學院長，以其縱橫捭闔之才，韓潮蘇海之口，有所憑藉，遂成一校領袖，雖魯迅不能勝也」[3]。傅斯年的存在，對中山大學民俗學會影響不小。

傅斯年（一八九六－一九五〇年），字孟真，江西永豐人，生於山東聊城一個傳統士大夫家庭。傅斯年一九一三進入北京大學預科，一九一九年畢業於北京大學中國文學系。據說傅在北大讀書時，就有看外國書的嗜好[4]。一九一九年元旦，以傅為主的北京大學同學主編的《新潮》雜誌問世，這是繼《新青年》後主張白話文學運動和思想革命的第二份刊物，銷量在一萬五千份左右，影響極大。

「五四」運動發生時，傅斯年是北京大學學生領袖，這年秋天，傅通過山東官費留學英國的考試而出國。傅在英、德之時，先從Spearman教授研究實驗心理學，後又轉向哲學、物理學等，對於西方的人文學科，他也同樣保持高度的熱情。傅的本意不在拿一個洋學位，他在國外不斷的換了方向來治學，主要目的是為了從不同的學科中得到科學研究方法的訓練。

傅斯年天資極高，胡適稱他是「人間一個最稀有的天才」[5]。據說他最早在中山大學上《尚書》課時，一段一段地

3　顧頡剛日記，一九二八年四月二九日（一九七三年七月之補敘）。
4　羅家倫：《元氣淋漓的傅孟真》，載臺灣《中央日報》，一九五〇年十二月三一日。
5　胡適：《〈傅孟真先生遺著〉序》。

在黑板上寫，「並無尚書在手裡」，他告訴學生，除兩三篇外，其餘都可背誦[6]。

朱家驊說傅斯年「自負才氣，不可一世」[7]。傅斯年也確實表現得非常地爭強好勝，有雄視天下之壯志。顧頡剛說他「在歐久，甚欲步法國漢學之後塵，且與之角勝」[8]。二〇世紀初，中國興起的各種自然科學及社會科學團體，多由外國人主持。當時的中國學者普遍認為「這些外國人，挾其豐富的物質配備以及純熟的科學技巧，不但把中國境內的自然科學資料一部分一部分地搜集走了！連歷史的、考古的、美術的以及一般人類學的資料也引起了他們的絕大的興趣。他們很堅決地跑到中國來，調查我們的語言，測量我們的身體，以掘我們的地下古物，研究我們的一切風俗習慣——這些『學問原料』真是一天一天的被『歐洲人搬了去乃至偷了去』」[9]！在國際上，漢學的中心所在也是法國，而不是中國。傅斯年很不服氣，他辦中山大學語言歷史學研究所也好，辦中央研究院歷史語言研究所也好，目的之一是為了與法國漢學爭勝。他的著名的《歷史語言研究所工作之旨趣》文末的一句口號是：「我們要科學的東方學之正統在中國！」[10]

傅斯年和顧頡剛都是胡適的得意門生，師徒幾個本來都是疑古的，但傅斯年出了幾年國，回國後卻發現顧頡剛已經坐穩了疑古領袖的位置。傅斯年是個極自負的人，當然不肯向顧頡剛稱臣，為了超越顧頡剛的史學王國，他在歸國前後的短短一兩年間苦心孤詣，最後決定另闢蹊徑[11]。傅斯年說服蔡元培在中央研究院增設一個「歷史語言研究所」，並自告奮勇做了史語所的籌備負責人。傅斯年「辦歷史語言研究所時所樹立的標準很高，觀念很近代化。他的主張是要辦成

6 參見鐘貢勳：《孟真先生在中山大學時期的一點補充》，臺灣：《傳記文學》，一九七六年第二八卷第三期。
7 朱家驊：《悼亡友傅孟真先生》。
8 顧頡剛日記，一九七三年補敘一九二八年四月二九日與傅斯年吵架事。
9 李濟：《傅孟真先生領導的歷史語言研究所——幾個基本觀念及幾件重要工作的回顧》，《感舊錄》，臺北：傳記文學出版社，一九八五年版。
10 傅斯年：《歷史語言研究所工作之旨趣》，原載《國立中央研究院歷史語言研究所集刊》創刊號，一九二八年。《傅斯年全集》（第三卷），長沙：湖南教育出版社，二〇〇三年，第一二頁。
11 桑兵：《晚清民國的國學研究》，上海：上海古籍出版社，二〇〇一年，第二七五頁。

一個有科學性而能在國際間的學術界站得住的研究所，絕對不是一個抱殘守缺的機關」[12]。於是再舉史學革命的大旗，提出「上窮碧落下黃泉，動手動腳找東西」的口號。

傅斯年學術思想最大的特色就是對材料的重視，他說：「近代的歷史學只是史料學，利用自然科學供給我們的一切工具，整理一切可逢著的史料。」[13]他反復向屬下強調的一個原則是：有新材料才有新問題，有了新問題必須要找解決問題的方法；為了解決新問題必須再找新材料，新材料又生新問題，如此連環不絕，才有現代科學的發生[14]。

循著傅斯年尋找「新材料」的要求，「史語所的人類學的研究工作在廣泛範圍內展開。他們先後對廣西的瑤族、湘西的苗族、臺灣的番族、松花江下游的赫哲族、浙江的佘族、雲南的傣族以及雲貴、四川的古羌戎等族作了調查。調查的內容包括體質、文物、風俗、制度等項。同時，又對殷墟出土的殷周時期的人體骨骼，進行了研究分析。這些工作，在我國民族學與古人類學研究史上，都是具有開創之功的」[15]。

第二節　傅斯年與顧頡剛的性格差異

傅斯年對中山大學民俗學運動最大的貢獻，就在於引進了顧頡剛，協同創立了民俗學會。

---

12 羅家倫：《元氣淋漓的傅孟真》。

13 傅斯年：《歷史語言研究所工作之旨趣》。

14 參見李濟：《創辦史語所與支援安陽考古工作的貢獻》，臺灣：《傳記文學》，一九七六年第二八卷第一期。

15 岳玉璽：《傅斯年先生思想學術述評》，《傅斯年選集》，天津：天津人民出版社，一九九六年二月。

傅斯年與顧頡剛在北京大學讀書時曾同住一間宿舍[16]，也是好朋友，傅斯年出國留學，還把《新潮》交由顧頡剛打理，其後兩人一直未絕學術往來。傅斯年回國之後，在中山大學積極籌辦文科各專業，大力招募人才，遂多次去函動員時任廈門大學教授的顧頡剛到廣州來。顧頡剛日記中說：「孟真來了兩封快信，要我到廣東中山大學辦中國東方語言歷史科學研究所，並謂魯迅在彼為文科進行之障礙。魯迅知此間研究院停辦，請朱騮先（朱家驊）邀其餘人而獨排我，孟真則欲獨招我。」[17]當時正值廈門大學辦學經費緊張，教授工資難以保障，校長意見一日三變，加之武昌中山大學也邀請顧頡剛北上任教，顧頡剛左右搖擺拿不定主意。傅斯年是個有霸氣的人，不斷寫信催促顧頡剛來穗，不容他選。一九二七年三月二二日，顧頡剛終於下決心辭去廈門大學職務，而且是先把辭職信拿到《民鐘報》去付印，然後再去找校長辭職。

顧頡剛四月十七日隻身到了廣州。由於家眷暫時還沒能遷來廣州，顧頡剛常常在容肇祖家或在傅斯年處吃飯，一起商談學術計畫。此後一個多月內，傅顧兩人幾無一日不見面。

顧頡剛破釜沉舟來到廣州，卻發現事情並不像想像中那麼簡單。原來，顧頡剛在廈門大學時即曾與魯迅結怨，而魯迅此時正在中山大學教務長任上。顧頡剛天真地以為「我性長於研究，魯迅性長於創作，各適其適，不相過問可已」。可魯迅卻不這麼認為[18]，他一聽顧頡剛要來廣州，勃然大怒，沖著傅斯年說：「他來，我就走。」態度異常堅決[19]。傅斯年感到很難辦，趕緊寫信讓顧頡剛緩一緩再來廣州，沒想到恰逢廈門郵局罷工，顧頡剛沒收到這封信。四月十五日乘

16 羅家倫在《元氣淋漓的傅孟真》中說到：「他房間裡住了四個同學，一個是顧頡剛，靜心研究他的哲學和古史，對人非常謙恭。」
17 顧頡剛日記，一九二七年三月一日。
18 魯迅在一九二七年四月二〇日致李霽野的信中說：「我在廈門時，很受幾個現代派的人排擠，我離開的原因，一半也在此。但我為從北京請去的教員留面子，秘而不說。不料其中之一，終於在那裡也站不住，已經鑽到此地來做教授。此輩的陰險性質是不會改變的，自然不久還是排擠，營私。我在此的教務，功課，已經夠多的了，哪可以再加上防暗箭，淘閒氣。所以我決計於二三日內辭去一切職務，離開中大。」
19 許壽裳：《亡友魯迅印象記》，轉引自山東師院聊城分院中文系圖書館編《魯迅在廣州》（內部參考），一九七七年，第八六頁。

船離廈，十七日抵穗。見了傅斯年之後，顧頡剛才知道魯迅如此激烈的態度，因此不無憂慮地在日記中寫道：「魯迅既絕不通融，而孟真又不欲與鬧，我事未知如何。」[20]

事實上，傅斯年為了顧頡剛的事，已經和魯迅鬧得很不愉快了，據說還曾當著朱家驊副校長的面大哭了一場[21]。四月二一日，顧頡剛晚飯後又去了傅斯年住處，得知傅斯年因為自己的事，已經向學校遞交了辭職信，而且得知有一些魯迅的追隨者貼了匿名揭帖，把顧頡剛說成是研究系[22]，要大家簽名反對顧頡剛入職，但沒有一個教授簽名[23]。

要魯迅，還是要傅斯年加顧頡剛，朱家驊左右為難。如此鬧哄哄過了一個星期，朱家驊最後決定把這事交給學生們開會處理。學生們很天真，當然主張三個人都留下來。這會開了等於沒開[24]。魯迅見擠不走顧頡剛，憤而搬離中山大學。朱家驊挽留無效，只好忍痛割愛，放走魯迅。由此一事，可知傅斯年豪俠好勝、仗義急性，也有操控局勢的能力。

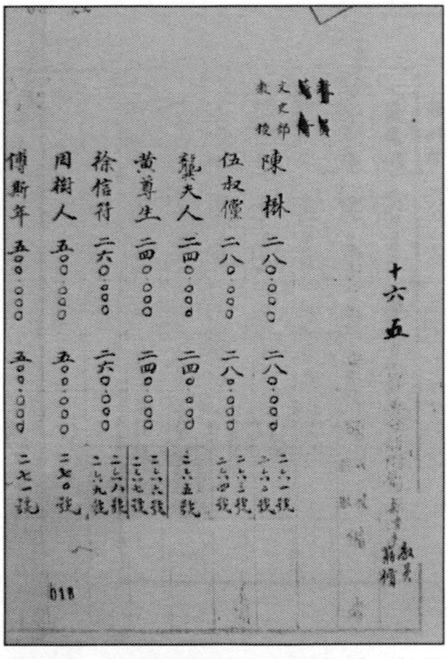

傅斯年、魯迅等教授的工資表（一九二七年五月）

20 顧頡剛日記，一九二七年四月十九日。
21 石興澤：《傅斯年別傳》，北京：中國社會出版社，二〇〇五年，第五五頁。
22 顧頡剛致胡適信，一九二七年四月二八日，《胡適來往書信選》上冊，北京：中華書局，一九七九年，第四二九頁。
23 顧頡剛日記，一九二七年四月二一日。
24 一位叫謝玉生的學生給孫伏園寫信說：「自迅師辭職後，中大文科主任傅斯年，因為與顧有友誼的關係，現亦以辭職相要脅，如顧去，彼亦不幹。中大校務委員會現在無法解決，學生方面的意見，可分四種：（一）極力挽留迅師，拒絕顧頡剛；（二）挽留迅師，傅斯年二人，對顧頡剛不歡迎亦不拒絕；（三）主張對迅師、傅斯年、顧頡剛三人均挽留；（四）主張挽留迅師、傅斯年，同時要求委員會本期暫請顧頡剛赴北京購買中文書籍，下期不再聘。以我揣測，除非第一種辦法外，迅師斷難挽留。但是第一種辦法，傅斯年必去，也會發生糾紛。且學生方面，亦未必一致如此。從此觀察，迅師辭職，必不能挽回矣。」（伏園：《魯迅先生脫離廣東中大》，武漢《中央日報》副刊第四八號，一九二七年五月十一日）

顧頡剛進中山大學之後，兩人同舟共濟經營著語言歷史學研究所，不到半年就把語史所辦得紅紅火火，很快聲名鵲起。

一九二八年春，燕京大學來書聘請顧頡剛北上任教。顧頡剛一直懷念北京的學術環境，準備答應下來。傅斯年是個脾氣暴躁的人，知道這事後非常生氣，認為在中山大學語史所剛剛走上軌道的情況下，顧頡剛要離去是故意拆他的台，一怒之下說出了「忘恩負義」、「你若脫離中大，我便到處毀壞你，使得你無處去」之類不理智傷感情的話[25]。後來因為中央研究院籌辦歷史語言研究所，顧頡剛考慮中研院能給他提供一個更純粹的學術環境，就把燕京的聘請給辭了。但他認為兩人之間的感情裂痕已經無法彌縫，而且覺得傅斯年已經把他看得像個叛黨分子似的[26]。

四月二十九日星期天，顧頡剛和容肇祖晚飯後一起來到傅斯年的住處，商議籌辦中央研究院歷史語言研究所的事。傅顧意見相左，傅斯年脾氣不好，顧頡剛在學術問題上又向來不肯讓步，兩人遂至破口大罵。據說傅斯年氣得使勁打自己耳光[27]，經了容肇祖力勸，事態才得以平息。

矛盾剛暴露時，顧頡剛還有所顧忌，他在寫給胡適的信中說：「孟真晤先生時，請勿把我對於他不滿的話告他，因為他的脾氣太壞，我怕和他開釁也。今春燕京約我，我本想去，因怕傷孟真感情而辭去。」[28]

燕京大學的邀約雖然暫時辭了，但這事還是使得顧頡剛長久不快。他在一九七三年回憶此事時說到：「傅在歐久，甚欲步法國漢學之後塵，且與之角勝，故其旨在提高。我意不同，以為欲與人爭勝，非一二人獨特之鑽研所可成功，必先培育一批班子，積疊無數資料而加以整理，然後此一二人者方有所憑籍，以一日抵十日之用，故首須注意普及。普及

25 王學典、孫延傑：《顧頡剛和他的弟子們》，濟南：山東畫報出版社，二〇〇〇年，第一三七頁。
26 顧頡剛致胡適信，一九二九年八月二〇日，《胡適來往書信選》上冊五三四頁。
27 打耳光事，據二〇〇一年八月十三日顧潮看望鍾敬文先生時口述，顧潮說這是容肇祖先生告訴她的。筆者又就此事詢問過容肇祖先生的夫人袁熙之先生，袁先生說她也記得好像容先生提過這事。筆者均有錄音。
28 顧頡剛致胡適信，一九二八年六月十五日，《胡適來往書信選》上冊，第四八〇頁。

者，非將學術淺化也，乃以作提高者之基礎也。此意本極顯明，而孟真乃以家長作風凌我，複疑我欲培養一班青年以奪其所長之權。予性本倔強，不能受其壓服，於是遂與彼破口，十五年之交誼臻於破滅。」[29]

傅斯年看了民俗學會印行的雜誌和叢書之後，認為這些東西層次太低，算不上學術成果，甚至使用了「無聊」「淺薄」這樣的詞彙來形容。顧頡剛對此屢有回應，比如他在為謝雲聲《閩歌甲集》所作的序言中就說：「人家責備我們不該無限制地印刷時，我往往回答道，『你看殷虛貞卜的甲骨，若羅振玉先生買到之後只供自己的賞玩，或者要待自己的研究完成之後再行發表，那麼，這些東西便至今不能為人所知，有了同沒有一樣。惟其他肯儘量地印，供給別人研究的利便，所以會得造成一個新風氣，在文字學和史學上開出一個新天地。你們還是把民俗材料和甲骨文字一例看罷！』」[30]

像這樣的話顧頡剛不是只說一兩次，他在不同的文章中反復地表達著同一個意思：「凡是一說到學問，大家就責望它有系統，這本是不錯的。但系統何自來呢？它能像天書一般的掉下來嗎？既沒有現成的系統可用，於是不得不努力研究，在事事物物的各個體中去尋出它們的關係和因果，列成一個系統。但是事事物物在哪裡呢？它們也不會說來就來的，有待於我們努力搜集。所以在研究學問上，搜集材料是第一步，整理材料，求出其系統是第二步。這雖說是兩步，其實距離遠得很，經沒有材料到材料完備不知道要費多少力，從粗疏的系統到精密的系統也不知道要費多少力。一般人徒見結果的可羨而忘卻創業的艱難，只想一腳跨上天，天下哪裡有這種便宜事！」[31]這樣意思的話反復印行，傅斯年不可能看不到。

其實傅斯年的指責也不是全無道理。即使是搜集整理，起碼也得有個嚴肅的態度，但有些書稿作者確實不具備著書

29 顧頡剛日記，一九二八年四月三〇日（一九七三年七月補記之《記本月二九日晚事》）。
30 顧頡剛：《序》，謝雲聲編《閩歌甲集》，廣州：中山大學民俗學會叢書，一九二八年七月。
31 顧頡剛：《序》，魏應麒編《福州歌謠甲集》，廣州：中山大學民俗學會叢書，一九二九年六月。

的素質。《揚州的傳說》作者就在「跋」中寫道：「撿到麥子開磨坊。幾篇小品。印刷印刷。聊當屠門之嚼。但以贈給有情的人們消遣，不為無因。」[32]書中內容單薄、混雜，有傳說，有故事，有歌謠，有些是沒有情節的傳聞，還有簡略隨意到了毫無用處的「揚州考略」，在記錄上更是沒有科學性可言。張清水也曾批評《蘇粵的婚喪》「校對不周，錯誤殊多」[33]，評價民俗叢書「雖然不盡好，但總算已盡了提倡之責」[34]。《民俗》週刊也存在類似的問題，劉萬章在一九二九年初的一篇文章中說道：「在過去的一年中，民間文藝，民俗，所收到的材料，利害地說，除鳳毛麟角般的些微研究文字之外，大部分都是各地的歌謠和傳說！」[35]傅斯年作為語史所主任，既然已經看出了問題，提出批評意見也是正常而且合理的。同樣是批評者，張清水的地位是無足輕重的，顧頡剛可以從容處之；而傅斯年學術地位顯赫，其批評意見也就顯得雷霆萬鈞。

傅顧兩人的矛盾逐漸公開化，雙方都開始變得不加掩飾。這期間，遠在千里之外的胡適還曾寫信試圖為兩人調解。顧頡剛則在回信中說：「我和孟真，本是好友，但我們倆實在不能在同一機關做事，為的是我們倆的性質太相同了：（一）自信力太強，各人有各人的主張而又不肯放棄；（二）急躁到極度，不能容忍。又有不同的性質亦是相拂戾的，是我辦事太歡喜有軌道，什麼事情都歡喜畫了表格來辦；而孟真則言不必信，行不必果，太無軌道。又我的責功之心甚強，要使辦事的人都有一藝之長，都能夠一天一天地加功下去而成就一件事業。孟真則但責人服從，愛才之心沒有使令之心強，所以在用人方面，兩人的意見時相抵觸。」[36]因為胡適的不慎，這封信讓傅斯年看到了。傅斯年對於顧頡剛的

32 蕭漢：《跋》，《揚州的傳說》，廣州：中山大學民俗學會叢書，一九二八年七月。
33 清水：《讀〈蘇粵的婚喪〉》，《民俗》週刊第三五期，一九二八年十一月二一日。
34 張清水書評：《吳歌乙集》，《民俗》週刊第三九期，一九二八年十二月十九日。
35 劉萬章：《讀民間故事研究》，《民俗》週刊第五一期，一九二九年三月十三日。
36 顧頡剛致胡適信，一九二九年八月二〇日，《胡適來往書信選》上冊五三三－五三四頁。

這番指責非常生氣，十一月十三日，兩人為此大吵一通[37]。傅斯年是個非常顧面子的人，為了這些事，甚至通宵無法入睡[38]。

傅斯年和顧頡剛都愛才。傅斯年要求高，他挾中央研究院之財力與名望，愛的都是中國學界的頂尖人才；而顧頡剛因為提倡民俗學的原因，難有頂尖人才可用，因而更注重培養可用之才。顧頡剛的做法顯然更加符合當時中山大學的實際，由此「為廣東學界造成一個新風氣」[39]。不過桑兵認為，顧頡剛在中山大學人氣過旺，恰恰成了他與傅斯年鬧僵的重要原因[40]。

傅斯年與其弟傅斯嚴，及何思源教授（一九二八年）

其實，傅顧的分裂，也可以認為主要是由於性格差異所致。在中國這種人治社會，傅斯年是個辦事能力極強的人，原則性與靈活性的尺度把握得相當好；相比之下，顧頡剛的書生氣重一些，他的一些有理有據但不諳人情世故的做法，常常激起傅斯年的怒氣。比如一九二七年四月顧頡剛剛到中山大學時，傅斯年曾經告訴他一件事：其實中山大學給顧頡剛的聘書早就簽發了，去年孫伏園回廈門時，曾托他轉交的，不知道為什麼沒有交到顧頡剛手上[41]。顧頡剛懷疑這是魯迅的指使，就把這事說與江紹原。江紹原是周氏兄弟的忠實門徒，自然就把這事告訴了魯迅。魯迅馬上去責問朱家驊和傅斯年。這事使得傅斯年非常尷尬。顧頡剛自己也在日記中歎道：「因此，孟真大責備我。予自知無處世之才，說話太

37 顧頡剛日記，一九二八年十一月十三日：「今日上午，與孟真相罵。蓋我致適之先生信，為孟真所見，久不慊於我，今乃一發也。予與孟真私交已可斷絕矣。」
38 傅斯年致胡適信，一九二八年十月二〇日，《傅斯年全集》（第七卷），長沙：湖南教育出版社，二〇〇三年，第七五頁。
39 顧頡剛致胡適信，一九二八年六月十五日，《胡適來往書信選》上冊，第四八一頁。
40 桑兵：《晚清民國的國學研究》，上海：上海古籍出版社，二〇〇一年，第二一九頁。
41 顧頡剛日記，一九二七年四月十八日。

老實，而魯迅猶然誣我為陰謀派，怪極！」[42]

顧頡剛在學術上很有懷疑精神，甚至被周作人等戲稱為「疑古先生」，可是，生活中的顧頡剛卻常常會偏聽偏信。他很少懷疑那些道聽塗說的消息，有時偏聽了一些傳聞，馬上就在日記中大發感慨，甚至做出過激反應。比如一九二八年五月二一日，伍叔儻、何思敬在學校出版物審查會議上對「民俗叢書」提了些意見，第二天傅斯年添油加醋地將這事告訴了顧頡剛，第三天，顧頡剛就憤憤不平地給遠在滬杭的副校長朱家驊寫了一封長信，告了伍叔儻一狀，伍叔儻知道後，氣得差點辭職[43]。

顧頡剛做事過於較真。一九二九年中山大學招考新生時，顧頡剛擔任了國文卷的閱卷主任，發現有些老師的評分標準不大統一，就在全部試卷改完後進行了一次核查，重新評定了分數。這事傳出去之後，許多同事很不舒服，認為「你既然要包辦，何必找我們」[44]。種種小事，使顧頡剛在中山大學變得日益孤立。

當然，傅顧關係的緊張也不排除傅斯年對顧頡剛聲名太顯的不滿。《孟姜女故事研究集》出版的時候，鍾敬文在跋中將顧頡剛大大地稱讚了一番，同時也流露出對傅斯年不大支持民俗學會的不滿。民俗學會在為該書所作的廣告中，又稱顧頡剛為「當今史學界泰斗」[45]。傅斯年在史學領域是有大抱負的，他一生的興趣都寄託在史學方面，平素的精力也都放在史語所的建設上[46]，決不會同意對於顧頡剛「當今史學泰斗」的定位，其心中的不服與不滿，也是可想而知的。兩人關係還未破裂時，傅斯年就曾在《與顧頡剛論古史書》中寫道：「幾年不見頡剛，不料成就到這麼大！這事原是在

42 顧頡剛日記，一九二七年四月二二日。
43 顧頡剛日記，一九二八年五月二二—三一日。
44 顧頡剛致胡適信，一九二九年八月二〇日，《胡適來往書信選》上冊，第五三六頁。
45 中山大學校報的該廣告並沒有作者署名，王學典《顧頡剛和他的弟子們》稱該廣告系鍾敬文所作，應有所據。筆者曾就此求證於鍾先生，鍾先生說已記不起是誰寫的，有可能是他自己，但也可能是別人，並稱讚王學典《顧頡剛和他的弟子們》一書寫得不錯，基本沒有違背事實。
46 朱家驊：《悼亡友傅孟真先生》。

別人而不在我的頡剛的話，我或者不免生點嫉妒的意思，吹毛求疵，硬去找爭執的地方。」[47]

顧頡剛之所以離開廈門大學，欠薪是個非常重要的因素。傅斯年為了顧頡剛來中山大學，不惜擠走了魯迅，而且為顧頡剛爭取到了四百元一月的高薪。這在中山大學是僅次於校長和傅斯年等人的最高月薪[48]。有一次，顧頡剛向傅斯年抱怨自從來到中山大學之後，行政事務太多，上課的任務太重，搞得沒有時間做學問寫文章。傅斯年不僅不加安慰，反而語帶嘲諷地說：「先生名已高矣，錢已多矣！」顧頡剛聽了之後，心裡非常不爽，他在給胡適的信中賭氣地說：「我知道他原來已用高價買下我的身子了！我想這也罷，中大聘約既訂一年，我拼用這一年的精力花在教書辦事上罷！所以上古史和《尚書》兩課的講義拼命發，民俗學會的《叢書》拼命出。」[49]人與人的關係一僵硬，好事變壞事，高薪被理解成收買了。

傅斯年的寬容、刻薄，以及他的精英主義，都是自負與驕傲的衍生姿態。儘管傅顧兩人之間發生了許多不愉快的爭執，但在此後多年的學林恩怨中，我們還是能夠看得出來，不論傅斯年對顧頡剛使用了怎樣的交往姿態，真摯懇切或者冷嘲熱諷，拉攏或者打壓，他對顧頡剛學術才華的欣賞和尊重卻是始終如一的；相形之下，顧頡剛的內心深處雖然也在期盼著傅斯年的理解和尊重，但他的不屈服不合作的強硬姿態表明，他才是分道更為決絕的一方，因此也應當為兩人關係破裂的結局承擔更大的責任[50]。

47　傅斯年：《與顧頡剛論古史書》，《國立第一中山大學語言歷史學研究所週刊》第一三期，一九二八年一月二三日。
48　根據中山大學《十六年五月份計算分冊附屬薪津表》，魯迅（周樹人）和傅斯年的月薪均為五百元，顧頡剛、何思敬、江紹原、伍叔儻等人均為二八〇元。可是，魯迅離開中山大學之後，顧頡剛的月薪迅速升到了四百元。根據《國立第一中山大學民國十六年十一月份計算分冊附屬薪津表》，傅斯年月薪五百元、汪敬熙月薪四四五元、顧頡剛月薪四百元、伍叔儻、何思敬月薪二八〇元、容肇祖、董作賓、陳錫襄月薪二四〇元、鍾敬文月薪一百元、劉萬章月薪六〇元、楊成志月薪五〇元。（以上兩份檔案均存廣東省檔案館，全宗號二〇，目錄號二，案卷號五二五）
49　顧頡剛致胡適信，一九二九年八月二〇日，《胡適來往書信選》上冊，第五三二頁。
50　詳見李揚眉：《學術社群中的兩種角色類型——顧頡剛與傅斯年關係發覆》，《清華大學學報》二〇〇七年第五期。

第三節　傅斯年與民俗學會

傅斯年就任中山大學語言歷史學研究所籌備主任是一九二七年八月，實際上招兵買馬的工作早在一九二七年初就任文科學長時就已開始。發生在一九二七至一九二八年間的所有語言歷史學研究所的學術行為，都抹殺不了傅斯年的功勞。無論是創辦雜誌，創立學會，還是聘請人才，都是在傅斯年的支持、策劃，甚至親自操作之下的。即使不參與具體運作，至少也為顧頡剛順利開展工作疏通好了上下關係。胡適認為傅斯年是最能做學問的人，同時又是最能辦事又最有組織才幹的天生領袖人物。[51]同時任職於中山大學的著名心理學家汪敬熙就曾說：「熙能有這點結果，不能不感激孟真給我的機會，能買儀器及有實驗費用。」[52]

原中山大學學生溫梓川曾經這樣描述傅斯年：「他似乎永遠是那麼滿頭大汗，跟你說不上三兩句話，便要掏出一方潔白的手巾揩抹他的汗珠，他老坐在中大出版部的民俗學會內，埋頭伏在室中央的一張大方桌上寫著什麼。」[53]從這段文字我們很難看出

大鐘樓是中山大學在一九二四－一九三五年間的主要辦公場所

51 胡適：《傅孟真先生的思想》。
52 汪敬熙致胡適信，一九二八年七月二五日，《胡適來往書信選》上冊，四八七頁。
53 溫梓川：《傅斯年》，原載《傅斯年傳記資料》第一冊，臺灣天一出版社一九七九年出版。轉引自《傅斯年學術思想評傳》第八五頁，北京：北京圖書館出版社，二〇〇〇年一月。

傅斯年為民俗學會做了什麼，但他與民俗學會關係密切卻是毫無疑問的。據說當溫梓川提出要買一本鍾敬文的《民間文藝叢話》（一九二八年六月出版）的時候，傅斯年便耐心地詢問他是哪個班級的學生，是否喜歡研究民間文學，對於本校編印的這類書有何意見。溫梓川說這書封面裝幀缺乏美感，傅斯年提醒他說：如果書的內容吸引了你，那就不必過份注重書的封面，其實做人也一樣，要樸實無華才好。

一九二八年五月十二日，在中山大學出版物審查委員會第一次會議上，通過了「自本會成立起，各科出版品，及繼續出版品，除講義外，須照本會章程付審查後，方可付印案」。具體到語言歷史學研究所，也就是說，每一本叢書及每一期刊物的出版都得通過校「出版物審查委員會」的審查方可付印，這一方案如果執行，對語史所的出版事業無疑是一致命打擊。為了規避審查，傅斯年特別提出要額外成立一個「語言歷史學研究所刊物審查委員會」，對語史所刊物網開一面，並利用他的影響力，使這一提議「照案通過」[54]。在關鍵時刻力挽狂瀾，從制度上保護了語史所的正常出版運作。

生物系辛樹幟教授前往廣西瑤山進行動植物考察時，傅斯年還曾特別囑託其進行風俗調查。辛樹幟每有所收穫，即以學術通信的方式報與傅斯年，這些信函大都發在當時的《中山大學語言歷史學研究所週刊》上。

傅斯年並未否定「民俗」之為「學」，只是與顧頡剛在出版物的價值取向上有較大分歧。顧頡剛給胡適的信中說，民俗學小叢書「出到一、二冊時，孟真就說這本無聊，那本淺薄」，「在印書上，孟真和我的主張很不同。孟真以為大學出書應當是積年研究的結果。我以為這句話在治世說是對的，在亂世說是不對」[55]。事實上，儘管傅斯年私下裡對民俗學會各出版物的學術品質頗有微詞，卻並沒有直面干涉民俗學會的具體運作（起碼從現有的文字材料上看是如此）。

但就鍾敬文被辭事件而論，傅斯年應該難辭其咎。鍾敬文是中國語言文學系教務助理員，也是語言歷史學研究所民俗學小叢書《吳歌乙集》的經手者，而傅斯年既是中國語言文學系主任，也是語言歷史學研究所主任，是鍾敬文的雙重

54 佚名：《本校出版物審查委員會第一次會議紀事錄》，《國立中山大學日報》一九二八年五月十二日，第一—二版。
55 顧頡剛致胡適信，一九二九年八月二〇日，《胡適來往書信選》上冊，第五三二、五三三頁。

領導，戴季陶辭退鍾敬文不大可能不徵求傅斯年意見，而傅斯年卻沒有向顧頡剛通氣。

顧頡剛後來評價傅斯年說：「當孟真在校日，與予談欲望，予自謂最強者知識欲，次則性欲，彼則云『予惟有政治欲耳』。然觀其成績斐然，下筆立成千言，知其知識欲不謂不強也。」又說：「自此孟真之政治欲日益發展，玩弄所識之達官貴人，操縱各文化機關事，知之者皆以『曹大丞相』稱之，謂其善挾天子以令諸侯也。」[56]可見顧頡剛也未排除傅斯年幕後操縱了鍾敬文被辭事件的可能。

第四節　傅顧學術思想的異同

傅斯年認為「思想不能離開語言，故思想必為語言所支配」[57]，又以為「語言文字為讀一切書的門徑」，故在中山大學辦研究所時，把「語言」放在「歷史」前面，相提並論。而後來中央研究院史語所成立時，「名稱上把歷史兩字，改列語言之先，歷史語言同列合稱，是他根據德國洪保爾德一派學者的理論，經過詳細的考慮而決定的」[58]。依傅斯年的主張，就是要把歷史語言和自然學科一樣對待，用科學的方法，新的材料，做全新的史學研究。鍾敬文在評議傅顧學術思想的差異時認為傅斯年頭腦中有「西歐標準」[59]，是有一定道理的。傅斯年認為世界上沒有什麼東方、西方之分，

56 顧頡剛日記，一九二八年四月三〇日（一九七三年七月之補敘）。
57 傅斯年：《性命古訓辨證引語》，轉引自《傅斯年印象》第一〇九頁。
58 朱家驊：《紀念史語所傳故所長孟真五六歲誕辰特刊序》。
59 鍾先生談話錄音，見施愛東：《女奚不曰其為人也——探問因病住院的鍾敬文先生》，《民俗學刊》第一輯，澳門出版社，二〇〇一年十一月。

他向來不用什麼東方文化、西方文化這一名詞[60]。傅斯年極自負，民族自尊心又極強，深受西方文化影響而不承認也是可能的。

顧頡剛沒有留學經歷，但不等於他沒有受到海外文化的影響。一九二〇年顧頡剛大學畢業，在北京大學圖書館做編目員，十月始曾一度「任清查外文書籍、重編西文目錄事」[61]，沒有一定的外語基礎是不可能從事這項工作的。另外，從顧頡剛指認魯迅《中國小說史略》參考日本鹽谷溫的《支那文學概論講話》而不注明一事[62]，也可見其對海外學術動態非常關注。又據鍾敬文回憶，一九二八年楊成志進中山大學之前，顧頡剛曾給楊成志一篇英文版史學論文讓他翻譯，楊成志完成考試後，顧頡剛認為大致不錯，才讓他進入中山大學語史所[63]。值得注意的是，顧頡剛很少在文章或是講話中提及西方文化[64]，但我們從他與胡適之的關係，從他對科學方法的追求來看，這絕不會是一個沒有受過海外學術文化影響的學者。之所以不提，大約也是因為自負，或者避短。

在學術研究的進行上，傅斯年傾向於項目管理和集團研究。他認為一個人研究學問究竟是精力有限的，而大規模的分工合作，團體研究是比較容易有成就的，「孟真回國的時候，正是我國團體研究機關剛開始的時候。我們可以說，孟真在中央研究院的工作，是中國做團體研究最成功的」[65]。不僅中研院史語所是最成功的團隊，即使是中山大學語史所，也是當時最成功的大學研究所，這是傅斯年顧頡剛合作領導的結果，儘管兩人也因此而分道揚鑣。在傅斯年進入

60 李濟：《創辦史語所與支援安陽考古工作的貢獻》。
61 顧潮：《顧頡剛年譜》，北京：中國社會科學出版社，一九九三年，第五六頁。
62 桑兵：《晚清民國的國學研究》，上海：上海古籍出版社，二〇〇一年，第二一六頁。
63 鍾敬文與筆者的談話錄音，二〇〇一年八月十六日，北京友誼醫院。
64 很難得一見的是，顧頡剛初接手《歌謠》時，在《歌謠》週刊第三八號上答覆舒大楨的《我對於研究歌謠的一點小小意見》時說過一段話：「歐洲諸國研究歌謠已近一百年了，他們一定有許多的材料及討論的結果可供我們參考。但這些材料我們尚未能多多搜集到。我們很願意得到國外歌謠學者的指導，使得我們所發表的研究的議論得在歌謠學的水平線上。」
65 胡適：《傅孟真先生的思想》。

中山大學之前，中山大學並無語言歷史學研究所之議，朱家驊之聘傅斯年，也是聘來主持國文系和史學系的，語史所的建立，應該說與傅斯年關係甚大。中山大學民俗學會是從屬於語史所的一個學術團隊，所以說，民俗學在中山大學的崛起，與語史所，與傅斯年都是息息相關的。

錢穆認為「孟真與頡剛雖一時並稱適之門下大弟子，但兩人學術路向實有不同。頡剛史學淵源於崔東壁之《考信錄》，變而過激，乃有《古史辨》之躍起……而孟真所主，則似尚有迥異於此者……在其主持之史語所，其時尚僅有地下發掘與龜甲文研究兩門，皆確然示人以新觀念，新路向。然孟真心中之史學前途，則實不限於此兩者」[66]。大約錢穆以為對考古材料重視程度的不同是區別傅顧學術路向的一大關鍵。

錢穆這些話有一定道理，但也許有些偏頗。其實顧頡剛也很重視實物材料的擴充和應用，只是沒有像傅斯年那樣做專門的鼓吹和提倡。顧頡剛認為「史料有很多，大概可以分成三類：一類是實物，一類是記載，再有一類是傳說。這三類裡，都有可用的和不可用的，也有不可用於此而可用於彼的」[67]。在史料類別的序列上，顧頡剛還是把實物材料放在了第一位。不過他又說：「我們決不因為古物是值錢的古董而特別寶貴它，也決不因為史料是帝王家的遺物而特別尊敬它，也決不因為風俗物品和歌謠是小玩意兒而輕蔑它。在我們的眼光裡，只見到各個的古物、史料、風俗物品和歌謠都是一件東西。」[68]

這種「一件東西」的態度是傳統史學家們最難以接受的，也是最具爭議性的。胡適就曾批評《古史辨》「方法雖然

66 錢穆：《八十憶雙親．師友雜憶》，臺灣東大圖書有限公司，一九八三年一月。另，《東嶽論叢》一九九四年第一期有張書學《顧頡剛與傅斯年治史異同論》，詳述了兩人史學風格的差異。《中國文化》有杜正勝《從疑古到重建——傅斯年的史學革命及其與胡適、顧頡剛的關係》，清楚地梳理了傅的史學思想，分析了他從贊成和頌揚顧氏疑古學說到澈底反對，轉而提出重建史學的一系列觀點和做法。不過這是史學範疇內的爭論，我們在此僅討論他們與民間文化研究相關的態度和思路，對其史學分歧不作深入探討。

67 顧頡剛：《戰國秦漢間人的造偽與辨偽》，《史學年報》第二卷第二期，一九三五年九月。

68 顧頡剛：《一九二六年始刊詞》，《北京大學研究所國學門週刊》，第二卷第一三期，一九二六年一月六日。

是科學的，材料卻始終是文學的」[69]。傅斯年則在背後譏諷顧頡剛是「上等天資，中等方法，下等材料」[70]。被胡適排斥，被傅斯年目為「下等」的材料，就是民間文學和各種風俗資料。

傅顧對待史料的基本觀點是一致的，所不同的是：傅斯年更注重實物材料，不大注重文學和風俗的材料；更相信科學採集的材料，不大相信口頭傳統；而顧頡剛的古史演變說卻正是從對傳說的研究起家的，顧頡剛對民間文藝和民俗資源的興趣，確實遠過於傅斯年。

但傅斯年也並非不重視民間文學，只是在重視的度上與顧頡剛有些差別。一九二六年胡適在巴黎的時候，傅斯年專程從柏林來看他，兩人聊了幾天，傅斯年曾說：中國一切文學都是從民間來的，同時每一種文學都經過一種生、老、病、死的狀態。從民間起來的時候是「生」，然後像人的一生一樣，由壯年而老年而死亡。胡適甚至認為：「這個觀念，影響我個人很大。」[71]不過它只是就文學論文學，並未提及這種民間文學與史學之間的關係。

一九二八年，傅斯年籌組「中央研究院歷史語言研究所」的時候，分設了八個組，將其中的「民間文藝組」設在北平，聘請劉復（劉半農）擔任組長。該組工作大致如下：

> 規定民間文藝之範圍，為歌謠、傳說、故事、俗曲、俗樂、諺語、謎語、縮後語、切口語、叫賣聲等。凡一般民眾用語言文字音樂等表示其思想情緒之作品，無論有無意識，有無作用，均屬之。
>
> 北平孔德學校所藏蒙古車王府曲，已著手借抄。
>
> 諸項曲本，隨抄隨校隨作提要，由劉復、李家瑞任其事，擬仿清黃文暘《曲海總目提要》之例，匯為《車王

69 胡適：《治學的方法與材料》，原載一九二八年十一月十日《新月》一卷九號，收入《胡適文集》第四卷，北京：北京大學出版社，一九九八年。
70 楊樹達：《積微翁回憶錄》，上海：上海古籍出版社，一九八六年，第二六四頁。
71 胡適：《傅孟真先生的思想》。

府俗曲提要》一書。

此項曲本音樂上之研究，由鄭祖蔭、劉天華任之。

常惠十年來所搜集之現行俗曲七百餘種，已商請讓歸本組，由李薦儂分類編目。常君仍繼續搜集。其屬於北平者，常君擬另行提出，作統系的研究。是項曲本，由劉復、李家瑞作提要，將來匯為現行《俗曲提要》一書。其音樂上之研究，仍由鄭祖蔭、劉天華任之。

前北京大學歌謠研究會徵集所得之歌謠，計萬餘首，由李薦儂擔任抄一副本，用卡片錄抄，每片一首，俾便分類。將來本組有所搜集，亦隨時按類編入，希望在數年之內，能造一極可觀之全國歌謠總藏。

十年來，國內所出民間文藝之書籍，或散見於報章雜誌中者，由常惠、李薦儂擔任調查購抄，以期一無遺漏。

宋元以來小說及曲本中俗字，由劉復、李家瑞搜集比較，期於短時期內，成《宋元以來俗字譜》一書。

鄭祖蔭、劉天華任二人於前述工作外，兼研究北平之叫賣聲，及平蘇婚喪樂之比較。[72]

傅斯年不僅重視民間文藝，也很重視田野作業。他在歐洲時間長，對當時的新興學科及研究方法比較瞭解，他還是中山大學最早的「人類學系」籌備員之一[73]。辛樹幟所領導瑤山生物採集活動中的民俗調查專案，就是受了傅斯年的委託。傅斯年在籌備歷史語言研究所的研究計畫中，就包含了西南民俗調查的題目，該所第四組是「人類及民物」組[74]，特聘史祿國負責研究工作，辛樹幟、容肇祖負責搜集各種民物標本[75]。後因社會科學研究所另有「民族學組」，史語所

72 傅斯年：《國立中央研究院歷史語言研究所十七年度報告》，《傅斯年全集》（第六卷），長沙：湖南教育出版社，二〇〇三年，第一四一—一五頁。
73 《國立中山大學日報》一九二七年九月二九日第二版：「本校聘定新增各系籌備員．傅斯年何畏史祿國為本校人類學系籌備員」。
74 傅斯年：《歷史語言研究所工作之旨趣》。
75 王建民：《中國民族學史》上卷，雲南教育出版社，一九九七年九月，第一一〇頁。

就不在該所重複這一工作。一九三四年，「民族學組」改歸史語所，列為第四組，命名為「人類學組」，也是在傅的領導下工作。但傅斯年的田野作業是建立在尋找「新材料」原則下的學術新路向，並不限於民俗調查，甚至更注重田野考古之類的工作。[76]

傅斯年在南京（一九四七年六月）

傅斯年田野作業的目的是為歷史研究服務，他說：「現代的歷史學研究，已經成了一個各種科學的方法之彙集。地質、地理、考古、生物、氣象、天文等學，無不供給研究歷史問題者之工具。」又說：「又如最有趣的一些材料，如神祇崇拜、歌謠、民俗、各地各時雕刻文式之差別，中國人把他們忽略了千百年，還是歐洲人開頭為規模的注意。零星的注意，中國向來有的。西洋人作學問不是去讀書，而是動手動腳到處尋找新材料，隨時擴大舊範圍，所以這學問才有四方的發展，向上的增高。」[77]顧頡剛雖然沒有把中國的歷史研究與歐洲作如是比較，但在對待民俗與歷史學的關係上，和傅斯年幾乎沒有兩樣。

對於為何在廣州率先進行民族調查，傅斯年也有一段說明：「因為廣州的地理位置，我們將要設置的研究所要有一半在廣州。在廣州的四方是最富於語言學和人類學的材料……至於人類學的材料，則漢族以外還有幾個小民族，漢族以內，有幾個不同的式和部居，這些最可寶貴的材料怕要漸漸以開化和交通的緣故而消滅，我們想趕緊著手採集。」[78]

76 李濟：《創辦史語所與支援安陽考古工作的貢獻》。
77 傅斯年：《歷史語言研究所工作之旨趣》。
78 同上。

顧頡剛在《聖賢文化與民眾文化》的演講中也表達了著手田野調查的緊迫感：「說到民眾文化方面的材料，那真是缺乏極了，我們要研究它，向哪個學術機關去索取材料呢？別人既不能幫助我們，所以非我們自己去下手收集不可。以前我們在北京大學，曾開手做這種運動，設立了一個風俗調查會和一個歌謠研究會。後來因經費及種種關係，沒有幹出很好的成績。現在中山大學有民俗學會的組織，就是立意在繼續北大同人所要做而未成功的工作。」[79]

顧頡剛主持語言歷史學研究所期間，還有一件值得可大書特書的貢獻。顧頡剛早在受命赴江浙購書的時候，就在《購求圖書計畫書》中將檔案、賬簿、個人生活記載等各種不入收藏家範圍的材料列入搜購範圍。入主語史所之後，顧頡剛聯繫接收了廣東省民政廳的三六六四〇份檔案，分作十類進行了整理。「語史所同仁對廣東官廳檔案的整理，為研究廣東近百年的政治、經濟、社會史保存了重要史料；同時對檔案整理工作的宣傳和實踐對於引起社會的同情，號召社會各界起來整理『我國向來無人看他得起的許多許多真實貴重的史料』都起到了重要的作用。」[80]

從以上追溯中我們可以看到，傅顧兩人的學術思想在主流上是一致的，「以至於出自顧頡剛手筆的《國立中山大學語言歷史學研究所週刊發刊詞》，被同時代的董作賓誤認為傅斯年的作品」[81]。今天的學者有此誤斷，就更不奇怪了[82]。當然，我們也可以把它視做時代的學術發展對個人的學術思想所提出的必然要求。傅顧之間的分歧，是在具體操作中才體現出來的。傅斯年的期待值更高，對學術工作的要求自然也更高；而顧頡剛更注重現實條件，更側重在基礎建設。

在對待同一問題（如民間文化）上，兩人所使用的概念是不一致的。「民俗學」是顧頡剛打出來的旗幟，以傅斯年的性格，他不可能跟在顧頡剛的後面充當吹鼓手的角色，為顧頡剛做嫁衣裳。所以，傅斯年在計畫史語所時，對同一領

79 顧頡剛演講，鍾敬文記錄：《聖賢文化與民眾文化》，《民俗》週刊第五期，一九二八年四月十七日。
80 王傳：《國立中山大學語言歷史學研究所初探》，上海：華東師範大學人文學院歷史學系二〇〇九屆研究生碩士學位論文，第三七頁。
81 桑兵：《廈門大學國學院風波——魯迅與現代評論派衝突的餘波》，《近代史研究》二〇〇〇年第五期。
82 周大鳴、吳宇：《中山大學人類學系與中國人類學的發展》，《中山大學學報》二〇〇九年第六期。

域的研究工作，使用的是「人類及民物」這樣一種新提法，反正當時的新興概念都還沒有沉澱成型，「民俗學」「民族學」「人類學」等各種新名詞，在當時的學界並行不悖，相互之間也沒什麼明確界限。「民物」這個叫法，聽起來有點古怪，但不如此不足以區別顧頡剛的「民俗」，其實該學組早期的工作計畫與「民俗學會」並沒有什麼質的差別，如果說有，也只是多了史祿國負責的體質人類學。

史祿國及其夫人早年在中國東北的人類學調查曾經取得過值得讚賞的成績，他的良好的專業素質和理論裝備是當時中國學者所不及的。可以這麼說，史祿國是傅斯年藉以與西方學術規範接軌的橋樑之一，也是藉以區別中山大學民俗學會「土鼈」們的一張王牌。如果這個說法沒錯，就很容易理解史祿國從雲南回來以後，傅斯年為何會極力「袒護」他。

中央研究院與中山大學合作的西南民俗調查中，史祿國因為對雲南土著的社會和原始狀況「感到恐懼」[83]，提前結束調查回到廣州。一九二八年十月二九日，學校有關部門專門「為質問史祿國事，在校開會」。汪敬熙態度激烈，定要學校辭退史祿國。顧頡剛評論說：「孟真極袒史祿國，此感情用事也，緝齋（汪敬熙）必欲去之，亦成見。予極畏事，而今乃不得不為調人。」[84]最終史祿國雖被保留教職，但自此被中山大學的教授們排斥在主流學術圈外，各類學術報導都很少再有史祿國的名字出現。此後的史氏主要待在中研院史語所，主要擔任華南、西南體質人類學材料的整理和研究[85]。

我們不能要求每一個到中國來的外國人都像白求恩一樣具有為中國人民事業的犧牲精神，但史氏領著每月四百元的高薪，事前與中山大學簽訂了工作合同[86]，帶著大把經費大老遠的跑到雲南，拖了兩三個月，結果中道折返，確實應該負些責任。傅斯年對工作的要求非常嚴格，而且不是一個好脾氣的人，他在這次事件上出乎常態的寬容態度確實值得玩味。

83　〔美〕顧定國：《中國人類學逸史》（胡鴻保、周燕譯），社會科學文獻出版社，二〇〇〇年，第六七頁。
84　見顧頡剛日記，一九二八年九月十七日、十月二九日、十月三〇日。
85　王建民：《中國民族學史》上卷，第一一〇、一一一頁。
86　合同書內容公佈於《國立中山大學日報》，一九二八年四月三〇日。

鍾敬文晚年對傅顧之爭的看法，頗可用以作為本章的結語：「傅斯年想把中國的種種研究變成世界上有名的漢學研究，同法國一樣。他的要求很高，而顧先生認為民俗研究要從實際出發，要多採集，采到的東西就直接發表，不然學校的形勢一變，那些材料都沒有了，北大就是這樣的，所以兩個人的看法不一樣。一個是要求很高，一個是想從普及入手，普遍搜集材料，然後再建立起中國自己的學問來。他們本來是好朋友，後來吵起來……這是學術分歧，沒有個人、政見上的差異。」[87]

[87] 鍾敬文先生錄音談話，施愛東整理：《女奚不曰其為人也》，載《民俗學刊》第一輯，澳門出版社，二〇〇一年十一月。

第七章　民俗學運動的中堅力量

許多學術史著都曾徵引過容肇祖先生的這樣一段話：「舊社會的一切反動派，他們認為民間文藝是不登大雅之堂，他們反對新文藝，特別是仇視民間文藝，他們也有的表面上把民間文藝當做點綴品，實質上他們是不願看見民間文學的發展與壯大。我們一些愛好民間文學的人，縱有美好的願望，也不可能在當時實現。」[1]這段話讓許多學術史家誤以為中山大學民俗學會的學術論爭和人事矛盾都是持不同階級立場的進步學者與反動學者之間你死我活的鬥爭。

其實，即使在學會內部、甚至學校教授會之間存在的一些矛盾，也並不是今天想像的那麼簡單。對於在中山大學期間的複雜關係，顧頡剛曾有過抱怨，但更主要的是肯定：「我們幸得在紀念中山先生的中山大學裡工作，而這個大學是站在新時代的立場上的，是站在革命的立場上的，同時又是比較經濟力最充足的，才能夠容許我們這樣做，容許我們傾泄這一點微薄的力量。所以我們看著這些的工作成績，除了對於自己的悵惘之外，我們確實應當感謝這個偉大的中山大學。」[2]

如果沒有相對寬鬆的學術環境，沒有足夠運作的活動經費，沒有眾多學者的參與和支持，顧頡剛要將他的民俗學學科設想轉化為現實是不可能的。一九二七－一九二八年間參與民俗學會早期活動的大多數學者都是因為受到顧頡剛的感

1　容肇祖：《憶〈歌謠〉和〈民俗〉》，《民間文學》一九六二年〇二期。
2　顧頡剛：《序》，《國立中山大學語言歷史學研究所年報》，一九二九年一月十六日。

召，積極熱心地為民俗學雜誌撰寫文章，並參與開辦民俗學傳習班、籌建風俗物陳列室。可是，所謂寬鬆的學術環境也只是相對於整個國家的大環境而言，中山大學的環境並沒有寬鬆到可以讓學者們天高任鳥飛、海闊憑魚躍。而且，無論在多麼利好的環境中，困難和矛盾都是不可避免的。

任何新生事物都會遇到重重阻礙，早期民俗學運動遭受守舊人士的指責和壓制是不可避免的。大部分出於一時熱情的學者在遭遇困境之後都選擇了離開民俗學。這些學者基於現實利益而做出的選擇是理性而無可厚非的，他們必須安定於一個能給他們帶來利益和功名的既定領域，一旦發現民俗學無法為他們的現實生存帶來好處，他們就會自然退出這一領域。他們可能會過著更安寧的、常規的學術生活，可是，他們將永遠無法體會革命成功的喜悅。

事實上，總是會有那麼一些堅定而執拗的理想主義者，他們捨得拋開個人得失，為了實現一個理想而不屈不撓、不斷努力。

第一節　鍾敬文：日趨成熟的民俗學經營者

鍾敬文是中山大學民俗學運動的主要發起人之一，也是最積極的投入者。在當時並不寬鬆的社會環境下，鍾敬文無畏的學術追求使他成了這一運動最初的犧牲品。但是，曲折不撓的鍾敬文卻並沒有因此放棄他在民俗學道路上的執著追求。一次次的挫折與迷茫，正成就了鍾敬文作為日後中國民俗學經營者和領導者的成熟品質。

一、北京大學歌謠研究會的通信會員

鍾敬文出生於一九〇三年三月，廣東海豐人，有筆名靜聞、敬聞等。鍾敬文酷愛文學，舊學功底很好，一九二〇年考入當地的陸安師範學校，這期間曾經告別家鄉遊學廣州，進了一所私立英語補習學校，終因經濟原因中斷補習，回到了陸安師範，一九二二年師範畢業後在家鄉小學教書[3]。當時許多地方報紙受到《北京大學日刊》的影響，紛紛開設歌謠欄目，鍾敬文受到啟發，利用住在接近村民和來往客商的小市鎮的機會進行活動，四面八方去搜求資料，在稍後見到《歌謠》週刊時，這類搜集活動就更加主動了。那段時間，鍾敬文搜集、記錄了各種民間歌謠數百首，口承故事百餘則，編注之後，或以專集，或以散篇的形式寄投北京、上海等地的書店或刊物發表，像後來結集出版的《客音情歌集》《蛋歌》《民間趣事》等，都是這一時期的成果[4]。

鍾敬文（一九〇三－二〇〇二年）

與《歌謠》週刊發生直接的關係，是在一九二四年以後。一九二四年五月十一日《歌謠》週刊第五四號第一次出現鍾敬文的名字：「（四月十六日）收到鍾敬文廣東海豐歌謠六則。」因為當時的《歌謠》週刊刊載方向已經開始由搜集取向轉向了研究取向，這六首歌謠並未發表。鍾敬文沒有氣餒，他當時還只是個二十歲出頭的小青年，正是勇於學習、見賢思齊的年紀，很快寫出了《讀「粵東筆記」》這樣的論述性文

3　安德明：《飛鴻遺影——鍾敬文傳》，濟南：山東教育出版社，二〇〇三年，第十五－十八頁。
4　參見鍾敬文《民間文藝學及其歷史——鍾敬文自選集》「自序」，山東教育出版社，一九九八年十月。

章，發表在第六七、六八號的《歌謠》週刊上，此後則一發而不可收。鍾敬文一九二五年成為北京大學歌謠研究會的通訊會員[5]，並且成了中後期《歌謠》週刊的主要撰稿者之一。朱希祖說：「北大歌謠研究會裡一個健將鍾君敬文，他一個人搜集了千首左右。」[6]

鍾敬文開始連續向《歌謠》週刊投稿的時候，顧頡剛正在大張旗鼓地展開孟姜女故事的討論。鍾敬文首先給予回應，一九二四年十二月十五日鍾敬文寄去兩則田野作業得到的口承材料，十八日又寄去《樂府詩集》中發現的一則「崩山」材料。顧頡剛得到材料大為興奮：「頡剛按，崩山之說確是一個大發現」，並且把鍾敬文的通信放在第七九號《歌謠》的頭版頭條[7]。這一討論持續到第九六號《孟姜女專號的小結束》，顧頡剛再次把鍾敬文的《築城曲與貫休詩》放在了「通訊」欄的頭條。這顯然表達了顧頡剛對於鍾敬文來稿的欣賞和意見的重視。如果說此前顧鍾關係還只是編者與作者關係的話，有關孟姜女的通信之後，兩人的關係則逐漸過渡為朋友關係。《歌謠》週刊在一九二五年六月二八日第九七號後停刊，顧頡剛一九二六年離開北京，但顧鍾兩人的通信關係一直沒有中斷。

應該說，鍾敬文在《歌謠》週刊頻繁出現的過程，也是他不斷學習和進步的過程。當《歌謠》結束的時候，他已經是這個學術圈中小有名氣的人物了。胡適在他的《白話文學史》「自序」中也說：「自從北京大學歌謠研究會發起收集歌謠以來，出版的歌謠至少在一萬首以上。在這一方面，常惠、白啟明、鍾敬文、顧頡剛、董作賓……諸先生的努力最不可磨滅。」[8]鍾敬文後來回味這段話時說：「我始終沒和胡適見過面，也從無個人之間的來往。他在五四時已經名氣很大，是新文學革命運動的發起人；我則還是一個學術青年，在熱心地追隨著這個偉大的文化運動。我想，胡適先生之

5 參見鍾敬文《建立中國民俗學派》，哈爾濱：黑龍江教育出版社，一九九九年，第一〇八頁。
6 朱希祖：《粵東之風序》，《民俗》週刊第三三期，一九二八年十一月七日。
7 見《歌謠》週刊第七九號，第一、二版，一九二五年二月二日。
8 收入《胡適文集》（八），北京：北京大學出版社，一九九八年，第一四五頁。

所以能夠注意到我，是因為我那時是《歌謠》週刊『圈』裡的活躍分子，他可能是在看《歌謠》週刊時，發現了裡面的幾個重要作者，包括我，他認為值得一書，就把這幾個人寫進了他那本有名的《白話文學史》，還把我的名字寫得很靠前。這主要表現了他的中國學者氣派，他是完全從實際材料出發來得出他的結論的。」[9]

一九二六年秋，經同學楊成志引薦，鍾敬文離開家鄉來到廣州，在嶺南大學半工半讀。同年十月二〇日，鍾敬文、楊成志、劉謙初等人就組織成立了「嶺南大學民間文學研究會」，積極從事民間文學的徵集研究活動[10]。這段時間，鍾敬文充分利用嶺大圖書館，標點並注釋了《粵風》這本中國歌謠史上的開荒性專集，寄給了廈門大學的顧頡剛。顧頡剛接到稿子，於一九二七年四月三日撰寫了序言，隨後為之聯繫在北京樸社出版。

二、中山大學民俗學會的創會成員

鍾敬文在廣州（一九二七年）

顧頡剛於一九二七年四月十七日到達廣州，安頓在東山，鍾敬文知道消息後，於二二日下午渡江來晤，兩人通信已久，這是第一次見面，因為顧有飯局，未及多談，於是鍾敬文二三晚又訪，不遇。二四日，鍾敬文再到東山，接了顧頡剛以及容肇祖一家去嶺南大學參觀，然後到了鐘的寓所，楊成志和鍾敬文的其他幾個朋友已經等在那裡了，大家一起吃了晚飯，又到咖啡店坐了談話，能聚在廣州，大家都很高興[11]。

9 鍾敬文：《我生命中的五四》（董曉萍整理），《人民日報》，一九九九年五月三日D版。
10 楊哲：《風雨世紀行——鍾敬文傳》，上海：華東師範大學出版社，一九九九年，第六三頁。
11 顧頡剛日記，一九二七年四月二二—二四日。

接下來幾天，顧鍾幾乎每天見面。四月二六日，兩人「同到東嶽廟買神像神燈，到茶館吃茶點」，這些神的用品後來都出現在民俗學會的「風俗陳列室」。[12]四月二七日，兩人又「同遊東山培正，培道數校。訪叔儻，談歌謠會事」[13]，伍叔儻是中山大學出版部主任，「訪叔儻」的目的是為計畫刊行的《歌謠》及叢書作準備。可見，遠在「民俗學會」成立之前，顧頡剛就已把鍾敬文等人選作助手，未雨綢繆，一同籌畫了民俗學會的各項事宜。

由於顧頡剛的推薦[14]，鍾敬文於一九二七年九月入聘中山大學，擔任中國語言文學系教務助理員，月薪一百元[15]。

顧頡剛五月出發去滬杭購書，十月十三日回粵，十六日即「與莘田（羅常培）到敬文處……同到孟真處，開會商量出刊物事」[16]。當天議定辦四種刊物：一，《文史叢刊》；二，《語言歷史學研究所週刊》；三，《歌謠週刊》；四，《圖書館週刊》。並議定由鍾敬文、董作賓負責《歌謠週刊》。

為擴大研究範圍計，《歌謠週刊》臨出版前改作了《民間文藝》。

一九二七年十一月一日，《語言歷史學研究所週刊》及《民間文藝》出刊。《民間文藝》排版很疏朗，單行本，比當年的北京大學《歌謠》週刊漂亮不少。鍾敬文很興奮，在顧頡剛的寓所坐了長談[17]。

12 類似這種搜集活動一直都在進行著，有些場景鍾先生至今記憶猶新：「廣東的冬天是多雨的。記得那年（一九二七）歲暮，我和容先生等一起到街上去購買過風俗物品（唱本、冥器之類）。」（鍾敬文：《中國民間文學講演集》，北京師範大學出版社，一九九九年，第四四頁）
13 顧頡剛日記，一九二七年四月二六，二七日。
14 楊哲：《風雨世紀行——鍾敬文傳》第八八頁。
15 《國立第一中山大學民國十六年十一月份計算分冊附屬薪金表》，廣東省檔案館，全宗號二〇，目錄號二，案卷號五二五，第九二頁。當時中山大學的教職員工資水準基本反映了該教師在校中地位，按鍾敬文的資歷，要得到這一職位並不容易。一是因為鐘發表文章多，成績比較突出，二是因為得了顧的賞識和力薦。可資比較的是，楊成志的年齡、學歷都高於鐘，但他卻只能以事務員的身分進入中山大學，月薪僅得五〇元，蓋當時成績不如。
16 顧頡剛日記，一九二七年十月十六日。
17 顧頡剛日記，一九二七年十一月一日。

這時正值學界組織「第二批西北科學考察團」，語史所決定參與考察，委託董作賓負責擬定計畫等項，並有諸多事務性的工作需要處理，《民間文藝》的擔子就落在了鍾敬文一人身上。十二月一日，董作賓和鍾敬文一起去了顧頡剛家。董為「母病偏中，急欲假歸」[18]，來向顧頡剛請假。董作賓歸家之後未再返校，之後也未再染指民俗學。

鍾敬文自小愛好文學，《民間文藝》的文學取向恰合了他的口味，雖然辛苦，卻也樂在其中，並將楊成志、劉萬章等人也拽入到民間文學的陣營中來。鍾敬文後來回憶說：「那時候，顧先生做所長，事情又多，而且他是外江人，我是本地人，做事情比他方便，民俗學會的很多事情就由我來做。到了中山大學，民俗學就成為我研究的專業了。」[19]

《民間文藝》共出十二期，因其僅用來發表民間的「文藝」作品，終是「內容範圍太窄，篇幅也小」[20]，因此到了一九二八年初，改為《民俗》週刊，「放寬範圍，收及宗教風俗材料」[21]。週刊仍然只有鍾敬文一人負責編輯，連刊名「民俗」兩字，亦是鍾敬文手書。

民俗學會初創時期的條件很艱苦，幾位創業者的工作完全是兼職和義務的，幾乎沒有任何報酬。鍾敬文編完了十二期的《民間文藝》，連自己的住處都還未能完全解決[22]。一九二八年三月，顧頡剛曾函請學校解決教職員宿舍並撥款創辦「民俗學會」，學校的答覆是：「略謂開辦費二百元，應予照撥；惟教職員舊宿舍，前經撥給圖書館，作擴充閱覽室之用……該會如需房舍辦公，可先撥附小舊居，中華路之空房房間，以資應用；至週刊編輯，請添委書記一節，現在裁員減政時期，亦未便照擬，一俟校款稍裕，再行酌辦云」。[23]

18　顧頡剛日記，一九二七年十二月一日。
19　葉濤：《鍾敬文教授訪談錄》，《民俗研究》二〇〇〇年第一期。
20　鍾敬文《六十年的回顧》，收入《民間文藝學及其歷史——鍾敬文自選集》第四八四頁。
21　顧頡剛《「民俗」發刊詞》，《民俗》週刊第一期。
22　楊哲：《風雨世紀行——鍾敬文傳》第九二頁也提到：「敬文當時在學校附近和老鄉一起共租了一間房子。」
23　《撥款劃地創辦民俗學會》，《國立中山大學日報》一九二八年三月二一日第三版。

鍾敬文除了刊物的組稿、寫稿、審稿、編輯、校對之類的案頭工作，還要負責郵寄刊物、款項簽領、支付以及與印刷廠的其他各種交涉事務[24]。《民俗》週刊及民俗叢書印刷款之領取、支付的程序是：填寫出版物取款表→語言歷史學研究所代主任顧頡剛簽字→出版部主任伍叔儻簽字→會計部主任處取款→向印刷廠付款。[25]

按規定有些事務性的工作本該由當時的出版部負責，只是在出版時效和書刊品質上無法得到保障。年輕的鍾敬文把這些瑣務都擔起來了，他後來回憶說：「當時中大文學院的老師不少，比較熱心於民俗學的人也不是沒有。但他們一來教務繁忙，而且住得離學校較遠，非上課時間不常到校；又有不少的『外江人』，不大懂粵語，事務交涉有困難。於是，編輯出版的重擔就只好由我來挑了。好在我當時年紀較輕，又是本省人；更主要的，是自己正熱衷於這門新學術，所以就挺過來了。現在回想這六十多年前的往事，雖然心裡有些不敢相信，但是，自己卻確實是在這門新學術的初建期，盡了個人所能盡的力量的。」[26]

現在我們從余永梁的一段文字中，還能隱約看出當年編輯事業的艱難：

廣州的印刷所雖然不算少，可是找不出一個規模較大的；標點固然沒有，就是注音字母要不是我們辦這刊物，在廣州恐怕難找到吧？印書，在廣州不很發達，商標是印刷所唯一的事業，（從前還有宣言，傳單，現在已減少。）所以印局的工友們，他們的技能是不長於印書的……奇怪的古字常常使工友們瞪著大眼，口沫飛濺地說

24 一九二八年春，鍾敬文在最後一期《民間文藝》「編輯余談」中自言：「且讓我自己在這裡說幾句私衷的話。我們的編輯，本來負責的是三個人，可是除了第一期，燕堂（按：董作賓字彥堂）兄略有所幫忙外，其餘，都由我這小子一手包辦。（不要單說編輯，撰稿方面，連校對，送稿，寄贈，發售等雜務，差不多皆是我一人幹的，說來真是好笑！）我一人學識能力，本極有限，而此外還有別的公私事務的糾纏，所以結果於週刊既沒多大的成績，自己也就不免陷於極端的困悴中了！」

25 此處已經求證於鍾敬文先生。

26 鍾敬文：《建立中國民俗學派》第一一一、一一二頁。

他們很難排，令我們畏卻。

在去年剛出到第六期，工友們的技能慢慢兒傳習熟了，大亂突作[27]，民間文藝的編者[28]和我的寓所被劫，僥倖還保留了賤命，然而一切什物都精光，週刊的稿件也損失了些。那時只是狼狽，悲苦，同人們都有一種陰影把心遮住；個人煩憂的侵襲更有不可支撐的局勢。然而念到它未來的希冀，過不了幾天又時常偷偷地跑到印刷局去發稿校稿，這刊物竟平安地與讀者繼續見會面。[29]

好在《民俗》週刊的指定印刷廠——德政街的「三友印刷社」，離開文明路的中山大學並不太遠。這是一個規模很小的印刷廠，報價相對便易一些，麻煩的是廠小，資金周轉困難，不能以月結賬，每次都必須現款交易。這給鍾敬文的工作帶來很多不便，聯繫廠家事小，反復在研究所、出版部、會計部之間為錢跑動，找了這個找那個，確實是一件很討厭的事。直到一九二八年五月一日「語言歷史學研究所『事務委員會』第一次會議」之後，才「推舉楊成志主理語言歷史研究所週刊，民俗週刊兩出版物簽名蓋章向會計部領款事宜」[30]。

雖說顧頡剛是主要負責人，但民俗學會前期的組織活動和協調關係的工作基本上都由鍾敬文一力承擔。這時候的鍾敬文很善於團結多方力量，為我所用。與作者的通信，並不單純為了約稿，更在培養同好，他說：「我年來因為興味與地位的關係，靦顏地從事於民俗學的工作，學陋識卑，事此巨業，不待別人的指摘，自己就已早滿感覺著慚愧與戰慄。」可是，在這中間，有一件令我高興的事，就是無形中漸漸的聚攏了許多本來散處著的心與力——我們志同道合的朋友一

27　此處指廣州起義。
28　指鍾敬文。
29　余永梁：《編後》，《國立中山大學語言歷史學研究所週刊》第三五、三六期合刊第一一三頁，一九二八年七月四日。
30　《國立中山大學日報》一九二八年五月十九日第二版。

天一天的多起來了！」[31]趙景深則在一封通信中回應說：「老實說這一次做兩三篇論文……還是因了你的鼓勵以及羡慕你們的努力而來」[32]

鍾敬文對民俗學的熱情似乎總比別人高一些，以至於難以為中山大學諸同事所理解。一九二八年四月初，連縣的瑤民到廣州來表演歌舞，語言歷史學研究所對他們進行了一些訪問，由陳錫襄寫成一篇《瑤民訪問記》。陳在文中寫道：「這篇訪問記應該讓紹孟靜聞他們寫，原因很簡單，因為他們是主動，我呢，老實說，心中並不是說完全沒有興趣，可憐只是些高調子的興趣……那天下午我想去永漢路，剛剛上汽車，便彷彿看見靜聞他們坐在來的那輛車，我想避開他們，那知靜聞眼光尖，一下車便把我從車上抓了下來。他們說要去訪問瑤民，無聊中想找到些新刺激！」[33]訪問中有不少問題陳已記不清是誰發的問，就都算作是鍾敬文的，「因為他腦子裡正裝著不少此類的問題」。[34]陳錫襄也是顧頡剛的追隨者，民俗學會中的熱心人士，以陳之口，尚且對鍾敬文的行為如此評說，雖則語帶戲謔，沒有惡意，總是不能充分理解。

鍾敬文在第一次任職中山大學不長的時間內，不僅不遺餘力地進行著組織培訓工作，還積極引薦人才、吸納同志。楊成志、劉萬章和林樹槐都是廣東海豐人，都是受了鍾敬文的影響，積極參與到這一運動中來的，而且因了鐘的推薦，來中山大學從事民俗工作，楊成志、劉萬章後來相繼成為中山大學民俗學運動的主要力量。林樹槐只有高中文化程度，一九二八年三月份進入中山大學，主要分擔了先前鍾敬文的文字校對和刊物寄贈等事務性的工作。

半個多世紀之後，鍾敬文回憶起這一段難忘的經歷，謙遜地感歎說：「這一時期，我先後參與建立民俗學會，編輯民俗刊物及叢書，管理民俗學傳習班事務，當然也還寫了許多文章發表在刊物上。其實，那時我不僅缺少應有的工作經

31 鍾敬文：《序》，黃詔年編《孩子們的歌聲》，廣州：中山大學民俗學會叢書，一九二八年七月。
32 《通信一則》，《民俗》週刊第十一、十二期合刊，一九二八年六月十三日。
33 陳錫襄《瑤民訪問記》，《國立中山大學語言歷史學研究所週刊》第三五、三六期合刊，一九二八年七月四日。
34 同上。

驗，連比較基本的專業知識也不怎樣具備。所憑藉的，只是一股少年嚮往和肯幹的熱情，蠻勁。」[35]但正是這副熱情和蠻勁，成了推動中國現代民俗學起步的重要力量。

三、學術分歧的犧牲品

民俗學會影響大了，各地書稿也紛紛寄到。一九二八年四至七月間，民俗學會編輯了一大批叢書，其中包括六月份出版的《吳歌乙集》，這是顧頡剛向其同鄉王翼之組的稿。王翼之承繼顧頡剛的《吳歌甲集》而搜集整理了一百餘首吳地民歌，輯為「乙集」。顧頡剛把書稿交給鍾敬文編輯，書稿經鍾敬文的手印為中山大學民俗學小叢書之一。在「道學」的教授們看來，其中有些歌謠涉及到了「性愛」話題。

顧頡剛以身作則，客觀大膽地編出了《吳歌甲集》，還不斷寫信鼓勵別人參與這一偉大的運動，鍾敬文在他一九二七年二月出版的《蛋歌》「序言」[36]中說到：「我的好友顧頡剛君，他知我在搜集這種歌謠，幾次來信，都勸我把它編輯成專書。這種為友誼和為學術的濃情的敦促與勉勵，是我們不能不急於把工作完成，以求報謝的。」

《蛋歌》是廣東水上居民的一種歌謠，蛋民文化相對落後，這使得蛋歌歌詞更粗俗直白一些，但也更有水上居民原汁原味的「魚腥氣」，如第四九首：

白菜開花白拋拋，囉，
妹當胸前二粒瘤，囉，

---

35 鍾敬文：《七十年學術經歷紀程——〈鍾敬文學術論著自選集〉自序》，《北京師範大學學報》一九九三年〇四期。
36 鍾敬文《序言》，《蛋歌》，上海：開明書店黎明社叢書，一九二七年二月。

兄當伸手撫一下，囉，
親像肉餅兼肉包，囉。

鍾敬文搜集歌謠的態度是客觀的，北新書局一九二六年出版了鍾敬文的《客音情歌集》，他在「引言」中說到：「這冊裡所錄的山歌……內容都是關於性愛（按：以周作人的概念，當作情愛）方面的，因此把它叫做『情歌』」。其原因是「那裡居民，作業於山，信口唱詠，謂之山歌。或獨唱，或對唱，或群唱，沒有一定的情形，山歌的內容，十分複雜，大概關於戀愛事情的尤多，而且有的卻分外穢褻。這是我們這裡所謂山歌的大略情狀。」[37]

事實上，相對於北京大學學人的開放，鍾敬文對待這些所謂「猥褻歌謠」的態度還是謹慎的，《客音情歌集》水洗般「健康」，他在《蛋歌》「附錄」中說：「咸水歌是蛋家民族的一種心聲，於我們喜歡文學的人，是很值得去研究和鑒賞的。它的優點，在於表情的真切和音律的諧美，至鄙穢之處，雖不能免，但就它大抵上看起來，那也不過白璧微瑕罷了。」這種態度，明顯是把「粗俗」等同了「鄙穢」，認為是「瑕」。

即使是抱著這樣一種謹慎的態度，鍾敬文還是未能倖免於「替罪羊」的命運。一九二八年七月四日，學校當局突然通知辭退鍾敬文，顧在日記中寫道：「敬文為學校所辭，謂是因《吳歌乙集》有穢褻歌謠之故，為戴季陶大不滿意。然此等事由我主持，何不辭我耶？」顧頡剛日記此前一直稱戴季陶為「戴校長」、「季陶」，此處直呼其名，可見其當時心情之憤怒。

按顧頡剛日記，顧鍾等人得知鍾敬文被辭退的時間是一九二八年七月四日，而鍾敬文編輯的《民俗》週刊一直出到了第二四期，該期出版時間是九月五日，書末有鍾敬文的「編輯餘言」，標署時間是八月十六日，也就是說，被通知辭

37 鍾敬文：《答王嗣順先生討論山歌的信》，《歌謠》週刊第七八號，一九二五年二月十五日。

退後，鍾敬文還不遺餘力地工作了近兩個月。同時也說明中山大學當局對此事的處理並不是太嚴厲。首先，處理結果是「辭退」而不是「開除」；其次，處理之後還允其繼續在崗一個多月，允許鍾在「編輯餘言」中發洩他的憤怒：

自本刊產生以來，局外的人對它大概抱著兩種絕對不同的態度。一種是贊成的，一種是鄙視的。贊成方面的，以為我們這種努力，是一個可貴的貢獻，於中國的學術壇上，他們不但用語言，文字讚美和鼓舞我們，有的還十分誠意的予我們以實力上的援助，如周作人，趙景深，徐調孚，顧均正，黃紹年，清水，謝雲聲諸先生，都是我們所份外感激的！鄙視方面的，似可分為兩種。那受支配於因襲社會的倫理和陋見的近視論者，這在我們是犯不著去計較的。稍可驚異的，是有些素號為頭腦清晰的學者們，也不能予我們以同情，甚至深惡而痛恨之，幾比它於洪水猛獸！我們的工作，誠然是幼稚可議，但自信總是為學術為真理而努力，至少心是純潔可諒的！我們不恤承受社會一般盲人的詛罵，頭腦混濁者的仇視，但我們卻要求大度的學者的平心靜氣的理解，鑒別，甚而至嚴厲的指摘亦得，只要他是確能為真理的！為了保護學術的莊嚴，我們實在沒有受鄙視的懼怕。公平的判斷，終當有個出現的時辰，即使不是在現在！

顧頡剛覺得頗對不起鍾敬文，他敏銳地覺察到鍾敬文其實只是一個替罪羊，辭退鍾敬文是一次針對自己而來的陰謀。他在寫給胡適的長信中說：「敬文為人如何是另一問題，做國文系教務員不盡職也有被辭之理由，但孟真告我，此次之事乃系戴校長因《吳歌》乙集中有穢褻歌謠，故令孟真辭之，則實不合。即使民俗學會中不應印出穢褻歌謠，其責亦在我而不在敬文。今使敬文蔽我之罪，這算什麼呢！豈不是項莊舞劍，意在沛公！又豈不是太子犯法，黥其師傅！」[38] 其時

[38] 顧頡剛致胡適信，一九二九年八月二〇日，《胡適來往書信選》上冊，北京：中華書局，一九七九年，第五三二頁。

顧頡剛正為北大弟子譚惕吾被捕事焦頭爛額，也無力為鍾敬文做太多工作，儘管如此，兩人在從七月四日得知消息到九月七日鍾敬文離穗的兩個月間，一共見了十一次面，常常是顧留鐘吃飯，並於八月二七日正式為鐘餞行。

劉大白作為局外人評論鍾敬文「為了忠實於民俗學研究的緣故，為了普遍地豐富地搜羅民俗學的研究材料的緣故，竟受了事業上不應受的挫折。他所受的挫折……原因於教訓主義者的不守自己的職分」[39]。

鍾敬文同時遭受了事業的打擊和戀愛的挫折（戀人寄萍去了新加坡），心情比較消沉，劉大白給他介紹了一份杭州的工作。九月七日他與韋承祖同船去上海，海上漂了十天，爾後轉往杭州，在杭州省立商業中學教書。他在十月九日的一篇文章中寫道：「我的生活突然轉了方向——我沈耽於一個夢的國境中！在那時到現在半載裡，我全過著淒迷的日子。此刻是醒著呢，抑仍在夢中？你要向我這樣的發問時，我的回答就是那只有天知道！」[40]

到了杭州之後，鍾敬文曾一度對民俗學心灰意冷，而把更多的精力轉向了文學創作，甚至還寫了一部五萬字的中篇小說。他自承這段時間「心緒不寧」，甚至對於容肇祖的來信也懶得一回，「這種情況，到了一九二九年春夏之交，才由於與錢南揚共同主編《民國日報》的『民俗週刊』而告結束」[41]。一九二九年二月，鍾敬文給容肇祖寫了一封長信[42]，這大概是他情緒回復正常的一個信號。

一九二九年春，鍾敬文再次得到劉大白舉薦，兼任浙江大學文理學院國文講師，一九三二年八月，轉為專任講師，月薪二百元[43]。

後來鍾敬文又與婁子匡等人一起，在杭州組織成立了中國民俗學會。一九三四年，鍾敬文東渡日本，一九三六年回

39 劉大白：《民間文藝叢話次集．序》，轉引自趙世瑜《眼光向下的革命》第一三一頁。
40 鍾敬文：《楚辭中的神話和傳說》，葉春生主編《典藏民俗學叢書》下冊，哈爾濱：黑龍江人民出版社，二〇〇四年，第二六〇七頁。
41 趙世瑜：《眼光向下的革命》第一三一頁。
42 鍾敬文等：《本刊通信》，《民俗》週刊第五二期，一九二九年三月二〇日。
43 《國立浙大二十二年度主要教員一覽表》，存浙江省檔案局，檔號五三—一—一三四八九—三，第一一頁。

到杭州。

四、亦文亦武的進步教授

年輕的鍾敬文是個有著浪漫文人氣質的進步學者，滿腔熱情，一心想著精忠報國、建功立業，可是，具體該做些什麼，卻並沒有很肯定的方向。抗戰爆發後，大批進步學者遷到了桂林，鍾敬文在這裡偶遇好友尚仲衣。在尚的鼓動下，鍾敬文辭去教職，挾筆從戎，做了上校視察專員，輾轉來到了廣東坪石。

當時的中山大學為了躲避日本戰機，恰恰遷校在此。此時的楊成志已從法國留學歸來，正任研究院秘書，又負責文科工作，是校方紅人。在他的鼓動和舉薦下[44]，鍾敬文於一九四〇年春回到中山大學[45]，「開始任副教授，後任教授」[46]。

當時桂林是個文化中心，許多中山大學學生都前往遊學。一九四二年四月，中文系的應屆畢業班文化考察團就曾在鍾敬文的帶領下，前往衡陽、桂林，去感受抗戰新文化的氣氛[47]。

---

44 鍾敬文先生坦承他與楊成志兩人的學術歷程有著很深的淵源，一九二六年，楊成志把鍾敬文帶到了廣州；隨後鍾敬文把楊成志引上了民俗學的道路；一九二八年，鍾敬文又把楊成志引進中山大學，推薦給了顧頡剛；而在一九四一年這次，則是楊成志把鍾敬文拉回了中山大學，使鍾敬文最終回到了教育救國之路。

45 著者未能找到鍾敬文入校的聘任書。楊哲在《風雨世紀行——鍾敬文傳》中稱鍾敬文於一九四一年春季回到中山大學，可是，據中山大學《文學院廿九年度各教員擔任導師名表》（存廣東省檔案館，全宗號二〇，目錄號三，卷宗號九七，第二五頁）在「中文系副教授」一欄，已有「鍾敬文」之名，可見鍾先生至遲在一九四〇年底已經回到中山大學。

46 楊哲：《風雨世紀行——鍾敬文傳》第二六五頁。

47 黃義祥、易漢文編：《中山大學大事記》（徵求意見稿，一九九九年十月）稱鍾敬文帶領學生去「搜集湘桂民俗學資料」。而鍾先生在訪談中卻說這事與民俗學無關，只是帶領學生去新文化活躍區感受一下革命氣氛（鍾先生談話錄音，北京友誼醫院，二〇〇一年八月）。

鍾敬文在這段時間的學術活動不詳，但在文科研究所主任楊成志一九四三年九月二日寫給學校領導的一份報告中說：「查現任文學院教授鍾敬文先生，數年來負責本所民俗季刊編輯工作，及對本院招生等進行，攘助頗大。現本所本學期中國語言文學部擬開『民間文藝』一課，決[48]請鍾教授為本所語言文學部兼任教授。」[49]一九三六年復刊的《民俗》季刊已經改為一六開本，學術取向也在楊成志的舵掌下轉向了社會人類學。鍾敬文接手季刊是在第一卷第四期，一九四二年三月出版。當時坪石的工作和生活條件非常差，附近沒有印刷廠，季刊是在曲江印刷的，因此出版週期大大偏長。雜誌雖然遲至一九四二年才出版，事實上在一九四一年即已開始徵集稿件進行編輯，但鍾敬文自己的《中國民謠機能試論》，卻是幾年前的一篇舊文章。

鍾敬文被聘為中山大學研究院文科研究所兼任教授之後，他在人類學部擔任的課程是《中國民俗研究》，這是二學分的選修課，授課對象是文科研究所的碩士研究生[50]。但他的正職是中文系教授，因此主要課程還是為中文系學生而開設的，先後開設的課程有《文學概論》《詩歌概論》和《民間文學》。

一九四三年十二月，鍾敬文經手出版了《民俗》季刊第二卷第三、四期合刊，這已是轟轟烈烈的中山大學民俗學運動的尾聲了。一九四四年夏，日軍就發動了大規模的湘桂攻勢，坪石危在旦夕，季刊工作澈底中斷[51]。一九四五年一月，「鍾敬文和中山大學的部分人員，在炮火聲中逃出了坪石，許多浸滿心血的文稿還有一些心愛的書籍和衣物，都在炮火中化為灰燼了。學校轉移到了更為偏僻的連縣三江圩」[52]。

一九四五年抗戰勝利，鍾敬文隨中山大學回到廣州石牌，又與梅龔彬等教授一起指導了中山大學日益高漲的學生運

---

48 報告為楊成志手書，原用「擬」，後用粗筆改為「決」。
49 「文科研究所主任楊成志」致「崔院長」公函，存廣東省檔案館，全宗號二〇，目錄號二，案卷號二〇六，第一六八頁。
50 《國立中山大學人類學部課程表》，存廣東省檔案館，全宗號二〇，目錄號一，案卷號二一。
51 這次中斷之後，《民俗》季刊未再復刊，所以一九四三年十二月被學術界認為是中山大學民俗學運動的時間下限。
52 楊哲：《風雨世紀行——鍾敬文傳》第二八七頁。

動。一九四七年六月，中山大學迫於國民黨的壓力，再次解聘鍾敬文。鍾敬文被迫化裝逃離廣州，去了香港達德學院。

第二節　容肇祖：民俗學會的中流砥柱

容肇祖是中山大學民俗學運動的主要發起人和組織者之一，而且是中山大學民俗學會的第一任主席，是繼顧頡剛之後中山大學民俗學運動的主要領導者和經營者。由於民俗學運動所提倡的新思想與復古派的保守傾向發生矛盾，容肇祖的不妥協態度使他在中山大學的民俗學事業變得舉步維艱。

一、顧頡剛的追隨者

容肇祖，字元胎，一八九七年十二月出生，父家母家都是廣東東莞著名的書香門第。容肇祖一九二二年秋考入北京大學哲學系，「這年是北大成立二五周年，北大開始發刊《歌謠週刊》，附在《北京大學日刊》中，每週一次。我不久後，搜集兒歌三十多首投稿」[53]。《歌謠》週刊第一次記載收到容肇祖的「東莞歌謠四六則」是一九二三年十月三日[54]。

容肇祖和民俗學的關係是與他和顧頡剛的關係是密切相關的。容肇祖說：「在我進北大時，顧頡剛先生任北京大學研究所國學門助教，他對古史研究有新的創見，對民間歌謠和通俗讀物等方面有很大的興趣。我對歷史、文學、民間文

53 容肇祖先生遺稿：《我的家世和幼年》（施愛東校注），《民俗學刊》第一輯，澳門：澳門出版社，二〇〇一年。
54 《來信》，《歌謠》週刊第二七號，一九二三年十月七日。

容肇祖（一八九七－一九九四年）

學也同樣愛好。顧頡剛先生曾提出：『層累地造成的中國歷史』的觀點，並有機地和他的民間文學、歷史地理、邊疆地理等研究聯繫起來，他的論點的中心思想是要有效地摧毀封建的歷史學體系。他在『五四』運動影響下，以探求歷史真偽的實事求是的態度，把儒家的《六經》從歷史上予以推翻……在他談他這種實事求是的治學態度時，對我閱讀中遇到的疑問有深刻的啟發，因而在當時他主編的三個刊物（《國學季刊》、《北大研究所國學門季刊》、《歌謠週刊》）上我都有投稿。這也是我執筆寫有關民間文學和歌謠等方面文章的開始。」[55]

《歌謠》展開方言討論的時候，容肇祖先後寫了《徵集方言的我見》、《反切的祕密語》等文章介入討論。歌謠研究會一九二四年一月的常會上，容肇祖也是贊成將「歌謠研究會」改作「民俗學會」的會員之一。

一九二五年四月底，容肇祖跟隨顧頡剛等人前往妙峰山香會進行調查，並規定歸來後各寫一篇文章，容肇祖寫的是《妙峰山進香者的心理》。「這工作開展不久，引起社會上不少對民間文藝、民間風俗、民族歌謠、民間通俗讀物……愛好者的極大重視和興趣了。」[56]

一九二六年，容肇祖大學畢業，受顧頡剛之邀，受聘於廈門大學，任國文系講師兼研究院編輯。一九二七年春，廈門大學國學研究院停辦，容肇祖三月份回到廣州，林語堂寫信把他推薦給魯迅（時任中山大學教務長），同時顧頡剛又寫信把他推薦給傅斯年（時任中山大學文科主任）。得兩人推薦，容肇祖很快受聘於中山大學，任預科國文教授兼哲學系中國哲學史講師。一個月後，顧頡剛也離開廈門大學來到中山大學，頭幾天因為找不到傅斯年，就住在容家，大家

55 《容肇祖自傳》，《東莞文史》第二九期，東莞政協文史辦編印，一九九八年十二月。
56 《容肇祖自傳》。

商議著要復刊北京大學的《歌謠》週刊。這年十一月，《民間文藝》成功出刊。由此揭開了中國民俗學運動史上新的一章。

因為同時要給預科和哲學系的學生上課，容肇祖每週十幾個課時，無暇顧及其他。《民間文藝》和《民俗》週刊，以及民俗學傳習班都是鍾敬文在負責，容肇祖雖為民俗學會的一員主將，除了撰文授課之外，參與具體事務還不太多。

二、第一任民俗學會主席

一九二八年六月，暑假臨近，課時稍微鬆動，容肇祖在語言歷史學研究所的事務會議上提議往韶關北江一帶調查風俗古物，理由是韶關南華寺與唐代佛教關係密切，又南雄的珠璣巷是北人南遷的中轉站，其間必有許多風俗古物的遺存。會議決定由容肇祖與商承祚兩人前往。

六月二二日學期考試結束，二三日出發，因為沿途車路損壞、以及訪友、購書、遊覽諸事耽誤，兩人直到二七日下午才到樂昌瑤山黃茶坑，只待了一個多小時就離開了。容肇祖對瑤人的衣食住耕作了一些記錄，商承祚拍了幾張照片。其時正值政府軍剿匪，出於安全考慮，韶關北區善後委員會王應榆委員長勸止了他們的南華寺之行。因為商承祚急於要去南京，二九日下午兩人就回到了廣州。其間經過和收穫，後來由容肇祖寫成了《韶州調查日記》，發表在《中山大學語言歷史學研究所週刊》第三九期。

容肇祖剛從韶關回來，正趕上史祿國夫婦、楊成志等人受到中央研究院的委託，欲往昆明進行玀玀民族的民俗調查，於是一起加入了赴滇隊伍[57]。

[57] 參見本書第四章「中國最早的西南民族調查」。

容肇祖於九月四日回到廣州，很快就得知鍾敬文因《吳歌乙集》事被戴季陶解聘，顧頡剛要他馬上接手《民俗》週刊的編輯工作。此時容肇祖手上剛好有一篇《唐寫本明妃傳殘卷跋》，本來打算投到《語言歷史學研究所週刊》的，為了支援自己的編輯工作，就把文章轉發在《民俗》週刊第二七、二八期合刊上了[58]。這一期也是容肇祖正式接手《民俗》週刊的開始，時間是一九二八年十月三日。

容肇祖大膽對《民俗》週刊進行改革，他從第三一期起，就將週刊由豎排改為了橫排，以適應時代的要求。他編輯《民俗》週刊在內容上的最大特色，是積極組織「專號」。第一次專號是第三二期的《中秋專號》，因為時間倉促，該期共十一篇文章，有三篇是容肇祖自己執筆的，一篇是容肇祖的妹妹容媛所作（自此以後，容媛成為了《民俗》週刊的重要作者之一），另一位重要作者黃仲琴也是中山大學教授、容肇祖的好朋友。後來，他又策劃編輯了《神的專號》、《檳榔專號》、《傳說專號》、《歌謠專號》、《故事專號》、《舊曆新年專號》、《清明專號》、《妙峰山進香調查專號》、《蛋戶專號》、《祝英台故事專號》、《謎語專號》等，大大加強了週刊的學術意識和爭鳴意識。

鍾敬文之後的一年多時間裡面，民俗學會的工作基本上都由容肇祖一人在支撐著。「在學校每週教授一五點鐘的功課外，所餘暇的時候，大半是為民俗學會民俗週刊耗去。」[59]他除了繼續主編《民俗》，還積極組織風俗物品的搜集整理等事項，其成績涉及民俗學會各項工作。

顧頡剛在一九二八年十二月致校長函中說：「敬啟者，職所考古學會、民俗學會俱已設立，亟須選任主席，以專職成……預科教授容肇祖先生，襄辦風俗物品陳列室，編輯《民俗週刊》，成績久著，擬請聘為民俗學會主席。如蒙賛

---

58 由此也說明在顧頡剛容肇祖一批人自己的心目中，《中山大學語言歷史學研究所週刊》的地位也要高過《民俗》週刊。前者被當做已經得到學界認可的學術，後者被當做有待學界認可的學術。

59 容肇祖：《自序》，《迷信與傳說》，廣州：中山大學民俗學會叢書，一九二九年八月。

同，敬乞致函聘任是幸。再該兩職俱為名譽職，不支薪津，特此聲明。此上校長。」[60]一九二九年一月十七日，中山大學民俗學會召開第一次會議，容肇祖主持會議，開始正式行使主席職責[61]。

顧頡剛一九二九年二月開始請假北上，容肇祖主持中山大學民俗學會就更加艱難了。

一九二九年五月六日，容肇祖主持召開了「民俗學會第二次會議」，當天議決的事項中有：一，關於選送西湖博覽會風俗物品案；二，關於徵求民俗學會會員案；三，關於應付國民黨市黨部風俗改革會議案；四，關於召開會員大會案。這些相關工作，也多是由容肇祖主持完成的。

一九二九年六月一日，容肇祖草擬了一份《發展民俗學會計畫書並經費預算》，提交給朱家驊校長。他在報告中說到主持民俗學會的種種艱難：「一則定期刊物之民俗雖有經常印刷費，列入研究所預算中，而編輯事務，則由肇祖一人負責，課授之時間已多（每週十五時），撰述自不能少，欲求內容之精到，材料之謹嚴，此其難為者一。又投稿之士，全本熱心，絕沒有金錢之酬報以投其他雜誌，則潤筆可資，至叢書巨著，本會除送回三五十本外，絕無其他版稅或報酬，欲求發展不變難乎？此其難為者二。至外國出版關於民俗及中國民俗之書籍，求之圖書館中，已屬寥寥，研究所又無專款購買，即熱心研究，參考困難，此其為難者三。購風俗物品雖曾領過數百元，但無一定經費，搜求物品，有限於時地，而應付無從，此其為難者四。小小調席，亦需費用，近之如蛋戶，如廟誕，如神會，由三數十元，以至百元之費用，有調查則有專號，無調查則無文章，雖枵腹或可從公，而獨力難於輕舉，此其為難者五。」[62]七月，朱家驊核准計畫書備案，但全年經費總額改為二千二百元，這已經是民俗學會歷史上由校方批出的最大一筆經費了。

60　顧頡剛致校長函，一九二八年十二月二四日。該函現存顧潮女士處。
61　《國立中山大學語言歷史學研究所概覽》，廣州：中山大學語言歷史學研究所，一九三〇年一月，第七一頁。
62　《國立中山大學語言歷史學研究所概覽》，第八七、八八頁。

三、孤立無援的邊緣學者

中山大學語史所在顧頡剛的領導下，大量出版書刊，廣造聲勢，引起所內外許多人的妒嫉，以至橫生了不少的是非。一九二八年底，戴季陶朱家驊都因擔任國民黨政府要職而離開中山大學，於是，學校內部出來一些謠言。十二月四日，一個叫宋香舟的告訴顧頡剛，說容肇祖和余永梁在外面公開對學生說，兩個校長都走了，學校馬上要有變故，我們也預備散夥了。宋香舟要顧頡剛勸勸容、余兩人，別說這些搖惑人心的話。顧頡剛聽了非常生氣，他說：「全校教員二百餘人，乃為此言者一為《研究所週刊》編輯，一為《民俗》編輯，何其巧耶？且紹孟並不上課，何從與學生公開。其為人靜默寡言，又何肯公開。造謠言造到紹孟頭上，真可太息。總結一句，彼輩欲推倒研究所耳，手段卑劣至此！」[63]從顧頡剛對謠言的分析來看，當時容肇祖的人事處境確實不大好。

顧頡剛離開了中山大學，而容肇祖因為是廣東人，沒有追隨北上。同道中人紛紛離散，中山大學的環境對於容肇祖來說就顯得有點不大和諧。鍾敬文曾用惺惺相惜的語調說道：「頡剛，莘田，丁山，式湘，紹孟，相繼去粵，不但文酒談笑，無複往日之盛，想兄欲商一事，交一語，亦很有遇人不易之歎矣！」[64]一九三〇年，容肇祖經原高師老師楊壽昌的介紹，辭去中山大學哲學系講師和預科教授之職，到嶺南大學國文系任副教授。容肇祖一走，民俗學會經費隨即被校方裁撤，各項工作也逐漸陷於停頓。

一九三二年秋天，嶺南大學校方與董事會發生矛盾，學校經費陷入困境，大量裁員，因為容肇祖工資較高，便被嶺南大學列入裁減名單。

---

63 顧頡剛日記，一九二八年十二月五日。

64 鍾敬文：《別來無恙的一封書》，《民俗》週刊第八三期，一九二九年十月二三日。

經陳鐘凡介紹，容肇祖又於一九三二年七月回到中山大學。容肇祖本來是想到中文系的，但當時的中文系主任古直是個「復古」派，主張學生以讀經這主，容肇祖向文學院長吳康寫了一封長信表示反對，但古直以辭職相要挾，不出席會議。吳康是古直的學生，只好將容肇祖安排在歷史系任副教授。

這年十月，著名歷史學家朱希祖也來到中山大學，十二月出任中山大學文史研究所（即原語言歷史學研究所）主任，隨即勸說容肇祖複辦《民俗》週刊，朱在《恢復民俗週刊的發刊詞》中說道：「……所以書籍費調查費人才費，三者缺一不可，非有大規模的計畫和預算，不能完成此學的使命，和極大的貢獻，此在中央政府應當提倡獎勵，特設機關，寬籌經費，延攬各項專門人才，分代搜集，分省調查，分析綜合研究，且須寬以歲月……現在我們在中山大學文史研究所，不過小規模的試驗，而且學期中間接手種種預算，多已固定，三項經費完全沒有，僅能擔任出版週刊的經費，一切全賴容先生個人的努力。」[65]

一九三三年三月二一日，《民俗》週刊復刊。可惜的是，復刊的《民俗》週刊只堅持了一四期。因為《民俗》週刊的思想宗旨與讀經復古的保守派思想相左，學期結束時中山大學沒有續聘容肇祖，《民俗》週刊無人主持，再次停印。容肇祖第二次在中山大學剛好待了兩個學期。

這時嶺南大學經費好轉，楊壽昌再次舉薦，容肇祖又去了嶺南大學。此後，容肇祖受陳垣之約，又北上輔仁大學、北京大學執教，蘆溝橋事變之後，倉促隻身南下長沙臨時大學，後又轉往西南聯大。一九四〇年秋，容肇祖因送其妻赴香港就醫，無法回歸西南聯大，隨後進入嶺南大學任國文系教授（當時廣州淪陷，嶺大遷在香港）。

珍珠港事變後，日軍佔領香港，容肇祖夫妻逃回東莞老家，容肇祖在給朋友的一封信中說到：「弟前歲自昆明聯大告假回香港，以內子生產，改就嶺南大學教席。香港事變後，弟已逃回東莞常平鄉，非淪陷區。本擬日間由惠陽轉曲江

---

[65] 朱希祖：《恢復民俗週刊的發刊詞》，《民俗》週刊第一一一期，一九三三年三月二一日。

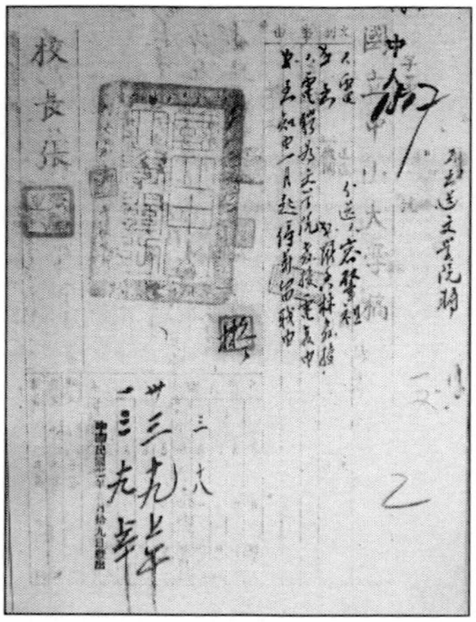

中山大學聘用容肇祖的文件
（一九四二年三月十九日）

容肇祖與夫人袁熙之

赴坪石，但旅費不少，又恐到坪石後，未有職業，生活無從。至直赴昆明，則旅費更重，非弟力量所能及。」[66]此時容肇祖剖腹產的長子容伊剛剛出世，拖家帶口，生活困頓，連遷家的旅費都成了問題。

當時的中山大學，因日軍佔領廣州，遷在韶關坪石。容肇祖第三次就聘中山大學，補的是羅香林的缺。中山大學人事處的一份文件中特別說到：「查文學院歷史學系教授羅香林先生迄今尚無返校消息，所任必修科目《中國史學史》、《斷代史》尚乏人講授，頃得前史學系教授容肇祖先生來函，知已自港逃出，回東莞常平鄉，當可返校任教。容先生在本校歷史甚久，曾擔任中國語言、哲學、歷史各系科目有年。」[67]

容肇祖除任歷史系教授外，還兼師範學院史地系教授，月工資是三六〇元，一九四二年三月起計薪。當時中山大學的條件也很艱苦，物價飛漲，容家在坪石也只能「租一小屋，僅能容一床一桌，床的後面僅隔一板壁，是房東老人的豬圈和廚房，老人煮飯、煮豬食等均燒柴草，房無窗，黑煙夾臭氣俱來。生活在困窮中，衛生條件無法改善」[68]。

坪石時期，容先生幾度死裡逃生，均在其自傳中述及。抗戰勝利後，中山大學回遷廣州，容肇祖也隨校回到廣州。這時，國共兩黨矛盾

66 信存廣東省檔案館，全宗號二〇，目錄號二，案卷號一四〇，第二三四頁。
67 檔存廣東省檔案館，全宗號二〇，目錄號二，案卷號一四〇，第二三二頁。
68 《容肇祖自傳》，《東莞文史》第二九期，東莞政協文史辦編印，一九九八年十二月，第二八一頁。

上升為主要矛盾，容肇祖因支持進步學生運動，受到國民黨特務迫害。一九四六年，容肇祖在祕密得知國民黨當局要對他加以迫害的消息後，不得不匆匆取道香港北上。同年十月，容肇祖受聘為北京大學哲學系教授。

第三節　楊成志：後期民俗學運動的領導者與終結者

中山大學民俗學運動明顯可以分作三期。早期以顧頡剛為首，中期靠容肇祖得以維持，晚期主要由楊成志負責。楊成志挾西洋博士的頭銜，成為一九三〇年代後期至一九四〇年代間中山大學的學界紅人。在他的努力下，本已中斷的中山大學民俗學運動得以重燃新火，取得了不俗的成績。

一、勤奮努力的英俊少年

楊成志，字有竟，生於一九〇二年五月，廣東海豐人，比鍾敬文年長一歲，家境比較富裕[69]。楊成志汕尾高小畢業後，曾短暫地就讀於五坡嶺的海豐中學（與鍾敬文所在的陸安師範學校同址）。一九二〇年，楊成志考進英國教會的佛

[69] 楊成志出生於海豐汕尾鎮鹽町頭，「鹽町原是海邊漁村，後來成為海鹽集散地，村民以鹽業為生。楊父經營有方，與社會賢達交往甚密」。（何國強、唐凱勳：《析中國民族學北派和南派的學術傾向——以吳文藻、楊成志為例》，《思想戰線》二〇〇五年第五期）另據鍾敬文先生曾向筆者介紹說，楊成志父親是個鹽商，家境比較富裕。

山華英中學，打下了一定的中英文和數理化基礎[70]。一九二三年春，楊成志進入廣州的美國教會私立嶺南大學文科歷史系，半工半讀（在附中兼課）[71]。一九二六年秋與鍾敬文的密切交往徹底改變了他的學術命運。他把鍾敬文由家鄉帶到了廣州，鍾敬文則把他引上了民俗學的道路。

楊成志（一九〇二－一九九一年）

楊成志一九二七年四月二四日在鍾敬文寓所第一次見到顧頡剛。五月五日第二次見顧頡剛，這也是鍾敬文引見的，大家同到西關遊湖。顧頡剛對楊成志印象不錯，日記中誇他是「英俊少年」[72]。

早在進入中山大學之前，楊成志就已經在鍾敬文的帶動下，積極參與到中山大學的民俗學運動中了。在同輩人中，楊成志的中文的文字表達能力略差，但因為是美國教會學校出身，他的英文比較好，他在應鍾敬文之約為《民間文藝》翻譯《關於相同神話解釋的學說》的時候，就已經對人類學有了瞭解。一九二八年一月，還在嶺南大學歷史系讀書的楊成志與已經任職於中山大學的鍾敬文一道翻譯了英國民俗學會出版物《印歐民間故事型式表》，作為中山大學民俗學會叢書的第一本出版了。

一九二八年初，嶺南大學鬧學潮，楊成志還沒畢業就被解散，一時無處可去，鍾敬文把他推薦給顧頡剛。顧頡剛讓楊成志翻譯了一篇史學論文，顧頡剛看了之後，聘他為語言歷史學研究所事務員[73]，月工資僅五十圓，只是鍾敬文的

70 楊成志口述、田曉岫記錄整理：《楊成志自述》，劉昭瑞編《楊成志文集》，廣州：中山大學出版社，二〇〇四年。

71 據鍾敬文先生介紹，他和楊成志是陸安師範學校的同學。楊成志家庭比較富裕，陸師畢業後即升入廣州的嶺南大學；鍾敬文由於家庭經濟困難，陸師畢業後只能留在當地小學任教。（鍾敬文先生談話錄音，北京友誼醫院，二〇〇一年八月十三日）

72 顧頡剛日記，一九二七年五月五日。

73 此據鍾敬文先生談話錄音（北京友誼醫院，二〇〇一年八月十三日）。幾乎所有楊成志在中山大學的檔案均在「入校年月」一欄空著不填，因而

一半。楊成志似乎並沒有介意過待遇問題，工作熱情非常高，做了很多事務性的工作。旋即又翻譯英國民俗學家班恩（Burne）女士的《民俗學問題格》，在《民俗》週刊從第一期連載至第十二期。其後還翻譯了《苗族的名稱區別及地理上的分佈與神話》，《民俗學上的名詞的解釋》等。除了微薄的工資，翻譯和事務工作都是沒有任何報酬的。

由於嶺南大學屬於美國的教會學校，楊成志可能很早就對西方人類學有所瞭解。鍾敬文編《民俗》週刊，楊成志負責幫鍾敬文找了很多人類學的圖片，用來作為《民俗》的扉頁圖案。這些圖片分別是：

第五期：印度萬神廟中的神像；澳洲慶伯利地方的戰爭舞。
第六期：婆羅洲人的鳥占情形；北印度中森木及奴隸部族的驅邪儀式。
第七期：緬甸安達曼島土人的哀悼裝飾；中澳洲的北部部族在地上畫圖騰的儀式。
第八期：新西蘭島舊派酋長的紋面；南印度Velluvon婦女用樹葉做的衣服。
第九期：澳洲亞藍塔部族的入社儀式；菲律賓人的結婚禮。
第十期：南太平洋美拉尼西亞島收穫薯芋的跳舞節；蘇丹國的求雨儀式。
第十一、十二期：南阿非利加洲堯族人的跳舞；安南年終的祭日。
第十三、十四期：日本的紋身；西藏佛教的「生命輪」。

不詳其第一次入校年月。他自己在一些文章中說是一九二七年進入中山大學，未見任何原始依據。查中山大學一九二七年七—十二月造冊的所有名冊、工資表，均未出現楊成志的名字，中山大學檔案中楊成志名字的第一次出現是一九二八年五月的《教職員工薪名冊》（存廣東省檔案館，全宗號二〇，目錄號二，案卷號五二六），參照顧頡剛日記及鍾敬文先生的回憶，斷為一九二八年初入職中山大學較妥當。如果鍾先生所說的那篇文章是發在《語言歷史學研究所週刊》第十五期的《歷史之目的及其方法》的話，楊成志大約是在一九二八年二—五月間進入中山大學的。

每幅圖邊都會有一段文字說明，這些文字還帶著典型的楊成志譯文的語氣，可見圖片應該是來自外文版原著。這麼多圖片不知從何書中影出，從中我們可以得到的最肯定的資訊就是：這一時期，楊成志閱讀了一些西方人類學原著。

楊成志似乎從一開始就是奔著人類學而去的。他嚮往「在大學任人類學或民族學教授，為一生的研究事業」[74]。鍾敬文編輯《民俗》週刊之初，到處抓人寫稿。許多人受鍾敬文之約，為《民俗》週刊趕寫了一批感性的回憶性的風俗記錄或民間文學作品，而楊成志作為鍾敬文的好朋友，卻沒寫過一篇這樣的文章，他的所有的工作，從頭到尾都是圍繞人類學。以楊成志寫作之勤奮，這決不是偶然[75]。

史祿國到中山大學後，以楊成志英文較好，語史所派他負責接洽史祿國，有意讓他從史氏處學習人類學、民族學的研究方法[76]。一九二八年暑假，楊成志與史國祿教授夫婦及容肇祖同赴雲南調查少數民族情況，最終只有楊成志一人留滇繼續調查。他在大涼山彝族地區調查研究彝族奴隸社會結構、生產方式、文化傳統、宗教信仰、語言文字以及風俗習慣等，同時還對金沙江沿岸及昆明、河口等地的苗族、瑤族、傣族、安南（即今越南）人等作了一些調查。在大涼山向彝族巫師調查學習宗教經文時，彝族巫師曾用彝文書贈一對條幅給他，上書：「冷了烤篝火，餓了吃炒麵」，以素樸的語言表達了對楊的敬意。楊成志晚年一直將這對條幅掛在他小客廳沙發的上方[77]。

在結束西南民族調查之前，一九二九年六月，楊成志曾在雲南東陸大學演講《從西南民族說到獨立羅羅》，介紹彝族的衣飾、食物、居處、婚姻、禮節、制度、歌謠、歷史、文字等，講稿後來發表在廣州考古學院《考古學》雜誌第一卷。一九三〇年四月，發表《羅羅文的起源及其內容一般》，談及彝族有關彝文起源的傳說。同年寫成的《雲南民族調

74 楊成志：《我對於雲南羅羅族研究的計畫》，原載《禹貢》半月刊一卷四期，一九三四年四月；收入《楊成志人類學民族學文集》，北京：民族出版社，二〇〇三年，第二三〇頁。

75 據楊成志助手田曉岫教授介紹，楊成志先生的學術目的性很強，做什麼事情都會先「考慮下一個目標」。

76 此據鍾敬文先生說，但沒有任何早期文獻說明楊成志如何向史氏學習，或者學了什麼。

77 李列：《民族想像與學術選擇——彝族研究現代學術的建立》，北京：人民出版社，二〇〇六年，第五〇頁。

查報告》中，涉及雲南少數民族的民俗及民間文藝內容。一九三一年，陸續發表了《雲南玀玀族的巫師及其經典》《玀玀太上清淨消災經對譯》等文章，介紹並研究彝族宗教巫師及其宗教經文。

楊成志從雲南回到中山大學的時候，紅紅火火的中山大學民俗學運動已經式微了，但《國立中山大學語言歷史學研究所週刊》還是騰出四期的版面來為楊成志做了一個《雲南民族調查報告》，目錄如下：

第一章　緒言
第二章　獨立玀玀
第三章　中羅字典
第四章　獨立玀玀歌謠集
第五章　關於花苗的語言和慣俗一般
第六章　關於青苗的語言和慣俗一般
第七章　昆明各民族的分析和比較
第八章　雲南民族志的資料
第九章　雲南民間文藝集的資料
第十章　河口瑤人的調查
第十一章　民俗的資料
第十二章　此次收羅各民族民俗物征記表

從該專號的內容上看，楊成志明顯是站在人類學、民族學的角度來收集整理資料的，其中玀玀文字和苗族的語言話題佔據了相當大的篇幅。這次調查在中國現代學術史上是空前的，但還不能算是一次計畫周密的田野考察，章節分配反映不出田野作業的目的性和系統性，給人的印象多少像是逮著什麼記什麼，只是對已有材料進行歸類整理。

從西南田野回到廣州，楊成志深感理論的缺乏對於研究工作的侷限，「深覺所發表的著述尚不能躋於專門的研究」[78]，因此愈發渴望出國深造。一九三〇年九月，楊成志致函校長朱家驊：「自己年少學陋，雖從雲南搜集許多資料及記錄帶回來，每想作有系統及科學價值之著述，在本校尋不出一良導俾資問津，此職從收集易整理難所覺出之困難點也。常竊自以為欲實現職將來對民族學之貢獻，非立刻離開文化落後之中國，跑到外國去，再求深造，實不為功。」可是，朱家驊以軍事影響，校款不濟為由，婉拒了他的請求。次年十月，楊成志再度致函代理校長許崇清：「職之研究西南民族，頗得國內學術界之嘉許，此次蔡孑民先生對職之工作尤為表示同情與鼓勵！職孜孜急於出國之根本原因，蓋欲吸收外國專門家對民族學上之方法及理解為已有年！」結果，許崇清同樣以校款奇絀為由把此事壓下了。一九三二年鄒魯長校之後，方圓了楊成志的留學夢。[79]

楊成志被鄒魯派往法國之後，先就讀於巴黎人類學院，兩年後獲「人類科學」畢業高等文憑，隨後轉讀於巴黎大學。一九三四年由巴黎赴倫敦，出席首屆國際人類民族科學大會，宣讀用法文寫的論文《羅羅的語言、文學與經典》，後由英國皇家人類學會會刊《人類》雜誌譯成英文轉載。一九三五年五月，這篇論文經修改後更名為《羅羅文字與經典》，獲巴黎大學民族學博士學位[80]。其後，又陸續發表了《羅羅文明源流探討》（載維也納國際人類學雜誌，一九三六年）、《羅羅起源和性格》（載德國種族學雜誌，一九三六年）等論文，引起國際學術界關注。楊成志在留學四年期

78 楊成志：《我對於雲南羅羅族研究的計畫》，《楊成志人類學民族學文集》第二二七頁。
79 劉小雲：《二〇世紀前半期楊成志西南民族研究述論》，《學術探索》二〇〇八年第五期。
80 據田曉岫教授介紹，楊成志拿到博士學位以後，很多人奇怪楊成志從未學過法語，居然能在這麼不到三年的時間內成為法國博士。她說楊成志本人對此曾有解釋，據說他還在嶺南大學讀書時，就曾每天早上去跟一個修女學半小時法語，因而有一定的法語基礎。他在法國時，住在一個法國知識份子的家庭中，費用很低，房東是個老太太，一直幫他看論文，並修改文字、語法，所以他的學業完成非常順利。

間，還先後考察了法國、英國、德國、比利時、義大利、蘇聯等國的民族博物館、大學人類學系和研究所，收穫頗豐，為日後教書治學儲備了有益的經驗。

二、中山大學民俗學運動的後期領導者

楊成志回國前，曾給時任中山大學文科研究所所長的吳康寫了一封信：「弟六年在校服務，深覺西南民族之考察與研究，非由中大負責打理，不能見效。明年春，極想返國回校服務。根據『國際人類民族科學大會』之決議案，各國大學應設立人類學講座，及獨立的人類學，或民族學研究所。弟意返校擔任此職自覺相當，文史研究所現狀如何？弟若得機會返校服務，極想把此研究所重新組織，負起有名有實之研究機關。」[81]

事實上沒有等到第二年春天，一九三五年冬天，楊成志就回國複職於中山大學，擔任研究院秘書。楊成志利用其與研究院院長鄒魯關係密切的有利條件，於一九三六年九月主持恢復了已經停刊三年的《民俗》週刊，改為《民俗》季刊，加大了開本。並在「復刊號」上發表《現代民俗學——歷史與名詞》《民俗學會的經過及出版物目錄一覽》兩文。該刊至一九四四年共出了二卷八期，楊成志為此刊撰寫了《安南人的信仰》等許多有關民俗學和民間文藝學方面的文章，在國內引起相當影響。

楊成志在中山大學研究院曾先後擔任人類學組、歷史學部、文科研究所的主要負責人，一九四三年，月薪增至四八〇元[82]。「一九四四年冬，教育部通知北大、清華、南京、武漢、西北、同濟、交通、湖南和中山等十所國立大學，各

[81] 楊成志與許崇清、鄒魯往來信函，存廣東省檔案館。轉引自劉小雲《二〇世紀前半期楊成志西南民族研究述論》。

[82] 據代理校長金曾澄一九四三年八月三一日簽發的一份檔：「茲聘楊成志先生為本校研究院文研所教授兼所主任，月薪國幣肆百捌拾元。」（檔存廣東省檔案館，全宗號二〇，目錄號二，案卷號二〇六）

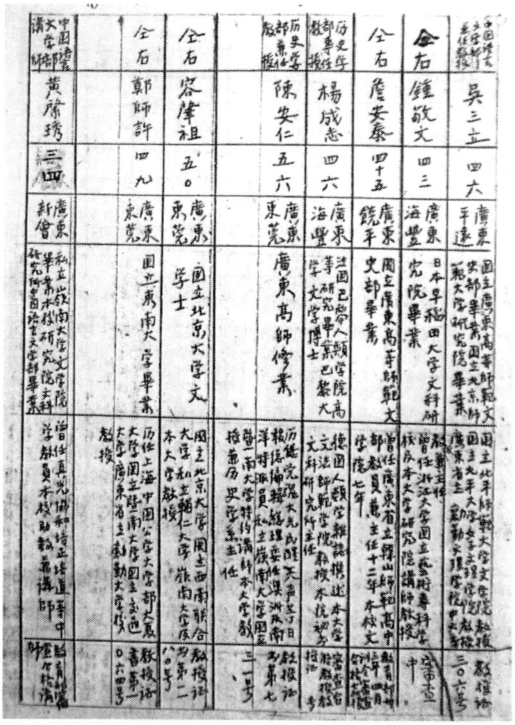

姓名	年齡	籍貫	學歷	經歷
吳三立	四六	廣東平遠	國立廣東高等師範文史部畢業 [illegible]	[illegible]
鍾敬文	四三	廣東海豐	日本早稻田大學文科研究院畢業	[illegible]
詹安泰	四十五	廣東饒平	國立廣東高等師範文史部畢業	[illegible]
楊成志	四六	廣東海豐	法國巴黎人類學院高等研究畢業巴黎大學文學博士	[illegible]
陳安仁	五六	廣東東莞	廣東高師修業	[illegible]
容肇祖	五〇	廣東東莞	國立北京大學文學士	[illegible]
鄭師許	四九	廣東東莞	國立東南大學畢業	[illegible]
黃[illegible]	三四	廣東新會	[illegible]	[illegible]

鍾敬文、楊成志、容肇祖的教師履歷表（一九四六年）

科派資歷合格教授一人赴美國訪問或進修」[83]。楊成志獲選代表中山大學赴美考察人類科學、黑人、印第安人和華僑。楊成志先後訪問了華盛頓國立人類學博物館、紐約自然博物院人類學部、波士頓哈佛大學和耶魯大學、芝加哥自然博物院人類學部，以及新墨西哥州的印第安人保留區等地，進行人類學、民族學以及民俗、考古、語言、社會等專題考察。

據說考察期間楊成志還對美國的種族主義歧視發表過意見，新墨西哥州的首府日報還對此有過專文報導。這段時間，楊成志相繼在國外一些學術刊物上發表了《中國語文科學》《中國人類學家談蒙古利亞種與印第安人的關係》《今日中國人類民族科學的貢獻》等論文，在早期的人類學、民族學國際學術交流中起到了很好的溝通作用。

一九四五年，楊成志回國後複職於中山大學。培訓研究生，「把中山大學的民俗學會加以擴大成為西南民族學會，並出版《西南民族》專刊，從此把民俗學完全納入民族學研究的軌道了」[84]。此外，楊成志還積極聯繫《廣東日報》出版《民族學刊》週刊，作為中國民族學會西南分會的學術園地。一九四八年，在楊成志主持下，中山大學人類學系終於得以成立，澈底將民俗學置於人類學之下。

[83] 楊成志口述、田曉岫記錄整理：《楊成志自述》。
[84] 周大鳴：《中國早期民俗學研究活動及其成就》，《中山大學學報》一九八五年第一期。

楊成志是一位出色的教育家。他在中山大學期間，為我國南方各高等院校培養了最早的一批人類學、民族學和民俗學的教學科研骨幹。其先後培養的十名研究生江應梁、王興瑞、梁釗韜、戴裔煊、王啟澍、呂燕華、曾昭璇、容觀瓊、劉孝瑜、張壽琪等人，後來全都成為中國人類學、民族學界的知名專家[85]。

第四節　張清水：一位熱心的普通民俗學者

張清水是中山大學民俗學運動的積極代表，是不甘生活命運的知識青年、辛勤耕耘於民俗學園地的非職業民俗學家。正是靠了許許多多像他這樣的熱心成員，中國現代民俗學才能匯涓成流，蔚成氣象。

在所有的中山大學民俗學會校外會員中，張清水是最活躍的，也是《民俗》週刊上發表文章與書信最多的。鍾敬文在《清水夥友》中說：「清水君，喜歡雜用筆名，在《民俗》週刊上，除了本名外，有所謂『愚民』的，也就是他。」張清水家住粵北山區翁源縣，鍾敬文對他的資訊所知並不多：「他幾度在信函中表露著蟄居文化荒野的村落中，把青春白白地斷送著的苦悶，我讀了只有黯然無語。」[86]

85 據容觀瓊《建國前我校人類學研究述略》（中山大學人類學系編《人類學論文選集》第三集，中山大學學報編輯部一九九四年），指導他們的導師除楊成志外，尚有黃文山、胡肇椿、衛惠林、朱謙之、岑麒祥等教授。「解放戰爭時期，在文科研究所人類學部任教的學者，除主任楊成志講授人類學理論與方法、史前考古外，黃文山主講文化學體系，胡肇椿主講博物館，衛惠林主講工藝學、民俗學等」。

86 鍾敬文：《清水夥友》，收入《歷史的公正》，北京：大眾文藝出版社，二〇〇〇年，第一一二頁。

張清水（一九〇二－一九四四年），廣東省翁源縣龍仙鎮青山村路下樓人[87]。一九二四年就讀於廣東大學（今中山大學）預科。一九二六年戴季陶執掌中山大學前夕，將原廣東大學全部解散，數月後重組，張清水應該是在此時回到家鄉中學任教[88]。一九二七年中山大學民俗學運動如火如荼地開展起來，但直到一九二八年張清水才收到鍾敬文的約稿信，於是積極地參與到《民俗》週刊的作者隊伍當中。他在寫給鍾敬文的信中說：「我之所以慣用書翰和你討論關於民間文藝問題的緣故，實想通信足以發表我的意想，更足以代表論文。以事忙，體弱，學陋的我，長篇的論文倒是寫不出來的。但是隨便寫些零碎散篇無精采可言的通訊，倒可以辦到。」[89]寫給容肇祖的信中也說：「先生，我雖拙陋，但也已獻身於民俗學上，希你能夠時時寫些信來指教我吧！如果我能夠效力的，當竭誠地做去，一定不敢有負先生。」[90]

張清水的許多文章，都是以書信的方式開篇，這些文字至今讀來令人心酸：「我因家計過困，連買書，稿紙，筆的錢都沒有，是以篇篇都用粗劣紙筆寫成，蚊形孑孓，自己也覺得臉紅。」[91]他曾經這樣描述自己的寫作狀態：「伏處案頭，挑燈亂寫，油火螢螢，手疲腰痛，推窗啟視，群星歷亂，閃閃欲墜，風停嘯，蟲止鳴，情狀沉寂悽楚，蓋不啻為我的亂況寫真。凝思涕下，遂不復能再寫下去了。」[92]有時他甚至用自暴自棄的言語來責備自己：「我是弱者，我是個低能兒，我枉讀了十數年書，花了二千多銀子，什麼都做不成，真是言之深愧！什麼都想做，什麼都想幹，結果精神分散

87 王焰安：《片言隻語總關情——張清水與江紹原來往信箋拾零》，《五邑大學學報》二〇〇七年第一期。

88 張清水曾在一篇記錄稿的後記中說：「這是十六年春我在廣東省立第六中學（按：即今南雄中學）教書時集錄的。」（清水：《廣東歌謠》，《歌謠》週刊二卷二八號，一九三六年十二月十二日）可見張清水一九二七年已經回到粵北家鄉中學任教了，而原廣東大學是一九二六年十月解散的。

89 張清水：《關於命名的迷信》，《民俗》週刊第九期，一九二八年五月十六日。

90 《本刊通訊》，《民俗》週刊第三五期，一九二八年十一月二一日。

91 清水：《翁源生產風俗》，《民俗》週刊第三八期，一九二八年十二月十四日。

92 清水：《讀〈紹興歌謠〉》，《民俗》週刊第四八期，一九二九年二月二〇日。

了，一點成績都沒有。」[93]

直到二〇〇一年，鍾敬文在談到張清水時，仍然帶著些許感傷：「我沒有見過他，我做《民俗》週刊編輯，他給我們寫稿，後來因為家裡窮，抗戰時期得了肺結核，死得比較早。他很勤奮，家裡窮，沒有辦法。」[94]

張清水是個發表欲望非常強烈的文學青年，他在與《民俗》週刊保持密切聯繫的同時，也向其他同類報刊積極投稿。比如，他《關於命名的迷信》投給了鍾敬文的《民俗》週刊（第九期），同時又把《命名的信仰》投給了趙景深的《文學週報》（七卷十五號）。他說：「因為咱家很喜收集民間文藝故，是以常常寫些出來，分登在《燃犀》《平民》《兒童》《新時代》等刊物上。周作人先生處，當我還在廣東大學念書的時候，似曾寄上《七姑娘嫁蛇》《梁山伯與祝英台》《老虎的故事》《張始然的故事》等五篇。寄了一年多，還不見在《語絲》上登出來，大約是郵途有誤吧？而一手編成的《翁源歌謠甲集》《雄城情歌三百首》《祖母的故事》等稿件，複因流離轉徙故，統統把它失掉了。這真是我半生以來的重大損失。」[95]

從《民俗》週刊所載張清水往來書信看，這是一個直率、熱心的地方民俗學者，他不僅收集、整理、出版了大量民間文學、民俗學資料，還就民俗學理論與方法問題與鍾敬文、江紹原、容肇祖等許多主流民俗學者展開廣泛討論，常常對民俗學會的工作疏漏與不足提出認真的批評。他在信中明確表達希望與鍾敬文「相互勉勵的做對民間文藝園地中的諍友」[96]。

據容肇祖介紹：「我與張清水先生原不認識，只是文字之交。一九二七年我在中山大學任教授。一九二八年主編

93 清水：《讀〈蘇粵的婚喪〉》，《民俗》週刊第三五期，一九二八年十一月二一日。
94 鍾敬文談話錄音，二〇〇一年八月十四日，北京友誼醫院。
95 清水：《儂瓜麻的故事》，《民俗》週刊第十五、十六期合刊，一九二八年七月十一日。
96 張清水：《談談重疊的故事》，《民俗》週刊第二一、二二期合刊，一九二八年八月二二日。

《民俗》週刊兼任民俗學會主席。凡辦刊物，必要有人投稿，張清水很勤奮，經常投稿。這樣我對張清水印象很深。一九四二年，我複任中山大學教授（因抗日，中山大學遷到坪石），張清水當時在樂昌縣培正中學教書，曾到坪石我住的一間小房子裡看過我。我對張清水熱愛祖國、熱愛民俗學並為民俗週刊作了辛勤勞動，寫出了不少優秀文章，極為欽佩（他的著作和文章在中山大學圖書館仍然存在）。在出版張清水《海龍王的女兒》時，我曾為之作序。經過文字之交和面談，我對張清水過去在中大學習和被迫離開廣州有進一步的瞭解。一九二七年，蔣介石叛變革命，白色恐怖籠罩廣州，對共產黨和持進步思想的知識份子採取鎮壓和迫害，張清水迫於反動政治壓力，逃回他的家鄉翁源。我當時還不是共產黨員，沒有問到他的政治面目。在談話中，他的一腔愛國民族熱情，溢於言表。當時正是抗戰最殘酷的年代，因而感到他是一位很正直，敢於反抗封建反動勢力，有民族感的愛國進步的知識青年。其後，從民俗學的朋友聽說張清水不幸逝世，深為這樣熱愛民族、民主的有豐富著作，有才華的文藝工作者而痛惜！」[97]

像張清水這樣的早期民俗學者，許多人都曾賦予自己開墾學術天地的神聖使命。也正是這種使命意識的神聖性，支撐著他們在極其艱苦的條件下，韌性地堅守著這片領地。張清水在寫給容肇祖的信中做了如此表白：「為著已下了決心邁步向著所認定的方向走，是以困住家園，一切的分外事都不願幹，雖然鄉閭間怎樣的說我『無用』『蝕米蟲』。今年，家計不好，家人嚷著要我去教書，我老是極力反抗……我之所以不能兼幹兩事完全是想集中衰弱的精力，朝著荒蕪的路途去做個渺小的開墾者。在這麼的時代，『民俗學』剛是萌芽，還未暢茂，若無二三踏實的墾土夫，為此而犧牲一切的時間，金錢，幸福；則民俗學的能否抬頭，還是個問題。」[98]張清水在《民俗》週刊所發表的文章和書信計約二百篇，從未得過一分錢稿費。一九三六年，他在寫給《民俗》季刊主編楊成志的一封信中也曾提到：「《民俗》復刊號盼能寄弟一冊，往後亦希照寄。款雖未寄，但過去於一二三期《民俗》週刊中寄稿幾百篇（署愚民，欽佩，C.F.P.者俱弟

97 容肇祖致劉堅南信，一九八八年一月十日。此信由韶關大學學報編輯部王焰安先生提供。
98 《本刊通訊》，《民俗》週刊第五六期，一九二九年四月十七日。

稿）。從未希得一文，茲之要求，諒亦無為過當耳。」[99]

鍾敬文離開民俗學會到了杭州之後，一度轉向純文學創作。張清水給鍾敬文寫了一封公開信，勸力苦勸，希望鍾敬文回到民俗學園地：「靜君！《民俗》以前是你一手主持的，現在一旦不顧了，不也難過麼？我意為在這民俗學還未十分抬頭，處處受人指責時時遭人笑罵的時候，凡對之有趣的人，都應繼續努力，以盡提倡的能事。我們的力量雖渺小，但我們的忠誠，是不可非議的……靜君！努力吧！別因離職而灰心，別因課忙而偷懶吧！請振作精神，繼續給《民俗》撰稿吧！」[100]

趙世瑜是較早關注到張清水的民俗學史家，並在博士論文中將其列為民俗學運動的「健將」進行了專門討論，稱之為「民俗學領域中的『地方學者』，是不甘寂寞的孤軍奮戰者」[101]。進入二一世紀以來，韶關大學王焰安不斷挖掘有關張清水的各種資料，連續發表了系列相關論文，有關張清水的生平資訊才逐漸清晰起來。

據王焰安統計，張清水在一九三〇年代前後的十年時間裡，整理出版的民間文學作品集有《海龍王的女兒》《太陽和月亮》等；另外還編選有《魔術師》《狗耕田的故事》《翁源歌謠甲集》《雄城情歌三百首》《翁源歌謠》《翁源兒歌》《翁源民歌》《寶盒》《伯公衣》《翁源故事集》《呆女婿故事集》《名人的故事》《民間趣事》《蛇郎》《十兄弟》《陳龍岩故事》等歌謠或故事集，但是，大部分未克出版。散篇發表的故事、歌謠、民俗材料、學術論文也蔚為可觀，除當時較為知名的《民俗》週刊、《歌謠》週刊、《犀燃》、《平民》外，當時的廈門、汕頭、揭陽、陸豐、廣州、香港、杭州、南京、紹興、漳州、福州、寧波等地的民俗週刊、旬刊、月刊等，到處都有他的文章[102]。

99　張清水致楊成志信，《民俗》季刊第一卷第二期，一九三七年一月三〇日，第二六四頁。
100　《給靜君》，《民俗》週刊第六四期，一九二九年六月十二日。
101　趙世瑜：《眼光向下的革命——中國現代民俗學思想史論（一九一八—一九三七）》，北京：北京師範大學出版社，一九九九年，第一四五頁。
102　王焰安：《張清水對民間故事、傳說的搜集整理與研究》，《廣東技術師範學院學報》二〇〇六年第二期；王焰安：《張清水的民間歌謠搜集實踐與研究》，《韶關學院學報》二〇〇七年第七期。

據張清水翁源同鄉楊玉輝的回憶和外甥劉堅南的考證：一九三三年春，翁源民辦翁大公路開通後，張清水曾出任新江車站站長。一九三四年春，張清水辭去車站的工作，經廣州到達南京，在一時找不到固定職業的情況下，靠賣文為生。一九三五年，經當時在中央大學任教的羅香林介紹，張清水到了一家報社做編輯。一九三六年夏，張清水返回廣州[103]，寓居於廣州翁源同鄉會，編輯《翁聲月刊》、擔任中學國文教員。這一時期，他在文學創作上逐漸轉向詩歌領域。一九三八年，張清水接任廣州《國民日報》副刊編輯，七月以後日軍飛機不斷轟炸廣州，張清水一直堅持到廣州淪陷前夕才返回翁源故鄉。次年二月，張清水被聘任為翁源縣第五區高等小學校長，雖然教務繁忙，但仍未放棄民間文學的搜集和創作。一九四〇年九月，張清水被委任為翁源縣政府督學。一九四二年春辭去督學職務，到樂昌坪石培聯中學任高中國文教師。一九四四年二月因患肺結核病，由學校送往韶關市治療，住院月餘不見好轉，後由家屬接回翁源，於農曆四月十二日辭世，享年四二歲[104]。張清水的成績遠不止於民俗學與民間文學方面，還涉及到了文學領域的方方面面。「他的不懈努力得到當時許多人的好評和鼓勵，成為處在逆境中、通過個人奮鬥而為中國民俗學事業貢獻力量的代表。」[105]

張清水年長鍾敬文僅一歲。就其早年奮鬥經歷而言，兩人都是身處偏僻地區的文學青年，嚮往走出家鄉幹一番文學事業，可是，由於家庭經濟條件的限制，難以得到良好的受教育機會。所不同的，也許是鍾敬文的智力天賦和身體條件略好一些，文字水準和文獻功底也在張清水之上，正如張清水給鍾敬文的信中所說：「你的地位比我好，學識比我好，參考書也比我多。」[106]更重要的，是因為鍾敬文很早就得到了顧頡剛的賞識，從一開始就進入了主流民俗學圈，從而佔

103 據張清水一九三六年十月二三日致楊成志信（《民俗》季刊第一卷第二期，第二六四頁）落款看來，一九三六年十月張清水仍住在南京湖北路三六號，而且暫時還沒有搬離的意思。

104 劉堅南：《民俗學家張清水》，中國人民政治協商會議韶關文史委員會編印《韶關文史資料》第一三輯，一九八九年。

105 趙世瑜：《眼光向下的革命——中國現代民俗學思想史論（一九一八—一九三七）》，第一四七頁。

106 清水：《由歌謠中見出廣東人啖檳榔的習俗》，《民俗》週刊第一七、一八期合刊，一九二八年七月二五日。

據了一個中心的位置，並借此具有了輻射全國的文學與學術聲名。而張清水卻始終徘徊在主流文化圈外，總是在外面的世界與翁源老家之間來回折騰，每遇挫折，便折回翁源。另一個可能的原因是，張清水沒能與時俱進地接受到更多的學術訓練，其民俗學成果多是作品集或學術隨想，一旦離開了「家鄉」這片賴以生存的民俗田野，其民俗學熱情便難以發揮其光熱。

張清水不是民俗學運動的關鍵人物，他個人的存在與否，也不會左右到民俗學運動的方向或成敗。但正是因為有了許許多多像張清水這樣的熱心成員，如劉萬章、余永梁、黃仲珍、魏應麒、陳錫襄、錢南揚、羅香林、趙景深、丘峻、謝雲聲、婁子匡、趙簡子、葉德均、周振鶴、招北恩、容媛、黃紹年、袁洪銘等等，中山大學民俗學會才能凝聚眾人的力量，匯組成一股洪流，推動民俗學運動的向前發展。

本書特立一節記敘張清水的生平和遭遇，是為了紀念這樣一位曾經在中國現代民俗學史上留下許許多多淺深腳印的普通民俗學者。他的執著的信念和強烈的事業心，也許是最值得我們感念的。

第八章　民俗學運動的制約力量

在近現代的中國學術界，任何大的學術規劃或學術運動，如果沒有來自官方的行政力量的支持，都是難以想像的。在官本位的二〇世紀中國學術界，所謂行政力量的支持，說到底，也就是行政首長的支持。

段寶林在《民俗學的命運》一文中說：「大革命時期，北大進步教授南下廣東，在中山大學也開展了民俗學研究，曾熱火了一陣，卻因校長朱家驊的壓制而遭受厄運。此人是官僚，對民俗學一竅不通，必然如此。」[1]這段話不知所出何據，所謂「必然如此」，也許是想當然。儘管中山大學民俗學運動中出現過許多令人很不愉快的爭執和衝突，但總的來說，在內外交困的社會大背景下，學校當局還是給予了民俗學會足夠運行的資金保障。

無論是印行刊物、出版叢書，還是進行社會調查，都需要投入大量的資金。而每一次經費的批撥，都是傅斯年、顧頡剛、容肇祖領頭申請，朱家驊親自批復的。後期民俗學會的運作經費，則是由楊成志申請，校長鄒魯親自批撥的。這些經費雖然不足以讓人滿意，但總還是支撐著中國現代學術史上的第一個民俗學會轟轟烈烈地大幹了一番。

當然，各人的政治理想和學術理想不盡相同，對於民俗學這種新生事物抱持不同的觀點和態度，在今天看來都是正常的。可是，由於當時的中山大學是國民黨的中山大學，學校當局代表的是國民黨的政府，於是，對待民俗學運動的不

1　段寶林：《民俗學的命運》，《民俗研究》，一九九九年第一期。

同觀點和態度往往被後世學術史家想像成落後當局與進步思想的激烈交鋒和殊死鬥爭。

本章主要講述戴季陶、朱家驊、何思敬三位曾經制約民俗學運動發展態勢的行政領導或學術官員與民俗學會之間的複雜關係。

第一節　校長戴季陶

戴季陶是著名的國民黨政治家，平時很少過問民俗學會的具體事務，可是，只要一過問，總是因為有人告狀。

戴季陶生於一八九一年，原籍浙江湖州，名傳賢，字季陶，是國民黨著名的政治理論家和宣傳家，也是蔣介石最倚重的政治家之一。

一九二六年，由於北伐戰爭進展順利，蔣介石的勢力日益擴張，國民黨中央遂決定改組廣東大學為中山大學，任命戴季陶為中山大學校長。其時正值戴季陶政壇失意，閒居家鄉湖州，於是提出系列複出主張，其中一項是：「因為中山大學為中國革命的最高學府，今後中國的改造，倚賴中山大學的必多，吾黨所抱持的原則，在以黨建國，則大學政治訓育，必須以黨化為原則。」[2]這一主張也是戴季陶掌治大學的基本原則。一九二七年，戴季陶在中山大學曾一次「清除共黨份子四百餘人」[3]，很好地體現了他的「黨化原則」。

---

[2] 王更生：《孝園尊者——戴傳賢傳》，臺灣：近代中國出版社，一九七八年，第五〇頁。

[3] 王更生：《孝園尊者——戴傳賢傳》，第五三頁。

戴季陶（一八九一－一九四九年）

戴季陶於一九二六年十月到校宣佈就職。之後，因為身體原因和黨務交際的需要，常常不在學校，實際校務多由副校長朱家驊處理。一九二八年，戴季陶被推為國民黨「中央執行委員會常務委員」，出任「宣傳部長」，更加無暇顧及中山大學的校務。其時國民黨軍北伐，六、七月間，蔣介石不斷促其北上，就在這樣「日理萬機」的時刻，他還是抽空處理了《吳歌乙集》事件，辭退了鍾敬文。

且不論該事件背景如何，在不進行調查研究的情況下，突然而武斷地辭退鍾敬文，本身就不是尊重學術的行為。但戴季陶也有他的一番大道理：「現當國家危急存亡之秋，國民臥薪嚐膽之時；關於出版之事，極為重大；即謂今後國家之興亡，系於出版品之良否，亦無不可；鄙意願盡大學之力，乃至個人之力（如從四方八面籌集出版經費集合人才等），以助大學出版事業之發展；惟必須全校同志同學，切念此旨；尤其是文法兩科之出版品，要時時不忘『明恥教戰』之意；庶幾可從死中求活。」[4]

由此可知戴季陶本質上還只是一個政治家而不是教育家；是一個實用主義者而不是學術機構管理者。

這一判斷還體現在另外兩件有關民俗學會同仁的事件上。

戴季陶在讀過顧頡剛的《古史辨》之後，據說是「大驚，謂如此直使中華民族解體（無共同信仰之故）」[5]。一九二九年春，顧頡剛所編《現代初中本國史教科書》被國民黨政府所禁，原因是書中把三皇五帝當成是傳說而非真實的人物，其彈劾意見中就有戴季陶的一份。戴季陶認為：「中國所以能團結為一體，全由於人民共信自己為出於一個祖

4 《戴校長為語言歷史學研究所組織出版審查委員會事致文科主任函》，《國立中山大學日報》，一九二八年五月二一日第三版。
5 顧頡剛日記，一九二八年十二月三一日。

先」，若依顧頡剛的說法，則必將「動搖了民族的自信力，必於國家不利。」[6]

更可笑的是，容肇祖曾經說到的一件事：「廣州市社會局於十九年一月為破除人民偶像崇拜的習俗，沒收各街市中的陋像五百餘；其時我尚在中山大學，雖已提出辭職，然而向社會局接洽接收此種偶像，既經允可，選有二百餘件，以貨車運入校，備陳於風俗物品陳列室，將來並擬為照相編成一書，附以各種神的源流考證，以為民俗學叢書之一，且可備宗教史學者的參考，乃竟以某院長向戴季陶校長的一番話，以為保存民間的迷信，一切偶像，限令即日從校中遷出。因此使我離校的決心更為堅決。」[7]

戴季陶的存在，對中山大學是一面雙刃劍。

一方面，以戴季陶與蔣介石的親密關係，及其在國民黨中央的顯赫身分，可以為中山大學爭得許多優惠的辦學條件，使中山大學得以成為除中央大學之外，全國「第一經費充足的大學」[8]，也使中山大學在這一時期能夠高薪聘得大量知名學者前來任教。「戴季陶把辦好中山大學與發展民國的建設事業、振興中華的理想緊密聯繫起來。為辦好大學，他花費了不少心血，對這個學校始終特別重視。」[9]一九二九年間，國民政府下撥給中山大學的經費日益緊縮，戴季陶自陳因此「百日以來，午夜彷徨，良心責備，寢食難安」[10]。

另一方面，戴季陶是個典型的實用主義者，只以統治者的當下需要為支點進行大學教育，因此要「以黨化為原則」辦學，為國民黨培養各種「黨化」高級人才，對民俗學這樣的基礎學科並沒有什麼大的興趣。他甚至提出「在大學的一切科學的研究，應造成科學的黨化，俾一切科學的發展，皆能完全為革命的發展而存在」。他認為整飭學風，必得先從

6　顧潮：《顧頡剛年譜》，北京：中國社會科學出版社，一九九三年，第一七二頁。
7　容肇祖：《我最近對於「民俗學」要說的話》，《民俗》第一一一期，一九三三年三月二一日。
8　《本校校長公宴全校教授講師紀事》，《國立中山大學日報》一九二八年十月三〇日星期二第二版。
9　黎潔華：《戴季陶在中山大學》，《中山大學學報》一九九二年第四期。
10　《戴校長向中央條陳整理本校概略》，《國立中山大學日報》，一九二九年九月二一日第一版。

青年思想抓起，他把各種校務均交由朱家驊打理，自己的時間主要用在了思想政治工作方面。尤其是國民政府北遷之後，只要戴季陶在學校，每天下午都對學生進行兩個小時的政治訓導。

戴季陶沒有扶持基礎研究的興趣，那些以發展科學為目的的學者們也就沒有繼續留在中山大學的興趣。

第二節　副校長朱家驊

朱家驊事業心較強，也把中山大學的各項事業當成展示自己領導才能的舞臺來表演。正因為有了他對民俗學會的大力支持，中山大學民俗學運動才成為可能。

朱家驊，一八九三年生，字騮先，又字湘鱗，浙江吳興人，與戴季陶同鄉。

朱家驊早年思想激進，辛亥革命時曾任中國敢死團駐漢口代表。一九二二年在德國柏林大學獲得博士學位，一九二四年回國，任北京大學德文組主任兼地質系教授，是當年北京大學最年輕的教授。「五卅」運動後，朱家驊被段祺瑞政府通緝，逃回湖州老家，剛好中山大學派學生代表來促請戴季陶就任中山大學校長。戴季陶提出要朱家驊等人同往，並提議朱家驊擔任「中山大學整理委員會委員」。

一九二六年十月朱家驊赴中山大學就任整理委員會委員一職，因其他各委員均在國民黨中央擔任要職，無心顧及中山大學諸事務，平時就是朱家驊委員執長校務。當時中山大學所有師生已經解散，一切事務都處於停頓狀態，近乎一盤散沙，朱家驊上任後，鐵腕快刀整頓已經近乎崩潰的中山大學，一九二七年三月即複校開課。

朱家驊（一八九三－一九六三年）

朱家驊和戴季陶不大一樣，朱家驊本身就是一個卓有建樹的青年科學家，他所設立和領導的兩廣地質調查所，「幾年之內完成不少兩廣地質調查研究的工作，尤其難得的是派調查團調查西沙群島，使國人對西沙群島有極難得的資料和知識」[11]。儘管朱家驊在許多方面忠實地執行著戴季陶的政治方向，但朱家驊的地質學家出身畢竟還是影響著他對於科學研究的態度，朱家驊曾經說過：「一個國家的學術不能獨立，就是一個國家獨立的條件還沒完備。」[12]因此他很少利用行政職權干預學術論爭。

在戴季陶的政治和資金支持下，朱家驊費盡心機，重禮約聘國內各知名教授。可是，無論從天時還是地理上來看，辦好中山大學都不容易，最重要的原因，是人才的缺乏。

從地理的角度來看。「憑空想去，廣東是最出產人才的省份之一個，在廣東辦學理當沒有『才難』之感，然而事實卻不這樣者。一因為廣東人好在外省做事，國內無論哪個大都會都有些廣東人眾，所以人才分散了，又因為國民革命自廣東發展到十多省，廣東省的人才跟著走，所以更分散了。況且中國在學術上的人才本是極缺乏的，合全國的人才辦不出一個世界上一流的大學，如巴黎，圜橋，柏林；偏偏國立大學先已有了五六個，私立公立的不計數，焉得不大家都感覺著稀薄得不成話。在廣東建置大學既不能專取才於本地，而一經向他處求人才，則廣州地理上之不利益便十分表現出來。在這層上廣州不特比不上當年的北京，並且比不上現在的江浙；那些地方，總有些學者肯自來，即拉時也比不上拉來廣州一般的費氣力，費唇舌。我們這一年半中對於別個大學的學者我們認為來這裡有益的，總是鎮日的未得患得，既

11　楊仲揆：《中國現代化先驅——朱家驊傳》，臺北：近代中國出版社，一九八四年，第五二頁。
12　楊仲揆：《中國現代化先驅——朱家驊傳》，第一三五頁。

得患失，有時也真正惱人，尤其是已經來了還要走的。但這都是此日在廣州的大學在地理上在歷史上所不可免的困難。差幸季陶先生和家驊和幾位在中大任務的同事，曾在名大學所在地多處，還知道些可聘的人，多裡頭找去。」[13]

從時勢上說，也有一些不利於中山大學辦學的因素。一是因為國民黨中央黨部和黨政府北遷武漢，許多原本已為中山大學聘定了的人才都給他們帶了去；二是「因為革命勢力發展到了長江流域，於是武昌也設中山大學，南昌也設中山大學，這麼一來，將來雖多共作之團體，而卻使這個聘人的困難加了一層」[14]。

儘管有種種困難，朱家驊還是把聘請人才放在一個首要的工作位置。「還要極力的儘量的集合人才，要把中央吸收去的吸收回來，別方面的好的也請來。」[15]

單文科方面，一九二六年接聘到校的教授中就有魯迅、傅斯年、何思源等人。朱家驊與傅斯年同是北京大學出身，但對傅斯年並不瞭解，後來因為聽了沈尹默說「傅孟真這個人才氣非凡」[16]，於是高薪聘請傅斯年做了文科學長。朱家驊對傅甚為倚重，據許廣平的回憶：「那時候魯迅是中大教務主任，文科院長是傅斯年，以教務主任的身分，免不了有時與朱家驊接觸，但卻奇怪，每一次到朱處都見文科院長傅斯年先在，不知為掩飾他的詭秘行動，抑為掩飾他的吹拍技術，他在這樣的多次遭遇之後向魯迅先生解釋地說：『他那裡（指朱）的茶好，我常常去飲茶的。』」[17]

在傅斯年的策劃下，一九二七年又聘到了顧頡剛、楊振聲、許德珩、汪敬熙等知名學者，其陣容之強，一時稱盛，正如朱家驊自己所言：「文科原無絲毫成績可以憑藉，現在幾乎是個全部的新建設，聘到了幾位負時望的教員，或者可以繼續北大當年在此一科的趨向和貢獻，一年以後，在風氣和成績上，當可以比上當年之有『學海堂』，文科裡聘到了

---

13 《朱家驊對於中大現狀的說明》，《國立中山大學校報》（週報）第三版，一九二八年三月十一日。
14 朱家驊演講，林霖筆記：《中山大學籌備之經過和將來的希望》，《廣州民國日報》一九二七年四月六日，第五版。
15 同上注。
16 朱家驊：《悼亡友傅孟真先生》，王為松編《傅斯年印象》，上海：學林出版社，一九九七年，第二六頁。
17 許廣平：《回憶魯迅在廣州的時候》，《魯迅研究資料》（一），北京：文物出版社，一九七六年。

一位俄國的人類學者，即日開始在廣東作人類學的研究。」[18]一九二八年，傅斯年還差一點把胡適也拉到中山大學來[19]。

廣東雖然好，可是遠離文化中心，對於知名學者的吸引力並不大。中山大學聘人難，留人更難。許多教授南下中山大學，只是暫時找個避難之所，不欲長時間偏居嶺南，加上戴季陶無心學術研究，也冷了一些學者的心。朱家驊勉力支撐，實在費心不少。顧頡剛就曾在日記中說過：「予在粵固無甚意味，但為騮先孟真友誼所困，無法決絕，非至萬不得已不便易地耳。」[20]

鍾敬文被辭退，《民俗》週刊面臨夭折。七、八月間，顧頡剛幾乎每天都去找朱家驊，或是給他寫信。會面和信函的內容不詳，但後來顧頡剛曾經這樣說：「又助予編輯《民俗》週刊之鍾敬文，為戴季陶所開除，亦仗朱之力，得繼續出版。此兩事予頗感朱，以為彼知予，許我發展學術工作，故當時樂受其用。」[21]

一九二八年底，顧頡剛籌辦「語言歷史學研究所展覽會」，頗頭疼，此時聞朱家驊回校，顧頡剛感到很欣慰：「朱校長於今晚到粵……他來大好，展覽會開得成矣。」[22]

《吳歌乙集》事件之後，顧頡剛屢屢提出要辭教北上，朱家驊不僅親自來向顧頡剛做工作，還一再讓其他學者、學生代表前來挽留，對於顧頡剛的學術要求，亦儘量予以滿足。有一次，他還親自帶著出版部主任伍叔儻到顧頡剛家談到深夜十二點，把顧頡剛感動得一夜無眠[23]。儘管後來顧頡剛與傅斯年的關係鬧翻了，但兩人都與朱家驊保持著非常密切的私交或公務關係，這與朱家驊愛才，愛國，愛事業的領導素質是分不開的。

18 同上注。
19 傅斯年致胡適信，一九二八年四月六日，《胡適來往書信選》上冊，北京：中華書局，一九七九年，第四七四—四七八頁。
20 顧頡剛日記，一九二八年一月二八日。
21 顧頡剛日記，一九二八年五月三一日（一九七三年之補記）。
22 顧頡剛日記，一九二八年十二月二〇日。
23 顧頡剛日記，一九二八年十二月二六日。

顧頡剛曾在一九七三年對朱家驊在中山大學的行為有一敘述：「我主編之《民俗叢書》，已在出版會議上為伍叔儻、何思敬等所否決矣，及我致朱家驊函，甯、杭各一通爭之，朱遂來電，一致伍，一致予，而遂復刊了。又助予編輯《民俗》週刊之鍾敬文，為戴季陶所開除，亦仗朱之力，得繼續出版。」[24] 據鍾敬文回憶，伍叔儻與朱家驊是連襟關係[25]，即便如此，朱家驊還是堅決地站在了顧頡剛的一面，伍叔儻氣得鬧著要辭職[26]。經過朱家驊回粵之後的協調，伍叔儻此後也沒再為難民俗學會。

朱家驊對民俗學會的支持可說是一貫的。顧頡剛去校之後，容肇祖在一九二九年六月向朱提交了一份《發展民俗學會計畫書並經費預算》，七月十五日，朱家驊函准「計畫書」備案，批准經費每年二千二百元，具體為「風俗物品五百元，調查費五百元，叢書稿費一千元，購書籍費二百元」[27]。儘管這筆經費實際上只支出了二百餘元稿費等雜項，容肇祖就離開中山大學轉赴嶺南大學就職，接下來也沒人去為民俗學會追要這筆經費，我們還是不能否認朱家驊對民俗學會的支持和貢獻。

後來因為民俗學會改為民俗學組，原來熱心民俗事業的學者相繼離去，民俗學組空一招牌，無人理事，《民俗》週刊遂至停刊，運動處於休眠狀態。這段時間一直是朱家驊長校，當他離開中山大學的時候，還對此事耿耿於懷：「本校的出版物，有許多很有價值的……從前民俗學會的民俗週刊，是一種有價值的出版物，應該設法把它恢復起來。」[28]

---

24 顧頡剛日記，一九二八年五月三一日（一九七三年七月之補敘）。
25 鍾敬文先生談話錄音，北京友誼醫院，二〇〇一年八月十六日。
26 顧頡剛日記，一九二八年五月三一日。不過，據劉小雲分析：「僅就此事而論，顧頡剛處理得簡單過急了些。一是偏信傅斯年一面之辭。傅斯年所說不無實情，伍、何確有反對之意；但從二四日《國立中山大學日報》所載的會議記錄可知，已議定付印顧的《孟姜女故事研究集》，而不是在接到朱電之後的決定，難怪伍要辭職。」（劉小雲《〈吳歌乙集〉風波背後》，《民俗研究》二〇〇八年第一期）
27 《國立中山大學語言歷史學研究所概覽》，廣州：中山大學語言歷史學研究所，一九三〇年一月，第九二、九三頁。
28 朱家驊：《別同事諸先生書》，《國立中山大學日報》，一九三〇年十二月十三日第一版。

朱家驊對民俗學會的支持，在當時的學會會員中，應該是個常識。張清水就曾經說過這樣的話：「朱副校長對民俗學會深表同情，並允極力提倡，這真是怎樣好的消息喲！民俗學會，素來備受一班人的歧視，懷疑，以致不能儘量發展，誰都覺得痛心。現得朱騮先先生的同情與提倡，當可盡力發展了。」[29]

不過，大概是由於朱家驊聘請顧頡剛而引起魯迅大不滿，魯迅對朱家驊的評價並不高，他在給江紹原的信中說：「支持家評騮先云，政治非其所長，教育幼稚。」[30]

一九八三年，鍾敬文在《重印〈民俗〉週刊序》中說到：「當時學校新領導班子成員中，有一位是從北大來的，他當然知道北大這種『新國學』活動的情形和一定意義。由於他所處的特殊地位，他對民俗學活動的支持，也就成為有一定份量的積極因素。」[31]這是對朱家驊最客觀公允的評價。

第三節　社會學系主任何思敬

何思敬對待民俗學會的態度非常矛盾，他對民俗學寄予了太高的期望。一旦看到了理想與現實的落差，他就變得心灰意冷。內心還有點餘熱，卻又時不時說些風涼話。

29 清水：《本刊通訊》，《民俗》週刊第七四期，一九二九年八月二一日。
30 魯迅致江紹原信，一九二七年八月十七日。轉引自方繼孝：《江紹原與周氏兄弟》，《魯迅研究月刊》二〇〇八年九期。
31 鍾敬文：《重印〈民俗〉週刊序》，《民俗（影印本）》，上海：上海書店，一九八三年。

何思敬（一八九六－一九六七年）

何思敬，一八九六年生於浙江餘杭，自幼學徒，一九一六年憑自學考入日本東京帝國大學預科，取得官費留學資格，旅日十一年[32]。一九二七年二月畢業回國，直接受聘於中山大學。

何思敬知聞顧頡剛，始於他在日本留學期間：「一個日本友人告訴我說中國有新國學之發生。我聽了，一方面覺得慚愧，一方面起了些好奇心，遂到他所管的東洋文庫去借了北大國學門週刊到寓中翻讀了一遍，從中發現了頡剛先生的一九二六年的始刊詞及另外數篇，後來又見到他的孟姜女研究前篇，忽然的心境好像來了一陣暴風，覺得中國學術界起了革命，使一個向來不問國學的門外漢忽然感到從沒有預期的不可名狀的驚異。於是，從幾本北大週刊的知識寫了一介紹載於一個人類學，考古學，民族學，民俗學的雜誌《民族》上，告訴日本的民俗學，民族學界，說我們中國也有和他們同樣的新學術運動發生。從此以後，頡剛先生的姓名也就永刻在我的記憶中了。」[33]

一九二六年六月，顧頡剛應日本《改造雜誌》主編上村敏清之約，寫過一篇《蘇州的歌謠》[34]，該文後來由何思敬譯成日文發表，這時候，顧何兩人互相還不認識[35]。

何思敬先於顧頡剛兩個月進中山大學，曾於傅斯年之前代理過文科主任，時為哲學系主任（後來哲學系撤銷，何改

32 李光模：《法學家、哲學家——何思敬》，《中國人民大學學報》一九八九年第一期。
33 何思敬：《讀妙峰山進香專號》，《民俗》週刊第四期，一九二八年四月十一日。
34 顧頡剛：《蘇州的歌謠》，《民俗》週刊第十一、十二期合刊，一九二八年六月十三日。鍾敬文在附記中說：「這篇談論蘇州歌謠的文章，是顧先生前年為了應許日本《改造雜誌》的徵文而作的，在中國向未發表過。」
35 顧潮：《顧頡剛年譜》第一二五頁。

做社會學系主任）。顧頡剛來中山大學後，一九二七年五月三日曾專程前往拜會，沒見著[36]。第二天在朱家驊的宴會上，兩人第一次見面。五月十二日，顧頡剛又專程去何思敬處，借閱他在日本《民族雜誌》上發表的那篇文章《支那新國學運動》，然後一起去東山酒家吃飯。

民俗學運動早期，何思敬投入了極大的熱情，他在《國立第一中山大學語言歷史學研究所週刊》「風俗研究專號」的《卷頭語》中，用充滿激情的話語表達了語史所同仁對於這一新興學術運動的信心和憧憬。情緒是可以相互感染的，這時的顧頡剛對何思敬充滿了信任，而且以何思敬在學校各種學術委員會的委員身分，他的支持有助於運動的開展。因而在籌備《民俗》週刊的時候，顧頡剛曾回學校找何思敬，專門商議《民俗》週刊的籌備事項[37]，後來何思敬曾寫成《民俗學的問題》發表在《民俗》週刊創刊號上，文章大大清晰了時人對於「民俗學」的認識，本來他還打算親自翻譯Burne女士的The Handbook of Folklore，但「因為事情太忙沒有動手」[38]，就把這書借與楊成志譯了出來。

何思敬在隨後為顧頡剛《妙峰山》所作的序言中，也對顧頡剛的成就寫滿了讚譽之詞，寫好以後，還親自送到顧頡剛家[39]。一九二八年上半年，顧何兩人還常在一起進行一些民俗調查之類的活動[40]。

但是，不知基於何種原因，一九二八年五月之後，許多教授開始對顧頡剛產生不滿情緒，並開始做一些不利於民俗學會的事情。何思敬便是其中之一。

顧頡剛在一九二八年五月二二日日記中寫道：「孟真見告，謂昨日校中出版審查委員會開會，將研究所已審查之書重行審查，叔儻不肯以《民俗叢書》付議決，思敬至有『《民俗叢書》將成顧頡剛叢書』之語。予做事太銳，招人之

36　顧頡剛日記，一九二七年五月三日。
37　顧頡剛日記，一九二八年二月六日。顧頡剛等人住在東山，中山大學在文明路，顧頡剛步行到學校大約要走半小時。
38　陳錫襄：《一部民俗學著作的介紹》，《國立中山大學語言歷史學研究所週刊》第十一、十二期合刊，一九二八年一月十六日。
39　顧頡剛日記，一九二八年四月二日：「思敬送來《妙峰山》序」。
40　如：顧頡剛日記，一九二八年四月七日：「思敬史祿國來，同到百子路訪瑤民及化瑤局長莫輝榮君，問俗問字」。

忌，自在意內。」

儘管如此，顧頡剛還是儘量與何思敬維持了一種表面上的和睦關係，直到一九二八年十二月十八日，顧頡剛實在沉不住氣了，「為何定生獎學金事開會，予與思敬大鬧」[41]。兩人終於在一個學生的獎學金問題上，公開了彼此之間的矛盾。

容肇祖則在《我最近對於「民俗學」要說的話》中，直言不諱地表達著他對何思敬的不滿：「何先生對於民俗學的心情，大概是如海上的潮汐，或時洶湧而來的高興，或時陷落而去的沉寂。我們試拿《中山大學語言歷史學研究所週刊》一一，十二期合刊中他的一篇《卷頭語》和這篇《民俗學問題表格序》比較，可知這兩篇文章正是他的感情變化的對照。」[42]

容肇祖的不滿還在於他認為何思敬是使得民俗學會中道衰落的罪魁禍首。

《民俗》週刊第一次停刊時間是一九三〇年四月三〇日，其時語言歷史學研究所「民俗學會」已改名「民俗學組」，何思敬擔任該組主任。何思敬在《民俗》第一一〇號停刊號上發表《民俗學組通函一則》，云：「邇來本大學其他各科研究所，亦力事充實，以致不能顧及民俗學之發達，特將該會改為民俗學組，其經費又將劃入語言歷史學研究所項下，此後事業，恐不能無甚影響，故擬略事收縮，以免放漫。」

何思敬在《通函》中為民俗學組擬定的工作計畫大致有二：一是翻譯西歐的相關著作，一是改《民俗》週刊為月刊。並且開列了要翻譯的圖書名稱，草擬了月刊的欄目設置。表示要「不辭艱困，盡力設法，以副各同好之雅望」。可惜的是，兩樣計畫，一樣都未能落實。

是條件限制，何思敬無能為力嗎？查一九三〇年二月出版的《國立中山大學一覽》，知中山大學財務「預算委員

41 顧頡剛日記，一九二八年十二月十八日。事情其實很簡單，「思敬斥定生卷無給獎價值，予忍不住矣，遂與之大鬧，此在中大第一次也。」
42 容肇祖：《我最近對於「民俗學」要說的話》，《民俗》第一一一期，一九三三年三月二一日。

會」為五人小組，其中原民俗學會成員有何思敬、莊澤宣，五席占了兩席；中山大學「出版委員會」為九人小組，其中原民俗學會成員有何思敬、莊澤宣、劉奇峰[43]，九席占了三席；更重要的是，此時朱家驊已經升任校長，前面說過，朱家驊在一九三〇年底臨別中山大學的時候，還念念不忘民俗學會各出版物，認為此項事業不該中斷，應予恢復。

不過，一九三〇年間，國民黨軍費開支迅速增長，中山大學辦學經費陷於全面困頓之中。五月底，語言歷史學研究所各項出版物均告暫停；十月，語史所接校長函，謂因「經費支絀，暫時停辦語史所」[44]；大約與此同時，語史所代主任商承祚也離職北上[45]。可見此時大勢如此，也非何思敬之力所能挽此狂瀾。當時身在北平的顧頡剛從劉萬章的來信中得知語言歷史學研究所停辦的消息，痛心疾首，在日記中寫道：「鴟鴞，鴟鴞，既取我子，又毀我室。不知與彼輩有何利益？」[46]

何思敬沒有為陷於困境的「民俗學組」做太多的工作是肯定的，但要把《民俗》中落的責任完全歸咎於他也是不公允的，他勇於在困境中出任民俗學組的主任，至少說明「他的熱心尚未減」[47]。

43 《國立中山大學一覽》（存中山大學校史資料室），中山大學一九三〇年二月內部印製，第三三〇頁。
44 《留員辦理歷史研究所結束》，《國立中山大學日報》一九三〇年十一月十五日第二版。
45 一說因為商承祚與時任文科主任的劉奇峰「關係至僵」，劉奇峰有意扣發了商承祚的聘書。參見商承祚父親商衍鎏一九三〇年八月十三日日記：「祚兒粵教授，其主任劉奇峰之與生意見，聘書為其扣發，雖戴朱兩院長有挽留之言，而尚無均實辦法。」（《商承祚文集》，中山大學出版社，二〇〇四年，第五六一頁）
46 顧頡剛日記，一九三〇年十月二九日。顧頡剛猜測是由於伍叔儻、劉奇峰等人從中作梗，導致語史所關門。這個猜測似乎有意氣成份。事實上，到了一九三一年一月十三日，原「文科」改稱「文學院」，以研究為主的原「語言歷史學研究所」改為以教學為主的「文史研究所」，隸屬文學院，院長、所長均由劉奇峰擔任。此時劉奇峰曾以「教授學生，對於研究工作均感不便，殊有礙於學術發展」為由，函請校長恢復語言歷史學研究所。校長函複：「略謂既因學術研究，發生影響，自可先行恢復，惟現值校款奇絀，應請共體時艱，縮小規模，一切開支，務從撙節，原有名稱，應改為文史研究所，以正名實，而資節便云。」（《語史所改名規複》，《國立中山大學日報》一九三〇年一月三〇日第一版）可見事實並不像顧頡剛所猜測。至少語史所之撤，並非劉奇峰之意。
47 容肇祖：《我最近對於「民俗學」要說的話》。

前民俗學會自從鍾敬文被辭以後，顧頡剛也覺意興索然，加之北上的願望越來越強，顧及民俗學的時間和精力越來越少，基本上只有容肇祖一人在苦心經營。及至一九三〇年容肇祖去校，幾位早期的發起人全部離去，只好把《民俗》週刊交與劉萬章打理。沒有了諸多知名學者對於《民俗》週刊的稿件支持，劉萬章舉步維艱，結果是《民俗》週刊的學術含量日見下降，反過來又更加成為「民俗學」的反對者們反對的藉口。要振興此時的民俗學，使之向前發展，非下大的力氣不可。何思敬本來對於民俗學只有熱心沒有決心，不想為此牽扯太多精力，因此要他全身心地投入是不現實的。中山大學民俗學運動在一九三〇年的中落可說是一種必然的趨勢。

何思敬並非沒有做過事務工作。民俗學會剛剛成立的時候，「當時同情於《民俗》的編輯的，有法科主任何思敬先生，亦願負責幫忙」[48]。一九二九年暑假，何思敬赴日，曾受容肇祖之托，在日本購買了大批民俗學書籍，共計花費三百餘元，大約於十月份寄到了學校，陳列在語史所民俗學會[49]。何思敬在《通函》中開列的計畫是積極且有意義的，就此一學科的現狀來說，甚至可說是對症下藥，可惜沒有人力的支持，計畫書成了結束語。何思敬從此未再染指民俗學。對於何思敬的這種態度反復，鍾敬文也不能解釋[50]。

一九三一年六月，何思敬離開廣州去了上海。一九三二年九月，應鄒魯校長的聘請，曾重回中山大學執教，後來因為「煽動」學生遊行示威，被國民黨列入黑名單，只好於一九三六年一月十一日避走香港，一九三八年輾轉到了延安。後曾擔任延安大學法律系主任，法學院院長和中央黨校研究員，中央政策研究室領導成員等職，一九四九年之後，曾先後擔任北京大學、中國人民大學法律系教授、系主任等職[51]。

48 《民俗學會一年來的經過》，《國立中山大學語言歷史學研究所週刊》第六二、六三、六四期合刊，一九二九年一月十六日。

49 《本所消息》，《國立中山大學語言歷史學研究所週刊》第一〇三期，一九三〇年三月十二日。

50 鍾敬文先生二〇〇一年八月十四日與筆者談話時說，何思敬的許多文章是鍾先生約的稿，因為何思敬對國外的民俗學情況比較瞭解，至於為什麼他對民俗學和對顧頡剛的態度顯得有些反復無常，鍾先生只說他「有點怪」。

51 熊澤初、胡提春：《何思敬傳略》，《晉陽學刊》一九九一年第四期。

第九章　早期民俗學者對研究方法的探索

學科建立的標誌包括研究對象、範圍的確定，學術方法的建立，學術流派的形成和標誌性成果的誕生等多種因素。但是，民俗學與傳統學科最大的不同在於：首先，這不是一門自然生長，在涓匯的過程中逐漸形成的學科，所以，它在縱向上無可借鑒。其次，即使在西方，民俗學也不是一門成型的學科，理論、方法都不夠成熟，所以，它在橫向上也難有借鑒。民俗學在中國，是西方學術思潮影響下誕生，民族意識和學術使命推動下成長起來的一個沒奶的孩子。

儘管我們對上列學科建設幾項指標的考量都沒有滿意結果，但經歷了北京大學和廈門大學時期的啟蒙和宣傳，民俗學的先驅者們總算在摸索中畫出了朦朧的藍圖。到了中山大學時期，他們充分利用了當時學校的有利條件，逐步將理想付諸實踐，開始了建設性的工作：資料搜集逐漸完備，論爭由思想轉向學術，基本的研究方法開始形成。其中，最主要的研究範式也即顧頡剛的歷史演進法，這在本書第五章已有詳細論述。

本章以不同時期董作賓、鍾敬文、江紹原等人在研究方法上的嘗試為例，著重討論早期民俗學者的在研究方法上的探索和貢獻。

第一節　《歌謠》時期的研究設想與《看見她》的成功嘗試

面對來自全國各地豐富的民間歌謠，歌謠研究會同人非常激動，希望就此展開深入研究。可是，如何進入具體研究，卻成了一個大難題。董作賓《一首歌謠整理研究的嘗試》是最早的成功嘗試。

北京大學歌謠運動最初只是打算做點歌謠的搜集和整理工作。可是，隨著材料的日益積累，許多蘊含在歌謠中的豐富民俗文化內涵漸次呈現在學者們的眼前，於是，面對材料，「如何研究」就成了必然提出的話題。衛景周在《歌謠》發刊周年紀念時，撰文將歌謠的研究現狀設想為四個派別：

（一）民俗派。此派注重民俗學，凡民間一切風俗，皆在搜羅之例。他們研究歌謠，是為貫徹他們的民俗知識。

（二）考證派。此派研究一切學問，皆以考證方法為神聖不可侵犯，他們在小說上頗盡了考證的能事，今又願在歌謠上大顯神通。

（三）革命派。此派帶有平民文學的色彩，欲藉歌謠研究，為將來革貴族文學命的張本。可見他們研究歌謠是為達到革命的主張。

（四）文藝派。此派為研究歌謠而研究歌謠，他們見歌謠章節，顏色，神情，配合的美和別的好詩一樣，以研究詩的態度，研究歌謠。[1]

---

1 衛景周：《歌謠在詩中的地位》，《歌謠周年紀念增刊》第三四版，一九二三年十二月十七日。

這種眉毛鬍子一把抓的混沌分類法顯然是不科學的。考證是一種研究方法，革命卻是一種思想主張，與民俗和文藝也不能構成並列關係，不過，衛景周總算提出了一個值得深入的話題。而且我們還可從中看出歌謠愛好者們的一些研究取向。

常惠沒有衛景周樂觀，他不認為已有的成果中含有多少研究的因素：「我們除蒙會內外的幫助得到七千首歌謠外，旁的事業慚愧得很，不能說是研究，就是方法也不完備。」[2]出於拋磚引玉的目的，常惠提出了一些研究方法的設想，我們可以把它綜括為以下兩種：

一、比較的研究法。如《隔著竹簾看見她》就是一個母題。

（一）縱向比較，也即歷史的研究方法。就是拿現代的歌謠對證古代的歌謠，給他考出源泉來。

（二）橫向比較，也即地理的研究方法。把中國的歌謠與外國的相似的歌謠進行比照，做世界的歌謠研究。

二、就一種目標來進行研究。如「歌謠中的家庭問題」，「歌謠與婦女」，「歌謠中『子』和『兒』音的問題」等等。

而對於研究時機的等待，顧頡剛卻似乎抱有更持久的耐心，在常惠提出問題的四年之後，顧頡剛還說：「凡是一種學問的建立，總需要有豐富的材料。有了豐富的材料方才可以引起人家的研究興味，也方才可以使人家研究時有所憑藉。學問會得一天比一天進步，並不是後人比前人聰明，乃是後人比前人的憑藉加厚。我們現在研究古書，為什麼可以鑽入圖書館裡不出來，就因為我們的祖先和父老已有很多的遺產傳給我們了，我們已是席豐履厚的貴公子。若說到研究民俗學呢，唉，這真可憐，我們乃是陋巷中的赤貧之子，只有仗著自己的氣力和血汗去幹；固然幹的結果可以像到南洋種橡樹般，成為一個富豪，但在現在時候的確還是一個無產階級呵……實在今日的民俗學，還是在搜集材料的時代，不

[2] 常惠：《一年的回顧》，《歌謠周年紀念增刊》第四四版。

是在研究的時代。」[3]

顧頡剛此言當然有他的道理，但也要考慮到另一方面：學問除了具有「求真」的意義之外，同樣有「尋求方法」的必要。在資料不足的情況下，「求真」固然有所欠缺，但於「尋求方法」卻並無大悖，而對於「方法」的追求，正是學問無窮的魅力之所在。如果研究一定要等材料齊備才動手，那麼，研究所需的材料，何時、何種程度才能稱得上完備？這是一個無法說清的話題。有時，有限的材料就已足夠進行局部的探討，新材料的出世，自有新文章來引用，學問是在不斷地往復中前進的，不能總是指望一錘定音。事實上，顧氏自己最早的民俗文章如《七二司》、《導子賬》、《總禮單》等，也是在資料並不完備的基礎上寫成的。

顧頡剛初接手《歌謠》時，站在普遍聯繫的角度，說出了他的綜合研究的設想和隱憂：「研究歌謠不單在歌謠的本身，歌謠以上有戲劇、樂歌、故事，歌謠以下有方音、方言、諺語、謎語，造成歌謠的背景的有風俗、地文、生計、交通諸類。我們所有的材料，僅僅歌謠尚是極不完全，何況這許多項目？所以我們單單空想研究歌謠，原是甚易的，而切實做研究的工夫卻是難之又難。」[4]也就是說，研究歌謠，必然牽扯到大量的相關知識，我們歌謠研究不能頭痛醫頭、腳痛醫腳，而是要把歌謠置於一個產生和流傳的大背景中方方面面地加以考察。

顧頡剛還曾提出了借鑒外國研究方法的願望，但是，這一設想始終未能實現，國外的歌謠研究其實也不成氣候。顧頡剛對此並不瞭解，之所以出此下策，大約也是受了周作人常惠等人的誤導，不過顧頡剛並沒有等著外國月光的輸入，他很快就建立了一套自己的極富中國特色的民俗學研究範式，也即傳說古史的歷史演進法。

《歌謠》週刊最早的研究成果，還是從比較研究開始的。

劉半農是歌謠的比較研究的首倡者，一九一八年十一月，他在答羅家倫的一封信中說：「歌謠隨時代與地方為轉

3 顧頡剛：《序》，謝雲聲編《閩歌甲集》，廣州：中山大學民俗學會叢書，一九二八年七月。
4 顧頡剛對舒大楨《我對於研究歌謠的一點小小意見》的答覆，《歌謠》第三八號，一九二三年十二月二三日。

移，並非永遠不變之一物。故吾輩今日研究歌謠，當以『比較』與『搜集』並重。所謂比較，即排列多數之歌謠，用研究科學之法，以證其起源流變。雖一音一字之微，苟可討論，亦大足增研究之興味也。」[5]但這一提法並沒有引起大家的回應。

到了一九二二年十二月，胡適引入西方的「母題」概念，在《努力》週刊發表《歌謠的比較的研究法的一個例》，大力推出比較研究法：

研究歌謠，有一個很有趣的法子，就是「比較的研究法」。有許多歌謠是大同小異的。大同的地方是他們的本旨，在文學的術語上叫做「母題」（motif）」。[6]小異的地方是隨時隨地添上的枝葉細節。往往有一個「母題」，從北方直傳到南方，從江蘇直傳到四川，隨地加上許多「本地風光」；變到末了，幾乎句句變了，字字變了，然而我們試把這些歌謠比較著看，剝去枝葉，仍舊可以看出他們原來同出於一個「母題」。這種研究法，叫做「比較研究法」。[7]

他舉《隔著竹簾兒看見她》為例，說：

這首歌是全中國都有的；我們若去搜集，至少可得一兩百種大同小異的歌謠：他們的「母題」是「到丈人家

5 劉半農：《致羅家倫》，《北京大學日刊》第二五八號，一九一八年十一月二五日。

6 胡適所說的「母題」概念類似我們現在使用的「類型」概念，其實「母題和類型是兩個概念。母題是故事中最小的敘述單元，可以是一個角色、一個事件或一種特殊背景，類型是一個完整的故事。類型是由若干母題按相對固定的一定順序組合而成的，它是一個『母題序列』或者『母題鏈』。」（劉守華：《比較故事學》第八三頁，上海文藝出版社，一九九五年九月。）

7 胡適：《歌謠的比較的研究法的一個例》，原載一九二二年十二月三日《努力》週刊第三一期，署名Q。收入《胡適文集三・胡適文存二集》，北京大學出版社，一九九八年十一月。

裡，看見了未婚的妻子」，此外都是枝節了。比較研究的結果，可以看出：

（一）某地的作者對於母題的見解之高低。

（二）某地的特殊的風俗，服飾，語言等等——所謂「本地風光」。

（三）作者的文學天才與技術。[8]

幾乎同時，常惠的《對於投稿諸君進一解》也在《歌謠》創刊號發表，不約而同的是，他也以《隔著竹簾看見她》為例，作了一番有趣的比較，認為「從一首歌謠脫出十幾首來，地方到占了八九省，幾乎傳遍了國中。但是各有各的說法，即便相隔很近的地方，說法也都不同，很有研究的價值」[9]。

受了這些提示，董作賓打算從歌謠研究會已有的兩萬多首歌謠中找三個「母題」入手進行比較研究：一，娶了媳婦不要娘；二，尋個女婿不成材；三，隔著竹簾看見她。可他翻檢了兩個星期，最後僅「看見她」找出了四五首，前兩題都不到十首，只好放棄前者。

董作賓在翻檢過程中就已發現「檢到福建、廣東、浙江、廣西、雲南、貴州等省時，看到他們的歌謠很少和北方各省相同的，據我的比例，可以認為這幾省沒有」[10]。為了確證這一推論，董作賓使用統計表格，區分出了「確實沒有」的省區有浙江、廣東、廣西、雲南，與他原來的猜測基本吻合；而「可能有，但沒搜集到」的省區有六處。並得出結論：「歌謠不同，也可以說就是語言不通。福建、浙江、廣東的語言，和南北兩大官話區的語言特別不同，所以這一首歌謠，雖遊遍了十二個省區，竟不曾跑到他們那邊。」

8 胡適：《歌謠的比較的研究法的一個例》。

9 常惠：《對於投稿諸君進一解》，《歌謠》週刊第一號，一九二二年十二月十七日。

10 董作賓：《一首歌謠整理研究的嘗試》，一九二四年十月十二日，《歌謠》週刊第六三號。以下引文未加注釋者，均出此文。

然後他又「把有線索可尋特別相同的地方，詳細比較一次，作出個粗疏的分類，結果發現了『兩大語系』，『四大政區』的關係。原來歌謠的行蹤，是緊跟著水陸交通的孔道，尤其是水便於陸。在北可以說黃河流域為一系，也就是北方官話的領土，在南可以說是長江流域為一系，也就是南方官話的領土。並且我們看了歌謠的傳佈，也可以得到政治區劃和語言交通的關係」。

他把所謂北系南系的流布分別列了兩份表，以清楚它們流傳散佈的蹤跡。為了進一步說明，他把北系的發源地假定在陝西中部，由此分出四大支派；在南系中，他又分出了成都和南京兩大干係。比較之下，他又以為成都一系乃系陝西傳入，以此又將南北聯在了一起。

董作賓的小學功夫很好，他在本項目中充分發揮了這一優勢，分別對存在疑難的字、詞、句、段四方面進行了精到的考訂，並以此解釋部分變異的產生，比如他說：「字的錯誤，多因方音的關係，在采的地方只是借用一個同音的別字，而到了別處便成音義俱異的錯字了。」如陝西四、十不分，四兩的銀鐲子傳到別處就變成十兩了。

不知是有意識地使用還是無師自通，他在所謂「段的考訂」中使用了類似我們現在使用的「母題分析」的方法。把《看見她》析出了五段：「一，因物起興；二，到丈人家；三，招待情形；四，看見她了；五非娶不可。」他把這一母題鏈當做尺度去衡量各地的歌謠，發現惟有二和四是不可缺的，是本題的精華。在這一衡量中他還發現另一有趣的現象，即母題鏈與母題鏈之間的粘接，這是一個至今沒有人深入的課題，可惜董作賓沒有在這方面進行後續研究。

除去語言學、音韻學上的收穫，他還在南北兩系的比較中發現了許多風俗上的差異。如，從對女子的容貌和裝束的描繪中，可以知道南北之間的審美標準的不同，「北方多穿高底鞋，南方則否，北尚樸素，南多奢靡。」從「招待情形」一段，就可看出更多：從菜式可見北方的樸實，南方的奢華；從席上的動作，可以看出民間交際的實際狀態；從使用的器具，可以看出各地的特產的不同。

董作賓的《看見她》是《歌謠》時期惟一單獨出版發行的一本研究專著，由此可見歌謠研究會對它的重視。胡適為

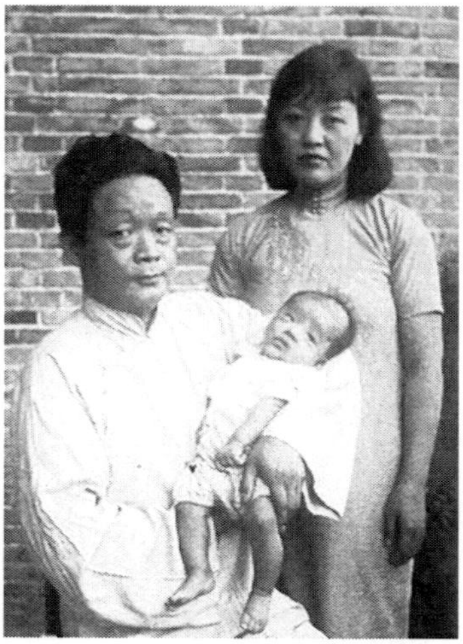
董作賓和妻兒在一起（一九三六年）

這一成果感到欣慰，並在給董作賓的回信中進一步闡釋了他著名的「大膽假設，小心求證」的原則：「凡能用精密方法來做學問的，不妨大膽地假設：此項假設，雖暫時沒有證據，將來自有證據出來。此語未可為一般粗心人道。但可為少數小心排比事實小心求證的學者道。不然，流弊將無窮無極了！」[11]

胡適並沒有在回信中給予董過高的評價，可能也是因為看到了此文的明顯缺陷。《看見她》在方法上顯然是可取的，它的部分猜測和判斷也為後續研究者所證實，但它的硬傷也是難以避免的：材料過少，論斷過多，有以偏概全的嫌疑。畢竟董作賓的資料佔有非常有限，許多論斷只是根據一首歌謠甚至歌謠中的一個字詞而做出的，研究所依據的歌謠的數量和品質都無力負擔董文諸多論斷的可信度。這一點，作者本人比任何人都清楚，所以他在文中呼籲：「我希望不曾采到的各地方，都聞風興起，把同樣的或異樣的材料多多抄給我們，那就更好了。」[12]

比較研究法成了早期民俗學者最常用的一種方法。丘峻曾經總結說：「『比較研究』的一個方法，無論在什麼科學中都占著重要的位置。因為自從各人把這個方法用到各種科學裡去以後，各種科學都得著很大的進步，於進化一端，更覺顯著。」又說：「這種研究，第一步的工作便是搜集材料。如果沒有材料，研究的工作便無法進行。其次，材料要多，越多越好。倘若材料不豐，那研究所得的結果，其正確率一定很低。」[13]

11 胡適：《關於「看見她」的通訊》，《歌謠》週刊第七〇號，一九二四年十一月三〇日。
12 董作賓：《一首歌謠整理研究的嘗試》。
13 丘峻致容肇祖信，一九二九年十月二三日。信見於飛：《關於張獻忠的材料》，《民俗》週刊第九〇期，一九二九年十二月十一日。

第二節　鍾敬文的民間文學研究

早期民俗學的支持者中，大部分是因愛好文學而進入這一學術圈的，因此，民間文學研究也就自然成為民俗學研究最重要的組成部分。鍾敬文從一個文學青年成長為一代學術宗師，無疑是在民間文學研究上找到了突破口。

歌謠徵集活動最初的目的是因「北大本科教授沈尹默、教授劉半農等人，為了作新體詩，要在本國文化裡找出它的傳統來」[14]。但是《歌謠》主編常惠卻很受周作人的影響，從辦《歌謠》始，就打算把歌謠學往民俗學上引，對文學家們的藝術衝動給予了無情的打擊。

郭沫若曾寫過一篇《兒童文學之管見》[15]，充分發揮了文學工作者的詩意想像，從「心理的聯想」角度對「月兒光光」展開了純文學的探討。常惠則寫《我們為什麼要研究歌謠》，對他的結論加以嘲諷：「千萬不要拿他講大哲學，那是大錯的。」[16]

也許是編輯趣味的原因，也許是歌謠研究本來就難以展開，《歌謠》展示的基本上是搜集整理的成績，極少發表有分量的文藝視角的研究文章。對歌謠的文藝學探討主要集中在分類法方面。始作俑者是邵純燕的《我對於研究歌謠發表一點意見》[17]，其分類方法雖然幼稚，卻也引起廣泛的討論。劉文林、白啟明首先對其分類的科學性提出了質疑。常惠

14　顧頡剛：《我和歌謠》，《民間文學》一九六二年〇六期。
15　郭沫若：《兒童文學之管見》，《民鐸雜誌》二卷四號，一九二一年。
16　常惠：《我們為什麼要研究歌謠》，《歌謠》週刊第三號，一九二二年十二月三一日。
17　邵純燕：《我對於研究歌謠發表一點意見》，《歌謠》週刊第一四號，一九二三年四月十五日。

也加入了討論，但最終沒有結果，正如常惠所說：「我為了歌謠的分類問題，為了好幾年的難了，要歌謠週刊出版之前，我們就為這件事很費許多躊躇。」常惠本想暫時結束這場沒有多大意義的討論，「從此息戰」[18]，可是，讀者和作者們卻並不因此甘休，何植三、王肇鼎等人繼續發表《歌謠分類的商榷》《怎樣去研究和整理歌謠》等文章，但基本屬於各說各話，難於統一，自然也就沒什麼實質性的結果。

顧頡剛接手編輯事務之後，以專號的形式，明確主題進行討論，結束了投稿者的自由論爭，加大了歌謠學向民俗學轉型的力度。這一時期，鍾敬文因為寫《歌謠雜談》和參與顧頡剛的孟姜女故事討論，逐漸成為《歌謠》週刊的主要撰稿者。

鍾敬文欣賞顧頡剛的民俗學研究方法，但也力求擺脫顧氏研究方法的束縛，這種努力主要表現在他對民間文藝學的自覺探索。鍾敬文民間文藝學探索可說是始於歌謠而成熟於民間故事的分類研究。

鍾敬文早期歌謠研究的成績主要體現在對歌謠表現手法的探討上。如《歌謠之一種表現法——雙關語》[19]《偏韻語》《疊韻語》[20]《談談興詩》[21]等，從語言、音韻以及表現形式等角度對歌謠展開研究，引起了人們的注意。但是，民間歌謠作為研究對象，其短小的篇幅以及簡潔的內涵，不能提供足夠的闡釋空間和藝術深度[22]，因而無法供給鍾敬文作長期的研究。中山大學民俗學運動開始之後，鍾敬文的研究方向主要轉向了口頭散文作品。

18 常惠：《歌謠分類問題·按語》，《歌謠》週刊第一七號，一九二三年五月六日。
19 鍾敬文：《歌謠之一種表現法——雙關語》，《歌謠》第八〇號，一九二四年三月一日。
20 以上二文見《歌謠雜談》，《歌謠》第八五號，一九二五年四月五日。
21 鍾敬文：《談談興詩》，《文學週報》第二八一期，一九二七年九月二五日。
22 朱自清就認為歌謠除了「供詩的變遷的研究」之外，也沒什麼好研究的，如站在文藝學的角度，也確實「淺薄無聊之至」，「有時竟粗糙得不成東西」，他說「從淺陋的我看來，『念』過的歌謠裡，北京和客家的藝術上比較精美些。……其他各處的未免鬆懈或平庸，無甚特色；就是吳歌佳處也怕在聲音而不在文字。」（《粵東之風序》，《民俗》週刊第三六期）包括歌謠徵集發起人劉半農，以及梁實秋諸氏也有相似的看法。

一九二八年三月三日，楊成志、鍾敬文合譯的《印歐民間故事型式表》出版。儘管趙景深曾經批評「像這樣仔細的分類，至少可以分出一千類來」[23]，而且類型的羅列沒有明顯規則，「凡七十式，漫無系屬，實難記憶」[24]。但鍾敬文還是認為，「對於中國民間故事思加以整理和研討的人，它很可給予他們一種相當之助力的」[25]。

鍾敬文從印歐民間故事型式表中，發現了大量與中國民間故事相似的現象，據此寫成《中國印歐民間故事之相似》，發表在趙景深主編的《文學週報》。趙景深認為此文「在我國實為研究民間故事之發端」[26]。陳雲根也認為，到了中山大學時期，「人們才開始更為深入地去探索民俗學方法論上的問題。新方法是在對英國民俗學理論著作的翻譯過程中被確定下來的，這些理論著作有：《印歐民間故事型式表》，以及《民俗學問題格》。渴望獲得方法論上的支持有兩個耐人尋味的原因：首先是因為中國的民俗學者們從傳統語言學中獲得的幫助已經達到極限，語言學已經喪失了目的本身的神聖光環，它本身的工具性表現為它只能作為科學研究的輔助手段。民俗學研究處於枯燥乏味的時期。資料堆積如山，還要求遵循一定準則去完成。原先那種浪漫的文學的消遣工作變成了一種傷筋動骨的重複的勞動。歐洲成了人們的關注點，大家打算以歐洲的類型學來編排整理收集到的資料，同時人們也萌發了一種意識要去發展自己的類型學」[27]。

但是，這種相似故事的比較研究，卻被樊縯批評為「只重型式的比附，而無視內容的解釋。即在這種以比附型式作研究上，也是把歐印民間故事型式作間架，將合於那些型式的中國故事儘量留心塞入；而特為民族所產，不在那型式中

23　趙景深：《評〈印歐民間故事型式表〉》，《民俗》週刊第二一、二二期合刊，一九二八年八月二二日。
24　趙景深：《中國民間故事型式發端》，《民俗》週刊第八期，一九二八年五月九日。
25　鍾敬文：《付印題記》，楊成志、鍾敬文譯《印歐民間故事型式表》，廣州：中山大學民俗學會叢書，一九二八年三月。
26　趙景深：《中國民間故事型式發端》。
27　陳雲根：Die Folkloristik im modernen China（一九一九—一九四九）《現代中國民俗學（一九一八—一九四九）——政治動盪與經濟匱乏中的中國社會科學建設》（德文版博士論文，一九九五年，ISBN 3-8265-2034-3）第三章第四節（何執三譯）。

的，竟棄置不顧。終於只見模樣，不聞創造。一言以蔽之，搜集則有之，研究則未也」[28]。樊縯的批評雖則意氣之言，但也不是全無道理，因為最初的比較研究確實只是單純的比對，得出的結論只是「有相似」，而沒有更深入的研究結果。

但樊縯忽視了這種比較研究的另一層意義：一九三〇年之前的中國民間文學，大多數人只忙於搜羅自己所熟知的鄉土歌謠和故事，然後使用顧頡剛的歷史演進法，與古籍中相近的文字記載相印證，以說明故事的縱向流變，很少與其他民族尤其是海外的同型故事進行比較研究，對世界範圍內的故事類型缺少整體瞭解。橫向比較研究的出現，突破了以往故事研究中單一的歷時性研究法，把單個故事的研究置身於世界範圍的同型故事群中，把故事的演變、傳播與人類思維的進化聯繫起來，從知識與方法兩方面拓寬了故事研究的視野，為科學的研究奠定了基礎。

鍾敬文有一段時間對這種相似故事的比較研究很有興趣，他認為這是「十分有意義的事，近來國內兩三位對於這種學問有興趣的朋友，都頗致力於此點。我現在也是大半用這個手術來寫我的小文」[29]。一九二八年春，中央研究院史語所聯合中山大學語史所謀出季刊，開會分派作文題目，鍾敬文就曾「認作一篇《中國民間故事型式表》。擬花兩三個月的工夫，把許多古書中所載及近人所記錄的民間故事，作個總括的歸納，整理，而分出若干類型」[30]。

一九二八年，鍾敬文因《吳歌乙集》事件被中山大學辭退，到了杭州。他在教學之餘，仍繼續著前一時期的研究工作，「製作一些中國民間故事類型，分期刊載於當地出版的《民俗週刊》上，共約五十餘個，後來匯合起來，題為《中國民間故事類型》[31]，初刊於《民俗學集鐫》第一冊，一九三一年），後來譯成日文，承日本神話學者松村武雄等的好意，刊載於他們創辦的《民俗學》月刊上（一九三三年）」[32]。這種分類工作「就情節大同小異，

28 樊縯：《關於民俗》，江紹原譯著《英吉利謠俗及謠俗學》，上海：上海文藝出版社，一九八八年影印，第三二二頁。
29 鍾敬文：《波斯故事略窺》，《民俗》週刊第二一、二二期合刊，一九二八年八月二二日。
30 鍾敬文：《楚辭中的神話和傳說》第六三頁。
31 此文發表於《民俗學集鐫》時的題名為《中國民譚型式》，收入《鍾敬文文集》「民間文藝學卷」，合肥：安徽教育出版社，二〇〇二年。
32 鍾敬文：《中譯本序》，艾伯華著，王燕生、周祖生譯《中國民間故事類型》，北京：商務印書館，一九九九年。

數量眾多的神話、故事辨析異同，立型歸類，是對神話、故事進行比較研究的基本技術之一，鍾敬文做這個工作時雖參照過由楊成志和他本人合譯的《印歐民間故事型式》，卻是基於中國的民間故事材料獨立完成的，因而以其學術上的開拓性引人注目」[33]。

但是我們也要看到，故事的分類工作固然重要，但分類本身並不是目的，而只是比較研究的工具。既然分類是為了比較，就必須參照統一的標準，採用國際通用的分類法進行操作，這是一項枯燥而繁瑣的工作。作為一個浪漫的文學愛好者、激情的學術開拓者，鍾敬文顯然不想在這一繁瑣的工作中耗去太多的時間。鍾敬文原擬歸納出一百個左右的故事型式，最終只寫成一半，主要是「因為學術上的注意點和對故事類型的作用的看法有些變化，沒有一直進行下去」[34]。

早在創辦《民俗》週刊的初期，鍾敬文就已經開始著手故事類型的探討了，他的《呆女婿故事探討》[35]就是早期故事研究的示範作品之一。文章不長，但寫作比較規範：

一、說明該課題的研究意義。「呆女婿故事，可說是很通行的，在民間傳說中。他之集合關於人性愚騃方面之故事的大成（是所謂箭垛），正猶如徐文長之集合關於人性尖刻方面的故事之大成一樣。」

二、交待文章「所依據為探討上取資的材料」。

三、說明「這個故事所以會產生的根據和背景」。

四、「綜看呆女婿故事所包函的內容」，並將這一故事類型分成三種亞型：（一）拙於禮數的應付；（二）對於性行為的外行；（三）其他種種愚蠢的行為。

五、對以上三種亞型再細分到情節單元。

33　劉守華：《中國民間故事史》，武漢：湖北教育出版社，一九九九年，第七五一頁。

34　鍾敬文《中譯本序》，艾伯華著，王燕生、周祖生譯《中國民間故事類型》。

35　鍾敬文：《呆女婿故事探討》，《民俗》第七期，一九二八年五月二日。

六、就呆女婿故事常見的情節演進方式進行探討。

七、區分單純故事和複合故事。

八、對呆女婿故事類型中的特例進行說明。

文章並不長，卻細分了八個部分，所以大體上只是個研究框架，多數話題未能展開論述。鍾敬文在按語中說：「這個題目，我起始以為至少要寫成一篇七八千字的文章，即使不能叫人人都滿意，至少自己暫時要有勇氣從頭到尾校讀一回。」可是由於《民俗》週刊稿源不足，鍾敬文作為週刊負責人，無奈之下只好自己披掛上陣，匆匆寫就此文，所以文章未能充分展開。即便如此，我們還是可以從文章的框架和論述中看出，在從《歌謠》到《民俗》的短短三四年間，鍾敬文已經在民間文學的作品閱讀和理論學習上有了跨躍式的進步。文章所提供的寫作範式和研究思路無疑有助於民間文藝學的縱深掘進。

一九三〇年代初，鍾敬文的學術興趣轉向了故事類型研究，學術史家普遍認為他主要接受了人類學進化論的故事研究方法[36]。鍾敬文一九三二年前後發表了《「狗耕田」型故事的試探》《中國民間故事試探》《老虎與外婆兒故事考察》《中國的天鵝處女型故事》等一系列故事學論文，研究方法也日趨純熟。《中國的天鵝處女型故事》[37]部分地受到了顧頡剛的影響，也是在日本神話學家西村真次和英國人類學家哈特蘭德（E.S.Hartland）的研究基礎上產生的[38]。顧頡剛的故事學范式側重於故事的歷史演變；西村真次則受到英國傳播學派影響，側重於故事傳播、分佈的研究；哈特蘭德側重於「禁忌」研究。鍾敬文綜合汲取了三者的研究長處，力圖使用人

36 如劉守華說：「中國民間文藝學的主要代表人物鍾敬文，也深受人類學派的影響。」（劉守華：《比較故事學》，上海文藝出版社，一九九五年，第十九頁）

37 鍾敬文：《中國的天鵝處女型故事》，原載《民間教育季刊》一九三三年一月第三卷第一號，收入《鍾敬文文集》「民間文藝學卷」，合肥：安徽教育出版社，二〇〇二年。

38 鍾敬文在文章的題頭特別提到了「獻給西村真次和顧頡剛先生」。

類學派故事學方法，對故事中的歷史殘留物、進化史進行系統闡述。這篇文章無論是從學術規範還是從研究方法上，都可作為鍾敬文早期故事研究的一個代表：

一、指出本型故事在故事學上的重要地位，綜述國外學者對於這一類型故事的研究現狀，同時指出他們對於中國此一故事的隔膜。

二、詳考幹寶《搜神記》、郭氏《玄中記》、句道興《搜神記》中的天鵝處女型故事，指出其「內容的演變，情節的增益，處處表現著這故事在當時民間傳播上形態的進展」。

三、介紹「中國境內，尚存活著的天鵝處女型故事」。「因在流傳上經過了改削、增益、混合等種種自然的作用」，鍾敬文把它們分出了三組故事亞型，分組敘述。

四、主要在縱向上，對國內此一類型的故事進行「比較的探討」。但這種比較只偏限於文本的比較，沒有如顧頡剛一樣對演變的原因作歷史、地理、風俗上的考證。比較得出的演變規律是：（一）舊有情節的修改。「原始的社會不存在了，它遺留在文藝中的事物和思想等，不再適宜於後階段社會人的理解，所以不能不按照著當時的思考給以變形。這些修正，一方面是促進了故事的合理性，一方面卻漸漸地使它遠離了原始創作時的形態了。」②吸收或混合了別種故事的情節。「吸收或混合了別種故事的情節，使自身漸漸地和原始的形態顯出了不同，這也是一般傳播廣遠的故事的常例。」（二）故事性質的轉變。「在後代流傳的民間故事中，有許多是由於原始時代的神話、傳說墮落而成的，這是神話學者、童話學者所常說的話。反之，民間故事也未嘗不可以變成嚴肅的神話或傳說。兩者實有彼此變換的可能。」

五、主要在橫向上，從故事「要素」（即母題）的角度切入，將中國天鵝處女型故事與世界其他地區的同型故事進行比較，同時，試圖探析每一「要素」的產生因由。鍾敬文從天鵝處女型故事中共析出了十種「要素」：變形、禁制、洗澡、動物或神仙的幫助、仙境的淹留、季子的勝利、仙女居留人間、緣分、術士的預測、出難題。這一部分是此文的重點所在。作者旁徵博引，借助人類學派的理論工具，試圖通過對具體母題的中外神話（故事）相似性分析，尋求「在故事中很普遍而富於文化史意義的東西」，也即普遍的「原人社會」思維、文化的遺留狀況。

英國人類學派的故事理論傳入中國較早，大約在一九二〇年代開始引起文化學者們的廣泛注意，並對中國民間文學研究產生了深遠的影響。周作人、趙景深是鍾敬文之前的人類學派故事學代表人物。

人類學派認為，神話（故事）是原始社會生活和思想的一種遺留。它對於原始人來說可能是一些普遍而正常的思想方式，但社會進化以後，人們逐漸忘卻了遺留習俗中古老思維的原意，而作為一種口承文化或固定儀式保存下來，其「本意今人雖不能知，而古人知之，文明人雖不能知，而野人知之，今考野人宗教禮俗，率與其所有世說童話中事蹟兩相吻合，故知童話解釋不難於人類學中求而得之，蓋舉凡神話世說以至童話，皆不外於用以表見原人之思想與其習俗者也」[39]。

基於這樣的認識，人類學派「在建立自己的理論和具體論證上，是以當時所能看到的人類學資料為根據和憑證的。這是一種實證主義的方法，跟那些只憑思辨的方法是很不相同的」[40]。人類學派故事學，主要是圍繞著如何利用原始文化來解釋這些奇異故事的產生、演進等問題的，反過來，又以這些奇異故事來探尋原始人的思維和生活方式。

鍾敬文一面熱衷著人類學派的故事理論，一方面又保持著批判的冷靜。他在對分別流傳於朝鮮、越南、中國三地的「老獺稚型傳說」進行了詳細比較分析之後，得出這樣的結論：

我們早就明白，因為民族或部族間彼此文化階段相近，而產生了相似的神話和傳說等，這種神話學上所謂的「心理作用相同說」（即英國人類學家所主張的），是具有頗大的解釋一般神話事象的能力的。但是，像前面所列述

39 周作人：《童話略論》，收入《兒童文學小論》，上海：上海兒童書局，一九三二年。
40 鍾敬文：《後記》，《鍾敬文民間文學論集．下》，上海：上海文藝出版社，一九八二年。

的那些傳說主要情節高度的類似，不，簡直該說是相同！卻不能盡在這種原則（心理作用相同說）之下，去求正確的解釋。換一句話說，我們與其把它們（流行朝鮮、越南和中國的三個同型式的傳說）看做各自獨立地發生了的，怕不如看做從同一的根源傳佈出來的更為符合事實。更簡截一點說，就是對於這些相類傳說的解釋，用神話學上的「傳播說」，似較勝於應用那「心理作用相同說」。[41]

可見鍾敬文在理論和方法的借取上，雖然更加傾向於人類學派，但也兼采別樣，而不是削足適履地單一使用某派或某人的理論方法進入研究。

在著手故事研究的同時，鍾敬文在神話學上也曾下力不少。黃詔年曾經介紹說：「據我所知，國內想做神話的工作的，只有三個人。即是：沈雁冰，黃石，鍾敬文。沈黃兩先生是注重於書本神話的……鍾敬文先生如是著手於民間的，似乎他曾編過一本『神話彙集』，但許久還不見印出，實在可惜得很。」[42]

沈雁冰神話研究的主要理論資源是安德列．蘭（Andrew Lang）和麥根西（D．A．Mackenzie）的人類學派理論[43]。鍾敬文在神話學的理論借取上，同樣傾向於人類學派，他曾引楊成志的一篇譯文說：「相同的偶然事件或境遇的存在，可用人類的思想，經驗及感情來求解釋。這種可叫做心理學的學說……神話有由假借與傳遞而分佈的可能，然而神話發源於野蠻人的智力狀態的假設，卻也是神話分佈廣遠的一個現成之解釋……它們簡直是人類最初的意志的粗率產品。」[44]

[41] 鍾敬文：《老獺稚型傳說的發生地——三個分佈於朝鮮、越南及中國的同型傳說的發生地域試斷》，原載《藝風》一九三四年十月第二卷第十二期，收入《鍾敬文民間文學論集．下》，上海：上海文藝出版社，一九八二年。

[42] 黃詔年：《民間神話》，《民俗》第十一、十二期合刊，一九二八年六月十三日。

[43] 茅盾：《中國神話研究》，收入《茅盾說神話》，上海：上海古籍出版社，一九九九年，第一一四—一一五頁。

[44] 鍾敬文：《中國印歐民間故事之相似》，《民俗》週刊第十一、十二期合刊，一九二八年六月十三日。

鍾敬文《楚辭中的神話和傳說》在神話分類上部分地受到了沈雁冰的影響，將《楚辭》神話分為六個類別：（一）天地開闢的神話；（二）日月風雨及其他自然現象的神話；（三）萬物來源的神話；（四）記述神或民族英雄的武功的神話；（五）幽冥世界的神話；（六）人物變形的神話。並分別對各個類別的神話進行了區分、挖掘、考證，並力圖從中探究上古先民對自然、社會的認識和想像。

一九四〇年代的鍾敬文

在民間文學領域，常惠主要致力於歌謠學，沈雁冰（茅盾、玄珠）主要致力於神話學，趙景深主要致力於故事學，而鍾敬文的研究是在以上民間文學諸領域全面展開的，不僅如此，他還撰寫了一大批與學科建設相關的理論文章，比如寫於一九三五年的《民間文藝學的建設》[45]等，這使他成為了中國民間文藝學最主要的開創者。寫於一九三一年的《中國的地方傳說》[46]則是中國早期傳說學上的重要篇章，鍾敬文在題頭說：「對於這個巨大的課題，試作開端的探檢。」這篇文章試圖解決的幾個問題是：

一、什麼是地方傳說？
二、傳說的特點是什麼？
三、傳說如何分類？
四、形成相似傳說的原因是什麼？
五、前代學人對待傳說是何態度？

在概念上，鍾敬文徵引了徐蔚南、趙景深諸家對於傳說的界定，但最終還是採用了班（Burne）女士的定義。

45 鍾敬文：《民間文藝學的建設》，《藝風》第四卷第一期，一九三六年一月。
46 鍾敬文：《中國的地方傳說》，原載一九三一年《民俗學集鐫》第一輯，收入《鍾敬文民間文學論集．下》。

對傳說特點的解說，鍾敬文也採用了班女士的說法。鍾敬文以班氏解說結合中國的地方傳說特點，指出：（一）「地方傳說的最大特點，如大部分的神話特點一樣，它對於其對象之物事，十分之七八是帶著說明性的、解答性的。」（二）「地方傳說中，往往有對於同一個對象，而紛歧其說法的。」（三）「地方傳說，自然大部分是神話性的；但有如某些學者所說，其中也往往包含著『歷史的事實之斷片』。」（四）「神話、傳說等，與一地方的風俗信仰有密切的關係，這是早經學者們公認的事了。」地方傳說中包含著「宗教的祈求」與「禁忌、占卜」等迷信心理的表現。

在分類上，鍾敬文提出幾種方法：（一）以傳說對象分，可分為自然物傳說、人工物傳說兩項；（二）以「地方傳說之對其『對象』注意點的不同」，可分為解形態的（即為什麼是這個樣子）、解語源的（即為什麼是這個名稱）、其他（如因什麼而出名）三項；（三）從發生上看，可分為紀述的（有一定事實基礎）、創造的（飽含虛構的神話性）、借用的（指本來獨立流行的神話、故事等，被附會到地方風物上，成為說明性的地方傳說）三類。

為了說明相似傳說產生的原因，鍾敬文列舉了十類「比較顯著」的傳說類型，主要從「心理作用相同說」（Psychological Theory），也即人類學派的方法上對之進行解說。比如「美人遺澤型」，鍾敬文解釋為「未開化人這種『童心』所形成的。他們以為某美人是絕世的國色，她雖死了，但所接觸過的東西，必然要保存著某種與她的『美麗』或其他有關係的特色。這頗有學者所稱為魔術的兩大法則之一的『接觸律』的意味。」但他並不囿於一種理論，在解釋「試劍型」傳說時，又借用傳播學派的解釋，指出「傳說是相抄襲的」。

提出自己的看法之後，鍾敬文還進一步檢討了前人的工作，指出他們在這一問題上有幾種不同的態度，並一一加以辨析。

綜合分析鍾敬文對民間文學各門類的研究實績，我們試歸納、分析他在這一時期的主要工作方向、方法以及優缺點：

一、分類。這是最基礎的研究工作，也是後續研究工作的前提。顧頡剛反復強調過搜集工作的重要。從搜集到研究，必然要經過材料的整理階段，整理必須有一定的標準和方法，因此，建立一套行之有效的分類標準和方法是必須的。鍾敬文的分類工作無疑在現代民俗學史上佔有重要地位，但他的分類結果最終未能得到普遍應用，主要原因是分類的邏輯不夠嚴密，他未能找到一個形而上的分類原則，而只是根據作品表面的主幹情節進行「同類項合併」，而且只在一個層次內並列分類，這種方法不僅無法對複合型的作品進行分門別類，即使是對單一情節作品的分類，也給人以眼花繚亂的感覺。

分類若無層次、大屬，則類目必須簡單易懂，讓人一目了然，可是，如果類目少了，每一具體類目的外延必然加大，而具體類目的外延越大，則內涵必然越小，一種缺少內涵的分類，自然顯得比較籠統，作用也就有限；而如果類目多了，又容易發生彼此交叉、重疊的現象，加大分類的主觀隨意性。因此，科學的分類必須首先確立不同的層次標準。

二、比較研究與類型研究。與顧頡剛只把民俗學當副業不一樣，鍾敬文很早就堅定了自己的學術道路，為此，他大量地收集、閱讀了古今中外的民間文學作品，又受了《印歐民間故事型式表》的啟發，首先展開了故事的比較研究。

鍾敬文早期的比較研究顯得有些過於單純，只是在自己的資訊庫中搜索能與國外故事相對應的作品，排比說明相似的要素。隨著信息量的加大，對各地民俗文化理解的加深，加上歷史地理學派理論的運用，其故事研究由單純的比較研究轉向了類型研究，代表作如《老獺稚型傳說的發生地》，他在這篇文章中綜合運用了人類學派、傳播學派、結構主義的理論，又使用了中國傳統的考據法，利用了古代的風水學等民俗知識，分拆情節單元，逐個單元逐層推論，得出三個分佈於朝鮮、越南及中國的同型傳說的發生地在中國的結論。儘管個別推論的論據略嫌不足，綜合不同學派的混搭研究法也可能存在許多問題，但作為一種研究嘗試，還是值得贊許的。

三、辨析。對資料的辨析，以及對其他學者學說的辨析是學術發軔時期最常見的研究工作，但前提是必須具備廣博的專業知識。鍾敬文單篇的辨析文章不多，主要是作為一種手段使用在編輯工作和討論的文字中。

這一工作是從辨析《粵東筆記》所錄歌謠的「改竄」和「潤飾」，與王嗣順討論「山歌」的界說等問題開始的[47]。在編輯《民俗》週刊以後，辨析更加頻繁起來，其辨析工具主要有三：（一）理論。如他在《臺灣情歌集·序》中，利用歐洲傳播學派的理論，指出該書作者提出的歌謠傳播路線有「倒果為因」之嫌[48]。又如，顧頡剛認為傳說的產生是因為好奇心的驅使，並且「一般人則只要在想像中覺得那種最美妙、最能滿足自己和別人的情感，便是最好的解釋」，鍾敬文則以為：「但依社會學、心理學等去加以考察……與其說是由於同時代的解釋者的態度之不同，毋寧說是由於時代的階段不同，解釋者的智力有稚幼與成長之差所致較為妥當。」[49]（二）考據。如他在對容肇祖《歌謠零拾》的按語中[50]，使用考據的方法，辨析了《粵東筆記》《南越筆記》《廣東新語》中「粵俗好歌」記載的源流關係。（三）例證。顧頡剛在《寫歌雜記》中認為「起興」主要是起於協韻的需要，鍾敬文則根據現有歌謠的例證，進一步說明歌謠起興也需一分為二，有「只借物以起興，和後面的歌意了不相關的，這可以叫它做『純興詩』」，也有「借物以起興，隱約中兼略暗示點後面的歌意的，這可以叫它『興而帶有比意的詩』」[51]，對顧頡剛的說法起到了糾偏的作用。

四、探源。這是鍾敬文在接受了人類學派、傳播學派等西方理論知識之後比較熱衷的一項工作。他喜歡把一個故事類型拆成許多的情節單元，從人類共同心理的角度出發，使用比較的方法，逐個進行解說。鍾敬文是個極善於吸納新知的學者，他在這一時期的學術特點是：偏愛人類學派的方法，但不是單一使用這種方法，而是博採眾長，具體案例具體運用。早期傳入中國的所有民俗學理論和方法，都可以在鍾敬文的文章中找到一些影子。

47 分別見《歌謠》週刊第六七、六八、七二號。
48 鍾敬文：《臺灣情歌集序》，《民俗》週刊第三期，一九二八年四月四日。
49 鍾敬文：《中國的地方傳說》。
50 容肇祖：《歌謠零拾》，《民俗》週刊第八期，一九二八年五月九日。
51 鍾敬文致顧頡剛信，《中山大學語言歷史學研究所週刊》第二三期，一九二八年四月三日。

鍾敬文的學術史，可以很好地折射出中國現代民俗學的學術歷程。

第三節　江紹原的迷信研究及其方法探索

江紹原始終游離於民俗學會的邊緣或者之外，卻與中國現代民俗學的成長密切相關。他的民俗小品影響巨大，甚至有許多民俗學愛好者喜歡拿江紹原的迷信研究與顧頡剛的傳說研究相比較。

江紹原，祖籍安徽旌德，一八九八年生於北京。江紹原最早曾就讀於上海滬江大學預科，不久去美國加利福尼亞州求學，後因病輟學，一九一七年在北京大學哲學系做旁聽生，一九二〇年去美國芝加哥大學攻讀比較宗教學，一九二二年轉往伊利諾大學研究院學習哲學，一九二三年回國，被聘為北京大學文學院教授，一九二七年曾任北京大學風俗調查會主席[52]。一九二七年春，江紹原應魯迅之邀到中山大學任教，代理英吉利語言文學系主任，期間曾為中山大學哲學、英語兩系學生開設《迷信研究》課程。同年暑假辭去教職，九月又回到中山大學，但對學校給他的工作安排深為不滿，與校方關係比較僵硬。在中山大學待了不到兩個月，江紹原就被朱家驊解職[53]。十月二一日，江紹原不辭而別，回到杭

52 此據一九二七年《國立北京大學研究所國學門概略》。又據江紹原自己一九三二年的一篇文章介紹，北京大學之歌謠研究會、風俗調查會「最近擬合併為民俗學會，而命餘主其事，但我不曾答應」。（《現代英吉利謠俗及謠俗學》上海：中華書局，一九三二年，第二六九頁）

53 周作人一九二七年十二月十四日給江紹原的信中寫道：「你之被朱騮先免職，亦正如我告訴川島所說，大似『邊疆的一個老頭子不見了他的牲口』，未始非福也。」（張挺、江小蕙箋注：《周作人早年佚簡箋注》，四川文藝出版社，一九九二年）

州賣文度日[54]。

江紹原為人正直，「抗戰時不忍離國他去，不任偽職，過著清貧的生活」[55]。人的性格在工作和生活中的體現往往是雙面的，耿直的另外一面，往往是難於合作。顧頡剛們在中山大學籌畫民俗學會的時候，江紹原還在英語系擔任代系主任，而且常常與顧頡剛見面[56]，但據說江紹原被人視做「魯迅派」[57]，因此與顧頡剛等人有一層難以消解的天然隔閡，始終沒有融入民俗學會這一學術團體。

江紹原（一八九八－一九八三年）

在杭州時期，他曾數次試圖與周作人、趙景深、顧均正、徐調孚等人另扯大旗，建立全國性的民俗學組織，但終因種種原因而流產。據江紹原與周作人往來通信之揣測，大約是上海方面的同人不大團結[58]。他還曾試圖把已經聲勢浩大的「民俗學」改名為「謠俗學」「民學」等，但終於未能成功。

---

54 據王文寶介紹，一九三〇年代之後，江紹原曾先後在北京大學、武昌大學、北平大學、中法大學、輔仁大學、中法文化交換出版委員會、上海中法孔德研究所、河南大學、西北大學等處任職。一九四九年以後，先後任山西大學英語系教授、中國科學出版社編審、商務印書館編審等。一九七九年被聘為中國民間文藝研究會顧問，一九八三年被聘為中國民俗學會顧問。

55 王文寶：《中國民俗學史》，成都：巴蜀書社，一九九五年，第三三一頁。

56 顧頡剛日記，一九二七年九月至十二月。

57 魯迅在給章廷謙的信中說到：「紹原似乎也很寂寞，該校情形，和北大很不同，大約他也看不慣」（一九二七・五・三〇）。又云：「紹原很冤枉，因為系我紹介，有人說他魯迅派。其實我何嘗有什麼派，一定介紹同派呢。而廣東人和『學者』們，倘非將一人定為某一派，則心裡便不舒服，於是說他也要走。還有人疑心我要運動他走。其實我是不贊成他走的。」（江小蕙：《雄文蜚四海　民魂映千秋——江紹原憶魯迅先生》，《魯迅研究月刊》一九九八年第八期）

58 張挺、江小蕙箋注：《周作人早年佚簡箋注》，成都：四川文藝出版社，一九九二年，第八一、八八、九六、二〇九、三五四、三五九、三六七、三七七頁。

江紹原沒有訂閱《民俗》週刊[59]，大概民俗學會也沒有把他列入寄贈名單[60]。江紹原不大瞭解有關《民俗》週刊的資訊，他在寫給周作人的信中明顯表達了自己對中山大學民俗學會的不滿[61]，還曾在寫給張清水的一封信中流露出不願把自己的著作交由中山大學民俗學會出版的意思[62]。他在中國現代民俗學史上，是個孤獨的奮進者[63]。

江紹原在中國現代民俗學史上貢獻卓著，先後計出版有《喬答摩抵死》《發須爪》《中國古代旅行之研究》《中國禮俗迷信》《宗教的出生與成長》《現代英吉利謠俗及謠俗學》等十數本專著和譯著。一九三〇年代初，葉德均曾經把江紹原的著作劃分為禮俗迷信、禮部文件、民俗小品三類，對於這些作品在民俗學上的貢獻給予很高評價。

與顧頡剛等本土成長的著名學者不同，江紹原是「以中國民俗學理論探索者及歐美民俗學譯述者的身分出現的」[64]。迥然不同的學術經歷決定了他們不同的研究範式。

顧頡剛反復強調沒有充足的材料無以成學問，江紹原雖然也注重材料搜集[65]，卻並沒有特別強調對於材料的量的要

59 江紹原一九二九年六月十二日寫給張清水的信中說到：「《民俗》我未訂閱，兄所述生活狀況，因之也未讀到。」（清水：《本刊通信》，《民俗》週刊第七四期，一九二九年八月二一日）

60 張清水曾經寫信代江紹原向容肇祖索要第四四期《民俗》週刊：「週刊五五期，民俗四四期，於江先生有用，曾來函索取，請再各檢一本賜下，以便奉發。」（《本刊通信》，《民俗》週刊第五二期，一九二九年三月二〇日）

61 江紹原在一九二九年八月三日寫給周作人的信中說：「廣州中大又轉托人告訴我，願出錢買我的譯著。怪哉！」八月六日，他再次述及此事：「廣東北江一個姓張的（前廣州中大學生）來信，說中大的民俗學會承朱副校長『贊許』，前途甚有希望，並云願代我印書，而且答應特別拿出稿費。容肇祖來信，也暗示此意。不便允可，殊為歉然。」（《周作人早年佚簡箋注》第三九七、三九八頁）

62 張清水在給容肇祖的一封信中說到：「近與江紹原先生函商，《現代英吉利謠俗》一書，江先生似不大想交民俗學會出版，為的是已答應了上海某書局的原故。」（清水：《關於民俗學的消息種種》，《民俗》週刊第八五期，一九二九年十一月六日）

63 鍾敬文先生對江紹原先生的為人很肯定，但說他「性格有點怪」。鍾先生用同樣一個詞評論過何思敬，也許兩人的「怪」是有所區別的。一個人的性格很難描述的時候，都可用「怪」來界說。

64 巫瑞書：《江紹原與他的民俗研究》，苑利主編《二〇世紀中國民俗學經典·學術史卷》北京：社會科學文獻出版社，二〇〇二年。

65 江紹原在給張清水的一封信中說道：「先生現在的職業是什麼！何故也患貧病？《民俗》無稿費嗎？是的，我的確能賣稿，但我寧多在搜羅材料上用工夫，而不願寫不成熟的或拾人牙慧的論文，收入不佳，意中事也。」（清水：《本所通信》，《民俗》週刊第六七期，一九二九年七月三日）

求。對於江紹原來說，無論材料多少，只要呈現出了問題，就可以動手作文，利用既有的理論和知識展開研究和解釋。材料多則詳考，材料少則以小品的形式發表，短小精悍，無所不至。就他所著力的民間信仰來說，往往從小處著手，運用手中的理論工具對簡單的、人們習以為常的民俗事項進行具體分析，以小見大，有時甚至只是理論結合實踐，一事一議。如他對發、須、爪、唾、血、精等的研究，都是這方面的代表作。

顧頡剛只借鑒西方的科學研究方法，從不套用現成的西方理論。江紹原恰恰相反，他是個比較典型的西方理論「拿來主義」者，他在《中國古代旅行之研究》序言中說：「今日執筆為序，忽想起弗雷澤的名著《金枝》；翻開周作人先生年前贈我的節本一看，知所料果然不錯；把他的自序頭幾句抄出而改易若干字，拙著之研究題，範圍，和生長經過，便都可以敘明瞭。」江紹原文章的最大特點是：理論多是西方的，而材料卻大都來自古代文獻、民間文化、報刊消息、生活小事等人們司空見慣的國粹，寫作方式也是純粹的中國式。也即以西方理論來分析中國的現實存在。

江紹原的民俗研究具體體現為以下幾種：

一、遺留物研究法

江紹原的理論資源多來自英國人類學派。泰勒的文化「遺留物」（Survivals）研究法是這一派常用的方法，他們往往把未開化民族或落後族群的現存狀態，當做歷史遺留，也即初級文化的生動見證或活的文獻、高級文化形成和發展的基礎，藉以追尋人類文化和思維方式的進化軌跡。即如江紹原所說：「要研究什麼『先王』『先民』的生活思想習慣，最好多多參考愚夫愚婦、生番熟番們的言行。」[66]又說：「關於有史和有史前的古人之部分，須從他們所遺下的文

---

66 江紹原《血與天葵：關於他們的迷信言行》，原載一九二八年五月《貢獻》第二卷第二期。收入王文寶、江小惠編《江紹原民俗學論集》，上海文藝出版社，一九九八年，第一六一頁。

獻（或器物）等等，下手研究，關於今人的，須從民間去採訪調查。研究人的世界觀如是；研究他們的盆觀罐觀亦如是。」[67]

江紹原的迷信研究由於「缺乏到現存的原始民族作實地調查的經驗，只能查閱文獻資料，和向社會上極有限的人徵集書面的民間傳聞，所以，他的研究較多地採用將現在的落後文化因素與古史資料相結合，來理解古代文化史上的一些難解的文化現象」[68]。

《拖發滴血試驗法》典型地使用了這種遺留物研究法，我們可以從文章結構來窺知江紹原的研究進路：（一）材料（含朋友提供的現時的發須爪迷信材料、古書上的滴血試驗和髮膚迷信材料）。（二）綜合（將上述雜亂的材料用自己的語言進行重新梳理和歸納）。（三）討論（探究這個方法何以能出現於人間：拖發滴血使用魂靈理論解釋，凝血法追溯到血盟取血）[69]。（四）附帶討論幾種滴血法在時間上出現的先後。（五）加注新發現的材料。

這種作文法的先決條件是，作者必須具備一些關於魂靈問題的理論知識。在這一前提下，文章的寫作就變得非常簡便：（一）材料可多可少；（二）綜合可詳可略；（三）討論可深可淺；（四）（五）兩部分可有可無。這篇文章在寫作上可以作為公式來使用，操作性很強。

67 江紹原：《發須爪——關於它們的迷信》，北京：中華書局，二〇〇七年，第二四頁。但江紹原在後來譯完《英吉利謠俗及謠俗學》後，似乎又拋棄了原先熱衷的「遺留物」研究法，參見趙世瑜《江紹原與中國現代民俗學》（《民俗研究》一九九八年第一期）。

68 蔣明智：《略論江紹原的迷信研究》，《民間文化》二〇〇〇年第一一、十二期合刊。

69 其實江紹原的討論並不是很成功，說服力也不很強，但我們在此只是揭示其操作方法及程式。

二、比較研究法

這種方法江紹原主要用在民俗小品的寫作中。「江紹原的研究在當時被公認為是分析性的、解釋性的，而不僅是描述性的。他的這些研究雖是針對中國民俗的具體事象的，但從中可以看出他對於西方民俗學、宗教學思想是比較熟悉的，時時以比較的眼光審視所研究的主題。」[70]

人類學派認為「人類各民族從生物性和心理學規律來看，有著一致性。因而人類的精神活動及其產品，如神話、傳說、故事、詩歌等等，也就有著某種共同性」[71]，因此，他們常常使用比較法，以各地各民族的民俗事象進行互證。在中國民俗學界，江紹原的英語閱讀能力應該是最好的，很適合做中外民俗的比較研究。

在小品《現代希臘的幾種迷信》中，江紹原因知一本名《傳家寶》的書中說：「豎柱上樑，預防匠人，將柱之上下、梁之左右，安放卦棄頭髮、斷筋、壞墨、及諸鳥獸魚鱉魔魅對象。」又讀到一本名Modern Greek Folklore and Ancient Greek Religion的書，中間提到現代希臘還有一種相似的「同感式法術」（現在一般譯作「交感巫術」），把人身上某樣物品埋在新屋基石下，用以保房屋穩固。於是，江紹原把兩者放在一起進行討論，並對《傳家寶》中其他未知的部分提出疑問和猜想。文章並沒有展開充分論述，點到即止，最後只是說：「閱者如肯供給我們書本以外的知識，我們尤其歡迎。」[72]

---

70 趙世瑜：《江紹原與中國現代民俗學》，《民俗研究》一九九八年第一期。
71 鍾敬文：《民俗學概論》，上海：上海文藝出版社，二〇〇〇年，第四七六、四七七頁。
72 江紹原：《現代希臘的幾種迷信》，原載《語絲》第一〇〇期，一九二六年十月。江紹原著，王文寶、江小惠編：《古俗今說》，上海文藝出版社，一九九七年，第二一一頁。

三、考據法

在中國近代學術潮流中，王國維等一批新學術倡導者對中國傳統考據學進行改造，建立起了新的文史考據學，陳寅恪、顧頡剛等都是這一方法的代表人物。其他學者儘管不以考據著稱，但也不能擺脫考據學對他們的影響。早期的民俗學家們，沒有誰能夠脫離考據法展開研究，江紹原自然也不例外。諸如《端午競渡本意考》《關於殷王亥傳說的研究》等，都是精密的考證文章：

就材料來說，多引經據典。比如《端午競渡本意考》一開篇即說明「這篇文所用的材料，幾乎全是《古今圖書集成．歲功典》的『仲夏部』和『端午部』裡面的……之外，我只參考了（一）周啟明先生賜借的《五雜俎》和（二）《湖北通志》」[73]。

就目的來說，為「闡明疏證」。《亥傳說》結尾，江紹原有一總結：「王國維首先把『卜辭』和《楚辭．天問》《山海經》《古本竹書》，及其他古籍裡關於王亥的材料，排比研究，大有功於史學文學。然其所得似猶淺，且為說不無疏失。淺陋如餘，遂不異多言求中，略事訂補。」[74]

就方法來說，大約為「排比研究」。《亥傳說》一文，分為「上」「下」兩個部分。上部排比原典、舊注和今人說法；下部佐以作者所見材料，提出自己的看法。其「排比」一說，尤為重要，因考證必須基於材料說話，排比材料乃生

73 江紹原：《端午競渡本意考》，原載《晨報副刊》，一九二六年二月十日、十一日、二〇日。收入王文寶、江小惠編《江紹原民俗學論集》，上海文藝出版社，一九九八年，第二〇三頁。

74 江紹原：《關於殷王亥傳說的研究》，原載《華北日報》一九三六－一九三七年第一六－二〇輯「中國古占卜術研究」專刊。《江紹原民俗學論集》第三三四頁。

髮討論之根基。

四、歷史的——心理學的——批評的方法

這個三段式是江紹原在《宗教與人生》[75]一文中大力提倡的方法。一九二七年，他在中山大學開設《迷信研究》課時，傳授的也是這一方法[76]。

所謂歷史的方法，即：「欲知某物的價值，須看它在何種情境下的社會，發展到何階級的社會，才有益；欲知某物過去現在的價值，須從歷史上時局上看它實際如何影響改變人或社會的生活；欲知某物現在將來，有無繼續存在發展之必要，須問彼所緣之情境還繼續存在於彼社會中否。」

所謂心理學的方法，即：「欲知一物促進生活啟發自覺的實力究從何處發生，須問心理。啟發自覺……是觸動人內裡的生機，如明確人的知識，堅固人的意志，鼓舞人的感情，使他們去做他的正當的行為……欲知某物之實效，觀察歷史已足；而欲深知某物之所以有此實效，非分析心理不可……研究關於人生諸問題的人，必須知他所研究的一堆現象中的本意是什麼，方才走到問題的深處。」由此可見，心理學的方法又比歷史方法進一層。

所謂批評的方法，也即在上述研究基礎上，對所研究事物做一價值判斷。因為諸種研究的結果「自然仍是歸宿到人生」，或者「喚醒人將他對於與他生活有妨礙的事物的關係，一概斷絕」，或者「將他對於與他生活有利益的事物的關係，加意弄得更密切」，以此起到指點人生發展新方向的作用。

在江紹原心目中，歷史的、心理學的、批評的方法三者之間是一種逐層遞進、上升的關係。歷史的方法是對事項表

75 江紹原：《宗教與人生》，原載《北京大學月刊》一卷四號，一九一九年四月。《江紹原民俗學論集》第五九頁。
76 江紹原：《禮俗迷信之研究概說》，《江紹原民俗學論集》第三〇二頁。

像的瞭解和描述；心理學的方法是對事項所涉人心的探討；而批評的方法則最終指向了對事項的價值判斷，決定了人生對於該事項的揚棄取捨。

在上述江紹原的四種民俗研究法中，除考據法之外，其餘三種都或直接或間接地與「人類學派」相關。

對於江紹原研究范式與顧頡剛研究範式的不同，顧均正和張清水之間曾有一場有趣的討論，先是顧均正說：

> 像江紹原先生從前在《東方雜誌》上所譯的一篇關於老鼠的文字，則是先有個關於老鼠的迷信這題目，而去搜尋各種不同的故事來研究的。譬如顧頡剛先生研究孟姜女，則是用同類的故事來研究的，而研究出來的東西，便是那一個故事在前，那一個故事在後：即是看他如何轉變。
>
> 所以照我的意思，還是取前一種方法。因為前一種所得的成績是無限，後一種所得的成績是有限的——故事如何轉變。用前一種方法研究，我們可以得到許多民俗學的智識。而用後一種方法研究，則反是要應用許多民俗學的智識來做工具的。從需要上說，從難易上說，我都採用前一種方法，不知先生以為如何？[77]

意思是說：顧頡剛的方法既難於操作，結論又沒有普適性[78]，反之，江紹原的方法既方便操作，又有知識性。張清水回應道：

77 顧均正、清水：《民間故事分析的幾種方法》，《民俗》週刊第一〇二期，一九三〇年三月五日。

78 張清水一直想做蛇郎君故事的研究，鍾敬文曾議論說：「這故事，實大大地值得費一年半載的時間去探究。但我以為搜集的材料，最少須有四五十篇以上。不但同時橫的材料需要，直的歷史的材料，也希望能得到一些。對於這故事的情節，結構，流播等要能夠精密地加以分析，探究，而如實地述明其真相及因果。但做此事，對於人文科學，要有相當的準備才行。弟之不敢貿然作嘗試，也半為此故。」（鍾敬文：《山海經神話研究的討論及其他》，《民俗》週刊第九二期第五一頁）以張清水的學術條件，要寫一篇這樣的文章，實在是非常困難。

江紹原先生對於民間的習俗迷信，極其有興，故其研究『發，須，爪』，『血與天葵』，『人物鬼神的名』，『齒』，『……』是先有一個題目，然後按著去搜集材料的。方法雖與顧先生異，但能夠數年如一日的幹下去，做出驚人的成績來給我們看的。所用方法的不同，便由於他倆的立場不同，所努力的學問，也是歧義的原故。顧先生所用的方法，要應用到許多學問與智識，固然是艱難。江紹原先生所用的方法要就一個題材廣大搜集，也不是易事。[79]

張清水的話很是。其實江紹原的一些考證文章如《端午競渡本意考》，也是豐富材料和精細分析相結合的產物，並不是一件手到擒來的容易事。一般人只看到江紹原層出不窮的民俗小品，以為簡單，殊不知即使是小品，也不是信手拈來，一樣需要有深厚的理論功底和豐富的材料。定什麼題目？選什麼材料？用什麼原理？本身就是一個課題。對於江紹原研究范式與顧頡剛研究範式的比較，容肇祖的評論當更具權威性：

綜計已往的成績，除忠實搜集材料外，江紹原先生的《發須爪》及《血與天葵》，皆就書籍的記載及自己所知道的，及聽道的材料而為分析的說明。江先生是研究宗教學及迷信的人，故於說明這種迷信的關係，甚為清楚。民俗學本來是一種解釋的學問，故此江先生的貢獻，開我國民俗學研究的先路。顧頡剛先生的《孟姜女故事研究集》，由書籍紀錄與傳說故事的變異不同而發見歷史的演變，無論古典的正統的歷史，與民間的，地方的故事，都是一樣的。他用歷史的眼光去照著歷史的真實，由時代的遷流，而失其本來的面目，他用傳說的故事的研究結果，與他的古史的研究結果，互相證明。結果，他不特於古史的研究上開一新方法，而且於民俗研究上亦開一新路徑。[80]

79 顧均正、清水：《民間故事分析的幾種方法》。

80 容肇祖：《我最近對於民俗學要說的話》，《民俗》週刊第一〇一期，一九三〇年二月二六日。

顧頡剛的方法儘管難於操作，耗時費力，但因為不需要特定專業的理論功底，靠著豐富的材料和科學的分析能力就能動手，各個學科的研究者都可以自由介入，所以照樣有大量的追隨者和模仿者。

江紹原的方法尤其是民俗小品的寫作方法儘管簡單，但它必須要有專門的宗教學、人類學理論素養，才能就各種民俗事項展開分析。而在絕大多數西方人文社科理論書籍都還沒有中譯本的情況下，學者們這種專門性的理論知識只能依賴良好的外語閱讀能力[81]，但是，當時國內能有此功力的學者，寥寥無幾。正如俗話說的，「土八路擺弄不了洋槍炮」。所以說，江紹原的研究範式雖然在顧均正等人眼中看似簡便易行，其實難以仿效。正因如此，江紹原研究範式在一九三〇年代前後儘管吸引了許多追捧者，卻並沒有出現追隨者。

81 從一件小事可以看出江紹原的英語閱讀能力，他在寫給周作人的一封信中說到，一本近十萬字的《現代英吉利謠俗及謠俗學》，他三個星期就可譯完。（《周作人早年佚簡箋注》第三七九頁）

第十章　學科範式的人類學轉型

一九三六年，楊成志從法國學成歸國之後，重拾「中山大學民俗學會」的大旗，計畫以西方人類學，主要是美國文化歷史學派的研究方法重塑民俗學的研究範式。楊成志以《民俗》季刊作為學術陣地，培養了大批人類學、民族學的研究生，這些研究生後來大都成了中國人類學界的知名學者。

由楊成志以及他的學生們所實施的各項少數民族調查活動，使中山大學文科研究所的田野作業水準得到了一個大的提升。但是，這一學術轉型的持續發展卻使民俗學陷入了更大的危機。中山大學人類學借助於《民俗》的影響得到了長足發展，而顧頡剛、容肇祖等人創建的歷史演進法、剝筍法，以及鍾敬文開始的民間文學類型研究等獨具中國特色的民俗學方法卻在無形中被楊成志拋棄了。

抗日戰爭爆發後，中山大學數次遷校，一九四〇年始落腳粵北坪石。一九四一年，鍾敬文應楊成志之邀，重新回到了中山大學，接手編輯《民俗》季刊。但是由於戰亂，通信和交通都極為不便，組稿艱難，雖然鍾敬文自己的研究傾向一直沒有偏離民間文學，但從整個《民俗》季刊的發稿狀況來看，人類學的篇目還是佔據著絕對的優勢。楊成志的學生容觀瓊站在人類學的角度，如此總結這一段歷史：「如果說，開創時期人類學研究更多地結合民俗學活動進行的話，那麼，在這一時期則處於人類學，主要是民族學奠基發展、培養專業人才的時期。」[1]可見這一時期的學術進程主要是以

1 容觀瓊：《建國前我校人類學研究述略》，中山大學人類學系編《人類學論文選集》第三集，廣州：中山大學學報編輯部，一九九四年。

人類學為取向的。

楊成志的人類學取向有三個原因值得注意：（一）個人學術取向。楊成志早在民俗學會初創之時，就有人類學的傾向，從歐美考察學習歸來之後，這種傾向更加明顯。（二）調研條件使然。戰亂使得中山大學一再遷往偏僻山區，這些地方極有利於從事少數民族的調查活動。（三）學界趨勢的影響。民俗學會一直都只是半官方半民間性質的學術團體，在民間影響巨大，但在學界的地位卻不高，而自從蔡元培組建中央研究院以來，民族學（文化人類學）卻成為學界所推崇的西學顯學，大規模的民族調查既是主流的學術趨勢，也符合國民黨政府加強邊政研究的政治需要。

一九四〇年代，儘管各個地方民俗學愛好者組建的民俗學會並不少，但楊成志領導的中山大學民俗學會幾乎是當時中國學界唯一具有學術影響的民俗學團體。所以，我們可以把中山大學民俗學向人類學的學術轉型視做中國民俗學史上一個重要的歷史階段，而不僅僅是一個單純學術機構的學術進程。這一學術轉型對後來民俗學的發展造成了深遠影響：一九八〇年代以後，民俗學的復興之路再次重複了這一學術轉型。

第一節　人類學、文化人類學、民族學與民俗學

自從民俗學誕生以來，關於它與人類學之間的複雜關係，就一直處於被闡釋的狀態。這種不斷被闡釋的狀態反映了許多民俗學者對於民俗學學科地位的憂慮。

在我們梳理民俗學與人類學的關係之前，有必要先厘清一九三〇年代學術界對人類學、文化人類學、民族學等概念

的理解。

在西方，人類學的概念因國別、派別的不同而存在很大差異，任意兩位人類學大師給出的概念沒有完全一致的。林惠祥在綜括了國外學界的各種界說之後，另給出了一個定義，基本符合我國的人類學狀況：

> 人類學是用歷史的眼光研究人類及其文化之科學：包含人類的起源，種族的區分，以及物質生活，社會構造，心靈反應等的原始狀況之研究。換言之，人類學便是一部「人類自然史」，包括史前時代與有史時代，以及野蠻民族與文明民族之研究；但其重點系在史前時代與野蠻民族。[2]

各個時代和地區的人類學分科也不盡一致。林惠祥將它分為文化人類學、體質人類學、史前學和民族志；當代人類學的分支則有日趨細密的傾向，但從大的方面一般只分為體質人類學和文化人類學。無論以什麼標準來劃分，文化人類學都是其中最主要且最具學術潛力的一大支。

簡而言之，文化人類學即專門研究文化的人類學。這一方面的學術研究很早即已開始，但文化人類學作為專門學術名詞的誕生則比較晚近，一九〇一年才由美國考古學家霍姆斯（W.H.Holmes）正式提出。此名問世之後，很快為美國各高等院校普遍認可，不久，在英國的牛津大學、倫敦大學也相繼使用這一名稱，並很快成為世界性的學科稱謂。

在英國，也有一些學者把文化人類學（cultural anthropology）稱作社會人類學（social anthropology），但在歐洲，更多的人把文化人類學等同於民族學來看待，用法非常混亂。在《新大不列顛百科全書》中既把民族學作為整個人類學的同義語，又把它與體質人類學相對而列，以示同是人類學中兩個重要分支。

[2] 林惠祥：《文化人類學》，北京：商務印書館，一九三四年第一版，一九九一年第二版，第六頁。

我國老一輩知名的人類學和民族學家們基本持文化人類學即民族學的看法[3]，如凌純聲說：「因民族學研究的對象為文化，故又稱『文化人類學』。」[4]林惠祥則乾脆把文化人類學與民族學作為同一個學術名詞來解釋：「威斯勒在《納樂遜百科全書》中說的定義最好，可以採用。他說：『民族學便是社會生活的自然史（The Natural History of Social Life）。換言之，便是關於各民族的文化的現狀及其演進的研究。』詳言之，便是探討人類的生活狀況、社會組織、倫理觀念、宗教、魔術、語言、藝術等制度的起源、演進及傳播。」[5]他並列表說明「文化人類學=社會人類學=民族學」。一直到一九九〇年，林耀華還是持這一觀點：「英國的社會人類學、美國的文化人類學和當前合稱的社會文化人類學，無論從研究對象和範圍來說，都基本上等同於民族學，彼此間也經常互相通用。」[6]王建民認為，即使從研究方法上看，「民族學和文化人類學也是一致的，即都是運用參與觀察等田野調查的方法，多進行比較研究」[7]。

文化人類學的研究範圍，一般認為是「研究與人相關和人所創造的一切文化內容。因而，文化人類學研究的主要課題應是整個文化的起源、成長、變遷和進化的過程，並研究和比較各民族、各部族、各國家、各地區、各社區的文化的異同，藉以發現文化的普同性（Cultural universals）及個別的文化模式（Cultural patterns）」[8]。

3 需要特別指出的是，目前國內的「民族學」是緊扣字面意義來定位的，即把「民族學」當做是研究民族問題的一門學問。楊堃在其《民族學概論》中說：「民族學是研究民族的科學。如說得更具體點，民族學是研究現代各民族發展規律的社會科學。」李紹明則在其《民族學》中認為民族學是「以古今一切民族為研究對象的一門獨立的社會科學。」本書的討論不涉及民族學的當代論爭，只討論中山大學民俗學運動時期「民族學」與「民俗學」的關係。

4 淩純聲：《民族學與現代文化》，原載一九三二年十二月二一日《國立中央大學日刊》。轉引自王建民《中國民族學史》上卷，雲南教育出版社，一九九七年，第五頁。

5 林惠祥：《文化人類學》，第十二、十三頁。

6 林耀華：《民族學通論》，北京：中央民族學院出版社，一九九〇年，第一頁。

7 王建民：《中國民族學史》上卷，昆明：雲南教育出版社，一九九七年，第三頁。

8 王海龍、何勇：《文化人類學歷史導引》，上海：學林出版社，一九九二年，第四二頁。

正如林惠祥對人類學所做的定義，早期人類學的一個明顯特徵就是，偏重於原始文化和落後民族的文化研究。人類學在西方的發生早於民俗學，傳入中國的時間也相應要早一些。「但在早期傳入中國的人類學著作中，體質人類學的主題佔據了主導地位。」[9]人類學作為學科名稱「最早在一九〇二年已在我國出現，《清史稿》載湖南省的一些知識份子組織學會從事研究，學科中就有人類學。一九〇三年，清政府頒佈的《奏定學堂章程》，其中大學堂章程第三節文學科大學的中外地理學門科目的主課中有《人種及人類學》課，萬國史學門科目中有《人類學》選修課，英國文學門科目中有《人種及人類學》選修課」。[10]在很短的時間內，林紓、魏易等人將相關的理論著述翻譯成了中文。一九一八年，陳映璜的《人類學》由商務印書館出版。一九二五年開始，陳映璜在北京大學歷史系開設《人類學與人種學》課程。

中國民俗學運動早期，大多數聚集在《歌謠》周圍的文學青年並不瞭解什麼是人類學，也沒想到民俗學的未來將要與人類學發生千絲萬縷的複雜關係。民俗作為一個名詞，古已有之，冠之以「學」，很容易就讓大眾接受了。但人類學卻是個沒有歷史根基的名詞，在總共九六期的《歌謠》週刊上，從未出現過人類學這個學科名詞。較早提出民俗學從屬於人類學的是周作人，他在寫於一九二一年的一篇書評中說到：「本國的民俗研究也是必要，這雖然是人類學範圍內的學問，卻於文學有極重要的關係。」[11]

中國人理解學術概念喜歡顧名思義。人們理想中的民俗學自然是一門研究民間風俗、信仰，以及流行文化的學問，是對平民文化的一種關注。同時，大多數人想當然地認為，西方的民俗學大致也是如此。

當《歌謠》週刊、《民俗》週刊大張旗鼓地在平民知識份子中強勢滲透，成為一時顯學的時候，人類學相對要冷寂

9　〔美〕顧定國著，胡鴻保、周燕譯：《中國人類學逸史——從馬林諾夫斯基到莫斯科到毛澤東》，北京：社會科學文獻出版社，二〇〇〇年，第二八頁。
10　黃淑娉：《中國人類學源流探溯》，中山大學人類學系編《梁釗韜與人類學》，廣州：中山大學出版社，一九九一年。
11　周作人：《在希臘諸島》，原載《小說月報》一二卷一〇號，一九二一年十月十日。吳平、邱明一編《周作人民俗學論集》，上海文藝出版社，一九九九年，第三四九頁。

得多，它更像一股默默的潛流，養在深閨人不識，沒有宣傳，沒有普及。

在歐洲，人類學與民俗學的學術影響與中國的情形似乎相反。人類學是顯學，而民俗學卻只是一門游離而邊緣的學科，而且，多數學者是把民俗學當做人類學的分支來看待的。美國人類學家William R Bascom的觀點很有代表性：「在人類學的四個分支學科中，文化人類學（這也稱作社會人類學、人種學或人種志）與民俗學關係最為密切關聯……不管怎樣，民俗學直屬於第四學科，文化人類學，這門學科是研究生活著的人們的各種習俗、傳統及結構制度的。」[12]《大不列顛百科全書》也是這樣解釋民俗學的：「當民俗學剛剛開始被認真研究時，它同社會人類學之間的區別並沒有被十分清楚地標示出來。兩者都是研究人類文化的學科，都受到當時流行的進化論的影響。哈特蘭德（E.S.Hartland）給民俗學下的定義是『研究未開化人心理現象的人類學』。」

長期以來，中國現代民俗學的開拓者們對海外民俗學的介紹都停留在對學科名詞的介紹和解析上。「英國民俗學會」「Folk-lore」「班女士」這些洋氣的名詞在各種民俗學文獻中漫天飛舞，只要一談起民俗學的話題，這些詞彙總是被首先拎出來以為「起興」之用。這一類普及性介紹性的文章很多，但是，關於研究方法和民俗理論的譯作卻寥寥無幾。相反，由於人類學擁有成熟的西學基礎、規範的研究範式，因而在精英階層中形成了一股強勁的學術勢力，並逐步侵入民俗學的領域。

在中山大學民俗學會同人當中，何思敬是最積極主張輸入海外學術的，但在對民俗學與民族志的來龍去脈做了更詳細的考察之後，他開始產生懷疑。他說：「『民族志』是沒有自己固有的方法的，它借社會學，經濟學，言語學，體質人類學，工技學等學問來做它的工作，它本身只是一種學問的手段（Scientific Means）。然而Folk-lore究竟是一個獨立有組織的學問麼？它有一個說明的方法，可以列入說明學中去麼？我不得不懷疑！結局Folk-lore也不過是一種學問的方

12 〔美〕William R Bascom著，陳玉譯：《民俗學與人類學》，張紫晨編《民俗學講演集》，北京：書目文獻出版社，一九八六年，第五一四頁。

法手段，而不是一個獨立有組織的說明學。」[13]他得出這一結論並不奇怪，因為國外民俗學的生存狀態大致也是如此。民俗材料大有用於各人文社會科學，但民俗學自身卻缺乏可操作的研究方法，因而許多學者對於民俗學的可持續發展提出了質疑。何思敬說：「我之注意於民俗學是出於社會學研究之必要；蓋民俗學可以供給許多資料來說明社會的事物之傳承的（Traditional）和集合的（Collectre）方面。所以民俗學也不能是我的意識圈以外的東西。」[14]

對於西方民俗學理論的譯介與輸入的失望，使得中國現代民俗學的主要倡導者周作人也開始動搖：「民俗學——這是否能成為獨立的一門學問，似乎本來就有點問題，其中所包含的三大部門，現今好做的只是搜集排比這些工作，等到論究其意義，歸結到一種學說的時候，便侵入別的學科的範圍，如信仰之於宗教學，習慣之於社會學，歌謠故事之於文學史等是也……民俗學的價值是無可疑的，但是他之能否成為一種專門之學則頗有人懷疑，所以將來或真要降格，改稱為民俗志，也未可知罷。」[15]

劉萬章也曾無奈地說：「現在有些成名的民俗學者以其說他是民俗學專家，不如說他為了某種目的——他的專門研究的目的——的獲求，去研究民俗學。文學家會從歌謠故事傳說中得到許多他們的假設的證明。教育家也會在歌謠，故事，傳說，風俗中得到他們應用的材料。歷史學家會在故事，神話，歌謠，風俗中得到他們研究的對象的有力證明。社會學家也可以在風俗中得到強有力的證明社會的組織和其他。此外研究政治的也可以借助於民俗學……你看民俗學的包含如此廣闊，誰不向它著手呢？可是事實上有點不儘然。因為它給人當做『副業』般的去研究它，到了正目的達到時，或者用不著它來做輔證的時候，他就不大理會它了！」[16]

13 何思敬：《何序》，楊成志譯《民俗學問題格》，廣州：中山大學民俗學會叢書，一九二八年六月。
14 何思敬：《民俗學的問題》，《民俗》週刊第一期，一九二八年三月二一日。
15 周作人：《周序》，江紹原譯《現代英吉利謠俗及謠俗學》，上海：中華書局，一九三二年，第一—二頁。又收入鐘叔河編《知堂書話》。
16 劉萬章：《粵南神話研究》，《民俗》週刊第一一二期，一九三三年三月二八日。

批評和牢騷無法改變民俗學的既定狀態，因為無論是何思敬還是劉萬章，他們的意見都是情緒化而不是建設性的。一九三〇年代初，對於這些問題認識最清醒的莫過於曾經做過中山大學英語系主任的江紹原了。江紹原說：「謠俗學[17]在學術上的地位，關於此事，可注意弗來則之只將他列為『社會人類學』之一分目，美國之將紅人等的『folklore』的研究算作『民族學』探討之一支，而且如《美國教育辭典》所云，它大抵是『非學術界的公眾』或『流俗的研究者』所培植，它的學術資格常被人疑問。」[18]同時他還指出，國外各大學的課程中並沒有稱為民俗學的這麼一門。

何思敬是中山大學民俗學會思想最矛盾的一任領導。一方面，他懷疑民俗學之是否能成為一門獨立的「說明學」；另一方面，他又始終對國外的民俗學理論心存幻想。在他擔任「民俗學組」主任期間，他曾有過一系列的翻譯計畫，開列的書目有：Burns夫人之Handbook of folklore、Haddon教授之Fetishism and Magic、Hartland教授之Religion in primitive people、W.G.Frazer教授之The Golden Bough、Ed.Tyler教授之Primitive Culture等「歐西名著」[19]。但是，如果把這些「名著」還原到作者本人的學術身分中，大部分著作都不能被充分認定為民俗學成果。既然外國人都無法劃清文化人類學、民族學、民俗學之間的界限，那麼，對於以西學為馬首的中國民俗學家們來說，民俗學與這些兄弟學科的關係就成了一時瑜亮，其存在的合法性也就成了一個問題。

直到今天，鍾敬文主編的《民俗學概論》還是不得不承認：「文化人類學研究人類所創造和享用的一切物質文化和精神文化，民俗是人民大眾的生活文化，自然也是文化人類學的研究對象之一。」[20]既然民俗學與文化人類學的研究對象是如此的一致，民俗學要使自己獨立於人類學、民族學之外，就必須建立自己獨特的研究方法。

17 「謠俗學」是江紹原自創的譯名，其實也就是folklore，其他學者均譯作民俗學。
18 以上兩則引文分別見江紹原：《現代英吉利謠俗及謠俗學》第二六八－二七〇頁。
19 何思敬：《民俗學組通函一則》，《民俗》第一一〇期，一九三〇年四月三〇日。
20 鍾敬文：《民俗學概論》，上海：上海文藝出版社，二〇〇〇年，第七頁。

我們做一個反事實假設。如果一九二九年後，顧頡剛等人繼續留在中山大學，或許可以進一步將其歷史演進法推向更多的學生，事實上當時依照歷史演進法從事民間文化研究已經逐漸形成一種風氣，假以時日，或許還能在此基礎上，派生出更多的具有自己民族特色的研究方法，在西學之外自成一派亦未可知。但假設畢竟不是歷史，中山大學畢竟遠離了當時的學術中心，它留不住傅斯年、顧頡剛，甚至留不住董作賓、容肇祖，當這些著名學者接連北上的時候，中山大學民俗學會就已經逐漸失去了它的學術凝聚力。依靠何思敬的一點可憐的熱心，憑藉劉萬章的學術素養和學術活動能力，不要說發展或延續業已形成的民俗學研究方法，就是要保住民俗學會這面大旗，也是一件難事。

而與此同時，因蔡元培的提倡，民族學在中央研究院正逐步成為顯學。一九二七年底中央研究院籌備成立時，社會科學研究所就是分設機關之一。社會科學研究所內分四組，第一組即是民族學組，組長由蔡元培親自兼任。「該組最初研究人員除蔡元培外，有一九二九年由法國學習歸來的專任研究員凌純聲、德國籍的研究員顏複禮（F.Jaeger）、一九一二－一九一六年曾隨父親商衍鎏在德國生活學習並精通德語的編輯員商承祖、從美國教授拜耶（H.O.Beyer）學習過的助理員林惠祥。」[21]因有蔡元培掛帥，該組可謂精英雲集。他們有充足的經費，其工作計畫囊括了當時中山大學的幾乎所有民族調查專案，「對苗族、瑤族等民族的調查和籌設民族學博物館是民族學組的主要任務」[22]。

反觀中山大學民俗學運動，雖然聲勢浩大，但熱衷這一運動的絕大多數民俗學者都只是學術圈外的「學術愛好者」而不是學術圈內的「學術專門家」；一些學術專門家如顧頡剛、容肇祖、鍾敬文、董作賓也都是未曾有過留學經歷的本土學者。因為未能找到一種現成、簡便、可供一般學術愛好者操作的研究方法，聲勢浩大的民俗學運動顯得後勁不足。《民俗》週刊來來去去都是些資料性文章，學術論文極少，這就大大減損了民俗學在學界的聲譽。

21 王建民：《中國民族學史》上卷，第一〇八頁。

22 參見中央研究院文書處《國立中央研究院籌備經過及組織》，載《國立中央研究院十七年度總報告》。轉引自王建民：《中國民族學史》上卷，第一〇九頁。

如果說民俗學的學科建立從西方學術中借鑒了什麼的話，那就是一個名稱，或者說一個概念。至於理論和方法的建設，則一切有賴於民俗學者們從頭做起。而且，大異於民族學待遇的是，民俗學從來就沒有得到過像蔡元培這樣的學界權貴的鼎力增殖，自始至今也就只得到些「半官方」的勉強支持，經費、人員從來就沒有充足過。民俗學會在一九三〇年之後的中落可說是意料之中的。

一九三六年，當楊成志重舉民俗學會大旗的時候，當年顧頡剛歷史演進法的效仿者們早已席終人散，楊成志只能寄希望於國外現成的人類學研究範式。

第二節　語言歷史學研究所的人類學研究

> 中山大學的人類學研究計畫是早在顧頡剛入校之前就已經做好的，規劃者是一班海歸學人。而顧頡剛的入職則是規劃之外的，因此，以顧頡剛為首的民俗學會的成立，也是規劃之外的。人類學與民俗學的關係，某種程度上也體現為歐美派與本土派的關係。

民俗學運動向人類學或者民族學的轉型並不是一夜之間發生的變化。事實上，早在民俗學會成立之前，中山大學語言歷史學研究所就已經有了人類學研究的計畫。俄國著名人類學家史祿國雖然遲至一九二八年四月才入職中山大學，但此前一年的報紙已經報導他即將到粵任職[23]，相應的，有關人類學的工作計畫也早早就制定了。

23 關於史祿國的行蹤，《國立中山大學日報》一九二七年九月二九日曾有專門報導：「本校聘定新增各系籌備員\傅斯年何畏史祿國為本校人類學系

一九二七年八月，中山大學語言歷史學研究所籌備期間，曾有招收研究生的計畫，其主要工作規劃中有「廣東及鄰省之民俗及人類學材料徵集（創設人類學館）」[24]一項。同一份招生簡章，第二年被修正為「珠江流域各省之民族，及人類學研究，並創設民族民俗學館」[25]。在語史所設立的一二個研究方向中，民間文學、民俗學、人類學並列為第六、七、八組。

在早期的《語言歷史學研究所預算表》中，我們還可看到這樣幾項預算：在設備費項下，有「人類學儀器及標本五百元／月」；在學術研究費下，有「人類學旅行調查費一百元／月」[26]。

一九二八年，傅斯年、顧頡剛、楊振聲負責為中央研究院籌備歷史語言研究所，該所的早期成員幾乎全都出自中山大學語言歷史學研究所。根據傅斯年的計畫，史語所擬設立九個小組，其第四組為「人類及民物」組[27]，並有「民族學旅行」計畫一項[28]，「開始工作時，人類學及民物學組沒有聘請到組主任，人類學工作室的研究工作由史祿國擔任，特約研究員辛樹幟、特約編輯員容肇祖等負責搜集各種民物標本。此外，還有若干名助理員，辛樹幟也擔任文字編輯工作」[29]。以上諸成員除史祿國之外，其餘皆為中山大學民俗學會會員。

語史所於一九二八年三月九日擬定的研究計畫中，人類學的工作計畫卻又沒有歸在民俗學會，而是歸入了歷史學[30]。

籌備員。」

24 一九二七年《國立第一中山大學語言歷史學研究所招生簡章》，《國立中山大學語言歷史學研究所年報》，一九二九年一月十六日，第五頁。

25 一九二八年《國立中山大學語言歷史學研究所招生簡章》，《國立中山大學語言歷史學研究所年報》，一九二九年一月十六日，第七頁。

26 《國立中山大學語言歷史學研究所年報》，廣州：中山大學語言歷史學研究所，一九二九年一月十六日，第一一、一二頁。

27 傅斯年：《歷史語言研究所工作之旨趣》，原載《國立中央研究院歷史語言研究所集刊》創刊號，一九二八年。《傅斯年全集》（第三卷），長沙：湖南教育出版社，二〇〇三年，第十二頁。

28 《國立中山大學語言歷史學研究所年報》第七頁。

29 王建民：《中國民族學史》上卷，第一一〇頁。

30 《國立中山大學語言歷史學研究所概覽》，廣州：中山大學語言歷史學研究所，一九三〇年一月，第五七頁。

從以上計畫看，在早期的學科體系中，民俗學與人類學、民族學、民間文學、歷史學之間，確實有著糾纏不清的互含關係。辛樹幟、楊成志的西南民族考察活動，後來也同被民俗學、人類學、民族學當成本學科的早期成果。

辛樹幟的瑤山考察是生物系與語史所的一次合作，《廣西瑤山採集隊報告》稱：「今歲（一九二八年）四月，生物學系複組採集隊，擬發瑤山，語言歷史學研究所傅斯年顧頡剛兩先生，又殷殷望作瑤人之民俗學上的調查研究。於是兩方集議合圖大舉，決不避險阻，赴瑤山作細密之調查。」又說：「本隊……銜中大生物系之採集與語言歷史學研究所瑤人民俗之研究調查兩使命，兼受中央研究院之托，前赴瑤山。」[31]明確這是一次「民俗學上的調查研究」。但最終其風俗調查的成果卻是以「人類學」的名義發表的，下分民族、習俗、語言、服飾、森林、風景六個部分。辛樹幟的《請辟瑤山為學術研究所意見書》[32]中對於風俗調查的意見也是使用「人類學」而不是「民俗學」來做為小標題；對「風俗物品陳列室」，則使用「民族博物館」以代之。

楊成志的西南民族考察活動同樣被人類學家或民族學家們冠之以人類學或民族學的調查。楊成志回到廣州，曾在嶺南大學做過一次演講，何子恒為之作一引論，開篇即大談人類學的重要意義[33]。

一個有趣的現象是，凡是留洋歸來或受歐美學術影響較大的學者，除了江紹原願意使用「謠俗學」「民學」「民俗學」來指代民間文化研究，其餘人等，幾乎沒有什麼人願意自始至終地同意使用「民俗學」這個中國化（或說日本化）的名稱，他們似乎更傾向於用「人類學」來指代民俗文化研究。

語言歷史學研究所於一九三一年改稱「文史研究所」，一九三五年改稱「文科研究所」，其時「民俗組」隸屬於「歷史學部」。由於《民俗》季刊的人類學轉型，一九四一年，研究院院長崔載陽在給校長張雲的一份報告中要求取

---

31 《廣西瑤山採集隊報告》，《國立中山大學語言歷史學研究所週刊》第一一六期，一九三〇年一月二九日。
32 辛樹幟：《請辟瑤山為學術研究所意見書》，《國立中山大學語言歷史學研究所週刊》第一一七期，一九三〇年二月五日。
33 何子恒：《西南民族概論》，《國立中山大學語言歷史學研究所週刊》第一二九－一三二期合刊，一九三〇年五月二一日。

消「民俗組」，改設「人類學組」，人類學組下面再設「民族學研究室」。一九四二年，文科研究所再次改組，但已沒有「民俗學」的席位，同樣的人馬同樣的工作完全由「人類學組」負責。除了《民俗》季刊作為雜誌名稱還在沿用「民俗」這一曾經輝煌的老字型大小外，一切校方文件都只剩下「人類學」了。

第三節　楊成志領導的人類學轉型

楊成志認為民俗學只是人類學的一個分支，因此，民俗學的建設最終是為人類學的建設服務的。

也許楊成志本來就是把民俗學類同於人類學來看待的，他解釋自己複辦《民俗》的一個重要原因，是因為自己「在大學講授民俗學和人類學課程」[34]，並且進一步強調說：「我們真誠地相信，民俗學就像『兄弟之愛一樣，應出自家中』，換言之，『民俗學為應用於本國範圍內之社會人類學。』」[35]他對這句話的解釋是：「其彼此關係之密切，正如姊妹科學然。但姊妹間固有相同點，然亦有其相異點。前者因在研究方法上可互相借用；後者因地區之環境及對象之人民各具整體與局部之別耳。」[36]

---

34 據《國立中山大學文學院二十六年度下學期課程表》，楊成志開設為史學系學生開設了一門選修課《民族學與民俗學》。課程表存廣東省檔案館，全宗號二〇，目錄號二，案卷號四〇，第二五頁。

35 楊成志：《〈民俗〉季刊英文導言》（漢譯）。《民俗》季刊第一卷第一期，一九三六年九月十五日。

36 楊成志：《民俗學之內容與分類》，《民俗》季刊第一卷第四期，一九四二年三月。

所謂的「整體」與「局部」如何區分？恐怕誰也無法給出量的限定。只要使用同一種方法，而研究對象又都是群體的「人民」，它們之間就無法區分。因而楊成志也不可能對此有更深入的說明。

也許楊成志想表達的意思是：應用於本國的人類學，就是民俗學。一方面，他說人類學與民俗學是「姊妹」關係；另一方面，他又極贊成山狄夫《民俗學概論》中的這樣一張關係表：

- 人類學
  - 體質人類
  - 文化或社會人類學
    - 心理學
    - 社會學或集合心理學
      - 民族志
      - 民俗學[37]

楊成志專門論述了「民俗學在人類學上之地位」，認為「科學的民俗學，正如人類學一樣，只注重某集團，少及某階級，藉考察某社會而忽略某個人。此所謂文明社會有文明社會的遺留，無智識集團有無智識集團的傳襲，野蠻部落或原始人民有野蠻部落或原始人民的生活方式或慣俗。所不同者，乃量的等差或質的文野，凡這一切都是現代民俗學研究的對象」[38]。隨後的幾年中，楊成志曾先後帶隊前往海南、粵北、廣西瑤山等地進行少數民族的「民俗」調查。很顯然，楊成志是將民俗學看成了人類學的一個分支。他所主持的《民俗》季刊也一直致力於把民俗學引向人類學。顧頡剛、鍾敬文、江紹原、容肇祖等人在民俗學初創時期好不容易摸索出來的民俗研究諸範式，幾乎全為楊成志的人類學研究範式所取代。

37 楊成志：《民俗學之內容與分類》。
38 楊成志：《現代民俗學——歷史與名詞》，《民俗》季刊第一卷第一期，一九三六年九月十五日。

《民俗》季刊復刊之後，《大公報》發了一篇評論文章，指出中國的民俗學運動「倡導者多為文學家，史學家，缺乏民俗學，人類學，民族學，社會學之理論基礎，眼光較為狹隘，其結果，事實多而理論少，瑣屑之材料多而能作比較研究者少」，因而缺乏科學價值。該報還說：「當日廣州中大民俗學運動中主幹人物之一的鍾敬文氏，於離粵赴日之後，即有著重民俗學理論研究及將民俗學與人類學，民族學等冶於一爐之傾向。」並且認為民俗學惟有與人類學「相輔並進，而後我國民俗研究，始能收更大之功效」[39]。這些論調，如果理解為楊成志的學術主張，應該不會有太大出入。

《民俗》季刊是當時頗具學術號召力的一份雜誌。楊成志和他的學生王興瑞、江應樑在該雜誌上發表的系列民族志無疑具有學術示範的作用。《民俗》季刊所認可的民俗學與人類學稿件基本上是二位一體的，如果說季刊上還有什麼非人類學稿件的話，主要是鍾敬文等人撰寫的民間文藝方面的討論文章。

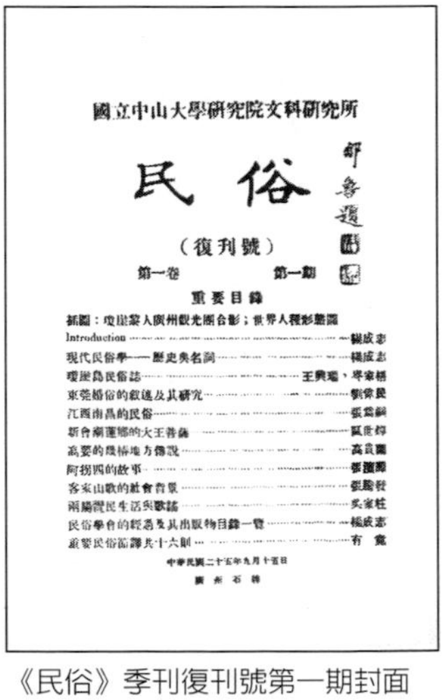

《民俗》季刊復刊號第一期封面

一九四一年十一月六日，研究院上書校長，要求對部分機構進行改組，其歷史學部之考古、檔案、民俗三組取消，改設「史學組及人類學組」。楊成志負責起草了《國立中山大學歷史研究所人類學部研究計畫》：

一、田野工作

（一）民族調查——繼續調查粵桂湘黔諸省猺佘苗黎僮等少數民族之地理環境，社會組織，生活文化，民俗風尚

[39] 佚名：《民俗復刊號——兼評我國民俗學運動》，《大公報》「科學週刊」第一〇期，一九三六年十一月十四日；又載《民俗》季刊第一卷第二期，一九三七年一月三〇日。

等等，繼續本學部以往對於西南民族之研究。

（二）考古探檢——繼續廣事探檢中國東南沿海新石器時代先民遺址遺跡，作南方史前史之研究。

二、搜集工作

（一）盡可能搜羅西南民族文物，粵海先世遺存，各地民俗品，及歷代古物。

（二）徵集各地通志縣誌文物志及有關資料。

（三）置辦歷代有關民族及考古之參書。

（四）搜集近數十年來中外民族及考古之雜誌及專門研究報告。

（五）文獻記載與實際調查結果之配合，比較及其發展之試探。

（六）民俗品及古物之分類，陳列及說明著錄。

三、編纂工作

（一）繼續出版《民俗》季刊。

（二）編纂民族及考古之田野報告。

（三）編纂西南各族之民族志及參譜。

（四）翻譯外人對於中國民族及考古調查研究之著述。[40]

抗戰爆發之後，中山大學先是遷往雲南澄江，一九四〇年轉遷粵北山區。楊成志在一九四一年二月一日擬定的一份《國立中山大學研究院改進計畫草案大綱》中，「學以致用」的思想已經表現得非常明顯：

40 楊成志：《國立中山大學歷史研究所人類學部研究計畫》，存廣東省檔案館，全宗號二〇，目錄號一，案卷號二一，第七二頁。

文所民族之考察（如作者現正計畫粵北瑤人大規模研究），語言之探討亦均應本其過去研究之工作，更加努力推行，使學術之功能俾作輔助抗建之應用。換言之，本院員生不特僅在書本上求見解，同時尤應對自然現象與社會狀況下一個總攻擊令之探討，一方面收集資料，一方面發表結果，始可稱為現代科學研究之大本營，始不負此次本大學遷回粵北學術貢獻地方及國家與民族之職責也！[41]

《民俗》季刊一九四三年停刊的時候，楊成志在中山大學的人類學建設已經相當成熟了。一九四四年，他被選派到美國做人類學、民族學專題考察與學術訪問。一九四五年，楊成志重返中山大學，隨即馬不停蹄地開始籌辦人類學系。一九四八年，中山大學人類學系成立，楊成志出任了第一屆系主任。該系為我國南方各高等院校培養了最早的一批人類學、民族學和民俗學等學科的教學與科研骨幹。自此，不僅中國人類學界北南兩派的分野得以確認[42]，所謂「北吳南楊」的口碑也逐漸成型[43]。

半個多世紀之後，楊成志的隔代繼任者周大鳴就曾撰文說：「廣州的早期民族學、人類學研究是與民俗學分不開的。許多民族學家、人類學家都是從民俗學研究入手，逐漸轉入民族學和人類學的研究，最後從民俗學獨立出來。這樣一方面將民族學、人類學的方法引入了民俗學的研究，另一方面也為人類學學科的建立打下了基礎。」[44]

41　楊成志：《國立中山大學研究院改進計畫草案大綱》，存廣東省檔案館，全宗號二〇，目錄號一，案卷號二一，第四七頁。

42　「南派即中國歷史學派，北派即中國功能學派。」（黃應貴：《光復後臺灣地區人類學研究的發展》，《中央研究院民族學研究所集刊》第五五輯，一九八四年）

43　所謂「北吳南楊」，「北派以燕京大學社會學系吳文藻先生為首，包括其弟子林耀華、費孝通等學者，主要受英國功能學派人類學理論主張的影響，致力於近代民族社區現狀和社會結構的分析研究；而南派則由中山大學文科研究所人類學部楊成志先生掛帥，更多地運用歷史學派的理論主張，從事南方少數民族歷史文化全貌性研究。」（容觀瓊：《中山大學人類學教學和研究述略》，《廣西民族學院學報》二〇〇一年第九期）

44　周大鳴：《二、三十年代廣東民俗學、人類學史略》，《民俗研究》一九九七年一期。

第四節　邊政研究的需要促進了民俗學的社會科學化

日軍侵華戰爭爆發後，西南地區成了國民政府抗日軍政的大後方。因此，對西南地區的民族調查也迅速提上了國民政府的議事日程。中山大學民族學與人類學也因多種政府資助而獲得一定發展。

中山大學於一九三九年遷往雲南澄江之後，文科研究所沿襲了楊成志一貫的民族調查風格，就近在澄江附近展開了民族調查，「曾派遣指導教授、研究員、研究生等前往澄江松子園，路南，昆明各處考察民族，調查語言，並採取研究資料」[45]。

一九四〇年三月，楊成志寫給研究院院長鄒魯的一封信中說到，他於一九二八年進行的西南民族調查已經引起了軍事委員會委員長西南行轅主任張篤倫的高度關注，「因西昌行轅地處大涼山、小涼山，面積數千里，均為玀玀族聚居地，委員長西南行轅擬將大涼山從事開發，及開化夷民，因此張主任曾屢函本人數次，邀約組織夷民考察團，往該地實地調查，為將來開化夷民之張本」。楊成志一再強調「值此抗戰建國當中，學術之研究與政治設施，更不能脫離關係」，因此建議中山大學與西昌行轅共同組織一個「大涼山夷民考察團」，由西昌行轅出錢，中山大學出人。借此機會，「即一切搜羅民俗品物，亦訂定歸本院文科研究所，為研究上之物證，似此對本院研究工作前途，不無補益」[46]。

楊成志在《大涼山夷民考察團計畫綱要》草案中說：

---

45 一九三九年《研究院院務報告書》，存廣東省檔案館，全宗號二〇，目錄號一，案卷號二一，第一四頁。

46 楊成志一九四〇年二月二七日信，存廣東省檔案館，全宗號二〇，目錄號二，案卷號四八，第一—三頁。

推究殖民政策之成功，多依據民族學與社會學之研究結果為動向。今日歐洲民族學被公認為「應用科學」者，無非因其能貢獻於列強殖民政策之推行。新社會學中有一種稱為「同化政策」研究者，亦為美國政府「美國化」之一種實用科學。然則吾人開始實行建設邊疆，欲冀其將來有成，非將科學與政治打成一片，對於開化邊民之基本政策，實不能取得根據。

尤其是在團結全民共同抗日的需求下，「吾人不特感過去輕視邊疆之絕大謬誤，且邊疆問題關係於國計民生之重要性，已迫近吾人眉睫，勢不得不求如何開發之道也。」楊成志痛斥了封建士大夫們對於邊疆少數民族的歧視和偏見，認為「宜先掃清『尊夏攘夷』之民族偏見，換以夷漢一體之平等待遇」。民族平等是基於彼此瞭解而理解而尊重的程序，所以，楊成志認為應先對民族地區的語言、風俗、信仰、生活、經濟、物產、社會、歷史、地理等專案進行全方位調查[47]。不過，該項計畫最終未能得以實現。據楊成志一九四八年撰寫的《國立中山大學設立人類學系建議書》，羅列的各項既有成績中，有「廣東省政府聘楊成志為邊政指導委員會研究主任委員」，「雲南省政府聘江應樑為該省邊政設計委員會主任委員兼車裡縣長」[48]等項，卻隻字未提及與西南行轅的合做事項。

為了更好地治理和同化西南各少數民族，一九四〇年之後，國民政府開始全面介入人類學和民族學的調查與研究，並將民俗研究劃入到社會學領域。陳立夫執掌的「教育部」於一九四一年下發了一份《公私立專科以上學校畢業生派往邊地研究辦法》[49]，「為研究考察各邊地政教設施及其民俗，並為鼓勵專科以上學校畢業生服務邊地興趣起見」，決定

47 上述引文均出自楊成志：《軍事委員會委員長西昌行轅、國立中山大學研究院合組大涼山夷民考察團計畫綱要》，存廣東省檔案館，全宗號二〇，目錄號二，案卷號四八，第五—十頁。

48 楊成志：《國立中山大學設立人類學系建議書》，《廣東日報》一九四八年八月二日第四版。

49 一九四一年五月「教育部訓令蒙字第二〇五四〇號」，存廣東省檔案館，全宗號二〇，目錄號二，案卷號七一，第三〇—三七頁。

選派畢業生前往部分少數民族地區進行語文、史地、民俗、經濟、自然等五項調查，其中民俗項的調查內容主要包括七個方面：

一、關於邊胞之類別分析（注意體型血型之研究）。
二、關於邊胞社會組織與家庭組織。
三、關於邊胞之婚喪娛樂。
四、關於邊胞之服飾。
五、關於邊胞之階級制度。
六、關於邊胞工藝品之搜集。
七、關於邊胞之起居飲食及節令風俗。

這七個方面正是楊成志一直在做的工作，看起來簡直就像由楊成志擬定的工作計畫。「教育部」要求各專科以上學校選送「學術優良、意志堅毅，而能刻苦耐勞者」一二人，前往指定的邊疆地區進行民族以及風俗的研究工作[50]。歷史系一九四〇屆畢業生李崇威應徵入選後，在其《邊地研究工作計畫及進展表》[51]中寫道：

西康本西藏之喀木地方……改省後進步頗速，惟以境內種族複雜，交通梗塞。坐此之故，欲西康一躍即與內地各省等列，誠屬難事。然而近日烽煙四起，敵寇西犯企圖已非一日，設一旦敵人從泰緬進窺康滇，則戰時陪都

50 一九四一年十一月「教育部指令蒙字四二七三三號」，存廣東省檔案館，全宗號二〇，目錄號二，案卷號七一，第二二頁。
51 李崇威：邊地研究工作計畫及進展表》，存廣東省檔案館，全宗號二〇，目錄號二，案卷號七一，第六－一四頁。

恐受威協。為未雨綢繆計，則西康設防已屬急不容緩之事，惟政治措施，軍事設防，必須先之以調查考察，實情既明，建設自易。今世帝國主義者之對付殖民地莫不循此步驟。我中華民族經營中華國土，雖不能與彼帝國主義者之治理殖民地同日而語，要之以科學之考察作為施政之張本則一也。

西康建省未久，百端待舉，然最要莫若番族風習之調查。蓋西番之在西康，種人最眾，其風習與漢人殊異亦多，苟非詳加考察，將來建設進行決難順利。

我的考察對象系以番族風習為主題，旁及其居地，種屬，遷徙，人口，近況等，工作進程係以西個月為一期，每期定一中心問題，詳細考察，按月將調查所得呈報政府。

李崇威的申請很快獲得批准，在陳立夫親自簽發的「蒙字〇四五〇一號」指令中，核准每月生活費一五〇元，旅費補助金一千五百元。李崇威受命出發之後，該專案不再歸中山大學管理，筆者也未能找到李崇威的相關研究成果。

與派遣畢業生赴邊疆研究相應的，還有各校邊政研究機構的設立。一九四二年，中山大學社會學系「為造就從事邊疆工作人才，灌輸應有之專門學問起見」，「奉部令增設邊胞社會民族學組」[52]。國民政府「教育部」一九四二年底的一份文件提到了增設邊政研究的補助額度：「國立中山大學查本年度補助該校社會學系

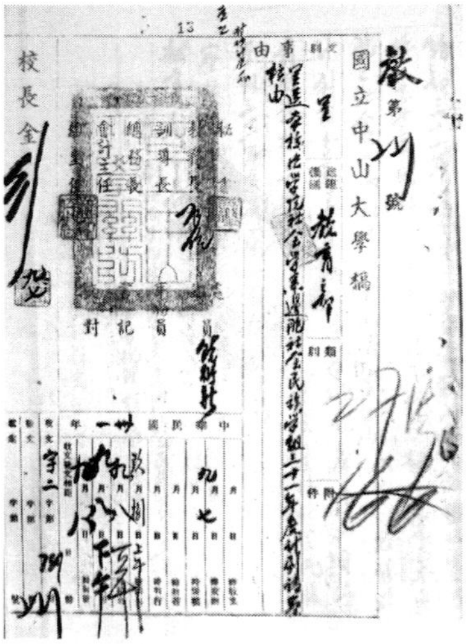

社會學系邊胞社會民族學組的工作計畫
（一九四二年九月八日）

52　《國立中山大學法學院社會學系邊胞社會民族學組三十一年度計畫》，存廣東省檔案館，全宗號二〇，目錄號四，案卷號六〇一，第十七頁。

增設民俗學組研究西南民俗及社會經費為八千元，曾於本年三月電知在案。」[53]

中山大學社會學系民俗學組（又作「邊胞社會民族學組」）的工作計畫主要分為三個部分[54]：

一、增開課程。增設後的課程設置為：

年級	科目	學分	學期
第一年	人類學	六	上三，下三
第二年	民族學	六	上三，下三
第三年	邊疆社會調查	二	上
又	邊疆社會問題	二	下
又	語音學	三	上
又	語言學	三	下
第四年	田野考察	四	假期舉行
又	中國民族史	三	上
又	民俗學	三	下
又	邊疆行政	二	上
又	邊疆教育	二	下

二、調查考察。「關於調查考察之範圍，擬先從本省開始，以後漸次及於西南各省。在本年內擬先進行粵北連（連縣）、連（連山）、陽、曲、樂、乳、始、英等八縣屬邊區，其進行步驟可分二期。」

具體經費預算為：教員學生共六人寒假赴粵北邊族各區考察二千元，教員學生共六人暑假赴粵北邊族各區考察三千元，文物陳列館設備費一千五百元，出版費九百元，儀器繪圖等費五百元，雜支費一百元。

53 蒙字四七〇一五號《教育部代電》，存廣東省檔案館，全宗號二〇，目錄號四，案卷號六〇一，第四頁。

54 《國立中山大學法學院社會學系邊胞社會民族學組三十一年度計畫》，存廣東省檔案館，全宗號二〇，目錄號四，案卷號六〇一，第十七—二〇頁。

其中，寒假調查的經費預算為：舟車費，以每人二五〇元計，四人共一千元；膳食費，以每人每天十五元計，四人七天共四二〇元；住宿費，以每人每天十元計，四人七天共二八〇元；調查表格費二百元；什支費一百元。[55]

三、室內研究。研究工作分為五個部分：（一）人類學理論之研究；（二）邊區社會民俗體質語言之研究；（三）關於邊政問題之專案研究；（四）文物陳列室之設置與文物之研究（與文科研究所人類學組合作）；五、各項統計圖表之編制與彙刊。

寒假的邊疆考察事實上只去了曲江和樂昌兩縣的瑤山地區。暑假的邊疆考察則因天氣原因，推遲到了九月，又因汽車票過於昂貴，原定對連陽三屬的考察也改到了湖南郴縣附近，因為火車票相對要便宜一些，八人往返共費四八〇元。暑期考察隊由胡耐安、梁釗韜、張為綱、呂燕華等四位老師與四名學生共八人組成[56]。

國民政府的介入使學術研究蒙上了濃重的實用主義色彩。這一傾向在中山大學文科研究所一九四三年的一份工作計畫書中說得很明白：「因本年度本所接獲教育部邊疆建設科目及講座之補助，人類學組當依照部定以邊胞歷史語文之研究為中心工作，力求促進邊民同化與邊疆建設事業為目的。」[57]楊成志在一九四五年的主要研究計畫是「民族同化政策與歸化設施」；社會學系主任胡體乾的研究計畫是「中國民族政策史」，他還在文科研究所歷史學部為研究生開設了《中國民族政策史》的同名課程，六學分；雷鏡鋈的研究計畫則是「廣西茶山傜的政治與法律」等[58]。

55　一九四三年《國立中山大學法學院社會學系邊胞社會民族學組寒假考察旅費預算表》，存廣東省檔案館，全宗號二〇，目錄號四，案卷號六〇一，第三六頁。

56　胡體乾：《法學院社會學系卅一年度第二次粵北邊疆考察計畫書》，存廣東省檔案館，全宗號二〇，目錄號四，案卷號一四二二，第十三—十五頁。

57　一九四二年《國立中山大學研究院文科研究所卅一年度下學期研究工作報告暨卅二年度上學期研究計畫書》，存廣東省檔案館，全宗號二〇，目錄號一，案卷號二一，第六〇頁。

58　一九四五年《國立中山大學研究院文科研究所現狀》，存廣東省檔案館，全宗號二〇，目錄號一，案卷號十二，第二二二—二二七頁。

對於當時的國民政府來說，純粹的文化建設顯然是奢侈的，他們當然更希望學術研究能夠更有助於政府解決諸多現實的民族難題。在這一方針指導下，無論是人類學還是民俗學，這一時期都有向狹義民族學靠攏的趨勢。

第五節　文化歷史學以及楊成志的科學實驗法

楊成志的人類學研究主要取法於法國民族學派和美國文化歷史學派，一再強調田野調查的重要性，甚至把那些落後的未知文化區域當成了田野調查的實驗室。

二〇世紀三〇年代起，中國人類學就已分為南北兩派。北派以燕京大學社會學系吳文藻為首，他們傾向於功能學派的理論，注重理論辨析和學術的當下應用。南派以中央研究院民族學組和中山大學、嶺南大學的人類學機構為代表，被稱為「中國歷史學派」，其「主要代表人物以進化論作為主要的理論觀點，對法國民族學派收集資料的方法有較多的利用，吸納了美國文化歷史學派的研究框架和步驟」[59]。

楊成志曾受業於法國民族學家莫斯（M.Mauss，一八七二—一九五〇年），受法國民族學派影響最大，保持了該派「寧肯為事實犧牲理論，絕不肯為理論而犧牲事實」的學術態度，對法國民族學派以細緻著稱的田野調查方法較為偏愛，無疑是南方「中國歷史學派」的代表人物之一。

[59] 王建民：《中國民族學史》上卷，第一五三頁。

美國文化歷史學派傳入中國也不晚。「中山大學於一九三一年設社會學系，聘請自美回國的黃文山任系主任，黃文山在美師從博厄思，在中大開設人類學的課程，戴裔煊曾是他的學生，後來追隨黃文山，致力於《西方民族學史》的寫作。」[60]一九三二年，大東書局出版了韋斯勒（C.WISSLER）的《現代人類學》（吳景崧譯）；一九三五年，商務印書館和生活書局出版了羅維（R.H.LOWIE）的《初民社會》和《文明與野蠻》（均為呂叔湘譯）。一九四三年出刊的中山大學《民俗》季刊二卷三－四期上有羅致平的《民俗學史略（美國民俗學史）》，對鮑亞士（博厄斯）其人及其理論也有詳細介紹。

楊成志本人也於一九四〇年翻譯，一九四五年出版了鮑亞士的《人類學與現代生活》，對於鮑亞士「『不以理論代替事實，不以一般代替特殊，不以部分代替全體，按步深入，實事求是』的方法和特有的精神加以肯定，反映他當時對美國的文化歷史學派民族學理論已經有一定程度的認同」[61]。

博厄斯（Franz Boas）是美國文化歷史學派的主要代表人物，早年受過嚴格的物理學和數學的訓練，在他加入人類學這個營盤的時候，「營盤內還沒有秩序或系統。正確的方法和主觀的幻想，隨便地應用，其趨向易傾於泛漫的綜論」[62]。於是，博氏提出了方法和批評，並以科學嚴謹的態度對人類學進行了規範。

文化歷史學派重視文化的區域性和特殊性，他們對普適性的進化論觀點提出了批評，「以為演進論和傳播論都是要用一種原則泛論全世界的各民族或各地方，全不問它們在歷史上及地理上的特別情形，其方法實在是演繹的主觀的，而不是歸納的客觀的，無怪其結果的武斷與穿鑿。他們有鑑於此，故不敢再做這種氾濫的論調，而只是小心謹慎縮小研究

60 周大鳴、吳宇：《中山大學人類學系與中國人類學的發展》，《中山大學學報》二〇〇九年第六期。
61 王建民：《中國民族學史》上卷，第一五五頁。楊成志翻譯的弗蘭克．鮑亞士的《人類學與現代生活》一九四五年由上海商務印書館出版。
62 林惠祥：《文化人類學》，第四〇、四一頁。

範圍並注意特殊情形，而求完全瞭解一小單位的真相」[63]。

但是，也正因為他們的方法是歸納的而不是演繹的，所以往往缺少辯證的思維和理論的分析、缺少建設性的想像，常常是大量材料的排比和堆砌，煩瑣地羅列現象，難以用發展的觀點去說明和研究社會的本質問題。其最終成果也就近於「民族志」。

這一毛病同樣存在於法國民族學派，因此也就不可避免地在楊成志身上烙下深印，從而影響著楊成志時期的中山大學民俗學運動。

以上說的是西方人類學理論和觀念對一九三六年後的中國民俗學的外部影響。從國內的學術發展來看，傅斯年的惟材料論同樣深刻地影響了中山大學民俗學。

中央研究院民族學組的前身是傅斯年主持的歷史語言研究所的「人類學及民物學組」。該組的主要研究人員是史祿國，另有特約研究員辛樹幟、特約編輯容肇祖等，他們同時都是中山大學語言歷史學研究所的成員。楊成志等人的西南民俗調查主要就是受了中研院史語所傅斯年和顧頡剛的委派。他們的學術主張可以在傅斯年著名的《歷史語言研究所工作之旨趣》中看出來。

傅斯年說：「我們反對疏通，我們只是要把材料整理好，則事實自然顯明了……推論是危險的事，以假設可能為當然是不誠信的事。所以我們存而不補，這是我們對於材料的態度；我們證而不疏，這是我們處置材料的手段。材料之內使他發見無遺，材料之外我們一點也不越過去說。」[64]這一觀點對當時的歷史研究和人類學研究影響極大，也與美國文化歷史學派的主張、法國民族學派的學術傾向不謀而合。認為對特定族群的田野考察可以脫離理論指導而進行，只要是客觀、細緻的考察，一旦掌握足夠的有用資料，就自然會在統計和歸納中發現問題，得到答案。

63 林惠祥：《文化人類學》，第四四頁。
64 傅斯年：《歷史語言研究所工作之旨趣》。

中國歷史學派並不是對美國文化歷史學派研究方法的簡單模仿，而是變異發展。其變異特徵首先表現在田野考察的資料與中國傳統的歷史考據法的結合上；其次表現在他們借鑒了文化歷史學派的研究方法，同時又汲取了被文化歷史學派批評的進化學說的觀點。中國歷史學派「相對地來說不大注重理論，而偏向於材料的搜集和解釋。他們認為中華民族的文化也有進化的過程，提出應研究中華民族的文化歷史的主張，而人類學方法正是重建中華民族文化史所必需……這些學者既使用歷史學的文獻考據方法，同時也用人類學實地調查材料作說明，補古史之不足。他們對少數民族的實地調查，內容多為傳統文化習俗的記錄和描述。有的學者著重收集民間文學、神話、傳說故事等」[65]。

儘管楊成志學歷史出身，但他對歷史文獻的可信性卻始終持以懷疑的態度，他一再強調「民族學的路是靠兩隻腳踏出來的」[66]。楊成志認為，民族研究如果僅從書本而不從田野調查的角度切入，那就只能是一種「買空賣空」「閉門造車」的傳統士大夫紙上談兵，而這種方式已經被事實無情地粉碎了。新學術必須建立在「包含生體學的，心理學的，社會學的，考古學的和化石學的根本科學條件和發現」[67]。

那麼，新學術的條件和發現又從哪裡來呢？楊成志認為必須從實驗中來。楊成志以為民族學的研究也如同物理化學等自然科學的研究，必須建立在科學實驗的基礎之上。他說：「物理學和化學需要實驗室（Laboratory）以證驗或分析其力，聲，電，光和有機的或無機的物質，念物理學和化學的人們若未入過實驗室，直等於空無所得。民族學與民族志何嘗不是如此？」[68]所以，對所有的材料都必須首先以科學的實驗以證驗它的可靠。

楊成志把實驗的場所區分為內實驗室和外實驗室兩種。

65 黃淑娉：《中國人類學源流探溯》，中山大學人類學系編《梁釗韜與人類學》，廣州：中山大學出版社，一九九一年。
66 楊成志：《我與中山大學人類學系》，中山大學人類學系編《梁釗韜與人類學》。
67 楊成志：《廣東北江瑤人調查報告導言》，《民俗》季刊第一卷第三期，一九三七年六月三〇日。
68 楊成志：《廣東北江瑤人調查報告導言》。

所謂內實驗室，指的是靜態的民族志博物館。這是從博厄斯的學術經歷中受到了啟發。博厄斯一八九二年至一八九四年「在芝加哥世界博覽會人類學陳列室方面工作。自一八九五年起在美國自然史博物館任職，有十年之久」[69]。這一時期，他因見博物館的「各種標本依地域而自相集成為一群，遂將北美洲按照其物質文化分為幾個區域」[70]，於是產生了「文化區域」（cultural area）的觀念。

楊成志所說的民族志博物館是有別於此前中山大學民俗學會籌辦的風俗物品陳列室的，前者不僅包含了後者的實物形態如各種模型、器具、圖片、文獻等，也包含了後者所不包含的初級調查成果，如「統計學的一切婚姻，生育，死亡，疾病圖表，及一切圖表等」。

但僅有內實驗室是不夠的，「各民族的物質文化品型，全賴出發搜羅而得，此所謂Expedition者便指『出發調查』之意，比較前者的實驗更為重要。蓋無論何國著名的民族學家無不以Expedition為研究與發見的目標」[71]。所謂外實驗室，指的是那些文化尚未進步到像我們一樣水平線的人類集團，或是一個未曾開發的文化區域（Culture area）。楊成志認為像這樣一些落後的未知文化區域，在現今這種四通八達的交通網絡中，為求自保，必然局處於窮鄉僻壤，或者孤島山國。也就是說，作為科學工作者，我們就是要出發到這種窮僻的地方去實地調查他們的生產生活狀況，去獲取第一手的可靠資料。

楊成志認為內實驗室的作用是提供物質品物，方便我們從事靜態的文化分析。而外實驗室提供的是特定民族的生活實況，方便我們從事動態的文化觀察。這兩方面是相輔相成的。中山大學民俗學會在西南民族調查方面，不僅多次派員到雲南、廣西、海南島、粵北等地調查，而且搜羅了大量的少數民族風俗物品，可謂在內外兩種實驗上都有不俗的成績。

69 羅致平：《民俗學史略（美國民俗學史）》，《民俗》季刊第二卷第三—四期，一九四三年十二月。
70 林惠祥：《文化人類學》，第四一頁。
71 楊成志：《廣東北江瑤人調查報告導言》。

楊成志領導的一九三六年十一月的「廣東北江瑤人調查」[72]就是他的外實驗室法的一次完整的實踐。這次調查時間不長，全程七天，扣除路途耽擱，實際調查時間僅三天餘，但由於楊成志分工細緻，各自取得的材料不少。調查項目共有以下幾項：

一、北江瑤人的文化現象與體質型。
二、北江瑤人的歷史與現狀。
三、北江瑤人的經濟社會。
四、廣東瑤人的宗教信仰與經咒。
五、廣東瑤人的房屋與工具。
六、廣東瑤人的衣飾。
七、北江瑤人的農作概況。
八、北江瑤人的傳說與歌謠。[73]

無論是從當時還是從今天的眼光來看，這些調查項目以及調查方法都是屬於人類學範疇，而且是比較典型的中國歷史學派的做法，即理論、文獻與實地調查的完整結合。我們試利用中國歷史學派的通常做法來分拆劉偉民的《廣東北江瑤人的傳說與歌謠》[74]之第一部分「祖先來源之傳說」：

理論根據：主要依據林惠祥《文化人類學》，M.Besson著Le Totemime《圖騰主義》（胡愈之譯）。主要介紹Frazer，Reinach等人的圖騰概念，說明「諸如此例，不勝枚舉，然此皆為圖騰（Totem）社會之表徵，乃無可懷疑者也」。

72 楊成志把廣東北部曲江、樂昌與乳源三縣交界的瑤山視做一個西南民族研究的理想實驗區。
73 以上諸項均見《民俗》季刊第一卷第三期，一九三七年六月三〇日。
74 劉偉民：《廣東北江瑤人的傳說與歌謠》，《民俗》季刊第一卷第三期，一九三七年六月三〇日。

比較和佐證的材料：世界各地原始部族圖騰崇拜的現象及儀式舉例。

古代文獻：《後漢書．南蠻傳》，《圖書集成》卷一四一〇，《搜神記》等書中有關瑤人祖先來源的記載和傳說。

今（近）人文獻：何聯奎《佘民的圖騰崇拜》，鍾敬文《盤瓠神話》，劉錫蕃《嶺表紀蠻》，龐新民《兩廣瑤山調查》。

調查資料：盤財文抄錄的關於瑤人種族來源的經文，瑤人《高王轉邊歌》，與圖騰崇拜相關的種種禁忌及仿效行為。

研究方法：比較法，例證法。

結論：「『盤古』乃瑤族之祖先，『狗』是瑤人所崇奉之圖騰，因對其圖騰生崇敬與畏忌之心理，於是便認『狗』為其種族之始祖，時日浸漸，遂將盤古與狗混而為一物矣。」

總之，文章體現的是一種雙向論證：用圖騰主義的理論來說明瑤人盤瓠崇拜的現象，又用瑤人盤瓠崇拜的現象和文獻記述來印證圖騰主義理論的確實。沒有什麼假設和推論。

這也是典型的楊成志式的實驗法的成果，即通過實地調查，來驗證文獻記述的確鑿與否，再以綜合的材料，來驗證理論的確實與否。其中外實驗室的作業，是整個過程的基本立足點。而其中與圖騰崇拜相關的儀式所使用的各種道具，也可作為內實驗室的標本。

楊成志並沒有對其實驗法的調查範圍、界限做出界定，也沒有對民族學、人類學與民俗學實驗方式和範圍進行區分。他的這一實驗法發表在《民俗》季刊，但又特別說明這是民族學的研究方法，他的學生在具體實踐中，使用的又是典型的人類學方法。種種事實說明的是，楊成志只想求得他所認為的西南民族的真實存在狀態，並沒有認真思考過民俗學、民族學、人類學的對象與方法上到底有什麼異同，他似乎也並不認為三者之間有什麼實質性的區別，因而客觀上正在將三者熔為一爐。

我們翻開復刊的《民俗》季刊，以楊成志為首的作者群所從事的所謂民俗研究，全是中國歷史學派的人類學作業。楊成志顯然在以他的人類學主張對民俗學進行全面改造。

餘論　中國現代民俗學的生成背景與當下困境

學術史研究是任何一個學科都無法回避的課題。鍾敬文生前非常重視民俗學學術史的建設[1]，他說：「從事民俗學研究，必須瞭解它的起源和演變過程；瞭解前人已經做了哪些工作，他們的成就和不足分別在哪裡？這就要求我們清理這方面的歷史事實，總結民俗學的產生和發展過程，以便使更多的人獲得對這一門學科發展真相的認識。」[2]部分地由於民俗學學術史的缺席，許多民俗學者缺少對於民俗學既有成果的瞭解，研究工作自然也就無法站在既有的學術高度上向前推進。民俗學在進入一九八〇年代之後，「這些年間翻譯的許多民俗學、人類學著作，介紹的許多外國民俗學流派，大都是在二十年代，三十年代以來就已為人所知」[3]。民俗學界一直爭論不休的有關學科體系、範圍、與現實生活的關係等等問題，許多都是一九二〇－一九三〇年代就已經爭過論的，有些甚至是當時就已經有了普遍認可答案的話題。很多時候，中國民俗學界本來就非常有限的人力，被用在了對半個多世紀之前工作的重複進行中。

在這樣的局勢下，認真清理學科發展史，考鏡源流，辨章學術，對於廓清一些民俗學者的模糊認識，明確學科發展現狀，將會是很有意義的一項工作。從另一個角度來說，中國現代民俗學的發生發展，是圍繞幾所著名大學而展開的學

1 蕭放：《鍾敬文與歷史民俗學》，《民間文化》「祝賀鍾敬文百歲華誕學術專刊」，二〇〇一年十二月。
2 鍾敬文：《關於民俗學結構體系的設想》，《鍾敬文文集》「民俗學卷」，合肥：安徽教育出版社，一九九九年，第四二頁。
3 趙世瑜：《眼光向下的革命——中國現代民俗學思想史論（一九一八－一九三七）》，北京：北京師範大學出版社，一九九九年，第三頁。

術活動，因此，中國現代民俗學史，也是中國大學學術史的一個重要組成部分。

本書將討論重點放在了以下五個方面：（一）北京大學歌謠運動、風俗調查會，以及相關學者的活動；（二）與中山大學民俗學運動相關的早期人類學者的田野工作；（三）作為從北京大學向中山大學過渡時期的福州和廈門大學的民俗學活動；（四）中山大學民俗學運動；（五）由中山大學民俗學運動派生的週邊民俗學活動。

第一節　影響中國現代民俗學發生、轉型的主要因素

> 歌謠研究會的產生，最初是出於為文學的目的。從文學目的轉向學術目的，進而產生建立一個全新學科的設想，是與一班海歸學人的極力鼓吹密切相關的。而推動和完善這一建設的，卻主要是一班本土生長的人文學者。

中國現代民俗學的發生發展，並不是單線形成的，事實上，不僅單線無法說清，即使是多頭交匯，也不是簡單的合流。二〇世紀上半葉的中國民俗學運動的起源和流變，起碼包含了以下四個因素：

一、啟蒙因素

歌謠徵集活動是伴隨著五四新文化運動而產生的一場半啟蒙半學術的活動，是在二十世紀初期「到民間去」思潮下的采風運動。

「二十年代中期，中國已陷入軍閥混戰和帝國主義列強宰割的政治危機之中。廣大中國知識份子從來也沒有這樣強烈地體驗到精神上的壓抑和痛苦。他們從民間文學中感受到了本民族的情感。當時以建設民族新的語言文學為宗旨的『白話文運動』也給民間文學的研究工作拓寬了道路。民間文學家們發現，沒有任何媒介能比民間文學更易於用來改造國民精神……認為完全可以通過接近和熟悉下層文體的途徑來培養民族文化精神。」[4]

顧頡剛在他著名的《聖賢文化與民眾文化》中說出了民俗學運動的啟蒙動機：「民眾的數目比聖賢多出了多少，民眾的工作比聖賢複雜了多少，民眾的行動比聖賢真誠了多少，然而他們在歷史上是沒有地位的……我們研究歷史的人，受著時勢的激蕩，建立明白的意志：要打破以貴族為中心的歷史，打破以聖賢文化為固定的生活方式的歷史，而要揭發全民眾的歷史。」[5]

《北京大學日刊》剛開始登載歌謠的時候，曾經引起部分守舊教授和學生的不滿，但大多數的青年很快地加入到了這個新潮流之中[6]。民俗學運動由北京大學經廈門大學轉至中山大學以後，類似的遭遇再次重演[7]，不過，民俗學的早期開拓者們在中山大學受到的指責更多來自於對學術品質的不滿而不是對啟蒙意義的懷疑。在啟蒙的旗幟下，民俗學運動集合了一大批熱衷平民文化的知識青年，他們團結在北京大學歌謠研究會或者中山大學民俗學會的周圍，成為《歌謠》週刊和《民俗》週刊的主要作者群，但是，由於專業訓練的不足，這些作者的文章確實存在激情有餘而學術味不足的硬傷。

---

4 〔美〕洪長泰著，董曉萍譯：《到民間去——一九一八—一九三七年的中國知識份子與民間文學運動》，上海：上海文藝出版社，一九九三年，第二九、三〇頁。
5 顧頡剛：《聖賢文化與民眾文化》，《民俗》週刊第五期，一九二八年四月十七日。
6 顧頡剛：《我和歌謠》，《民間文學》一九六二年第六期。
7 容肇祖：《憶〈歌謠〉和〈民俗〉》，《民間文學》一九六二年第六期。

二、文學因素

幾乎所有的民俗學史家都同意，中國現代民俗學運動肇始於北京大學的歌謠徵集活動，但是，這一活動的最初目的卻只是為了建設新文學的需要，而不是為了創建一門新學科。

（一）歌謠運動的主要發起者是文學家。顧頡剛說：「一九一八年，北大本科教授沈尹默、預科教授劉半農等人，為了作新體詩，要在本國文化裡找出它的傳統來，於是注意到歌謠，發起『歌謠研究會』。」[8]

（二）徵集歌謠的動機是為了文學。「中國現今有人極熱心的搜集歌謠，這是對中國歷來因襲的文學一個反抗，也是……『皈依自然』的精神的表現。」[9]因此，「從歌謠探索新詩發展之路是他們積極關注的一個課題」[10]。在歌謠徵集活動開展一八年後的一九三六年，胡適還在強調：「我以為歌謠的收集與保存，最大的目的是要替中國文學擴大範圍，增添範本。」[11]

（三）圍繞著《歌謠》週刊的大多數讀者和作者也都是文學青年，而且以各地的中小學教師居多。包括後來被譽為中國民俗學之父的鍾敬文，以及當時頗負盛名的搜集者白啟明、崔盈科等人，大都是各地的小學教師。

（四）有關歌謠的學術討論，首先是從文學層面展開的。「在最初一年多時間裡，對歌謠的起源、特質、藝術價值、表現方法，歌謠在詩中的地位，歌謠的研究方法，以及搜集、整理、分類中的理論問題，進行了廣泛的

8 顧頡剛：《我和歌謠》。
9 梁實秋：《浪漫的與古典的》，轉引自朱自清：《粵東之風序》，《民俗》週刊第三六期，一九二八年十一月二八日。
10 賀學君：《關於歌謠運動的文學考察》，鍾敬文主編《中國民俗學年刊（一九九九年）》，上海：上海文藝出版社，一九九九年，第七五頁。
11 胡適：《復刊詞》，《歌謠》第二卷第一期，一九三六年四月四日。

探討。」[12]

即使在歐洲國家，「從民俗學這種學問發展的歷史考察，可以發現民俗學的產生式進展，往往從民間文學方面開始，就是從民間歌謠、民間故事等的搜集、研究開始」，比如被認做德國民俗學奠基者的格林兄弟，「就是以記錄、探究民間故事等開拓這方面的事業的」[13]。德國的民俗學者們認為，民歌是民族文化中最基本也最有生命力的表現形式，「拯救德國民族文化，重振民族精神的希望就在於發掘與重建德國的民間文化」[14]。

三、英國民俗學會的影響

由「歌謠學」向「民俗學」的轉型是出於學術意識的需要。

歌謠徵集活動最初遭遇的困境和突圍無疑是一場新舊思想的交鋒，當新思想逐漸取得優勢地位的時候，北京大學的思想先驅者們必須尋求一種能夠保持其優勢地位的現實成果，以證明這一運動的實在和有意義。如果沒有學術上的突破，單純的激進口號無法將「意義」落到實處，論爭得來的勝利果實必將雞飛蛋打。《歌謠》週刊「發刊詞」說：「本會搜集歌謠的目的共有兩種，一是學術的，一是文藝的。」[15]而學術的意思就是「民俗學的研究」。

學術的要求預示了錢玄同、劉復和沈兼士等啟蒙工作者的必然隱退。顧頡剛、董作賓等純學術工作者開始浮出。當新文化運動作為思想運動逐漸退潮的時候，那些作為研究家而不是文學家的學者們不得不重新思考自己「安身立

12 賀學君：《關於歌謠運動的文學考察》，鍾敬文主編《中國民俗學年刊（一九九九年）》第七四頁。
13 鍾敬文一九九七年在北師大暑期民間文學講習班上的講話《民俗學與民間文學》，中國民間文藝研究會研究部編《民間文學論叢》，北京：中國民間文藝出版社，一九八一年，第一五－一六頁。
14 鍾敬文：《民俗學概論》，上海：上海文藝出版社，二〇〇〇年，第四二四頁。
15 《發刊詞》，《歌謠》週刊第一號，一九二二年十二月十七日。

命」的根本所在，由文學目的向學術目的的轉移幾乎是他們惟一的選擇。歌謠運動為研究者們開闢了一塊人文學術的新天地，各學科的學者們紛紛介入，無疑都想在此一天地中開墾一塊能夠生長出奇花異果的自留地。

但是，新天地並不意味著新學術，研究方法的侷限同樣困擾著這些先驅者們。這時，向西方學術尋求方法也就成為一時之興，西方民俗學及其方法論的東漸成了時勢的必然要求。

中國現代民俗學的提出，從一開始就明確是對歐洲folklore的回應和移植。但「民俗學」這一譯名卻是周作人從日本借用過來的。一直到一九三〇年代初，都還有學者不同意使用這一譯名，但由於《歌謠》時期和《民俗》時期的反復宣傳和使用，這一譯名已經深入人心，幾乎成了約定俗成，遂為學科名稱。

Folklore是英國古物學者湯姆斯（William Thoms）於一八四六年創用的，是用撒克遜語的folk（民眾，鄉間）和lore（學問，傳聞）合成的一個新詞。「一八四六年八月十二日，英國的威廉·湯姆斯用『墨頓』的筆名給《雅典娜的聖殿》雜誌寫了一封信，二二日發表在該刊上。信中建議用Folk-lore一詞作為研究下層民間文化的學科的名稱，當時涉獵的範圍為庶民古俗和庶民文學，即舊時的行為舉止、風俗、儀式慶典、迷信、敘事歌謠、諺語等。」[16]可是，任何一個概念在它的流播和使用過程中，內涵和外延都會發生或多或少的變異，每一個使用者都會根據自己的需要來修正對該概念的定義。就費孝通的不完全統計，關於Folk-lore的定義，至少有二十幾種不同的說法[17]。以何思敬等為代表的歐派學者因認定「英國是Folklore的故鄉」，遂計畫一切按英國模式來打造中國的民俗學。

早期的英國民俗學有濃烈的殖民色彩，其主要目的是為了「統治國對於隸屬民族可以從此得到較善的統治法」[18]。

16　王存奎：《北京大學與中國民俗學的建立》，《北京大學學報》二〇〇二年第七期。

17　費孝通一九八三年在全國民俗學、少數民族民間文學講習班上所作的學術報告《民俗學與社會學》，後經修正為《談談民俗學》，收入張紫晨編《民俗學講演集》，書目文獻出版社，一九八六年，第一頁。

18　何思敬：《民俗學的問題》，《民俗》週刊第一期，一九二八年三月二一日。

湯姆斯等最早的一批英國民俗學家大都是古物學者，他們極熱衷收集整理民間文化，但他們對待民間文化就像對待他們的古物一樣，只是獵奇、收集，並不對之進行研究和說明。英國民俗學會會員們的身分也很複雜，大都是一些「作家、編輯、出版商、職員、律師和政府官員，但卻無人在大學任教」[19]，因而其學術研究的意識並不濃厚，學術創造性當然也就非常有限。

首先把英國民俗學引向研究領域的是英國德裔語言學家繆勒（Friedrich Max Müller，一八二三－一九〇〇年）的「語言有病」神話學。為了辯駁繆勒的理論，安德魯·朗（Andrew Lang，一八四四－一九一二年）又引入了泰勒的進化論人類學，並將大批著名的人類學家扯入自己的陣營。被英國民俗學會奉為旗幟的泰勒（Edward Burnett Tylor，一八三二－一九一七年）和弗雷澤（James George Frazer，一八五四－一九四一年），一個是牛津大學的人類學系創建者，一個是劍橋大學的人類學教授。江紹原對於這些人是否承認自己為民俗學家一直感到懷疑[20]。另一位為中國早期民俗學者所熟悉的英國民俗學家哈特蘭德（Edwin Hartland，一八四八－一九二七年）也極其熱衷人類學，並最終轉向了非洲部落文化的研究。第一次世界大戰之後，安德魯·朗等英國民俗學會的早期代表人物相繼去世，本來就只是業餘學術愛好者集合體的英國民俗學會遂陷於停滯狀態。

而在中國，經過了新文化運動的洗禮，「學術的形式與內容出現重大而明顯的變化。形式上，以經學為主導的傳統學術格局最終解體，受此制約的各學科分支按照現代西學分類相繼獨立，並建立了一些新的分支」[21]。在二十世紀初期的北京大學，各種新學科和新學會的出現如同雨後春筍，僅與民俗學相關的學術團體就有歌謠研究會、風俗調查會、方言調查會、風謠學會等，擬成立的學會更多。

19 鍾敬文：《民俗學概論》第四二九頁。
20 江紹原：《現代英吉利謠俗及謠俗學》，上海：中華書局，一九三二年，第二六八－二六九頁。
21 桑兵：《晚清民國的國學研究》，上海：上海古籍出版社，二〇〇一年，第二〇頁。

這是一個搶奪學科發言權的時代。風俗調查會籌備會本來是常惠提出召開的，但是，對於該會使用什麼名稱，與會學者們各有各的算盤，因為民俗學的首倡者周作人未能與會，常惠爭不過熱衷於「風俗問題」的性學專家張競生，結果該會名稱不用「民俗學會」而用「風俗調查會」[22]，這讓常惠感到非常鬱悶。後來常惠在他編輯的《歌謠》週刊上甚至一直儘量回避提及風俗調查會這一名稱及其相關資訊。方言調查會成立時，對於使用「方言」還是「方音」的問題，學者們也曾爭論不休。所謂西學東漸，有時並不是明確而具體的學術移植，而只是一種觀念或概念的植入。五四前後，許多海歸學人都曾想藉著西學的名目拉起些小山頭，以此奠定自己在這些領域的宗祖地位。命名權決定著話語權，論爭未必都是純學理的。「風俗」或者「民俗」，並沒有什麼實質區別，區別只在於不同的概念是不同的人所倡導的，學者們各有各的小算盤[23]。

民俗學在西方也還算不上一門成型的學科，但周作人等一批先行者卻急不可待地把它引入了中國。常惠、顧頡剛等一批青年學者直覺地意識到了民俗學與中國傳統學術的巨大差別，以及民俗學在社會歷史研究格局中的重要性，因而極力地為之鼓吹。但是，外國的民俗學運動到底開展得如何，其學術進步到底發展到哪一步，當時幾乎沒有人能明白地瞭解。

當顧頡剛領導的民俗學運動聲勢越造越大，欲罷不能的時候，民俗學同人才開始意識到英國民俗學會所能提供的學術借鑒是如此可憐。最早提倡民俗學的是周作人、最堅決地主張向英國民俗學學習的是何思敬，但是，在對英國民俗學有了更細緻的瞭解之後，在民俗學運動陷入困境的生死存亡關頭，最權威最堅決的反叛者也是他們，兩人先後撰文對於民俗學是否能成為獨立的學科表示懷疑。

---

22 容肇祖：《北大歌謠研究會及風俗調查會的經過》（續），《民俗》週刊第十七、十八期，一九二八年七月二五日。《歌謠》週刊在對「籌備會」報導過一次之後，幾乎是全盤封鎖「風俗調查會」各種消息的，與大張旗鼓地報導「方言調查會」的各項事務相比，這一行為極其反常。

23 從後來的回憶文章看，許多學者往往津津樂道於自己對某一事業的開拓之功。

四、學科建設的內在要求

在現代學術中，一門學科至少應該具備如下幾項基本條件方能成立：「首先，它有自己的不同於其他學科的明確的研究對象。其次，任何一門學科都有它自己的範圍、任務，都有它自己的基本問題，並且具備它自己的一整套行之有效的、不斷演進的方法。第三，任何一門學科都有它不可替代的功能。」[24]

如果按照這一標準衡量，民俗學在被提倡後的很長一段時間，上述指標一項都無法滿足。中國現代民俗學的發生是從概念入手的，傳統學術中並沒有與民俗學相關的前期成果，因而不存在學科建設的學術基礎。在《歌謠》週刊的前期，周作人、常惠等人的開拓貢獻只是鼓吹了一個概念，事實上，這一時期不僅談不上學科建設，連民俗學到底是怎樣的一門學科都不甚了了，研究性的成果更是鳳毛麟角。到了《歌謠》週刊後半程，才在顧頡剛等人的努力下，有了《東嶽廟的七二司》等一批不依附「歌謠」而出世的民俗學成果。這些成果標誌著民俗學建設開始由單純的概念宣傳向概念宣傳加學術探索的進步。

以下試從對象、功能、方法三個方面來討論早期民俗學的學科建設。

（一）民俗學研究對象的厘定是一個不斷調整的自覺過程，到一九三〇年代才大致定型。

1. 從口頭文學作品的搜集向社會行為的調查擴張。這一擴張，其實也就是由歌謠學向民俗學的轉型。「有一些學者從社會學的角度對歌謠進行探究，例如劉經庵的《歌謠中的舅母與繼母》、《從歌謠看中國婦女的地位》。這種結合歌謠社會內容的研究，遠遠超出了研究者促進詩歌復興的初衷。」[25]顧頡剛則以歷史學家的

24 劉魁立：《民俗學的概念和範圍》，張紫晨編《民俗學講演集》，北京：書目文獻出版社，一九八六年，第十一—十二頁。
25 安德明：《多爾遜對現代中國民俗學史的論述》，《北京師範大學學報》一九九六年第六期。

研究方式，衝破了《歌謠》前期以文學眼光觀照民間文藝的侷限，寫出了《東嶽廟的七二司》《兩個出殯的導子賬》等系列文章，開始了這一轉型。

2. 從泛語言現象的調查研究向口傳文學的文化研究收縮。由於歌謠搜集牽涉大量的方言問題，因而方言調查就成了最早伴隨歌謠搜集而提出的話題，並因此而促成了方言調查會的誕生。但由於方言調查瑣碎繁複而且對專業素質的要求較高，對風俗的說明又無大補，更由於當大家對口傳文學的認識已經不再侷限於口頭韻文作品而擴大為包括口頭散文作品的時候，方言標音不僅在搜集整理上，而且在印刷出版上，都是一件極其困難的工作，方言學逐漸退出了民俗學領域，民俗研究收縮為對口傳文學的內涵及其傳承的研究。

3. 從平民文化研究向民族文化研究擴張。由於民間文學運動的興起受到了二〇世紀初的民主政治及「到民間去」等系列啟蒙運動的影響，北京大學的歌謠徵集活動特別強調要徵集「征夫野老遊女怨婦之辭」[26]，董作賓也在《民間文藝》發刊辭中說：「民間文藝，是平民文化的結晶品：我們要瞭解我們中國的民眾心理，生活，語言，思想，風俗，習慣等等，不能不研究民間文藝；我們要欣賞活潑潑赤裸裸有生命的文學，不能不研究民間文藝；我們要改良社會，糾正民眾的謬誤的觀念，指導民眾以行為的標準，不能不研究民間文藝。」[27]這種對口傳文學主體的階級偏愛在後來中山大學《民俗》週刊的具體編輯工作中實際上被忽視了。在楊成志及其學生們的西南民族調查中，調查對象實際上已經包含了被調查民族的全體，並沒有表現出對於該民族特定階層的偏愛。

4. 從漢民族民俗研究向多民族文化研究擴張。《歌謠》週刊以及《民俗》週刊時期，民俗研究基本上侷限於漢民族，偶有少數民族的民俗介紹，也多為道聽塗說，而非實地考察所得，很為丁文江、辛樹幟等人所詬

26 《北京大學徵集全國近世歌謠簡章》，《北京大學日刊》一九一八年二月一日。
27 董作賓：《為〈民間文藝〉敬告讀者》，《民間文藝》第一期，一九二七年十一月一日。

病[28]。辛樹幟的瑤山考察揭開了西南少數民族調查的序幕，楊成志的雲南之行更是將這一活動推向高潮。之後，無論是中山大學生物系、社會學系，還是楊成志領導的文科研究所，都把民族調查當成了他們的一項重要工作。而且就調查內容上來說，也不是我們今天意義上的單純民俗調查，而是一種泛文化調查。

（二）對民俗學功能的認識，經歷了由為民族、為社會向為學術的過渡，再由純學術向學術資治的轉化。

一九二八年容肇祖接手《民俗》週刊的時候，曾在「中秋專號」引言中說：「我們這一本中秋專號，是給有心要做社會改革的事業者一個很好的參考……這個中秋專號就是把現在和過去的風俗赤裸裸的表現出來，將來是要怎樣的去逐漸改變成為純粹無疵而可娛樂的風俗，就看著大家的努力了！」[29]但是，這種實用主義的思想曾經受到鍾敬文等人的質疑，鍾敬文說：「民俗的研究，是一種純粹的學術運動，——最少在我們從事者的立意和態度，應該是如此！——致用與否，是另外一個問題，不能混為一談，更不該至於喧賓奪主！民俗中文字，有時不免稍犯此嫌。」[30]容肇祖接受了這種意見，遂將自己的意見修正為：「改革社會者從我們的材料的根據，去提倡改革某種的風俗，我們固是贊同，但不是我們學問裡的事情。如果我們的研究，有人籍著去保持某種的風俗，以為是我們承認他們的好處，當然我們更不去負這種的責任。我們也許是內中間插有評判好壞的話，而重要的目的，卻是求『真』。」[31]

求真只是一種民間立場。事實上，中山大學民俗學在楊成志時期的再度興盛，是借助了國民政府對邊政資治的需求。一九四二年，國民政府教育部曾在中山大學社會學系增設「民俗學組」[32]，該組一九四二年年

28 批評文字均見《國立中山大學語言歷史學研究所週刊》第四六、四七期合刊「猺山調查專號」，一九二八年九月十九日。
29 容肇祖：《中秋專號引言》，《民俗》週刊第三二期，一九二八年十月三一日。
30 鍾敬文：《本刊通信》，《民俗》週刊第五二期，一九二九年三月二〇日。
31 容肇祖：《告讀者》，《民俗》週刊第七一期，一九二九年七月三一日。
32 有些檔又稱「邊胞社會民族學組」。可見「民俗學」與「民族學」在當時也是可以混用的。

度計畫中稱，教育部增設該組的目的是「為造就從事邊疆工作人才，灌輸應有之專門學問」[33]。

（三）研究方法的問題是民俗學學科建設中最窄的瓶頸。

中國民俗學所選擇的主要學習對象是英國民俗學會，而英國民俗學會並沒有生產出自己的理論武器，主要借用著人類學的理論及方法，具體說則是主要借用了泰勒和弗雷澤的理論，號稱人類學派。既然英國的民俗學只是人類學理論和方法的實際運用者，那麼，我們為什麼還要捨本逐末引入民俗學呢？直接引進人類學不是更有意義嗎？當英國民俗學與人類學的這種畸形關係被認識之後，包括部分中國民俗學的倡導者在內，許多學者對於民俗學的興趣大為減淡。民俗學面臨著被人類學淹沒的危險。

楊成志一九三六年複辦《民俗》季刊，也不知道他到底是想借助中山大學民俗學會的品牌來興建人類學呢，還是想借助外國的人類學理論和方法來挽救中國民俗學，總之，他在《民俗》季刊中是有意地模糊了民俗學與人類學的關係。一方面，他把科學的人類學田野作業方式引入了民俗學研究，另一方面，他又拋棄了顧頡剛、董作賓、容肇祖等一批民俗學先驅們好不容易建立起來的富於中國特色的民俗研究範式。如果沒有鍾敬文在《民俗》季刊的介入和在民間文藝學方面的努力，《民俗》季刊完全可以改署為《人類學》季刊。

在楊成志的不同文章中，對同一項工作的描述常常會交替使用「民俗學」「人類學」「民族學」「民族志」等不同名稱。這一混用，事實上導致了民俗學在一九三〇－一九四〇年代的人類學轉型。這種轉型的直接後果是：到一九四〇年代，中山大學人類學（民族學）的學科建設蒸蒸日上，最終使廣州成為了與南京、北京並駕齊驅的人類學（民族學）重鎮，相反，民俗學三個字從中山大學的學術機構和學科目錄中消失了。

在借鑒海外學術方面，如果我們把目光越出英國，其實在歐洲其他國家還是有不少為民俗學所獨具的學

33　《國立中山大學社會學系邊胞社會民族學組三十一年度工作計畫》，存廣東省檔案館，全宗號二〇，目錄號四，案卷號六〇一。

術流派和研究方法，如神話學派、語言學派、歷史地理學派、故事形態研究等等，但是，由於民俗學界的留學歸國人士不多，這些方法在一九二〇－一九三〇年代並沒有及時地被介紹到中國來。

在民俗學研究方法的早期探索中，作出突出貢獻的主要是一些土生土長的民俗學開拓者如顧頡剛、董作賓、容肇祖，以及主張以中國傳統學術方法與舶來理論相結合的江紹原、鍾敬文等人。

第二節　「國學」和「西學」對中國現代民俗學的影響

在民俗學的成長歷程中，一直由西學與國學輪流主導著成長的方向。主導作用的力量主要來自於民俗學運動的具體領導者。但即便如此，所謂的西學與國學的影響也是交融在一起發生作用，你中有我，我中有你的。

清末民初，傳統經學的宗主地位被打破，在新文化運動的推動下，學界參照現代西方的學科格局重新洗牌，一批新學科在西方學術的直接影響下應運而生。民俗學及其相關的新興學科如社會學、人類學、宗教學、方言學、考古學等均是在這一背景下誕生的。

中國現代民俗學被提倡的時候，正是近現代國學研究的興盛時期。由於新文化運動領袖人物胡適等人的極力鼓吹，國學研究成為一九二〇－一九三〇年代的學術時尚。民俗學與近現代國學研究的密切關係可以通過這樣一些途徑來認識：（一）歌謠研究會、風俗調查會都是國學門下的分支機構，它們的全稱分別是「北京大學研究所國學門歌謠研究會」「北京大學研究所國學門風俗調查會」。（二）《北京大學研究所國學門週刊》乃由《歌謠》週刊擴張而來。該刊以及後來的月刊「發表的民俗學方面的文章亦佔有很大的比重，民間文學作品較少，而民俗學研究文章較多……研究涉及的面很廣」[34]。（三）歌謠研究會的發起人都是國學門教授，如主要發起人沈兼士即為國學門主任。（四）由沈兼士、顧頡剛等人在廈門大學組織成立的風俗調查會，同樣是隸屬於廈門大學國學院。（五）由傅斯年、顧頡剛創辦的中山大學語言歷史學研究所，本質上也是一個國學大本營，正如陳雲根所指出：「廣州的國立中山大學一九二四年由國民黨創建，享有大量的財政資助，在全國範圍內扮演著高等黨校的角色，因此自然特別強調『國學』。中山大學確定了國粹主義及由孫中山統一全中華的總路線，這極大地鼓舞了民俗學家們的研究熱情。」[35]（六）中國現代民俗學的早期建設者顧頡剛、容肇祖、董作賓諸人，都被學界視做「國學大師」。

顧頡剛的學術思想得益於胡適尤多。胡適是最著力倡導「科學方法」的學界領袖，他說自己「唯一的目的，是要提倡一種新的思想方法，要提倡一種注重事實，服從驗證的思想方法」[36]。胡適吸納了達爾文和斯賓塞的歷史進化論觀念，注重使用「歷史的眼光」「歷史的態度」「歷史演進的方法」對研究對象進行考察，目的在於「各還它一個本來面目」。顧頡剛在《古史辨》第一冊自序中特別提到，胡適的這些觀點和方法，直接引發了他的古史辨偽的動機[37]，孟姜女故事研究，就是典型的歷史演進法的一個例。

顧頡剛向民俗學的介入，在某種意義上說，也是為新史學尋找新的學科增長點。因為「一切的科學都是歷史的科學。一切事物都有其歷史性，用歷史的觀點分析問題，是學術研究的一種角度」[38]。顧頡剛的成功在於能打破傳統的經

34 王文寶：《中國民俗學史》，成都：巴蜀書社，一九九五年，第二〇一頁。
35 陳雲根：Die Folkloristik im modernen China（一九一九—一九四九）《現代中國民俗學（一九一八—一九四九）——政治動盪與經濟匱乏中的中國社會科學建設》第三章第四節「內戰與民俗學的南遷」（何執三先生翻譯手稿）。
36 胡適：《我的歧路》，《胡適文存》二集卷三，上海：亞東圖書館，一九二四年，第一〇〇頁。
37 顧頡剛在《古史辨》第一冊「自序」中提到，胡適的《水滸傳考證》直接啟發了他從事古史辨偽的動機。
38 鍾敬文：《對待外來民俗學學說、理論的態度問題》，《民間文學論壇》一九九七年第三期。

學模式，甚至超越了新興的史學模式，以「科學方法」燭照民俗材料。顧氏研究範式的出現呼應了時局的召喚，迅速引起學界強烈反響，一時從者如雲。

今天回頭考察顧頡剛的《孟姜女故事研究》，許多學者認為這是借鑒了庫倫父子（J.Krohn 一八三五－一八八八年；K.Krohn 一八六三－一九三三年）歷史地理學派的理論和方法[39]。但是，學者們除了「直覺」這是兩種具有某種程度相似的方法之外，沒有任何人可以給出任何證據說明早在《孟姜女故事研究》出生的一九二四年之前，歷史地理學派已經傳入中國。相反，顧頡剛對孟姜女故事的研究興趣，是緣於讀了鄭樵對「杞梁之妻」和姚際恒對「孟姜」的評述，再後來，受了胡適「科學方法」的啟發，遂以其天才的學術創造完成了這一創舉。

歷史地理學派的進行必須以擁有大量異文作為工作前提，在此基礎上還要對異文的各種敘述要素進行分解、比較。而顧頡剛最初寫作《孟姜女故事的轉變》時，所用的完全是中國傳統的考據方法，從縱向的文獻角度梳理孟姜女故事的歷史發展[40]，而後來他所擁有的大量異文，是在他的前期成果發表之後，全國各地的同好們陸續寄來給他的。有了更多的材料，他就又做《孟姜女故事研究》，進一步從橫向的地理的角度進行研究。由此可見，顧頡剛的歷史演進法與芬蘭歷史地理學派乃是殊途同歸，兩者的工作前提和工作程序有著天壤之別。孟姜女故事研究的成就，完全是大「形勢」加個人「天才」的結果。

另外，兩者研究目的也不一樣。歷史地理學派的目的是為了解釋故事自身，而歷史演進法則相反，故事只是手段，故事流變背後的歷史才是研究者的目的所在。

---

39 如高丙中在《中國民俗學的人類學傾向》（《民俗研究》一九九六年第二期）中說：「顧頡剛在比較了大量文獻和民間資料後得出的主要結論與歷史地理比較研究法如出一轍。……他顯然是在用歷史進化的觀點和流傳變異的觀點解釋孟姜女故事大量的異文。」

40 在這些文獻記載中，情節要素的差異變遷，早已超出「異文」的界限，難以使用分解敘述要素的方法進行結構性比較研究。相反，文獻的記載本身標明了年代，沒必要通過異文比較來推測故事傳播的先後關係。所以說，中國的傳世文獻多用作考鏡源流，而不是用作異文比較。

如果非要將顧頡剛與歷史地理學派扯上一定親緣關係的話，那就是胡適的作用。我們在第五章提到，顧頡剛的古史研究在思想方法上受了胡適很大影響，而胡適又深受達爾文和斯賓塞歷史進化論的影響；無獨有偶，芬蘭歷史地理學派的理論基礎也是「達爾文的進化論和斯賓塞的實證論」[41]。可見兩者有其共通的哲學基礎。

歷史地理學派的缺陷，正如鄧迪斯所指出的：「它留下一些重大的問題沒有解答。原型為什麼首先產生於一個地方？為什麼會發展出亞型？為什麼這些亞型恰好發生於產生它們的那個地方？為什麼故事以多種形式被傳述？關於這些問題，必須對民俗進行綜合的研究。」[42]而相應的問題在顧頡剛這裡卻得到了很好的解答，正如顧頡剛所說：「研究孟姜女故事的結果，使我親切知道一件故事雖是微小，但一樣地隨順了文化中心而遷流，承受了各地的時勢和風俗而改變，憑藉了民眾的情感和想像而發展。又使我親切知道，它變成的各種不同的面目，有的是單純地隨著說者的意念的，有的是隨著說者的解釋故事節目的要求的。更就故事的意義上看去，又使我明瞭它的背景和替它立出主張的各種社會。」[43]

花這麼多筆墨來解釋顧頡剛《孟姜女故事研究》與歷史地理學派的非直接親緣關係，並不是要為顧頡剛爭奪一個名譽權，而是想通過這一案例說明，學術的發展及其方法的建立，主要決定於學術的內在需求和既有的現實條件，而不是對西方理論和方法的依賴、等待。顧頡剛的傑出成就與其說是借鑑西方理論的結果，不如說是近現代國學轉型的產物。

把顧頡剛的學術淵源歸於國學，並不是要排斥西方學術的影響，或者說，這裡所指的國學，不是一般意義上理解的中國傳統學術的簡單延續，而是「中國學術在近代西學影響下由傳統向現代轉型的過渡形態」[44]。

41　鍾敬文：《民俗學概論》，第四八一頁。
42　鄧迪斯編著，陳建憲、彭海斌譯：《世界民俗學》，上海：上海文藝出版社，一九九〇年，第五六〇頁。
43　顧頡剛：《自序》，《古史辨》第一冊，上海：上海古籍出版社，一九八二年，第六八頁。
44　桑兵：《晚清民國的國學研究》第一頁。

桑兵在《晚清民國的國學研究》中總結說，近代國學研究在歐美日本漢學發展趨勢的影響下，學術風格與重心實現了以下三個方面的轉變：

一、材料資取由單一的專注於文獻轉向了文本文獻、考古發掘、實物材料、口傳文化等多元材料的綜合運用。

二、研究對象由專注於上層貴族的精英正統下移到民間地方社會。

三、學科建設體現了不同學科的互動與整合。[45]

如果把以上三項轉變當做近現代國學研究的一個重要表徵，再與現代民俗學的發展歷程兩相對照，我們就會發現，現代民俗學的發生正是這種轉變的結果。

不同時代的中山大學《民俗》刊物

中國國學不同於西方學術很重要的一點，在於先天條件的差別。中國有悠久的歷史、周備的文獻，這是西方學界望塵莫及的先天優勢。對於歐美學界來說，正是因為歷史文獻的相對短缺和貧乏，他們才更有搜集現實材料的必要，並強烈地依賴於此，相應的，他們的理論和方法的建立在很大程度上是圍繞其自身的學術條件來進行的。所謂「白手起家」，是因為「缺乏」，才有「起家」的必要。而中國的傳統學術，正因為歷史文獻的豐富浩瀚，才有條件有可能閉門造車，從而忽視了對現實材料的搜集和應用。所謂「坐吃山空」，是因為有「山」，才有「坐吃」的條件。此消彼長的必然結果是西方新學術的出現、中國舊格局的失衡。

對西方學術的借鑒應該是師其長處以補我之不足，而不是拋棄我們的長處來學習西方的長處，也就是說，「師夷」的目的是「補足」而不是「替換」。顧頡剛說：「古今學術思想的進化，只是一整然的活動。無論如何見得突兀，既然你思想裡能夠容納，這容納的根源，就是已在意識界伏著。這伏著的東西，便是舊的；容納的東西，便是新的。新的呈

[45] 以上歸納的三個方面的轉變主要參照桑兵《晚清民國的國學研究》之「國際漢學的影子」，文字有所調整。

現，定然為舊的汲引而出；斷不會憑空無因而至。所以說『由舊趨新』則可，說『易舊為新』則不可。」[46]

鍾敬文晚年的時候，把中國傳統學術的優勢表述得更加具體：「中國典籍豐富，又有考據傳統，因此，考據便成了中國民俗學的一大特色。無論哪位學者，也無論他使用過怎樣的方法，在他的著作中，幾乎都會程度不同地留有考據學的身影，這就是獨具特色的中國民俗學。」對於借鑒西學的問題，鍾敬文則表述了這樣的原則：「學術的最高境界在於對自身文化的準確把握，而不是對國外理論的刻意模仿。這就要求我們具體問題具體分析，用踏實的調查，深入的分析，去實實在在地解決幾個問題。」[47]

傅斯年在歐洲學習多年，甚至把留學的重心都放在了對國外學術方法的學習和研究上，但他終其所學得出的最大的感受只是「上窮碧落下黃泉，動手動腳找東西」！傅斯年從西方學術中獲得的最大收益是對材料的擴張，他說：「我們只是要把材料整理好，則事實片段顯明了。一分材料出一分貨，十分材料出十分貨，沒有材料便不出貨。」[48]可見其學術研究的根本還是立足本土，擴張材料和整理材料是他用「實事求是的科學方法」治中國學術的基本出發點。

顧頡剛也曾熱切地關注著西方學術的方法和動向。胡適對進化史觀的宣傳就曾直接影響著他，啟發和促成了他的進化觀念。但是，顧頡剛對西方學術的接受是調和的，是中和西、新和舊的調和[49]，是對西學之精神與思想的「真實的覺悟」，而不是對具體概念或理論的簡單挪用。由於顧頡剛沒有走出國門的經歷，所以他對西學的這種領悟可能是片面的、不準確的，但他並不需要準確，因為他本來就從未有過「模仿」的想法。他說：「將『新舊』、『中外』、『好

46　顧頡剛：《中國近來學術思想界的變遷觀》，《中國哲學》第十一輯，一九八四年一月。該文系一九一九年一月應《新潮》雜誌編輯「思想問題」專號之約而作，後來該專號沒有編成，直到顧先生去世以後才發表。

47　以上兩處引文出自鍾敬文：《寫在前面》，苑利主編《二十世紀中國民俗學經典》，北京：社會科學文獻出版社，二〇〇二年。

48　傅斯年：《歷史語言研究所工作之旨趣》，原載《國立中央研究院歷史語言研究所集刊》創刊號，一九二八年。《傅斯年全集》（第三卷），長沙：湖南教育出版社，二〇〇三年，第十二頁。

49　劉俐娜：《顧頡剛學術思想評傳》，北京：北京圖書館出版社，一九九九年，第一七二—一七六頁。

壞』、『宜不宜』四事排列起來就有十六個式子。正當細細地考量去定從違，怎能隨他們的意氣去執著了一個呢？」因而對新事物的接受必先「用理智去考察是非然否」[50]，而後決定自己學習的態度和程度。

認識國學與西學的這一辯證關係，對於我們如何批判地接受西方文明是至關重要的。

但是，並不是所有學者對西方文化的學習都能抱有如此辯證的批判態度。近現代以來，除去文革十年，學界一直就沒有斷過全盤西化的論調。西方社會學作為一門完整的學科，早在十九世紀末就已傳入中國，但是到了一九二九年，仍然沒有實現中國化。吳文藻回到中國的時候，「當時中國的社會學還處在模仿或照搬西洋模式的狀態，高等學校開設的社會學課程內容基本上是照抄歐美文獻，有的學校甚至教員和教材都是歐美的。且不說尚沒有具有中國特點的社會學，就連中國社會的實際情況也很少有人把它結合在教學科研中」[51]。而民俗學之所以國產化程度如此之高，並不是因為不想全盤西化，而是因為歐美民俗學本來就沒有足夠的「學」可以用來「化」我們。

在民俗學界的拿來主義者中，與何思敬主張「全盤英化」有所不同，江紹原大概是最具矛盾心態的。一方面，江紹原能以創造的姿態不斷在民俗學的基本問題上，如學科範圍、概念等方面提出自己的意見；另一方面，他又沒有足夠的信心堅定自己的意見，僅學科名稱一項，他先是建議將「民俗學」改為「謠俗學」，回應者寡，便又改為「民學」，因為有人提出意見，他又趕緊將「民」之讀音修正為「氓」。這種不自信體現在對西方學術的學習態度上，就有了以下的彷徨：「德語Volkskunde的涵義確較英語Folklore的為廣，雖則最近英之瑞愛德，比之范燕奈和美之克拉普所給的Folklore的意義，已漸與Volkskunde的一致。中國研究者今後將採取哪個說法，自當早一點決定。」[52]

既然德國和英國的學科界定可以因為歷史和國情的不同而有所不同，那為什麼中國的民俗學就不能因自己國情民情

50 本自然段的引文均出顧頡剛《中國近來學術思想界的變遷觀》一文。
51 鄭杭生、李迎生：《中國社會學史新編》，北京：高等教育出版社，二〇〇〇年，第一三七頁。
52 江紹原：《現代英吉利謠俗及謠俗學》第三〇五頁。

的獨特而與英德該學有所區別呢？為什麼一定要在兩者之中選一個呢？正如容肇祖所說：「其實『民俗學』的名稱，無論英國人的Folklore一字的解釋如何，亦不管德國人Volkskunde一字的解釋如何，我們可以將我們的中國的『民俗學』的界說改定的。」[53]事實上，國外的許多理論和方法都是在國際交流間的不斷修正和主動誤解之中得到完善的，從法國的列維－斯特勞斯到蘇聯的普羅普到美國的鄧迪斯，從芬蘭的庫倫父子到阿爾奈到美國的湯普森，處處可見隨著主體的更換而出現的理論修正。

在學科建設上，顧頡剛、容肇祖等人也曾對國外的月亮存有幻想，但對國學的學術自信可以使他們很快拋棄幻想，以一種積極的姿態投入到自我建設之中。這與周作人、何思敬等人借鑒國外理論的幻想破滅後就迅速轉入懷疑、逃離大不相同。兩種態度間，關鍵差異還在於學術自信心的差異。

在研究方法的實踐上，江紹原和鍾敬文都是主張學習西方民俗學理論以解釋中國民俗事象的，但兩人研究方向的側重不一樣。江紹原側重以人類學派的理論來分析古今中國的各種風俗、迷信事象；鍾敬文的文學情結比較濃郁，早期多側重於民間文學，尤其是歌謠和神話、故事的研究。

在所有的早期民俗學家中，江紹原無疑是借鑒西學最成功的一位。江紹原早年留學美國，曾在芝加哥大學攻讀比較宗教學，是較早學習西方人類學派理論的民俗學家。容肇祖稱其《發須爪》及《血與天葵》等著述為「開我國民俗學研究的先路」[54]。江紹原的民俗研究，並不是西方學說的簡單傳聲筒，而是以西方理論為骨骼，以中國傳統民俗為血肉而構築的分析性、解釋性的說明。以骨骼、血肉作比喻，是因為我們很難區分誰是目的誰是手段：這些工作既可以被我們看做是以西方理論為工具，以說明中國風俗為目的；也可以被我們看做是以中國風俗為案例，以坐證西方理論為目的。

從借鑒西學的成績上來說，當時的鍾敬文比之江紹原略遜一籌，但從借鑒西學的態度上來看，鍾敬文好學上進、多

53 容肇祖：《我最近對於民俗學要說的話》，《民俗》週刊第一一一期，一九三三年三月二一日。
54 容肇祖：《我最近對於民俗學要說的話》。

元資取的積極態度最值得讚賞。

鍾敬文對外來文化的學習可以用如饑似渴來形容，無論是歐美、日本、波斯，還是南洋文化，都是他閱讀、學習的對象，這在當時唯歐美馬首是瞻的中國學界來說，多少有些另類。當外來的理論資源不太充足的時候，楊成志那些佶屈聱牙的翻譯作品也成了他反復學習的理論武裝[55]。鍾敬文早期的比較故事研究成果如《中國印歐民間故事之相似》，顯然是生硬和粗疏的[56]，但是我們無法否認這是中國現代民俗學「研究民間故事之發端」[57]。

鍾敬文對外來理論的汲取不專一。當時許多學者對西方學術的學習態度是向量吸取，一旦心儀某種理論，則處處以此理論為尺規並作用於研究對象；而鍾敬文則是典型的標量汲取，他說：「事物往往有多個方面，理論都偏於一點。對一種理論，我們要知道其長處在什麼地方，短處又在哪裡。沒有一種理論是萬能的……要知其長處，用到什麼程度，用於什麼對象最適當。」[58]正是基於這種認識，鍾敬文雖然偏愛人類學派，卻並不以之為惟一理論工具，甚至在同一篇文章中，也可能同時運用不同的理論和方法。

這一時期，除去顧頡剛的歷史演進法、容肇祖的剝筍法，江紹原和鍾敬文對西方民俗學理論的借鑒應用之外，容肇祖在《我最近對於民俗學要說的話》[59]中總結提出了如下一些研究思路：

一、認定一種古書而辨析、研究其中的民俗材料者。已有標本如鍾敬文的《楚辭中的神話和傳說》。

55 鍾敬文早期的故事研究曾多次引用楊成志的《關於相同神話解釋的學說》（《民間文藝》第三期，一九二七年十一月十五日）。

56 鍾敬文先生自己也承認：「我們年輕的時候所應用的一些理論也是不大消化的。比如在二十年代末，我跟一個朋友翻譯了班尼女士書中所附的印度—歐羅巴語的故事形式，我就給應用了，好像背地裡跟著應用的也不少。其實那時候就是棗子沒有嚼就吞下去了。」（鍾敬文：《對待外來民俗學學說、理論的態度問題》，《民間文學論壇》一九九七年第三期）

57 趙景深：《中國民間故事型式發端》，《民俗》週刊第八期，一九二八年五月九日。

58 鍾敬文：《對待外來民俗學學說、理論的態度問題》。

59 容肇祖：《我最近對於民俗學要說的話》。

二、「古史新辨」，即用民俗學的眼光論證古史中的神話和傳說是「真實可靠的材料」。容肇祖認為這種「古史辨真」的思路與顧頡剛的「古史辨偽」表面看似乎是相反的，實際上是相成的。已有標本是鄭振鐸的《湯禱篇》[60]。

三、考古學的方法。已有標本是容肇祖的《西陲木簡中所記的田章》[61]。

四、文藝的眼光。考較我國民間故事的型式，更拿與西洋的故事相比較。已有標本是趙景深的《民間故事叢話》。

以上思路，幾乎無一來自現成的國外民俗學理論。對於西學，容肇祖自然不敢否認，他說：「翻譯外國民俗學的書籍，以供給研究這學的參考，及資比較的發明，本來是需要的。」但有需要不等於能得到，「歐西民俗的介紹，何思敬先生有志而未成。」因而容肇祖對那些空談引進西學的議論提出忠告：「我們因外國民俗書籍的翻譯與輸入，於解釋及發明上，應因參考有得而成績更多，不應抱成見而尚空論。蓋民俗學在我國的完成，固需待相當的努力，不能臆想天上的樂園，而懈怠自己的業務也。」話外之音無非是希望大家少抱些幻想，多作些實際的研究。

一九三三年，隨著容肇祖的再次離開中山大學，容肇祖的所有設想、提議自然也都成為空谷餘音，沒了下文。

一九三六年，楊成志複辦《民俗》季刊，重振中山大學民俗學會，這時的中國民俗學，已經處於偃旗息鼓的狀態了，原來顧頡剛歷史演進法的追隨者們，也已煙消雲散，楊成志乾脆以澈底的歐美文化人類學的方法強力注入民俗學。

「文化人類學」雖然定名較晚，但事實上該學的學術展開卻早在十八世紀初就已開始，萌芽則更早。在西方學界，文化人類學大異於民俗學的是，學術基地多為各大學及研究機關，學科對象、範圍、功能明確，學術流派眾多，大師雲集，著述宏富，因而成為一時顯學。楊成志對民俗學的中興，主要是借鑒了博厄斯的歷史人類學派的做法。

二十世紀上半葉，美國民俗學會的主席寶座一直為博厄斯（Franz Boas）及其弟子們佔據著。博氏以歷史人類學派領袖而名世，傳統民俗學的「口頭創作的壟斷地位被人類學家所關心的社會組織、物質文化等替代。但同時，博厄斯一

60 鄭振鐸：《湯禱篇》，《東方雜誌》第三〇期，一九三三年一月。
61 容肇祖：《西陲木簡中所記的田章》，原載一九三二年六月《嶺南學報》二卷三期；又載《民俗》週刊第一〇三期，一九三〇年三月十二日。

貫提倡的實證主義精神和長期田野調查的方法為美國民俗學輸入了新的血液」[62]。這一狀況幾乎是原封不動地由楊成志轉移到了中山大學民俗學會。

楊成志時期的民俗學中興，一方面為民俗學注入了新血；另一方面，改造的結果是，和博厄斯改造美國民俗學一樣，楊成志把中國民俗學改造成了「人類學中一個無足輕重的附庸而已」[63]。反之，中山大學人類學部則借助於《民俗》和民俗學會的影響力，很快成長為中國人類學、民族學的一個重要基地。

一九四〇年代的民俗學已經徒有虛名，幾乎完全為文化人類學、民族學所取代了。

第三節　中國現代民俗學的早年歷程給予當代民俗學建設的啟示

從民俗學創建之初直到現在，幾乎從未停止過學科建設問題的討論。危機意識其實一直彌漫在中國民俗學界。

一、關於學科定位

民俗學如果要以一種獨立的學科姿態立足於學術之林，首先必須有自己明確的、不可替代的學科定位。

中山大學民俗學運動初期，我們的民俗學是雙線發展的。一方面是顧頡剛、容肇祖等本土學者以國學研究的思路建

62 鍾敬文：《民俗學概論》，第四三七頁。
63 鍾敬文：《民俗學概論》，第四三九頁。

設中國民俗學，取得了不小的成績；一方面是以何思敬為代表的海歸學者照搬英國的民俗學模式，事實證明這條道路是失敗的。民俗學運動的後期，楊成志照搬美國歷史人類學派的模式，從泛學術貢獻來說，曾經取得不小的進步，尤其是在田野作業的方法上，但是，就民俗學這一特定的學科來說，這一定位無疑將自己置於一個更加不利的位置，它使民俗學變成了可替代的，或者說是可有可無的一門學科。

當今天有學者重提「當代人類學的理論方法可能成為中國民俗學研究最重要的學術取向，可能成為中國民俗學最有效的生長點」[64]的時候，歷史的教訓也許可以告訴今天的民俗學家，什麼叫做「飲鴆止渴」。

民俗學的發展，在其歷史上曾經借鑒了人類學的方法，這本無可厚非，學術方法是不以學科而分界的，「在中國民俗學發展的近百年中，直接參與到這一領域，並自始至終從事民俗學研究的人並不很多，更多的情況是來自不同學科的跨學科研究。由於學科不同，學術視角不同，人們的研究方法自然也呈現出明顯的多元化傾向」[65]。但是，如果我們把多元資取收縮為單元取向，民俗學就完全沒有獨立存在的必要了。學科與學科之間，本來就是不同範式的話語較量，相互之間難以通約，如果我們把「借鑒」理解為「取向」，就必然把衡量本學科學術水準的標準和尺度交由其他學科來掌握，從而喪失民俗學的學科獨立性。

費孝通先生曾經非常中肯地指出過，「以研究『民間文學』為主要對象的民俗學具有豐富的內容和廣闊的前途」，但是，「如果把『民俗』包括一個民族裡流行於民間的全部風俗習慣，那麼範圍就寬廣了。在沒有文字的民族中，幾乎包括了全部生活方式。如果民俗學以此為研究對象，也就等於是現在西方所謂社會人類學或文化人類學了。在有文字的社會裡，它的範圍就不易劃定了，因為一般所說的風俗習慣，如婚姻儀式等，也有不少是用文字規定的，而且用文字傳下來的。因之，如果以民間的風俗習慣來做為民俗的研究對象，就不能以是否用文字作為界限來劃分，民俗學和社會人

64 高丙中：《中國民俗學的人類學傾向》。
65 鍾敬文：《寫在前面》，苑利主編《二十世紀中國民俗學經典》。

類學成了一而二，二而一的學科了」[66]。

但是，費孝通的忠告似乎並沒有引起民俗學界的注意。大多數民俗學者依然傾向於將民俗學的研究範圍無限擴大，如宋兆麟就認為中國民俗學的出路之一就在於「擴大民俗學研究領域」[67]，仲富蘭認為中國民俗學「先天不足，後天失調」的主要原因是：「肇始於文學卻又未能跨出文學的視野，民間文藝的研究代替了民俗學的研究。」[68]事實可能恰恰相反，一九八〇年代以來，中國民俗學研究水準相對低下的原因，是因為學科定位不准，研究對象太泛，四海為家，居無定所。以民俗學有限的人力去從事無限的工作，必然「人心不足蛇吞象」，部分研究專案與文化人類學重疊，學科建設成了兄弟學科硬搶地盤的口水較量。這種較量就民俗學方面來說無疑是揚短避長的做法。劉魁立似乎也有同樣的憂慮，他說：「假定真是說民俗學什麼都包括，無所不包，那民俗學也就沒有了。民俗學要有一個堅定佔領自己陣地的本體論觀念。我們有個不良現象，容易一哄而起，有個熱門，大夥一哄而上，這是學科幼稚的表現。」[69]

事實上，學科領域的形成應該是一個動態的過程，研究對象的拓展應該遵循一個穩步發展的規律，任何一蹴而就的想法都是不切實際的。有限的人力，應該在一個相應有能力從事的領域內進行深入的研究，研究進程中有了內在的需求，然後根據需求逐步拓寬領域，才可能保障學科的健康發展。任何搶佔學術地盤的想法都是幼稚的。

民俗學不可能排斥各種民俗事象的研究，但是，它必須有自己明確的切入角度，換句話說，民間文學或者說民間文化傳承現象的研究在民俗學這一學科的中心地位不能動搖，對各種民俗事象的研究必須圍繞這一中心而展開。民俗學如果真是費孝通所指出的，「幾乎包括了全部生活方式」，那麼，民俗學可能還將再次面臨被文化人類學所取代的危險。

66 費孝通：《談談民俗學》，張紫晨編《民俗學講演集》第三頁。
67 古月：《中國民俗學向何處去？》，《民間文學論壇》一九九七年第二期。
68 何方：《中國民俗學：先天不足，後天失調》，《民間文化》一九九九年第三期。
69 《中國民俗學的現狀與展望》（五人談），《民間文學論壇》一九八九年第一期。

二、關於研究方法

研究方法的危機是民俗學所面臨的最窄瓶頸，有關討論文章不少，但開出的藥方大致不出以下幾點：（一）向西方尋求成熟的理論和方法；（二）建立中國特色的民俗學方法論；（三）拓寬研究領域，實現多學科交叉、跨學科研究；（四）取法文化人類學；（五）完善田野作業方法；（六）找出民俗傳承的核心規律，展開綜合研究。

高丙中的這一觀點在當代民俗學界是具有代表性的：以顧頡剛的孟姜女故事研究、聞一多的端午習俗研究為典範的民俗學研究方法「帶來了此類研究在八十年代的空前繁榮。與此同時，這兩種學術傳統在思想方法上的侷限性也越來越充分地暴露出來」，因此，「我們現在不得不放棄歷史主義不切實際的幻想」[70]，必須大力提倡植入文化人類學的理論和方法。

我們反對這一倡導的理由有三：（一）顧頡剛、聞一多的開創性研究成果至今未被超越。這些歷史研究範式的初期成果都尚未被超越的時代，談何空前繁榮？既然尚未繁榮，也就還處在學術上升的階段，除非我們可以證明這些初期成果是不可能被超越的，因而也就沒有繁榮的可能或必要。（二）正如我們前面提到的，發展的學術是「補足」而不是「替換」。顧頡剛歷史演進法確實有它的侷限性，但我們不能說有侷限就不能發展，就需要拋棄，恰恰相反，正因為有侷限，所以才給後人留下了進一步發展的空間。事實上，顧頡剛範式正是我們口口聲聲所追求的最具中國特色的、至今無人超越的、獨立地為民俗學所擁有的研究方法。拋棄了顧頡剛，我們就所剩無幾了。（三）過分地依賴人類學，不僅在中國民俗學史上有著前車之鑒，英、美等國都有其失敗的學術史階段可以供我們借鑒。

[70] 本自然段引文均出高丙中：《中國民俗學的人類學傾向》。

對中國民俗學方法論的設想，各有各的思路，任何公開的討論都不會達到一致的共識。民俗學健康發展的關鍵問題恐怕不在於空對空的論爭和處方，而在於不同的研究領域內，或者不同方法論指導下的實實在在的研究實績，並由此帶動的不同學術流派的出現和勃興。胡適一九一九年提出的「多研究些問題，少談些主義」的學術主張，恐怕在今天仍有其指導意義。

三、關於田野作業

鍾敬文說過：「中國民俗學在其發展過程中也確實存在許多問題，其中最大的問題之一，就是田野作業方面的欠缺。」[71]

辛樹幟向民俗學的介入、楊成志對民俗學的改造，實現了民俗學同人從文人式采風到研究型田野作業的學術過渡。但是，無論是辛樹幟還是楊成志，他們田野作業的目的都是為人類學提供學術資源。如果單純地從田野作業的過程來看，其科學性加強了；如果從田野作業的成績來看，其作為「民族志」的可信度也有大的提升；但如果從服務於民俗學科的角度來看，田野作業的進步似乎並沒能推動民俗「研究」的進步，而且，他們所開創的所謂科學田野調查並沒能在民俗學界傳承下來。

如果從民俗學和人類學在中國的學術傳統來看，人類學研究擅長對特定社區或特定族群的全景式調查研究，如費孝通的《江村經濟》、林耀華的《涼山夷家》等，以至於在社會學上常把這一派稱作「社區學派」。而民俗學則多進行非特定區域的專題研究，如顧頡剛的孟姜女故事研究，董作賓的《看見她》，茅盾、聞一多的神話研究，都是如此，即使

[71] 鍾敬文：《寫在前面》，苑利主編《二十世紀中國民俗學經典》。

是對特定地區或族群民俗現象的研究，一樣傾向於專題而不是全景，如鍾敬文的《金華鬥牛的風俗》《盤瓠神話的考察》等等。

學術傳統的差別可能會影響到對調查方式的要求：人類學因為需要對特定區域有全面的總體的把握，因而多採取定點定居的方式進行深入調查。而民俗學的專題研究則更可能要求對多個地區的同一民俗文化現象作單項把握。民俗學最有效的調查方式，既無須採用社會學的問卷式，也不必是人類學的定居調查。最經典的民俗學成果中，運用最成熟的反倒是顧頡剛式文獻爬梳方法。這就是為什麼楊成志的全景式田野作業方式在民俗學界沒有得到可持續使用的主要原因。

民俗學專題研究如何有效地展開其調查？這是民俗學界一直無法解決的一個大難題。我們知道，推動事物發展的最大動力是事物的內在要求。田野調查在民俗學界長期得不到發展，或者說，一度被發展，卻既沒能得以廣泛使用，也沒能有效傳承，究其根本原因，是不是因為民俗學對田野作業的內在要求並沒有如我們想像般強烈？

民間文學從被提倡的那一天起，就一直被強調為「有許許多多的重要材料，可以供給社會學，人類學，歷史學，語言學，民俗學，宗教學，教育學，心理學各種學者的專門研究」[72]。民俗學也一樣，身為民俗學會負責人之一的何思敬就曾說過這樣的話：「我之注意於民俗學是出於社會學研究之必要；蓋民俗學可以供給許多資料來說明社會的事物之傳承的（Traditional）和集合的（Collected）方面。」[73]

一直以來，民間文學、民俗學都被當做為兄弟學科輸送材料的資訊庫。這種狀況的形成有其歷史原因：中國傳統文獻中，關於民眾生活的記錄材料極度缺乏，而民俗學不僅著力搜集了大量民眾生活資訊，而且從一開始就宣稱以此為已任。搜集、整理工作無疑是重要的，民俗學也因此而引起了人們的注意與重視，但是，與過分重視材料搜集相伴而生的缺憾是，必然忽視對研究進程的推進。

---

72 董作賓：《為〈民間文藝〉敬告讀者》，《民間文藝》週刊第一期，一九二七年十一月一日。
73 何思敬：《民俗學的問題》，《民俗》週刊第一期，一九二八年三月二一日。

學術不是材料本身，而是對材料的深加工，而大部分的民俗學工作者在加工方面顯然還不大擅長。資料的收集、整理只是手段而不是目的。一般來說，目的是不變數，而手段則是可變數。

如今的社會資訊是如此的豐富發達，民俗學作為資料庫的地位早已明日黃花。學科分支越來越廣，資訊分佈也越來越細密，各種類型的媒體鋪天蓋地，形形色色的調查無孔不入，在這種新的資訊社會中，民俗學有沒有必要什麼資訊都通過自己的田野作業來獲取？它有沒有可能由資訊的提供者向資訊的使用者過渡？

在民俗學界，田野調查被抬高到了一個至高無上的位置，但田野作業在當代民俗學上的實際作用是不是如我們想像般的重要？任何學術思想和學術方法都是特定時代特定條件下的思想和方法。在這樣一個資訊爆炸的時代，新興學科層出不窮，學術環境大異往昔，民俗學工作者如何從歷史發展中汲取經驗教訓，以變通的姿態面對新的形勢，更新學術理念，調整學術方式，從紛亂眾多的資訊和有效的實際調查中挖掘無限豐富多彩的民俗文化深層內涵，在多學科的交匯與融合中凸顯自身學科特色，是民俗學必然面臨的一大課題。

附錄一　中山大學民俗博物館的遭遇

一、籌辦「風俗博物館」

北京大學風俗調查會於一九二三年五月成立以後，就曾決定從北京開始鋪開調查，並徵集風俗物品，籌設風俗博物館。經過近一年的搜集，加上校外人士捐贈，成績頗有可觀之處，「其中僅神紙一項就不下數百種，各地捐贈的服飾、物品也很多：神紙類計五八〇件，花紙類一五一件，附錄類十七件，紅簍類七九件，雜類十六件，另有未編號之劉紙類約百餘件，模型類約三百件」[1]。他們專辟了一間「風俗陳列室」，用以陳列這些成績。

一九二四年五月十五日的《研究所國學門風俗調查會開會紀事》中提到，沈兼士先生曾「引導各會員，參觀風俗陳列室陳列之成績，至四時半開會」。會上沈兼士強調說：「本會籌設風俗博物館，關係重要，實為本會之基本事業，亟應設法籌集款項，使早日成立。」[2]並將「徵集關於風俗之器物，籌設一風俗博物館」列為「風俗調查會」之宗旨。

一九二六年，原北京大學的教授們紛紛南下。籌設風俗博物館的理想，也跟著教授們南下了。十二月十三日，廈門大學國學研究院風俗調查會通過的「章程」中就曾提出：「本會收受外間捐贈並自購風俗物品，設風俗物品陳列室，作

1 張培忠：《文妖與先知——張競生傳》，北京：三聯書店，二〇〇八年，三〇二頁。
2 《研究所國學門風俗調查會開會紀事》，《歌謠》週刊第五八號，一九二四年六月八日。

為風俗博物館之初步。」[3]風俗物品的受贈記錄寥寥，學者們自己倒是買了不少。顧頡剛在十二月下旬暢遊泉州時，就曾「為學校購若干風俗物品」；一九二七年一月十七日游福州，「為國學院購書四百多元，購若干風俗物品」。一二年後，顧頡剛回憶說：「我們去的半年之中，在廈門，泉州，福州等處搜羅的風俗物品也有數百件。但給我們同情的人太少了，我們走了之後，說不定大家以為這是兒戲的舉動，把這些東西丟棄在灰堆上了，或者燒了！」[4]事實大致為顧頡剛所言中，顧頡剛們離開之後，這些風俗物品曾在櫃子裡面塵封了三年，後來在一個叫薛澄清的學生的提議下，勉強進行了一次登錄工作[5]。

一九二七年四月，顧頡剛來到中山大學，剛剛安頓下來，就在容肇祖、鍾敬文等人的陪同下，四出購買唱本、神器等物[6]。這些搜集活動大概一直在斷斷續續進行著，有些場景鍾先生至今記憶猶新：「廣東的冬天是多雨的。記得那年（一九二七年）歲暮，我和容先生等一起到街上去購買過風俗物品（唱本、冥器之類）。」[7]

顧頡剛等人的計畫原本是「博物館」而不僅僅是「陳列室」。顧頡剛是個急性子，制定了計畫就要馬上付諸實踐，當時中山大學的校址設在現在的文明路中山圖書館一帶，房舍嚴重不足。為了讓風俗物品陳列室早點開放，一九二八年三月三一日，「史學系併入國文系辦公室，將史學系室改為民俗學會陳列室」。風俗物品陳列室最初的展品主要是顧頡剛等人收集的唱本等物品。中山大學語史所一九二八年的經費預算中，計畫用來購買風俗物品的經費是每月二百元，但這只是預算，事實上當時的經費大多難以落實。倒是十二月份時校長特別批給風俗物品購置費四百元，使得風俗物品陳

3 《國學研究院風俗調查會之發起與進行》，《廈大週刊》第一六九期，一九二六年十二月二五日。
4 顧頡剛：《序》，謝雲聲編《閩歌甲集》，廣州：中山大學民俗學會叢書，一九二八年七月。
5 薛澄清《關於編纂古器物和風俗物品的目錄的我見》，《國立中山大學語言歷史學研究所週刊》第九二、九三期合刊，一九二九年八月七日。
6 顧頡剛日記，一九二七年四月二五日：「四時，與元胎同遊六榕寺……到城隍廟購唱本。」大約這天意猶未盡，二六日又去：「到城隍廟買唱本。敬文來，與之同到東嶽廟買神像神燈。」
7 鍾敬文：《中國民間文學講演集》，北京：北京師範大學出版社，一九九九年，第四四頁。

中山大學風俗物品陳列室一角

列室大加擴充[8]。五年後容肇祖還回憶起這筆購置費，但他記憶中只領了二百元[9]。

在中山大學語史所的「工作大綱」和「計畫書」中，提出了要把風俗物品陳列室擴充為「歷史博物館民俗部」的設想：「收買足以表現風俗，習慣，迷信等之器物，文字，雕刻等。本所已有風俗物品陳列室一所，擬按經費及能力所及，加以擴充，使將來可成立歷史博物館民俗部。」[10]其目的是為文化界打造一個「風俗模型」：「我們製造模型，先從中國起，再推之於各國。使人們一踏進我們這個陳列所，就可見到各地風俗實況之縮影，使人得到一個具體的觀念。」[11]

一九二八年五至七月間，生物系主任辛樹幟帶領幾名助手，曾往廣西瑤山採集動植物標本，附帶進行了風俗調查，並由石聲漢拍攝了一批服飾照片，「至服飾中比較特別之數種，已設法購得」[12]，中途由辛樹幟的助教任國榮帶回一部分，贈與語史所風俗物品陳列室。

8 《國立中山大學語言歷史學研究所年報》，廣州：中山大學語言歷史學研究所，一九二九年一月十六日，第二八頁。
9 容肇祖：《我最近對於「民俗學」要說的話》，《民俗》週刊第一一一期，一九三三年三月二一日。
10 《民俗學會工作大綱》，《國立中山大學語言歷史學研究所概覽》，廣州：中山大學語言歷史學研究所，一九三〇年一月，第三三頁。
11 顧頡剛、余永梁：《本所計畫書》，《國立中山大學語言歷史學研究所年報》第十九頁。
12 辛樹幟致傅斯年信，一九二八年六月七日，《國立中山大學語言歷史學研究所週刊》第三五、三六期合刊，第一一二頁，一九二八年七月四日。

據黃季莊《採集瑤山風俗物品目錄》[13]，這次瑤山之行共搜得風俗物品五三件，其中「板瑤服裝」十三件、「寨山瑤服裝」十二件、「正瑤服裝」二八件。

「正瑤服裝」二八件目錄：

數碼	名稱	用途	採集地	採集日期
一	髻罩	女子戴於頂上	廣西瑤山羅香	一九二八，七，一六
二	簪	女子插於頭上	同上	同上
三	髻	女子用	同上	同上
四	男子髻		同上	同上
五	銀釘	男及女裝飾用	同上	同上
六	頭巾	男子束頭用	同上	同上
七	衫	女子用	同上	同上
八	腰帶	女子束腰用	同上	同上
九	褲	女子用	同上	同上
十	腳籠	女子用	同上	同上
十一	腳籠帶	女子用	同上	同上
十二	裙	女子用	同上	同上
十三	荷包	女子用	同上	同上
十四	荷包	男子用	同上	同上
十五	耳環	女子用	同上	同上
十六	煙管及煙袋	男子用	同上	同上
十七	煙鐘	男子繫於褲帶上者	同上	同上
十八	負袋	負物用	同上	同上
十九	網袋	負物用	同上	同上

13 黃季莊：《採集瑤山風俗物品目錄》，《國立中山大學語言歷史學研究所週刊》第四六、四七期合刊《瑤山調查專號》，第一二四－一二六頁，一九二八年九月十九日。

數碼	名稱	用途	採集地	採集日期
二〇	瑤刀	防禦用	同上	同上
二一	槍	獵鳥及防禦用	同上	同上
二二	藥角（牛角制）	貯藥用	同上	同上
二三	粗沙袋	載粗鐵沙用	同上	同上
二四	細幼沙袋（山豬陰囊制）	載幼鐵沙用	同上	同上
二五	單碼包	載單拉彈碼用	同上	同上
二六	帽（竹制）	男女通用	同上	同上
二七	帽帶	男女通用	同上	同上
二八	社壇爐金錢		同上	同上

語言歷史學研究所在一九二八年底所做的「風俗物品陳列室藏物」分類目錄如下[14]：一，首飾；二，衣服鞋帽；三，音樂；四，應用器物；五，工用器具；六，小孩玩具；七，賭具；八，神的用具；九，死人的用具；十，科舉的遺物；十一，官紳的遺物；十二，迷信的品物；十三，民間的文藝。其中「民間的文藝」目下又細分為「小說；南音；曲本班本；大柵，黃皮，碎錦；迷信的書籍及簽；算術；醫書；語言，經，史，及讀本，幼學詩，對；其他書籍；唱本」共九類。分類比較凌亂，大約只是隨機搜集，然後根據已經搜集到的物品作一大致的編目。

一九二九年十一月三〇日，「調查西南民族專員楊成志寄回雲南各地關於玀玀，白夷，苗子，散民，等民族的風俗物品一大箱，內有奇異文字之書籍，傳為諸葛孔明製造之銅鼓，以及鄙野之首飾衣服，樸拙之飲食器具等，共六九件。

[14] 《風俗物品陳列室藏物》，《國立中山大學語言歷史學研究所年報》，廣州：中山大學語言歷史學研究所，一九二九年一月十六日，第一二九—一六〇頁。

業經整理安置在風俗物品陳列室」[15]。

一九二九年底所做的風俗物品分類目錄[16]，類別性稍稍明晰了一些，總分為「器物」和「書籍」兩大類。「器物類」分為十三種：一，裝飾（服飾）類三五六件；二，樂器類六一件；三，家具類一〇六件；四，煙具類十七件；五，文具類十件；六，工具類二八件；七，玩具類九四件；八，賭具類十五件；九，神物類七四六件（內有神像冥幣符疏經簽等六九一件，器皿五五件）；一〇，官紳科舉遺物類十四件；十一，印刷物類一四件；十二，攝影類二件；十三，喪葬類一件。

以上十三類除神像冥幣符疏經簽等六九一件外，共有大小物品七七三件。此外，還有民俗類的書籍，及坊間流行唱本等二二四五冊，分為十六種。

「民俗之書籍類」分為十六種：一，小說一八六冊；二，故事及童話四三冊；三，劇本一五三冊；四，曲本、班本三八冊；五，唱本一五〇八冊；六，語言歷史及讀本五二冊；七，詩詞歌賦九冊；八，對七冊；九，信劄二〇冊；十，書法五冊；十一，算術七冊；十二，醫書二三冊；十三，相書七冊；十四，地理九冊；十五，其他書籍三六冊；十六，迷信書籍一一〇冊。

到一九三三年朱希祖擔任文史研究所主任的時候，據統計，「民俗學會由徵求及搜買所得之風俗物品，計十三類七七三件，此外尚有神像，冥幣，符疏，經簽等六九一件，又有關於民俗之書籍及坊間流行唱本二二四五件」[17]。這與一九二九年的統計基本一樣。如，「風俗物品」的具體分目為：一，裝飾類三五六件；二，樂器類六一件；三，家具類一

15 《國立中山大學語言歷史學研究所概覽》，廣州：中山大學語言歷史學研究所，一九三〇年一月，第一〇七頁。
16 《國立中山大學語言歷史學研究所概覽》第一二五－一二七頁。
17 《國立中山大學文學院概覽》（存中山大學校史資料室），中山大學文學院編印，不詳出版日期，當是一九三三或一九三四年印製，第一三九－一四一頁。

〇六件；四，煙具類十七件；五，文具類十件；六，工具類二八件；七，玩具類九四件；八，賭具類十五件；九，神物類七四六件；十，官紳科舉遺物類十四件；十一，印刷物類十四件；十二，攝影類二件；十三，喪葬類一件。

一九三五年吳康任文科研究所主任的時候，陳列室的風俗物品仍分一三類，「共一千三百餘件」[18]，比之一九二九年的六九一件加七七三件，似乎還少了約一百件，但也有可能所謂的「一千三百餘件」只是個大概的約數。

比較一九三三年與一九二九年、一九三五年的風俗物品分類目錄，我們可以得出的結論是：一、容肇祖離開中山大學之後，風俗物品的搜求工作基本已經停止，風俗物品陳列室的藏品沒有任何增加。二，校外捐贈基本為零。外界反應總是滯後於風暴中心，中山大學內部的人事變化理應不會迅速影響到校外民俗愛好者的捐贈熱情，可是，四五年之中無一捐贈，正說明接受捐贈基本只是民俗學會的良好願望。三，還有一種可能，即便有少量藏品追加，也未被工作人員歸類、登錄和統計，如果是這種情況，那也從另一個側面說明風俗物品陳列室在一九二九年之後即已走向沒落。

二、風俗物品的展覽

一九二八年三月二七日，語言歷史學研究所的第一次所務會議上，容肇祖就已提出要「開一語言歷史學研究所展覽會」，展出語史所的古物和風俗物品等，會上議決「舉出容肇祖、徐信符、商承祚、余永梁、馬太玄、鍾敬文諸先生為籌備員，以籌備之」[19]。可惜當時語史所的計畫實在太多，而人手卻不足，因此很長時間內不僅展覽會沒能開成，平時連風俗物品陳列室都沒人看理，有了新的物品就往裡擺，然後大致歸歸類，編編目。據鍾敬文先生回憶，當時風俗物品

18 《中山大學研究院概況》（存中山大學校史資料室），無頁碼手抄本，一九三五年。
19 《國立中山大學語言歷史學研究所年報》第二四頁。

陳列室的鑰匙由他負責看管，但直到他離開中山大學，好像也沒有專門開放供人參觀過[20]。

一九二九年一月一日至三日，「本所成立經年，規模粗具，特於年假日開展覽會三天，邀請各界公開參觀，共計到者，近萬餘人。會場佈置，共分三處。一為本所二樓，『本所出版部』及『風俗物品部』在焉。本所出版物除定期刊物三種外，尚有叢書三十餘種，風俗物品部，凡粵桂滇閩各處風俗物品約共四百餘種，唱本九千餘冊，俱陳列之。二為本所三樓，上樓處懸有科舉時代夾帶衣片二件，將四書典林及高頭講章等作蠅頭字寫在衣上，可歎前人作弊工夫之精細」[21]。除風俗物品外，其餘展品主要是書畫、碑帖、檔案、善本圖書和古物等。檔案部樓下為「販賣場」，專售語史所各種出版物，「購買者，甚為擁擠」。

這次展覽效果不錯，顧頡剛也很高興。展後不久，民俗學會就收到黃埔軍校代校長何遂捐贈的京劇臉譜七〇餘種[22]，可謂一大收穫。

北伐戰爭結束後，一九二八年秋，浙江省政府決定籌辦一個大型「西湖博覽會」，「藉以徵集全國著名物產陳列，供國人研究比較，冠以西湖名稱，並即在西湖開會，是欲使天下人移愛慕西湖之心愛慕國產」[23]。博覽會陣容強大，參與籌備人員先後達數千人。因博覽會要求「凡各省市征品機關於出品起運時，應開列出品目錄書，詳載品名件數黏附各聯加蓋騎縫印章，注明年月日，將第一、二、三聯發交押運人，按照各聯載明辦法辦理」[24]。所以，一九二九年五月，語言歷史學研究所開會決定選送三百餘種風俗物品參加「西湖博覽會」，此事交由魏應麒負責審查後編目印出，送往杭

20 鍾敬文先生談話錄音，二〇〇一年八月中旬。《國立中山大學語言歷史學研究所年報》第二三頁提到，一九二八年三月二六日「風俗物品陳列室佈置就緒，即日開放」句，但這恐怕只是計畫而不是現實，因為陳列室的展覽場所直到該月三一日才由史學系辦公室騰出來。

21 《國立中山大學語言歷史學研究所概覽》第六九、七〇頁。

22 《語史所民俗學會收到北平臉譜數十種》，《國立中山大學日報》一九二九年一月二二日第三版。

23 趙福蓮：《一九二九年的西湖博覽會》，杭州：杭州出版社，二〇〇〇年，第一三頁。

24 趙福蓮：《一九二九年的西湖博覽會》第六六頁。

州[25]。

西湖博覽會於一九二九年六月六日開幕，中山大學副校長朱家驊代表國民黨中央黨部參加了揭幕儀式，中山大學校長戴季陶做了題為《西湖博覽會與文化的進展》的專題演講。鍾敬文被聘為博覽會教育部的審查員及研究員。據鍾敬文介紹，「西湖博覽會教育館出品中，關於民間文學的材料很多，各校收集的神話，童話，故事，歌謠等，凡二三十冊」[26]。

博覽會共展出物品一四七六萬件，來自全國各地的觀眾達到十萬餘人。博覽會分設八個館，其中博物館設在孤山北部，其中專門辟有一間獨立的瑤山部，「瑤山動物標本及瑤民衣服飾器具完全是廣東中山大學之物」[27]。除去生物標本外，「兩三個玻璃櫃裡，還懸掛著好些沒有什麼特別出奇的瑤人衣服和各種用具」。在教育館，「在那座紅洋房的『文獻部』裡，除了些貴重的抄本和古版書及碑帖之類，同時地卻擺列著許多沒什麼貴重的風俗器物，和一冊一冊的已印的或未印的民俗文藝」[28]。

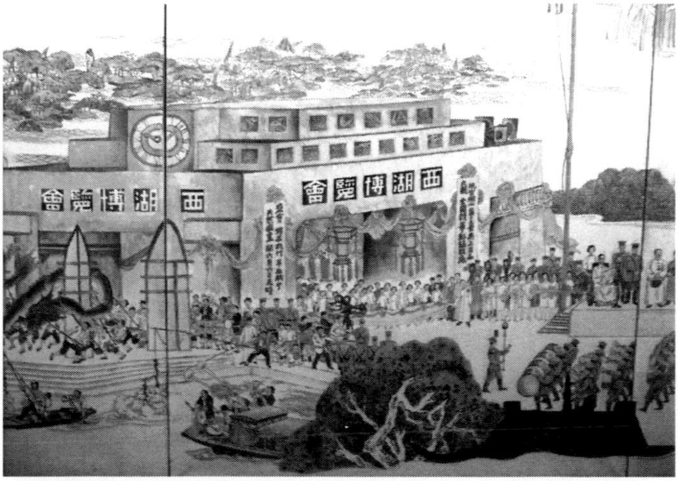

西湖博覽會開幕盛況（一九二九年六月六日）

25　《國立中山大學語言歷史學研究所概覽》第八二頁。
26　鍾敬文：《別來無恙的一封書》，《民俗》週刊第八三期，一九二九年十月三日。江紹原也在寫給周作人的信中說到：「籌備中之西湖博覽會，其教育館聞將陳列著述（神話、風俗、謎語、兒童遊戲……）等項。」（張挺、江小蕙箋注：《周作人早年佚簡箋注》，四川文藝出版社，一九九二年，三七八頁）
27　趙福蓮：《一九二九年的西湖博覽會》，第三九頁。
28　鍾敬文：《為西湖博覽會一部分的出品寫幾句說明》。

這次博覽會盛極一時，影響很大，當時正在杭州執教的鍾敬文說：「我們只消從近來本城路上黃包車價格的高漲一事，便也可略略證明了。」幾年之後，中山大學語史所在總結本次參展成績時稱：「西湖博覽會開幕，徵集本所出品，本所選送民俗物品及善本書籍寄往陳列，由是本所之名，遂播及全國。」[29]中山大學選送西湖博覽會的二一箱展品，直到一九三〇年四月中旬才陸續發還[30]。

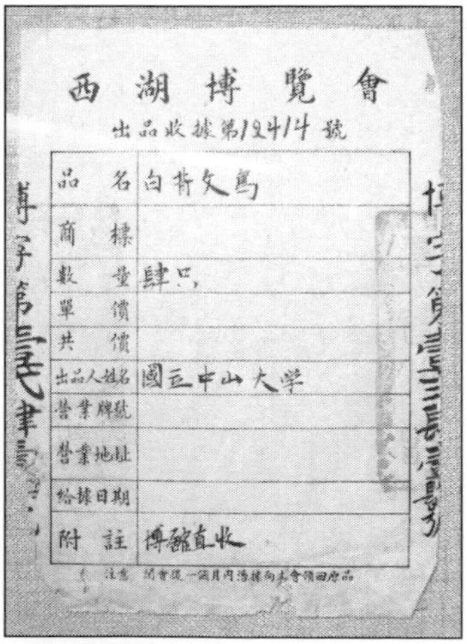

西湖博覽會出給中山大學的出品收據（一九二九年）

一九三二年秋，「廣州市政府在越秀山興辦廣州市展覽大會，本院亦選送古物與民俗物品參加」[31]。這次展覽的具體情況與民俗物品的參展數量不詳。

一九四一年，中山大學經過幾次遷徙之後，風俗物品均歸入文科研究所民族學研究室。該室「為研究便利起見，特陳列各邊族文物及各種風俗品」；指定事務員一人，負責保管各種文獻、品物及室內佈置清潔等事宜；辦公室設有兼任招待員，負責引導參觀事項[32]。

29 《國立中山大學文學院概覽》第一三七頁。
30 《西湖博覽會運還本校出品》（《國立中山大學日報》一九三〇年四月十八日第一版）：「昨由西湖博覽會來函，將本校所出之陳列品五小箱，先交杭州大通轉運公司運還回校，其餘十六箱，連同目錄，隨後亦交該公司續運，並附有黃埔軍官學校出品一箱，到時請暫存代交等語，聞本校已先後均照收回，並轉交完妥，備文寄複該會云。」
31 《中山大學研究院概況》（存中山大學校史資料室），無頁碼手抄本，一九三五年。
32 一九四一年《文科研究所各室辦事細則》，存廣東省檔案館，全宗號二〇，目錄號一，案卷號十二，第一三七—一三八頁。

三、中日戰爭之後風俗物品的散失

日本侵華戰爭，澈底粉碎了民俗學會的幾乎所有夢想。一九三八年秋，日軍加緊了對華南的軍事進攻，廣州受到嚴重威脅，形勢危急。中山大學事先已將部分較為貴重的圖書、儀器等裝成六百箱，分別寄存在沙面租界，以及香港、九龍等地。

中山大學接到國民黨政府正式搬遷命令的時候，已是日軍兵臨城下了。倉促間接到撤離的命令，完全沒有準備的時間，一時措手不及。「中山大學從十月十九日－二一日分批離開廣州。搬遷之難，在於校產。在倉促撤離前，雖將較為貴重且有價值的圖書、儀器約六百箱寄存於沙面、香港、九龍等地，但餘下的占大部分機械、儀器、圖書、標本及其他校產裝箱搬運，困難甚大。」[33]當時的中山大學地處石牌，離開貨運碼頭較遠，由於時間倉促，能雇到的車輛不多，等到物品箱裝上貨船，已經是二一日晚上了。晚上九點日軍機槍橫射廣州，中山大學的貨運船隻得冒著彈雨連夜離港，黑暗之中，甚至難以監督點數，有的船隻剛剛駛離廣州就「失蹤」了，也無法追究。「抗戰八年，中山大學流離顛沛七個年頭，幾度遷徙，三易校址，校舍、圖書損失慘重。」[34]

中山大學幾經周折，最後決定將校部遷往雲南澄江。據一九三九年《文科研究所遷澄後研究進行概況》：「本所圖書古物民族物品，除大部分遷往香港外，其餘一部分因廣州失守未能遷出。抵澄後曾陸續購入應用書籍約百餘種。」[35]按這份報告的意思，原風俗物品陳列室的藏品，基本上沒能隨校遷往澄江。雖然澄江時期的在文科研究所工作計畫中羅

33　黃義祥：《中山大學史稿一九二四－一九四九》，廣州：中山大學出版社，一九九九年，第三一九頁。
34　黃義祥：《中山大學史稿一九二四－一九四九》第三一八頁。
35　一九三九年《研究院院務報告書》，存廣東省檔案館，全宗號二〇，目錄號一，案卷號二一，第十四頁。

中山大學撤離廣州時的混亂情形（一九三八年十月十九日－二一日）

列了民族調查與「民俗品之搜集」等專案，可是，在研究所經費支出細目中，僅有文具紙張筆墨費、家具什品費、燈火薪炭費、圖書費、郵費、雜支費等[36]，暫無民族調查與風俗物品購置費。

一九四〇年，中山大學陸續由澄江遷至粵北坪石，各項工作開始有所恢復。文科研究所曾向學校申請，把寄存在香港的二四箱古物圖書及風俗物品「先運廣州灣，然後設法運回本所」[37]。此後，學校陸續從香港運回一批物品，其中發還文科研究所八箱。至一九四二年，風俗物品陳列室又逐漸積累起一批藏品。「西南各省苗瑤、玀玀、擺夷、藏人各種掛圖，經書，相片，用具，宗教具，民間讀本，大小千餘件，擬再加收羅陳列，俾作研究物證。」為重振學術起見，計畫「繼續西南各省苗瑤邊胞之考察與文物之收羅及陳列，同時並編譯外國名著」，購置一批西南邊族用品[38]。另據一九四二年年底的一份報告書，風俗物品陳列室有大約五百餘種展品係「年來在各地搜羅所得」[39]，大約以西南少數民族地區的民俗物品為主。

36 一九三九年《國立中山大學研究院文科研究所概況》，存廣東省檔案館，全宗號二〇，目錄號一，案卷號一二，第一二六－一二八頁。

37 一九四一年十一月十五日《研究院文科研究所卅年度第一次所務會議記錄》，存廣東省檔案館，全宗號二〇，目錄號二，案卷號九，第三七頁。

38 一九四二年《文科研究所卅一年度擴充計畫改善或擴充原因》，存廣東省檔案館，全宗號二〇，目錄號一，案卷號六一，第六二－六七頁。

39 一九四二年《國立中山大學研究院文科研究所卅一年度下學期研究工作報告暨卅二年度上學期研究計畫書》，存廣東省檔案，全宗號二〇，目錄號一，案卷號二一，第五八頁：「本所本學期特恢復民俗古物陳列室，將年來在各地搜羅所得之民俗品如西南各省邊胞（苗、傜、僮、玀玀、僰夷等族）之用具、衣飾、宗教具、圖表、照片等及廣東各地民眾用物共五百餘種，分類整理及制咭片說明，分拆陳列，用作研究上之標本。」

一九四五年九月的《國立中山大學研究院文科研究所現狀》中，有「民俗品陳列室陳列品表」，其「民俗品之部」羅列殘餘風俗物品如下：

門別	類別	種數	數量
邊疆民俗品	衣飾	十六	十八
	生產器具	九	十四
	宗教巫術	四	五
	樂品	三	五
民俗品	貨幣	十四	五〇
	宗教信仰物	六	二〇
	娛樂具	二〇	七五
	民間藝術	三二	二三〇
	民間文藝	一八三	一九〇
	其他	八	十六
合計	—	三一六	六八四

另在「民族學之部」羅列經典文獻九種、民族掛圖三六種、人種圖四三種、石器圖十七種、民族照片三一七種、其他五種，合計二二七種五三五件。兩廂總計共五四三種一二一九件[40]。把它與一九二九年底所做的風俗物品分類目錄進行比較，無論從類別還是數量上來看，兩者似乎都不是同一批藏品。

抗戰勝利後，中山大學成立了復員委員會。分散在各地的師生歡欣鼓舞，忙於慶祝抗戰勝利和準備復員遷回廣州母校，又是一陣忙亂，校產設備等再次遭受嚴重損失。復員路上，各地返穗民眾迫不及待，爭先恐後地湧回廣州，多艘載

40　一九四五年《國立中山大學研究院文科研究所現狀》，存廣東省檔案館，全宗號二〇，目錄號一，案卷號一二，第二三二—二三七頁。

有中山大學師生的輪船由於嚴重超載，導致失火或沉沒，共有五五名師生罹難，校產損失更是不計其數[41]。

據抗戰勝利後研究院文科研究所的一份清查報告[42]：「設備情形以本所自廣州坪石相繼失陷之後，物資損失當在千萬以上，其情形不明者尚不在內。」這些物品主要包括古物、圖書、民俗物品、科研儀器（如留聲機等）四類，其風俗物品的散失途徑有三：

一、戰前移存香港九龍之古物、圖書、民俗等物品共二四箱，其中民俗物品裝在第二三－二四箱。這一部分大多為語言歷史學研究所的精選藏品。後來，學校設法從香港運回一部分，其中發還文科研究所八箱，據說還有多箱存於學校圖書館尚未發還。

二、戰前留存於廣州石牌的民俗物品約有二千件，另有石像約十座，古樽約數百件，圖書千餘冊。「以上各物均於一九三八年廣州失陷時未及攜出，致不明其確實數目，此據一九三九年九月九日查填。現查石像中有兩大

中山大學文學院在雲南澄江的辦公地

41 黃義祥、易漢文：《中山大學大事記一九二四－一九九六》（徵求意見稿），一九九九年，第四五－四六頁。

42 該報告存廣東省檔案館，全宗號二〇，目錄號一，案卷號六一，設備情形部分見第二七－三〇頁。該報告未署清查日期，據報告內容推測，當作於一九四五－一九四六年間。

石柱像尚完整存研究院舊址，石像有半身尚存者，餘皆散失無遺。」

三、留存於坪石的古物文獻共二五箱，其中民俗物品及民俗學叢書共二箱。「以上各物均於坪石疏散時裝箱，計共三一箱，曾運至連縣以開課，用後再運回坪石，致與未移運之次要書籍及全部古物同遭損失。此項留在坪石研究院之二五箱現況不明，亟待調查。」

抗戰勝利之後，內戰隨之爆發。這些清查出來的藏品，大概一直分散存放在各個圖書或資料場館，未及開箱。據文科研究所一九四七年一次所務會議的記錄：「本所圖書古物民俗品等應如何匯收清理案：決定用公函致圖書總館、師範學院等處，收齊本所書物，並請本所各主任到場監視，將朱前兼主任移交之六箱書物啟箱點驗，登記編號，以便清理。」[43]

一九四八年在楊成志主持下，中山大學成立人類學系。原風俗物品陳列室的民族器物類藏品基本劃入人類學系。一九四九年國民黨退守臺灣期間，是否還曾帶走一批藏品，我們已經無從查考。一九五〇年之後，中山大學人類學系撤銷。一九五三年院系調整時，中山大學將這些器物類藏品與原嶺南大學博物館合併，成立了一個「中山大學文物館」，館址設在天主教堂。

一九八二年，在楊成志的學生梁釗韜教授的不懈努力下，中山大學恢復人類學系[44]。文物館也與人類學系一起遷進馬丁堂，文物館設在三樓，作為學校直觀教育和對外宣傳的主要視窗之一，繼續開展陳列和接待工作。一九八五年，人類學系向國家教委申報並建議將文物館改為「中山大學人類學博物館」[45]。

風俗物品陳列室中的書籍部分，則長期下落不明。

---

43 一九四七年一月十四日《國立中山大學文學院研究所第二次所務會議記錄》，存廣東省檔案館，全宗號二〇，目錄號二，案卷號九，第十—十一頁。

44 〔美〕顧定國：《中國人類學逸史——從馬林諾夫斯基到莫斯科到毛澤東》（胡鴻保、周燕譯），社會科學文獻出版社，二〇〇〇年，第十五頁。

45 容觀瓊：《中山大學人類學教學和研究述略》，《廣西民族學院學報》二〇〇一年第九期。

在中山大學中文系舊樓的資料室有幾十包塵封多年的舊書，因為場地有限，胡亂堆放在資料室一個死角上，始終沒有打開過。筆者一九九五年曾聽當時的資料室主任黃一心老師說那是一批舊的民間文學唱本，可能是龍舟木魚之類，但是，她拒絕了筆者希望打開其中一兩包看一看的請求。由於筆者的不堅持，使自己錯失了一次非常有意義的重要發現。所幸這一錯失並沒有導致珍貴文獻的毀壞或遺失。

二〇〇五年歲末，中山大學校方要求將中文系資料室藏書全部移交學校圖書館，該資料室這才著手清點這一部分藏書。清點時意外「發現一批未曾編目的書籍，大多鈐有『國立中山大學．語言歷史學研究所．民俗學會』、『國立中山大學研究院文科研究所』、『國立中山大學．人類學部』等印記。細加核對，不禁令人額手稱慶——原來這批書籍，正是久已失落的『風俗物品陳列室』舊藏唱本」。其中有一批湖南唱本，疑即姚逸之《湖南唱本提要》所載錄的湖南唱本。經過核對，發現姚逸之所載錄的九〇種唱本中，尚存五三種，另有三七種下落不明。

「該批書籍現移存於中山大學中國非物質文化遺產研究中心，共二五箚二千餘冊。由中文系資料室移交中國非物質文化遺產研究中心時，曾按照之前發現時的捆紮進行了簡單的清點工作，作成一份簡要目錄，包括每一箚內包含的可辨認的書名及其冊數。」[46]

[46] 黃仕忠、關瑾華：《國立中山大學「風俗物品陳列室」舊藏唱本考略》，《文化遺產》二〇〇九年第三期。

附錄二　與民俗學會相關的行政沿革與人事變動

（一）一九二七年八月，傅斯年出任中山大學語言歷史學研究所籌備主任，語史所隸屬於文科主任，文科主任亦為傅斯年。

（二）一九二八年一月，中山大學語言歷史學研究所正式成立，傅斯年任所主任。民俗學會首先成立。

- 文科主任
  - 中國語言文學系
  - 史學系
  - 哲學系
  - 英吉利語言文學系
  - 教育學系
  - 教育學研究所
  - 語言歷史學研究所
    - 考古學會（一九二八年十二月成立）
    - 語言學會（一九三〇年成立）
    - 歷史學會（一九三〇年籌備）
    - 民俗學會（一九二八年春成立）

（三）一九二八年四、五月間，中央研究院院長蔡元培委託傅斯年、顧頡剛、楊振聲籌辦中央研究院歷史語言研究所，傅斯年逐漸淡出中山大學的事務。顧頡剛有實無名地代理著中山大學語史所主任的各項工作。

（四）一九二八年五月十六日，語言歷史學研究所出版物審查委員會第一次會議，推舉傅斯年、余永粱為審查《語言歷史學研究所週刊》稿件負責人；顧頡剛、容肇祖為審查《民俗》週刊稿件負責人；顧頡剛、何思敬、黃仲琴為審查民俗叢書稿件負責人。

（五）一九二八年夏，傅斯年請假北上，語言歷史學研究所主任由顧頡剛代理；文科主任由莊澤宣代理，秋，改由劉奇峰代理。

（六）一九二八年十一月九日，傅斯年正式辭去語言歷史學研究所主任一職，遺缺由學校商請顧頡剛繼續代理。

（七）一九二八年十二月二五日，顧頡剛正式接任語言歷史學研究所第二屆主任。

（八）一九二九年一月十七日，民俗學會召開第一次會議，容肇祖出任民俗學會第一任主席。

（九）一九二九年二月二四日，顧頡剛向校長請假回北平，「二月二九日，作《顧頡剛啟事》，曰：請假期間……語言歷史學研究所主任職務由商承祚代理」。

（十）一九三〇年，商承祚正式就任語言歷史學研究所第三屆主任。

（十一）一九三〇年四月，語史所各學會改稱為「組」，民俗學會改稱民俗組，何思敬出任民俗組主任。

（十二）一九三〇年十月，校長函稱「經費支絀」，要求暫時停辦語言歷史學研究所。

（十三）一九三一年一月，文科改稱文學院，仍由劉奇峰任院長。語言歷史學研究所改制，稱「文史研究所」，隸屬文學院。

（十四）一九三一年一月至一九三二年六月，由劉奇峰出任文史研究所主任。

（十五）一九三二年夏，文學院院長由吳康接任。文史研究所開始招收研究生。

（十六）一九三二年十一月至一九三四年一月，朱希祖任文史所主任。其中一九三三年六月至十月間，所務未有主任。

（十七）一九三三年一月底，在朱希祖鼓動下，容肇祖恢復民俗學會，任主席，並恢復《民俗》週刊。

（十八）一九三三年六月，容肇祖未獲學校續聘，《民俗》週刊再次停刊。

（十九）一九三四年九月至一九三五年六月，陳鼎忠任文史所主任。

（二〇）一九三五年夏，「教育部」頒佈《大學研究院暫行組織規程》，中山大學「奉令」成立「研究院」，各研究所改由研究院管理。文史研究所則改稱「文科研究所」，「所」下再分「學部」，每「部」複分為若干「組」。

（二一）研究院成立後由研究院下至民俗組的架構為：

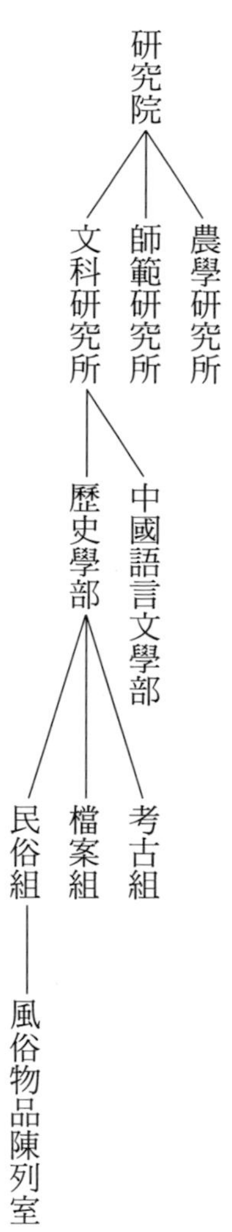

（二二）一九三五年九月始，吳康再次擔任文科研究所主任。

（二三）一九三六年秋，吳康赴法國考察，由朱謙之代理文科研究所主任一職。

（二四）一九三七年，文科研究所的學術刊物有《中國語言文學專刊》、《歷史學專刊》、《民俗季刊》。

（二五）一九三七年至一九四一年，文科研究所一直由吳康主持。

（二六）據研究院院長崔載陽一九四一年十一月六日致校長張雲的一份報告稱，研究院原有組織為：「本院原設一總辦事處，綜理院內行政事宜。院內分設文科、師範、農科三研究所。文科分設中國語言文學部及歷史學部……歷史學部下設考古組、檔案組及民俗組」。可見一九三五至一九四一年間，行政架構沒有變動過。

（二七）研究院院長崔載陽要求對部分機構進行改組，其歷史學部之考古、檔案、民俗三組取消，改設「史學組及人類學組」。

改動後由研究院下至人類學組、民族學研究室的架構：

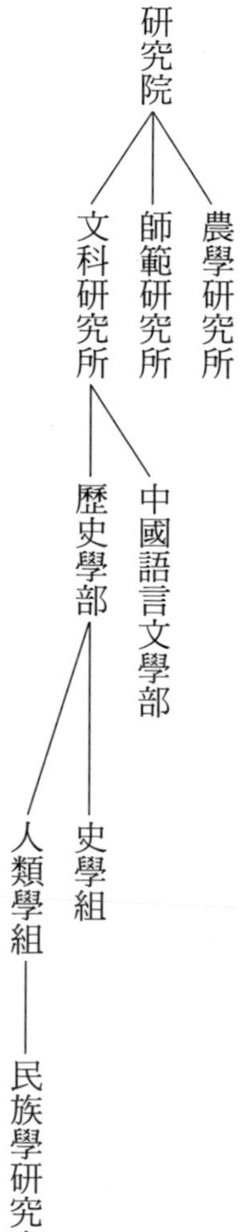

（二八）一九四一年至一九四三年，由楊成志擔任文科研究所主任一職。一九四三年秋，楊成志休假赴美晉修，由朱謙之任代主任。一九四四－一九四六年，朱謙之任主任。

（二九）據一九四二年度「文科研究所今年度擴充計畫改善或擴充原因」，文科研究所在該年度又作調整，直接在所下設語言、文學、歷史、人類四個學組。調整後行政架構為：

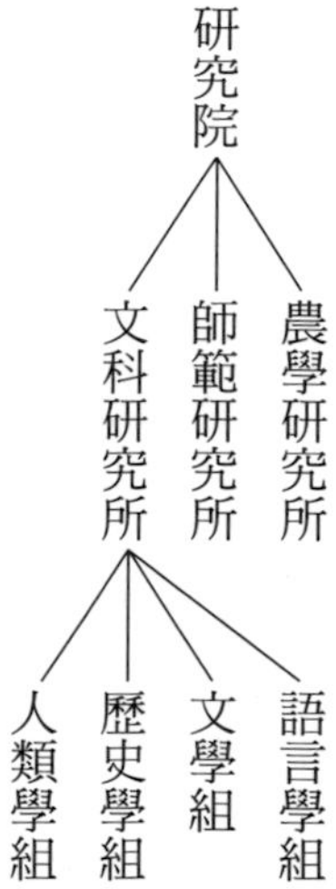

民俗與民間文學叢書8　PF0220

中國現代民俗學的鼓吹與經營

作　　者 / 施愛東
主　　編 / 林繼富、劉秀美
責任編輯 / 杜國維
圖文排版 / 楊家齊
封面設計 / 葉力安

發 行 人 / 宋政坤
法律顧問 / 毛國樑　律師
出版發行 / 秀威資訊科技股份有限公司
114台北市內湖區瑞光路76巷65號1樓
電話：+886-2-2796-3638　傳真：+886-2-2796-1377
http://www.showwe.com.tw
劃撥帳號 / 19563868　戶名：秀威資訊科技股份有限公司
讀者服務信箱：service@showwe.com.tw
展售門市 / 國家書店（松江門市）
104台北市中山區松江路209號1樓
電話：+886-2-2518-0207　傳真：+886-2-2518-0778
網路訂購 / 秀威網路書店：https://store.showwe.tw
國家網路書店：http://www.govbooks.com.tw

2018年3月　BOD一版
定價：650元

國家圖書館出版品預行編目

中國現代民俗學的鼓吹與經營 / 施愛東著. -- 一
版. -- 臺北市 : 秀威資訊科技, 2018.03
面；　公分. -- (民俗與民間文學叢書 ; 8)
BOD版
ISBN 978-986-326-532-0(平裝)

1.民俗學 2.中國

538.82　　107001716

讀者回函卡

感謝您購買本書，為提升服務品質，請填妥以下資料，將讀者回函卡直接寄回或傳真本公司，收到您的寶貴意見後，我們會收藏記錄及檢討，謝謝！

如您需要了解本公司最新出版書目、購書優惠或企劃活動，歡迎您上網查詢或下載相關資料：http:// www.showwe.com.tw

您購買的書名：____________________

出生日期：________年________月________日

學歷：□高中（含）以下　□大專　□研究所（含）以上

職業：□製造業　□金融業　□資訊業　□軍警　□傳播業　□自由業

□服務業　□公務員　□教職　□學生　□家管　□其它_____

購書地點：□網路書店　□實體書店　□書展　□郵購　□贈閱　□其他

您從何得知本書的消息？

□網路書店　□實體書店　□網路搜尋　□電子報　□書訊　□雜誌

□傳播媒體　□親友推薦　□網站推薦　□部落格　□其他__________

您對本書的評價：（請填代號　1.非常滿意　2.滿意　3.尚可　4.再改進）

封面設計____　版面編排____　內容____　文／譯筆____　價格____

讀完書後您覺得：

□很有收穫　□有收穫　□收穫不多　□沒收穫

對我們的建議：____________________

請貼
郵票

11466
台北市內湖區瑞光路 76 巷 65 號 1 樓
秀威資訊科技股份有限公司 收
BOD 數位出版事業部

....

（請沿線對折寄回，謝謝！）

姓　　名：＿＿＿＿＿＿＿＿　年齡：＿＿＿＿　性別：□女　□男

郵遞區號：□□□□□

地　　址：＿＿＿＿＿＿＿＿＿＿＿＿＿＿＿＿

聯絡電話：(日)＿＿＿＿＿＿＿＿(夜)＿＿＿＿＿＿＿＿

E-mail：＿＿＿＿＿＿＿＿＿＿＿＿＿＿＿＿